中华文史名著精选精译精注

章培恒 安平秋 马樟根 ———— 主编

二十四史
（附清史稿）

04

南齐书

梁书

陈书

凤凰出版社

目　录

南齐书

梁书

陈书

南齐书

徐克谦　译注

周勋初　审阅

导　言

　　《南齐书》是我国古代正史"二十四史"中的第七部,记载了南朝萧齐政权二十三年的历史。初名《齐书》,后世因为要与唐代李百药所著《北齐书》相区别,遂称《南齐书》。

　　作者萧子显(487—537),字景阳,南兰陵郡南兰陵县(今江苏武进)人。出身于南齐皇族,是齐高帝萧道成的孙子,豫章王萧嶷的第八子。他七岁时,即受封为宁都县侯,十三岁以王子例拜给事中。进入梁朝后,依照规定降爵为子。在梁朝历任记室参军、司徒主簿、侍中、国子祭酒、吏部尚书等职。梁大同三年(537)出任仁威将军、吴兴太守,不久即病逝于吴兴郡,终年49岁。

　　萧子显自幼聪慧好学,善于写文章,颇有文才。他早年所作《鸿序赋》曾受到当时任尚书令的著名文人沈约的高度称赞,被誉为"得明道之高致,盖《幽通》之流也"(见《梁书》本传)。入梁后,他的才华受到梁武帝萧衍及太子萧纲的赏识。萧衍喜爱他的文才,嘉许他的言谈举止,每次御宴,都要亲自到他的坐席上与他交谈。天监十六年(517)九日(重阳)朝宴,萧衍降旨点名要萧子显当场赋诗。诗成后萧衍称赞他是"才子"。太子萧纲也经常请萧子显到东宫宴饮交谈,并称赞他是难得的"异人"。萧子显对萧衍父子的赏遇之恩很感激,因而他也十分热切地以自己的文才为梁朝最高统治者服务。梁武帝萧衍所制经义未列于学宫,萧子显便上表请求为之置助教一人,学生十人。萧衍曾赴同泰寺讲解佛经,萧子显便为他写了一篇《御讲摩诃般若经序》,极赞萧衍弘扬佛法的功德。他又曾上疏请求为萧衍编撰《高祖集》《普通北伐记》等,为梁武帝歌功颂德。

萧子显对自己的文才也很自负,说自己写文章很少精心构思,而是"须其自来,不以力构"(见《梁书》本传载萧子显《自序》)。平素喜爱山水,能饮酒数斗,为人倨傲。他在吏部执掌选举之事,见到九流宾客,不与交谈,只是举扇一挥而已。他的倨傲态度招致一些朝臣和士流的嫉恨。他最后被贬出京师出任吴兴太守,可能与此有关。以至于他死后议定谥号时,梁武帝也认为他"恃才傲物",给他谥了个"骄"字。

萧子显对史书编纂一直很感兴趣。早年他曾杂采各家所作后汉史书,考正同异,为一家之言,写成《后汉书》一百卷。另著有《晋史草》三十卷。他曾上疏梁武帝,表示有志修撰齐史,得到梁武帝的赞许。书成后,梁武帝即下诏交付秘阁收藏,这便是我们今天所见的《南齐书》。

此外,萧子显一生著述丰富,除上面已提到的《后汉书》一百卷、《晋史草》三十卷、《南齐书》六十卷外,尚有《普通北伐记》五卷、《贵俭传》三十卷、《文集》二十卷。但这些著作除《南齐书》,大都已亡佚。文章仅存《自序》等两篇,诗歌存有《乌栖曲》《燕歌行》等十多首。

《南齐书》的成书时间,史传未有确载。根据《梁书·萧子显传》推断,此书的写作当开始于萧子显写完《后汉书》之后,完成于《普通北伐记》之前。《普通北伐记》写梁武帝普通七年(526)北伐攻魏之事。由此可大致确定,《南齐书》约完成于天监晚期至普通七年之间。

南齐朝廷本设有史官,称为撰史学士、著作郎、太史令。齐高帝曾诏命檀超与江淹掌史职,修撰国史,并由王俭等朝廷大臣参加讨论,初步确定了编史的体例。后来檀超修史之功未就而卒于官,江淹则撰成《齐史十志》行于世。此外,在萧子显作《南齐书》之前,还有沈约著《齐纪》二十卷,吴均著《齐春秋》三十卷,王逸著《齐典》五卷,熊襄著《齐典》十卷,这些著作都给萧子显写《南齐书》提供了资料依据。

齐朝历史比较短暂,梁朝以同姓代齐而有天下,时间上去齐未远,

"齐氏故事,布在流俗",图书档案亦未散失。萧子显又是南齐皇族,对南齐朝廷旧事耳闻目睹,比较熟悉,占有了不少第一手资料,因而《南齐书》取材比较丰富,史实比较翔实可靠。

萧子显作为古代史学家,在书中当然会表现出他的时代局限。但由于书中保存了具体翔实的材料,因而从总体上看,全书尚能反映南齐一代的历史真实。如齐朝初年暴发了富阳人唐寓之领导的农民起义,作者不为唐寓之立传,而且诬之为"贼";但在《虞玩之传》《沈文季传》等文中详细记录了唐寓之起义的原因和具体经过,保存了这次农民起义的有关史料。南齐时期统治阶级内部的倾轧内讧十分激烈,较之刘宋有过之而无不及;特别是明帝以后,朝廷荒淫昏乱,地方实力集团的叛乱接连不断;《南齐书》在一些篇目中客观地记录了这方面的有关史实,真实地反映了当时的情况,客观上暴露了统治阶级内部争权夺利的矛盾斗争。

《南齐书》在各列传中还保存了不少文人写的重要文章,如《王僧虔传》收入王僧虔的《论书》,《孔稚珪传》收入孔稚珪修订法律条文的奏章,《陆厥传》收入陆厥与沈约讨论音韵的书信,《祖冲之传》收入祖冲之的《上新历表》,《顾欢传》收入顾欢的《夷夏论》,等等。这些文献都为研究当时的文化学术提供了原始材料。这些资料部分在唐李延寿的《南史》中已被删去,因而《南齐书》具有不可替代的价值。

《南齐书》的列传不少是按人物身份和类别立为合传的,如《诸王传》《皇后传》《文学传》《良政传》《高逸传》《孝义传》《倖臣传》等,这种合传类叙的方法,既能使叙述文字比较精练,也便于读者查找资料。这些类传大都有序,有论,说明作者的立意,表达作者对历史事件和人物的褒贬评价。有些合传的论,实际上相当于一篇学术文化史论文,如《文学传论》《高逸传论》等,对当时的文学史、思想史的发展作了总体的概述和议论,本身即具有独立的学术价值。

　　南北朝诸史书中，只有《宋书》《魏书》和《南齐书》有"志"。《南齐书》的"志"，计有礼、乐、天文、州郡、百官、舆服、祥瑞、五行八目，其中《百官志》《州郡志》历来为人们所称道，史料价值较高。《百官志》对重要官职的职责、设置及变迁，《州郡志》对郡县的设置、沿革，都作了详尽的叙述，对研究南朝时期的职官制度、行政区划等很有价值，并且可补梁、陈史书无志的不足。

　　《南齐书》叙事简洁，文字精练。后来唐代李延寿编撰《南史》，取南朝诸史为蓝本，对沈约《宋书》大加删削，而对《南齐书》的叙述文字则基本照录，有的地方还有所增益。可见《南齐书》的文字是比较精当简练的。

　　当然，由于作者阶级地位和个人才识的局限，《南齐书》也有不可讳言的缺陷。第一，由于作者出身于齐朝皇族，以前朝帝王子孙的身份修前朝史书，这在二十四史中是绝无仅有的，因而在写作中难免有虚美隐恶的曲笔。宋王应麟在《困学纪闻》中即指出："子显以齐宗室仕于梁而作齐史，虚美隐恶，其能直笔乎？"书中的《高帝纪》是为作者的祖父萧道成作传，叙述中颇多溢美之词，尽量褒扬其长处而隐匿其短处，对萧道成强逼宋顺帝禅位一事，则讳莫如深。又如《豫章文献王传》，是为作者的父亲萧嶷作传，按照体例，本应排在《高祖十二王传》中，但作者却将此传单独另立，放到特殊的地位，而且文字冗长，表扬不当，甚至称赞他为"周公以来，则未知所匹也"。齐明帝萧鸾以宗室旁支篡位，杀了萧子显的侄儿郁林王和海陵王，萧子显对此深怀不满，因而书中对二王被杀毫无掩饰，又在《东昏侯纪》中极写萧鸾之子萧宝卷的荒唐猖狂，以快己意。萧子显受到梁武帝萧衍的宠幸，因而书中对萧衍篡齐自立的事，也曲笔隐讳。这些地方都明显地反映了作者个人的恩怨，有徇私之嫌，颇为后世史家所非议。

　　第二，《南齐书》也反映了作者的唯心主义世界观和历史观，宣扬天命神授的思想。在《高帝纪》的论中,作者为了论证萧道成代宋立齐的合法性,竟乞灵于谶讳迷信,引用谶书《太一九宫占》加以附会,证明萧道成改朝换代是"有命自天"。齐、梁之际佛教兴盛,梁武帝萧衍笃好佛教,立此以为国教。萧子显此书作于梁武帝之时,故书中有不少因果报应等佛教迷信思想的内容。特别是《高逸传论》,作者把佛教抬到至高无上的地位,这显然是为了迎合当时最高统治者的喜好和时尚,不是公允的评价。

第三,《南齐书》语言简练,是其优点,但有些地方过于简略,反成为不足。体系也有不够完善之处,全书有志而无表,八志中缺少《艺文》《沟洫》《食货》《刑法》诸志,且"天文但纪灾祥,州郡不著户口,祥瑞多载图谶"(宋晁公武《郡斋读书志》),这些都是《南齐书》的缺点。

宋代曾巩在《南齐书目录序》中曾加讥评,说萧子显此书"喜自驰骋,其更改、破析、刻雕、藻绘之变尤多,而其文益下"。这一评价过于苛刻,未必公允。虽然《南齐书》的成就不能与《史记》《汉书》等史学名著相比,书中也的确有不少糟粕和不足之处,但从总体上看,《南齐书》还是有其优点和特色的,它保存了不少很有价值的史料,不失为研究南齐历史必备的史书。读《南齐书》,可与《南史》有关部分参照比较,互相取长补短。

据《梁书·萧子显传》及《隋书·经籍志》,《南齐书》原有六十卷,而今本只有五十九卷,计有纪八卷、志十一卷、传四十卷。散失的一篇可能是原书的《自序》。《南齐书》现存最早的版本是宋蜀刻大字本。本书原文即以商务印书馆影印的宋大字本(简称百衲本)作底本,参校其他各种版本校点而成的。

本书从原书中选取十五篇加以译注,其中大部分是节录。所选的篇章大多具有一定的代表性和史料价值,同时也考虑到具有一定的可读性。

　　本书在选译过程中，始终得到郁贤皓教授的具体指导，初稿完成后又承蒙他仔细审读并提出修改意见；又曾得到周蔚同志的大力协助，在此一并致以衷心感谢。

　　由于选译者水平有限，书中的注释与翻译错误之处在所难免，敬请专家学者不吝赐教。

徐克谦

高 帝 纪

导读

　　齐高帝萧道成(427—482)，南兰陵(今江苏武进)人，是南朝齐的开国皇帝，出身于素族寒门。在刘宋后期诸王叛乱的混乱局势中，他帮助刘宋皇帝镇压诸王，逐渐掌握军事大权，并得到一些禁卫军将领的支持，于公元 479 年废黜刘宋顺帝，建立齐朝。萧道成有一定的政治才能，个人生活也比较节俭。本篇叙述了萧道成在刘宋后期的主要经历和他废宋建齐的经过，也记录了他在位时的一些政治措施。因作者萧子显是萧道成的孙子，所以文中难免有溢美之词。但总的来看记录还比较客观，从中可以看到萧道成的政治军事才干和为人品德。(选自卷一)

原文

　　太祖高皇帝讳道成①，字绍伯，姓萧氏，小讳斗将，汉相国萧何二十四世孙也②。……太祖以元嘉四年丁卯岁生③。姿表英异，龙颡钟声④，鳞文遍体。儒士雷次宗立学于鸡笼山⑤，太祖年十三，受业，治《礼》及《左氏春秋》。十七年，宋大将军彭城王义康被黜⑥，镇

翻译

　　齐太祖高帝名道成，字绍伯，姓萧，小名斗将，是西汉相国萧何的二十四世孙。……太祖于宋元嘉四年(427)出生，姿态仪表英俊非凡，额头如龙，声音似钟，龙鳞纹布满全身。儒士雷次宗在鸡笼山设立学馆，太祖十三岁时前往受业，学习《礼》和《左氏春秋》。元嘉十七年(440)，宋大将军彭城王刘义康被贬，出镇豫章，太祖的父亲萧承之领兵防守，太祖放弃学业随同南行。元嘉十九年(442)竟陵蛮骚动，宋文帝派太祖兼

豫章⑦，皇考领兵防守⑧，太祖舍业南行。十九年，竟陵蛮动⑨，文帝遣太祖领偏将军讨沔北蛮⑩。二十一年，伐索虏⑪，至丘槛山⑫，并破走。二十三年，雍州刺史萧思话镇襄阳⑬，启太祖自随，戍沔北，讨樊、邓诸山蛮⑭，破其聚落。初为左军中兵参军⑮。……值明帝立，为右军将军。

任偏将军讨伐沔北蛮；元嘉二十一年(444)又讨伐索虏，到丘槛山。两次都将敌兵攻破并赶走。元嘉二十三年(446)，雍州刺史萧思话镇守襄阳，启请皇上让太祖跟随他，戍守沔北，讨伐樊、邓等地的山蛮，攻破了他们聚集的村落。太祖开始时任左军中兵参军。……到宋明帝即位时，太祖任右军将军。

注释 ① 太祖高皇帝："太祖"是萧道成的庙号，萧道成死后谥"高"，故称"太祖高皇帝"。 ② 萧何：(? —前193)，西汉初年相国。 ③ 元嘉：宋文帝刘义隆年号。元嘉四年为丁卯年。 ④ 颡(sǎng)：额头。 ⑤ 雷次宗：字仲伦，南朝时著名学者。鸡笼山：在今江苏南京钟山南麓，一说即鸡鸣山，在今南京北极阁附近。 ⑥ 宋大将军彭城王义康：刘义康，宋武帝第四子，封彭城王，元嘉年间任大司马、大将军，辅佐朝政。后因事被废，出镇豫章。 ⑦ 豫章：郡名，治所在今江西南昌。 ⑧ 皇考：指萧道成的父亲萧承之。 ⑨ 竟陵：郡名，故城在今湖北天门西北。蛮：古代对南方民族的贬称。 ⑩ 领：兼任。偏将军：副将军，为当时出征将军的各种名号中的一种。沔(miǎn)北：在今湖北沔阳一带。 ⑪ 索虏：当时对北朝人的贬称。因为北方诸族编发为辫，故称为"索"。 ⑫ 丘槛山：所在不详。 ⑬ 雍州：治所在襄阳(今湖北襄阳)。刺史：原为一州的最高行政长官。南朝时刺史往往由掌握一方军权的将军兼任，权势较重。 ⑭ 樊：今湖北樊城。邓：今河南邓州。 ⑮ 左军：当时以左、右、前、后军为四军。中兵参军：参军是将军下属的曹官。参军分曹治事，有中兵、外兵、骑兵、典兵等十多种名目。

原文

时四方反叛，会稽太守寻阳王子房及东诸郡皆起兵[1]，明帝加太祖辅国将军[2]，率众东讨。至晋陵[3]，与贼前锋将程捍、孙昙瓘等战，一日破贼十二垒。分军定诸县，晋陵太守袁摽弃城走，东境诸城相继奔散。徐州刺史薛安都反彭城[4]，从子索儿寇淮阴[5]，山阳太守程天祚举城叛[6]，徐州刺史申令孙又降。征太祖讨之。……太祖率军击破之，贼马自相践藉死。索儿走向钟离[7]，太祖追至黯黮而还[8]。除骁骑将军[9]，封西阳县侯[10]，邑六百户。……

翻译

当时四方反叛朝廷，会稽太守寻阳王刘子房和东部各郡都起兵。宋明帝加封太祖为辅国将军，率兵东讨。到达晋陵，与敌军前锋将程捍、孙昙瓘等交战，一天攻破敌人十二个营垒。太祖分派军队平定各县，晋陵太守袁摽弃城逃跑，东部各城相继逃奔溃散。徐州刺史薛安都在彭城反叛，他的侄子索儿入侵淮阴，山阳太守程天祚率全城反叛，徐州刺史申令孙也投降了叛军。宋明帝征召太祖前往讨伐。……太祖率军击破叛军，敌军人马互相践踏而死。索儿逃往钟离。太祖追到天黑而返回。后太祖升任骁骑将军，封为西阳县侯，食邑六百户。……

注释 ① 会稽：郡名，治所在今浙江绍兴。太守：一郡之长。寻阳王子房：刘子房，宋武帝第六子，封寻阳王。 ② 加：在本职外兼领他官。辅国将军：临时加给出征将军的一种称号。官阶为三品。 ③ 晋陵：郡名，治所在今湖北钟祥。 ④ 彭城：郡名，治所在今江苏徐州。 ⑤ 淮阴：县名，在今江苏淮安西南。 ⑥ 山阳：郡名，治所在今江苏淮安。 ⑦ 钟离：郡名，治所在今安徽凤阳以东。 ⑧ 黯黮：昏暗不明，指天黑。 ⑨ 除：任命。骁骑将军：加给武官的一种荣誉称号。当时往往加给掌握内军或有功的将领。 ⑩ 西阳县：故城在今河南光山境内。

原文

初，明帝遣张永、沈攸之以众喻降薛安都，谓太祖曰："吾今因此北讨，卿意以为何如？"太祖对曰："安都才识不足，狡猾有余。若长辔缓御，则必遣子入朝；今以兵逼之，彼将惧而为计，恐非国之利也。"帝曰："众军猛锐，何往不克。卿每杖策，幸勿多言。"安都见兵至，果引索虏，永等败于彭城。淮南孤弱[1]，以太祖为假冠军将军[2]、持节[3]、都督北讨前锋诸军事[4]，镇淮阴。

翻译

当初，宋明帝曾派遣张永、沈攸之率领兵众，劝说薛安都投降。明帝对太祖说："我现在趁此机会向北讨伐，你意下以为如何？"太祖回答："薛安都才识不足，狡猾有余。如果对他的控制松缓一些，他一定会派他的儿子来朝。如今用兵逼他，他就会因为惧怕而考虑计策，恐怕对国家不利。"明帝说："我的各路军队勇猛精锐，到哪里不打胜仗？你们策马而行，请不必多说。"薛安都见朝廷兵到，果然招引索虏来帮助他。张永等人在彭城大败。淮南军队势孤力弱，于是任命太祖为代冠军将军、持节、统领北讨前锋各军之事，镇守淮阴。

注释 ① 淮南：郡名，治所在今安徽寿县。 ② 假：代理。冠军将军：一种将军的名号，往往加给出征军队的统帅。 ③ 持节：官名，一般加给掌握一方兵权并兼任刺史的武官。 ④ 都督：统帅。都督某方军事，也是一种官号，意为一方军队的统领。

原文

明帝常嫌太祖非人臣相，而民间流言，云"萧道成当为天子"。明帝愈以为疑，遣冠军将军吴喜以三千

翻译

宋明帝经常疑忌太祖不是人臣的相貌，民间也有流言，说"萧道成当为天子"。明帝因此更加疑虑。他派遣冠军将军吴喜带三千人出使去北方，叫吴喜

人北使，令喜留军破釜①，自持银壶酒赐太祖。太祖戎衣出门迎，即酌饮之。喜还，帝意乃悦。七年②，征还京师，部下劝勿就征。太祖曰："诸卿暗于见事。主上自诛诸弟，为太子稚弱，作万岁后计，何关佗族③。惟应速发，事缓必见疑。今骨肉相害，自非灵长之运，祸难将兴，方与卿等戮力耳。"拜散骑常侍④、太子左卫率⑤。时世祖以功当别封赣县⑥，太祖以一门二封，固辞不受。诏许之，加邑二百户。明帝崩，遗诏为右卫将军⑦，领卫尉⑧，加兵五百人。与尚书令袁粲⑨、护军褚渊、领军刘勔共掌机事⑩。又别领东北选事。寻解卫尉，加侍中⑪，领石头戍军事⑫。

把军队留在破釜，自己带着银壶装的酒去赏赐太祖。太祖穿着军衣出门迎接，并当即酌酒喝下。吴喜回去后，明帝心中才高兴起来。泰始七年（472），明帝征召太祖返回京师。太祖部下劝他不要回去。太祖说："诸位看事情不太明白。皇上诛杀自己的各位弟弟，是因为太子现在年幼，要为身后之事考虑，跟别族的人有何关系？我只应该立即出发，事情延缓了反而定会被他怀疑。如今皇室骨肉自相杀害，气数看来不会长久，祸难将会兴起。到那时再与各位共同努力吧！"回到京师后任命为散骑常侍、太子左卫率。当时太祖之子萧赜按军功当另封赣县侯，太祖认为一门二封不妥，坚决推辞不接受。皇上下诏同意，并给他增加了食邑二百户。宋明帝去世，留下遗诏任命太祖为右卫将军，领卫尉，加兵五百人。太祖与尚书令袁粲、护军将军褚渊、领军将军刘勔共同掌握朝廷机要之事。又另管东北选拔职官的事。不久解去卫尉之职，加任侍中，统领石头城驻守军之事。

注释 ①破釜：破釜湖，即今洪泽湖。 ②七年：指宋明帝泰始七年（471）。 ③佗：同"他"。 ④拜：以皇帝的名义任命上、中级大官称"拜"。散骑常侍：皇帝左右的谏官，是皇帝身边的近臣。 ⑤太子左卫率：太子宫里的属官，掌管太子东官的警卫。 ⑥ 世祖:指萧道成的长子齐武帝萧赜。 ⑦ 右卫将军:高级武官职称,掌宿卫营兵,隶属于领军将军。 ⑧ 卫尉:掌管宫门警卫的官。 ⑨ 尚书令:尚书省的主管,总理朝廷政务,即宰相。 ⑩ 护军、领军:即护军将军与领军将军,都是朝廷高级武官。领军将军总管朝廷内军,护军将军总管朝廷外军。勔:音 miǎn。 ⑪ 侍中:门下省的长官,在皇帝身边奏事应对。南朝侍中权势较重,地位相当于宰相。 ⑫ 石头戍:即石头城,在今南京西面的清凉山。

原文

明帝诛戮蕃戚,江州刺史桂阳王休范以人凡获全①。及苍梧王立②,更有窥窬之望,密与左右阉人于后堂习驰马,招聚亡命。元徽二年五月③,举兵于寻阳④,收略官民,数日便办,众二万人,骑五百匹。发盆口⑤,悉乘商旅船舫。大雷戍主杜道欣⑥、鹊头戍主刘怨期告变⑦。朝廷惶骇。太祖与护军褚渊、征北张永⑧、领军刘勔、仆射刘秉⑨、游击将军戴明宝⑩、骁骑将军阮佃夫、右军将军王道隆、中书舍人孙千龄⑪、员外郎杨运长集中书省计议⑫,莫有

翻译

宋明帝诛杀各藩国宗室亲戚时,江州刺史桂阳王刘休范因为才能平常而幸免。到苍梧王刘昱即位后,刘休范越发有觊觎皇位的野心,秘密地与身边宦官在后堂练习骑马,招集亡命之徒。元徽二年(474)五月,在寻阳起兵,收编官吏民众,数日之间就聚集了士兵二万人,战马五百匹。他们从盆口出发,全部乘坐商旅船只。大雷驻军首领杜道欣、鹊头驻军首领刘怨期也通报兵变。朝廷惶恐惊骇。太祖与护军将军褚渊、征北将军张永、领军将军刘勔、仆射刘秉、游击将军戴明宝、骁骑将军阮佃夫、右军将军王道隆、中书舍人孙千龄、员外郎杨运长会集在中书省商讨计策,没有人发言。太祖说:"以前诸王谋反,都因为逗留迟缓,招致失败。此次刘休范定会以前者的失败为戒,轻兵急下,乘我不备。如今应变的办法,不宜考虑久

言者。太祖曰："昔上流谋逆，皆因淹缓，至于覆败。休范必远惩前失，轻兵急下，乘我无备。今应变之术，不宜念远。若偏师失律，则大沮众心。宜顿新亭、白下⑬，坚守宫掖、东府、石头以待⑭。贼千里孤军，后无委积，求战不得，自然瓦解。我请顿新亭以当其锋；征北可以见甲守白下；中堂旧是置兵地⑮，领军宜屯宣阳门为诸军节度⑯；诸贵安坐殿中，右军诸人不须竞出，我自前驱，破贼必矣！"因索笔下议，并注同。中书舍人孙千龄与休范有密契，独曰："宜依旧遣军据梁山、鲁显间⑰，右卫若不出白下，则应进顿南州⑱。"太祖正色曰："贼今已近，梁山岂可得至。新亭既是兵冲，所以欲死报国耳。常日乃可屈曲相从，今不得也！"座起，太祖顾谓刘勔曰："领军

远。倘若一军失控，就会大失军心。应派兵驻扎在新亭、白下，坚守皇宫、东府、石头城，严阵以待。贼兵孤军深入千里，后无粮草，求战不得，自然会土崩瓦解。我请求驻扎新亭以抵挡他的前锋，征北将军可以用现有兵甲守卫白下；中堂本是设置重兵之地，领军刘勔应屯兵宣阳门为各路军马节制调度。各位贵人可安坐殿中，右军各位也不须争相出击，我充当前驱，定能击破贼兵！"于是取笔写下计议内容，并注明大家同意。中书舍人孙千龄与刘休范有密约，他一人表示异议说："还是应依照往日，派兵据守梁山、鲁显之间，右卫军如果不出守白下，则应进驻南州。"太祖严厉地说："如今贼兵已逼近，梁山岂可到达？新亭既然是军事要塞，我就要在此以死报国。平常日子可以委屈听从你，今天却不行！"大家站起，太祖回头对刘勔说："你已经同意我的意见，不可改变。"于是乘单车穿白服出守新亭。皇上加封太祖使持节，统领征讨各军，任命为平南将军，并赠鼓吹一部。

已同鄙议，不可改易。"乃单车白服出新亭。加太祖使持节⑲，都督征讨诸军、平南将军⑳，加鼓吹一部㉑。

注释 ① 桂阳王休范：刘休范，宋文帝第八子，封桂阳王。 ② 苍梧王：即刘宋后废帝刘昱（yù），明帝死后即位，后被杨玉夫等人杀死，死后被贬为苍梧郡王。 ③ 元徽：刘宋后废帝刘昱年号。元徽二年：474 年。 ④ 寻阳：郡名，治所在今江西九江。 ⑤ 盆口：即湓口，城名，南朝时曾为江州治所。故址在今江西九江。 ⑥ 大雷戍：今安徽望江。戍主：驻军首领。 ⑦ 鹊头戍：在今安徽铜陵西北十里。 ⑧ 征北：征北将军。 ⑨ 仆射：即尚书仆射。南朝时尚书省设左右仆射各一人，分领诸曹，与尚书令地位相当。 ⑩ 游击将军：一种武官的称号。 ⑪ 中书舍人：中书省掌管机要的官，地位仅次于中书令。 ⑫ 员外郎：官名，本指正员以外的官，刘宋时设有员外散骑常侍、员外散骑侍郎，通称员外郎，为皇帝的侍从，隶属于侍中。中书省：为秉承皇帝旨意、掌管机要、发布政令的机构。 ⑬ 新亭：在今江苏南京西南。白下：南琅邪郡治所临沂，在今南京城北幕府山南。 ⑭ 宫掖：指皇宫。东府：在当时都城建康（今南京）东南。石头：石头戍，见前注。 ⑮ 中堂：这里指都城之中。 ⑯ 宣阳门：当时台城的外门，故址在今南京总统府附近。 ⑰ 梁山：在今安徽裕溪口以北长江沿岸。鲁显：所在不详。 ⑱ 南州：东晋南朝时以姑孰（今安徽当涂）为南州。 ⑲ 使持节：当时都督诸军的将领权力较重的加"使持节"，权力稍次的，加"持节"。持节，见前注。 ⑳ 平南将军：刘宋时置平东、平南、平西、平北四将军，称四平将军。 ㉑ 鼓吹：皇帝出游及军中行部所用的音乐。当时常用来赐给有功之臣。

原文

治新亭城垒未毕，贼前军已至，太祖方解衣高卧，以安众心。乃索白虎幡，登

翻译

太祖修整新亭城垒尚未完毕，敌兵前军已到，太祖当时正解衣高卧，借此安定军心。于是取白虎旗，登上西墙，

西垣，使宁朔将军高道庆^①、羽林监陈显达^②、员外郎王敬则浮舸与贼水战，自新林至赤岸^③，大破之，烧其船舰，死伤甚众。贼步上新林，太祖驰使报刘勔，急开大小桁^④，拨淮中船舫，悉渡北岸。休范乘肩舆率众至垒南^⑤，上遣宁朔将军黄回、马军主周盘龙将步骑出垒对阵^⑥。休范分兵攻垒东，短兵接战，自巳至午，众皆失色。太祖曰："贼虽多而乱，寻破也。"杨运长领三齐射手七百人^⑦，引强命中，故贼不得逼城。未时，张敬儿斩休范首。太祖遣队主陈灵宝送首还台^⑧。灵宝路中遇贼军，埋首道侧。台军不见休范首^⑨，愈疑惧。贼众亦不知休范已死，别率杜黑蠡急攻垒东，司空主簿萧惠朗数百人突入东门^⑩，叫噪至堂下，城上守门兵披退。太祖挺身上马，率数百人出

派宁朔将军高道庆、羽林监陈显达、员外郎王敬则乘船与敌兵水战，从新林到赤岸，大破敌军，烧毁敌兵船舰，敌兵死伤很多。敌兵由新林上岸，太祖派使者快马通报刘勔，急忙打开大小浮桥，调拨秦淮河中船只，全部渡往北岸。刘休范乘坐肩舆率兵到达垒南，皇上派宁朔将军黄回，马军主帅周盘龙带领步兵、骑兵出营垒对阵。刘休范分出一支兵马攻打垒东，短兵交战，从早晨打到中午，众人都面色惊恐。太祖说："贼兵虽人数众多但毫无秩序，不久会被击破的。"杨运长率领三齐射手七百人，拉开硬弓不断命中，因此敌兵不得逼近城池。午后不久，张敬儿砍下了刘休范的头。太祖派遣属下队长陈灵宝送刘休范首级回台城。陈灵宝半路遇上敌兵，就把首级埋在路旁。台军不见刘休范首级，更加疑虑惧怕。敌军也不知刘休范已死，另一队敌军由杜黑蠡率领急攻垒东，司空主簿萧惠朗与数百人突破防守冲入东门，叫喊着来到堂下，城上守门士兵纷纷后退。这时太祖挺身上马，率领数百人出战，敌兵都拿着盾牌前进，相距仅数丈，分兵从两旁射击。太祖拉满弓准备发射，左右将戴仲绪举着盾牌上前为他掩护。太祖的箭随手而

战，贼皆推盾而前，相去数丈，分兵横射，太祖引满将发，左右将戴仲绪举盾扞之，箭应手饮羽，伤百余人。贼死战不能当，乃却。众军复得保城，与黑蠡拒战，自晡达明旦，矢石不息。其夜大雨，鼓叫不复相闻。将士积日不得寝食，军中马夜惊，城内乱走。太祖秉烛正坐，厉声呵止之。如此者数四。

发，箭箭命中，杀伤百余人。敌兵拼死交战不能抵挡，于是退兵。众军重新得以保住城池，与杜黑蠡相持交战，从傍晚一直战斗到天明，箭石不停。这天夜里下大雨，鼓声叫声相互都听不见。将士们连日不得吃饭休息，军中的马匹夜里惊动，城中的人混乱奔走。太祖手持蜡烛端坐，厉声呵斥，加以制止。像这样先后四次。

注释 ① 宁朔将军：加给出征将军的一种称号。 ② 羽林监：皇帝禁卫军首领。 ③ 新林、赤岸：在今江苏南京西南长江沿岸。 ④ 桁（háng）：浮桥。 ⑤ 肩舆：用人力抬扛的代步工具。 ⑥ 马军主：骑兵首领。 ⑦ 三齐：指胶东、齐、济北三地。 ⑧ 台：即台城，为南朝禁省所在地。 ⑨ 台军：指朝廷禁卫军。 ⑩ 司空：原为掌管工程的官。刘宋时司空为三公之一，参议朝政。当时刘休范任司空。司空主簿：司空下属参与机要的官职。

原文

贼帅丁文豪设伏破台军于皂荚桥①，直至朱雀桁②。刘勔欲开桁，王道隆不从。勔及道隆并战没。……贼进至杜姥宅③，车骑典签茅恬

翻译

敌将丁文豪设下埋伏，在皂荚桥击破官军，并进军到朱雀桥。刘勔想要断开浮桥，王道隆不同意。刘勔和王道隆都战死了。……敌兵推进到杜姥宅，车骑典签茅恬打开东府放进敌兵，冠军将

开东府纳贼④，冠军将军沈怀明于石头奔散，张永溃于白下。宫内传新亭亦陷。太后执苍悟王手泣曰："天下败矣！"太祖遣军主陈显达、任农夫、张敬儿、周盘龙等，从石头济淮，间道从承明门入卫宫阙⑤。休范既死，典签许公与诈称休范在新亭，士庶惶惑，诣垒投名者千数。太祖随得辄烧之，乃列兵登城北，谓曰："刘休范父子先昨皆已即戮，尸在南冈下，身是萧平南⑥，诸君善见观！君等名皆已焚除，勿有惧也。"台分遣众军击杜姥宅、宣阳门诸贼，皆破平之。太祖振旅凯入，百姓缘道聚观，曰："全国家者此公也。"……

军沈怀明在石头城被敌兵击散，张永也兵败于白下。宫中传闻说新亭也已陷落敌手。太后拉着苍梧王的手哭道："天下完了！"太祖派军中主将陈显达、任农夫、张敬儿、周盘龙等，从石头城渡过秦淮河，走小路从承明门进入，保卫宫城。刘休范已死，典签许公与却诈称休范在新亭。士人惶恐不安，来到新亭垒下投上自己名帖的有上千人。太祖得到名帖随即烧掉，于是他列兵登上城北，对那些人说："刘休范父子已于前日被杀死，尸首在南岗下。我是平南将军萧道成，诸位请看看清楚！你们的名帖都已烧毁，不必害怕。"朝廷分派众军出击杜姥宅、宣阳门等处的敌兵，将他们全部击败。太祖整顿军队获胜而归，百姓们沿着街道聚集观看，说道："保全国家的人，就是此公。"……

注释　①皂荚桥：故址在今南京城南。　②朱雀桁：即朱雀桥，故址在今南京城南。　③杜姥宅：在当时建康城宣阳门与宫门之间，原为晋成帝杜后母裴氏宅所在，故名，今址不详。　④车骑典签：车骑将军府中处理文书的官。　⑤承明门：当时台城北披门的内门。　⑥平南：平南将军。

原文

　　四年，加太祖尚书左仆射①，本官如故。休范平后，苍梧王渐行凶暴。……太祖威名既重，苍梧王深相猜忌，几加大祸。陈太妃骂之曰："萧道成有功于国，今若害之，后谁复为汝著力者？"乃止。

　　太祖密谋废立。……时杀害无常，人怀危惧。玉夫与其党陈奉伯等二十五人同谋②，于毡屋中取千牛刀杀苍梧王③，称敕，使厢下奏伎，因将首出与王敬则，敬则送太祖。太祖夜从承明门乘常所骑赤马入。殿内惊怖，既知苍梧王死，咸称万岁。及太祖践阼④，号此马为"龙骧将军"，世谓为"龙骧赤"。

翻译

　　元徽四年（476），加封太祖为尚书左仆射，原来的官职照旧。刘休范叛军平定后，苍梧王渐渐变得行为凶暴。……太祖的威名已经影响很大，苍梧王对他深为猜忌，几乎就要把大祸加到他头上。陈太妃骂苍梧王道："萧道成对国家有功，今天如果害死他，以后谁还为你出力？"苍梧王于是才罢休。

　　太祖密谋废黜苍梧王另立皇帝。……当时朝中杀人无常，人人自危，杨玉夫与他的同党陈奉伯等二十五人合谋，在毡屋中用千牛刀杀死苍梧王，假称皇上诏旨，叫外面的乐伎上来，乘机将苍梧王的首级带出去交给王敬则，王敬则又转送给太祖。太祖夜间乘着平常所骑的赤马从承明门入宫禁。殿中的人十分惊恐，等知道苍梧王已死，这才一齐高呼万岁。到后来太祖登上帝位时，便称这匹赤马为"龙骧将军"，世人称它为"龙骧赤"。

注释　①尚书左仆射(yè)：刘宋时尚书省设左右仆射，与尚书令同居宰相之任。左仆射领殿中、主客二曹。　②玉夫：杨玉夫，为苍梧王左右近臣。　③毡屋：苍梧王在仁寿殿中的卧室。千牛刀：《庄子·养生主》载，庖丁之刀"所解千牛矣，而刀刃若新发于硎"。后人遂以"千牛刀"为利刃之名。　④践阼：登上皇帝位。

原文

明日，太祖戎服出殿庭槐树下，召四贵集议①。太祖谓刘秉曰："丹阳国家重戚②，今日之事，属有所归。"秉让不当。太祖次让袁粲，粲又不受。太祖乃下议，备法驾诣东城③，迎立顺帝④。于是长刀遮粲、秉等，各失色而去。甲午，太祖移镇东府，与袁粲、褚渊、刘秉各甲仗五十人殿。丙申，进位侍中、司空、录尚书事⑤、骠骑大将军⑥，持节、都督、刺史如故，封竟陵郡公，邑五千户，给油幢络车⑦，班剑三十人⑧。太祖固辞上台⑨，即骠骑大将军、开府仪同三司⑩。庚戌，进督南徐州刺史⑪。封杨玉夫等二十五人爵邑各有差。十月戊辰，又进督豫、司二州⑫。

翻译

第二天，太祖身着戎装走出大殿，到庭中槐树下，召集袁粲、褚渊、刘秉等共同商议。太祖对刘秉说："你是国家重戚，如今国家大事，当归属于你。"刘秉辞让不敢当。太祖然后又谦让给袁粲，袁粲也不接受。太祖于是作出决定，备好皇帝的车驾到东城，迎立顺帝刘准。太祖接下来以长刀遮挡袁粲、刘秉等人，他们大惊失色地离去。甲午日，太祖进驻东府，与袁粲、褚渊、刘秉各带卫士五十人入殿。丙申日，太祖进位侍中、司空、录尚书事、骠骑大将军，持节、都督、刺史等职依旧，封为竟陵郡公，食邑五千户，赐给油幢络车和仪仗队三十人。太祖坚决辞掉司空，就任骠骑大将军、开府仪同三司。庚戌日，进一步加封统领南徐州刺史的权力。太祖封给杨玉夫等二十五人爵位食邑各有多少。十月戊辰日，又加封太祖统领豫、司二州军事的权力。

注释　①四贵：指萧道成、袁粲、褚渊、刘秉四人。当时朝中大事由他们四人决定。　②丹阳：这里指刘秉。刘秉时任丹阳尹，即京城地方的最高长官。　③法驾：皇帝的车驾。　④顺帝：刘准，宋明帝第三子。　⑤录尚书事：南北朝时，凡掌握机要、总揽大权的重臣往往加上"录尚书事"的名号。录是总领的意思。　⑥骠骑大将军：一种高级武官荣誉称号，地位与三公等同。　⑦ 油幢络车：有油漆画车盖、悬有丝质绳网的车驾，为王公加礼者所乘。　⑧ 班剑：饰有花纹的木剑，为仪仗队所用。　⑨ 上台：宋、齐以太尉、司徒、司空为三台，称上台。辞上台：这里指辞去司空之职。　⑩ 开府仪同三司：一种官号，意为设置府署待遇与三司（太尉、司徒、司空）同等。　⑪ 南徐州：治所在今江苏镇江。南朝时诸州郡名前有"南"字者，多是为北方迁徙南下的民众按其原籍设置的侨州侨郡。　⑫ 豫、司二州：治所分别在今安徽淮南西面和河南信阳。

原文

初，荆州刺史沈攸之与太祖于景和世同直殿省①，申以欢好，以长女义兴公主妻攸之第三子元和。攸之为郢州②，值明帝晚运，阴有异图。……太祖既废立，遣攸之子司徒左长史元琰赍苍梧王诸虐害器物示之③。攸之未得即起兵，乃上表称庆，并与太祖书推功。攸之有素书十数行，常韬在裲裆角④，云是明帝与己约誓。十二月，遂举兵。其妾崔氏、许氏谏攸之曰："官年已老，那不为百口计！"攸之指裲裆角示之，称太后令召己下都。京师恐惧。乙卯，太

翻译

当初，荆州刺史沈攸之与太祖在景和年间（465）同在朝中，结为好友，太祖把长女义兴公主嫁给沈攸之的第三子沈元和。沈攸之在郢州就任时，正当宋明帝后期，他私下怀有异谋。……太祖完成废立后，就派沈攸之的儿子司徒左长史沈元琰带着苍梧王施行暴虐害人的各种器具，去给沈攸之看。沈攸之未能立即起兵，就上表表示庆贺，又写信给太祖称赞他的功劳。沈攸之有一封写在素帛上的十几行书信，常常藏在身上裲裆的角上，说那是宋明帝跟他定下的誓约。到了十二月，他就发兵起事了。他的妾崔氏、沈氏劝谏他说："你年龄已老，怎不为家里这么多口人考虑！"攸之指着裲裆角示意，说太后已下令召他入京。京师里一片恐惧。乙卯日，太祖来到朝廷大堂，命各路大

祖入居朝堂，命诸将西讨，平西将军黄回为都督前驱。……

将西讨，任命平西将军黄回为都督前驱。……

注释 ① 荆州：治所在今湖北江陵。景和：刘宋前废帝子刘子业在 465 年所用年号，共计四个月。殿省：殿指皇帝的居所，省即省中，为三公的居所。"殿省"代指朝中。 ② 郢州：治所在今湖北武昌。 ③ 司徒左长史：司徒府中的佐官。赍（jī）：持送。 ④ 裲裆：一种类似背心马甲的上装，两肩较宽。

原文

司徒袁粲、尚书令刘秉见太祖威权稍盛，虑不自安，与蕴及黄回等相结举事①。殿内宿卫主帅，无不协同。攸之反问初至②，太祖往石头与粲谋议，粲称疾不相见。克壬申夜起兵据石头③，刘秉悾怯，晡时，从丹阳郡载妇女入石头④，朝廷不知也。其夜，丹阳丞王逊告变⑤。秉从弟领军韫及直阁将军卜伯兴等严兵为内应⑥。太祖命王敬则于宫内诛之，遣诸将攻石头。王蕴将数百精手带甲赴粲，城门已闭，官军又至，乃散。

翻译

司徒袁粲、尚书令刘秉见太祖的权威渐渐强大，心中感到不安，就与王蕴、黄回等人互相勾结准备起事。皇宫卫军首领，也无不赞同。沈攸之反叛的消息刚传来时，太祖到石头城与袁粲商议计策，袁粲假称生病不见他。他们定于壬申日夜间起兵占据石头城。刘秉心中害怕，傍晚时，从丹阳郡把自己的家眷也运入石头城中，朝廷对此全不知道。这天夜里，丹阳郡丞王逊报告兵变的消息。刘秉的堂弟领军刘韫和直阁将军卜伯兴等严整兵士准备做内应。太祖命令王敬则在宫中将他们诛杀，然后派诸将去攻打石头城。王蕴率领数百精兵披甲前来营救袁粲，但城门已关闭，官军又已赶到，于是四下逃散。众军攻下石头城，将袁粲斩首。刘秉逃到众军攻石头，斩粲。刘秉走雌檐湖⑦，蕴逃斗场⑧，并禽斩之。……

雌檐湖，王蕴逃到斗场，都被捉拿并斩首。……

注释 ① 蕴：王蕴，宋明帝王皇后的侄子，曾任湘州刺史。 ② 问：同"闻"，消息。 ③ 克：约定时间。 ④ 丹阳郡：治所在今江苏南京江宁东南五里，当时为管辖京城建康的行政区所。 ⑤ 丞：郡守的佐官。 ⑥ 直阁将军：掌管宫掖禁卫的官，从属于左、右卫将军。 ⑦ 雌檐湖：一名刘阳湖，原址在今南京东南，今已无水。 ⑧ 斗场：即今南京城外东南大校场。

原文

粲典签莫嗣祖知粲谋，太祖召问嗣祖："袁谋反，何不启闻？"嗣祖曰："事主义无二心，虽死不敢泄也。"蕴嬖人张承伯藏匿蕴。太祖并赦而用之。黄回顿新亭，闻石头鼓噪，率兵来赴之。朱雀舫有戍军①，受节度，不听夜过。会石头已平，因称救援。太祖知而不言，抚之愈厚，遣回西上。流涕告别。……

翻译

袁粲手下的典签莫嗣祖知道袁粲的密谋，太祖把莫嗣祖召来问道："袁粲谋反，你为何不报告？"嗣祖说："事奉主子就不应该有二心，我就是死了也不敢泄密。"王蕴宠幸之人张承伯曾窝藏王蕴。太祖对莫、张二人都给予赦免，并加以任用。黄回驻扎在新亭，听到石头城鼓噪的声音，就带兵来援救袁粲。朱雀桥有守军，受上司指令，不让他们夜间通过。恰好石头城的事已经平息，黄回就假称是赶来援救官军的。太祖明知内情却不说破，对黄回安抚更加优厚，派遣他西上。黄回流着泪与太祖告别。……

注释 ① 舫：同"桁"。朱雀桁，见前注。

原文

二年正月,沈攸之攻郢城不克①,众溃,自经死,传首京邑。丙子,太祖旋镇东府。二月癸未,进太祖太尉②,增封三千户,都督南徐、南兖、徐、兖、青、冀、司、豫、荆、雍、湘、郢、梁、益、广、越十六州诸军事③。……

翻译

顺帝二年(478)正月,沈攸之攻打郢城不克,军队溃败,他自杀而死,首级传到京都传首示众。丙子日,太祖回镇东府。二月癸未日,太祖进官为太尉,增封食邑三千户,统领南徐、南兖、徐、兖、青、冀、司、豫、荆、雍、湘、郢、梁、益、广、越十六州军事。……

注释 ① 郢城:在今湖北荆州东南。 ② 太尉:三公之一,为朝廷最高军事首脑。 ③ 南徐州:治所在京口(今江苏镇江)。南兖州:治所在广陵(今江苏扬州)。徐:治所在钟离(今安徽凤阳以东)。兖州:治所在淮阴(今江苏淮阴)。青州:治所在郁州(今江苏连云港)。冀州:宋元嘉年间分青州一部分另立,治所亦在郁州。司州:治所在义阳(今河南信阳)。豫州:治所在寿春(今安徽寿县)。荆州:治所在荆州(今湖北荆州)。雍州:治所在襄阳(今湖北襄阳)。湘州:治所在长沙(今湖南长沙)。郢州:治所在夏口(今湖北武汉)。梁州:治所在南郑(今陕西南郑)。益州:治所在成都(今四川成都)。广州:治所在南海(今广东广州)。越州:治所在临漳(今广西合浦东北)。

原文

辛卯,太祖诛镇北将军黄回①。

大明泰始以来②,相承奢侈,百姓成俗。太祖辅政,罢御府③,省二尚方诸饰玩④。至是又上表禁民间华

翻译

辛卯日,太祖诛杀镇北将军黄回。

宋大明、泰始(457—471)以来,相沿有奢侈的风气,在百姓中也形成风俗。太祖辅政时,取消了御府,减省二尚方制造的各种装饰品和玩物。这时又上表禁止民间各种华丽伪巧的器物:

伪杂物:不得以金银为箔,马乘具不得金银度,不得织成绣裙,道路不得著锦履,不得用红色为幡盖衣服,不得翦彩帛为杂花,不得以绫作杂服饰,不得作鹿行锦及局脚桱柏床⑤、牙箱笼杂物、彩帛作屏障、锦缘荐席,不得私作器仗,不得以七宝饰乐器又诸杂漆物,不得以金银为花兽,不得辄铸金铜为像。皆须墨敕⑥,凡十七条。其中宫及诸王服用,虽依旧例,亦请详裁。

不准用金银做帘子,乘马用具不准镀以金银,不准织绣花的衣裙,道路上不准穿绣花锦缎鞋,不准用红色做车盖衣服,不准将彩帛剪为杂花,不准用绫子制作各种服饰,不准制造鹿行锦以及装有曲脚的木制坐榻、象牙装饰的衣笼衣箱和杂物、彩帛做成的屏障、边缘装饰有锦绣的荐席,不准私自制作兵器,不准用多种宝物装饰乐器和各种漆器,不准用金银做花兽,不准随便铸造金铜像。共十七条,必须有皇帝亲笔诏书才可违例。宫中和诸王的服饰器用,虽然依照旧例,但也要求审慎考虑。

注释 ① 镇北将军:当时出征将军以征、镇、安、平为序,各有东、西、南、北四员。镇北将军为四镇将军之一。 ② 大明:宋武帝年号,457—464 年。泰始:宋明帝年号,465—471 年。 ③ 御府:天子的府库。 ④ 尚方:掌管制造供应帝王所用器物的官署,分中、左、右三尚方。 ⑤ 鹿行锦:一种有花纹的丝织品。局:同"曲"。 ⑥ 墨敕:皇帝亲笔书写并直接下达的命令。

原文

九月丙午,进位假黄钺①,都督中外诸军事②、太傅③、领扬州牧④,剑履上殿⑤,入朝不趋⑥,赞拜不

翻译

九月丙午日,加封太祖为假黄钺,让他统帅国家内外各军队之事,任太傅,兼任扬州牧,允许他佩剑穿鞋上殿,朝见皇帝时不必趋走,司仪宣读行礼仪

名⑦。置左右长史、司马、从事中郎、掾、属各四人⑧。使持节、太尉、骠骑大将军、录尚书、南徐州刺史如故。固辞，诏遣敦劝，乃受黄钺，辞殊礼。甲寅，给三望车⑨。……

式时不直呼其名。他的府中设置左、右长史，司马，从事中郎，掾，属各四人。原来所任的使持节、太尉、骠骑大将军、录尚书、南徐州刺史等职依旧保留。太祖坚决推辞，皇上诏令大臣尽力劝请，这才接受了黄钺，但仍然辞去特殊的礼遇。甲寅日，皇上又赐给他一辆三望车。……

注释　① 黄钺：以黄金装饰的器杖，为天子所用。有时遣大臣出师，亦假以黄钺，以示威重，称"假黄钺"。　② 都督中外诸军事：统领朝廷内外军事，为最高统帅。　③ 太傅：皇帝的老师，参与朝政，位在三公之上。　④ 扬州：为京城所在地的州，治所在东府（今南京东南）。牧：即州刺史。当时京城所在地的州刺史称"牧"。　⑤ 剑履上殿：可以佩剑穿履朝见皇帝。　⑥ 趋：小步快走，是大臣拜见君王时表示恭敬的礼节。　⑦ 赞拜：臣子拜见君王时，司仪宣读行礼的仪式。不名：不直呼其名。"剑履上朝，入朝不趋，赞拜不名"，都是皇帝给予亲信权臣的特殊礼遇。　⑧ 左右长史、司马、从事中郎、掾、属：都是三公府中常置的属官。　⑨ 三望车：王公大臣所乘的一种车子，三面有窗可望。

原文

（三年正月）丁卯，给太祖甲仗五百人，出入殿省。甲午，重申前命，剑履上殿，入朝不趋，赞拜不名。三月甲辰，诏进位相国，总百揆①，封十郡为齐公，备九锡之礼②，加玺绂远游冠③，位

翻译

（三年[479]）正月丁卯日，送给太祖仪仗队五百人，可以随意出入皇宫和省中。甲午日，重申以前的命令，太祖可以佩剑穿鞋上殿，朝见皇帝时不必趋走，司仪宣读行礼仪式时不直呼其名。三月甲辰日，皇帝下诏给太祖进位为相国，总管百官，又封给他十郡并进爵为

在诸侯王上，加相国绿綟绶④，其骠骑大将军、扬州牧、南徐州刺史如故。太祖三让，公卿敦劝固请，乃受。……

齐公，备"九锡之礼"，赐给玺绂和远游冠，地位在诸侯王之上，又加以相国绿綟绶。原来骠骑大将军、扬州牧、南徐州刺史等职依旧。太祖谦让了几次，公卿们坚决劝请，他才接受。……

注释 ① 百揆：百官。 ② 九锡之礼：由天子赐给大臣九种器物，表示尊礼。西汉王莽建立新朝前，曾先加九锡。东汉末献帝亦曾赐曹操九锡。后凡掌政大臣将要夺取政权、建立新王朝前，都加九锡，成为例行公事。 ③ 玺绂：皇帝的大印和系印的丝带。远游冠：当时太子和诸王所戴的一种冠冕。 ④ 绿綟（lì）绶：当时宰相所用的绶带，由绿、紫、青三色组成。

原文

宋帝诏齐公十郡之外，随宜除用。以齐国初建，给钱五百万，布五千匹，绢五千匹。四月癸酉，诏进齐公爵为王。……丙戌，命齐王冕十有二旒①，建天子旌旗，出警入跸②，乘金根车③，驾六马，备五时副车④，置旄头云罕⑤，乐舞八佾⑥，设钟虡宫县⑦。王世子为太子，王女王孙爵命一如旧仪。

翻译

宋顺帝下诏齐公可以在所封十郡之外，随便取用。因为齐国初建，赐给钱五百万，布五千匹，绢五千匹。四月癸酉日，又下诏把齐公的爵位进升为齐王。……丙戌日，命齐王的冠冕上可以有十二条旒，可以竖天子的旗帜，出入可以设警戒、止行人，乘金根车，以六马驾车，并备有五时副车，设置有旄头为饰的旌旗，用八佾起舞，设有天子的全套编钟。齐王的长子称为太子，王女王孙的爵命全部按照旧制。

注释 ① 旒（liú）：帝王冠冕上前后悬垂的玉串。 ② 出警入跸（bì）：指帝王出行时开路清道、禁止他人通行。 ③ 金根车：当时皇宫中的一种车辆，以金漆鸟羽装饰。 ④ 五时副车：侍从的车辆，有青黄赤白黑五色，分别在不同时令使用。 ⑤ 旄（máo）头云罕：天子出巡时作为前导的旌旗。 ⑥ 八佾（yì）：舞者的行列。 ⑦ 虡（jù）：悬挂编钟的木架。宫县（xuán）：分四面悬挂的编钟。通常只有天子才可以拥有。

原文

辛卯，宋帝禅位。……

是日宋帝逊于东邸，备羽仪，乘画轮车①，出东掖门②，问今日何不奏鼓吹，左右莫有答者。……

翻译

辛卯日，宋顺帝禅让帝位。……

这一天宋帝退居到东邸，备好仪仗队，乘坐画轮车，出东掖门时，他问今天为何不奏鼓吹，左右没有人回答他。……

注释 ① 画轮车：以彩漆画轮毂的车子，以牛为驾。 ② 东掖门：当时台城的东门。

原文

建元元年夏四月甲午①，上即皇帝位于南郊。……

封宋帝为汝阴王，筑宫丹阳县故治，行宋正朔②，车旗服色，一如故事。上书不为表，答表不称诏。……

以司空褚渊为司徒③，

翻译

建元元年（479）夏四月甲午这一天，萧道成在南郊即皇帝位。……

太祖封宋帝为汝阴王，在丹阳县故地为他筑宫殿，在此继续实行宋朝历法，车马旗帜服饰颜色，全部照旧。但给汝阳王上书不再称"表"，他答表也不再称"诏"。……

任命司空褚渊为司徒，吴郡太守柳世隆为南豫州刺史。……任命齐国左吴郡太守柳世隆为南豫州刺史④。……以齐国左卫将军陈显达为中护军⑤，中领军王敬则为南兖州刺史，左卫将军李安民为中领军。戊戌，以荆州刺史嶷为尚书令⑥、骠骑大将军、开府仪同三司、扬州刺史，冠军将军映为荆州刺史⑦，西中郎将晃为南徐州刺史⑧，冠军将军垣崇祖为豫州刺史，骠骑司马崔文仲为徐州刺史⑨。

卫将军陈显达为中护军，中领军王敬则为南兖州刺史，左卫将军李安民为中领军。戊戌日，任命荆州刺史萧嶷为尚书令、骠骑大将军、开府仪同三司、扬州刺史，冠军将军萧映为荆州刺史，西中郎将萧晃为南徐州刺史，冠军将军垣崇祖为豫州刺史，骠骑司马崔文仲为徐州刺史。

注释　①建元：齐高帝萧道成年号。　②正朔：一年的第一天，代指帝王的历法。③司徒：三公之一，位同宰相。　④吴郡：治所在今江苏苏州。南豫州：治所在淮南（今安徽当涂）。　⑤左卫将军：与右卫将军皆为掌管帝王侍卫的军官。中护军：与下文中领军皆为中央统兵将军。当时中央统兵将军资重者为领军、护军将军，资轻者为中领军、中护军。　⑥嶷：萧嶷，萧道成次子。　⑦映：萧映，萧道成第三子。⑧西中郎将：当时设东、西、南、北四中郎将，位次于将军。晃：萧晃，萧道成第四子。　⑨骠骑司马：骠骑大将军府中的僚属，负责综理一府之事。

原文

　　断四方上庆礼。己亥，诏曰："自庐井毁制①，农桑易业，盐铁妨民，货鬻伤治，历代成俗，流蠹岁滋。援拯

翻译

　　太祖谢绝了四方来京师庆贺的礼节。己亥日，下诏说："自从庐井的制度被毁坏，农桑之人不务正业，盐铁专营妨害民众，货物交易伤害治理，历代相

利,氓无失业。二宫诸王,悉不得营立屯邸,封略山湖。太官池籞②,宫停税入③,优量省置。"……

承成为风俗,社会蠹虫年年增多。如今要拯救前代遗留的弊端,改革末业返回根本,使公家不专利,民众不失业。二宫和诸王,都不得营建官邸、霸占山湖。皇室的太官和园林,应停止税收,用度要节约减省。"……

注释 ① 庐井:古代井田制,八家共一井,故称八家的庐舍为"庐井"。 ② 太官:官名,掌管皇帝饮食宴会。池籞(yù):指皇帝的园林。 ③ 宫:据《册府元龟》一百九十一"宫"当作"宜"。

原文

(六月)乙亥,诏曰:"宋末频年戎寇,兼灾疾凋损,或枯骸不收,毁椟莫掩①,宜速宣下埋葬营恤②。若摽题犹存③,姓字可识,可即运载,致还本乡。"……

九月辛丑,诏:"二吴、义兴三郡遭水④,减今年田租。"……

翻译

六月乙亥日,太祖下诏说:"宋末连年发生战争寇乱,加上灾害和疾病造成死亡,枯骨不收,棺毁不埋,应立即叫人埋葬哀悼。如果文字尚存,姓名可认,可立即运载,送回故乡。"……

九月辛丑日,太祖下诏说:"二吴、义兴三郡遭到水灾,减去今年的田租。"……

注释 ① 椟:棺材。 ② 营恤:营聚优恤。 ③ 摽题:标识于器物或书画上的题记文字。 ④ 二吴:指吴郡(今江苏苏州)和吴兴郡(今浙江吴兴)。义兴:在今江苏宜兴。

原文

(建元二年二月)癸巳,

翻译

(建元二年[480])二月癸巳日,派

遣大使巡慰淮、肥①，徐、豫边民尤贫遘难者②，刺史二千石量加赈恤。甲午，诏"江西北民避难流徙者，制遣还本，蠲今年租税③。单贫及孤老不能自存者，即听番籍④，郡县押领"。……

遣大使巡回慰问淮、肥，徐、豫等地边民贫苦遭难的人，由刺史二千石酌情给予救济。甲午日，下诏令"江西北方逃难流亡的民众，由官府遣送回原乡，减除今年租税。贫困和孤寡老弱不能自养的人，允许就地改籍，由郡县收管"。……

注释　①淮：淮州，在今河南息县东北。肥：即汝阴郡，在今安徽合肥。　②徐：即北徐州，在今安徽凤阳以东。豫：豫州，在今安徽淮南西北。　③蠲(juān)：免除。　④番籍：指外地人在此地入户籍。

原文

（建元四年）三月庚申，召司徒褚渊、左仆射王俭诏曰："吾本布衣素族，念不到此，因借时来，遂隆大业。风道沾被，升平可期。遘疾弥留，至于大渐①。公等奉太子如事吾，柔远能迩，缉和内外，当令太子敦穆亲戚，委任贤才，崇尚节俭，弘宣简惠，则天下之理尽矣。死生有命，夫复何言！"壬戌，上崩于临光殿，年五十六。

翻译

（建元四年[482]）三月庚申日，太祖召见司徒褚渊、左仆射王俭，下诏说："我本是布衣素族，没想到会有今天。借助了时势，才成就帝王大业。风化道德影响后代，国家太平指日可待。如今患病弥留，不久于人世。诸公侍奉太子要像侍奉我一样，安抚远近，协调内外，要让太子与亲戚和睦相处，重用贤才，崇尚节俭，发扬简朴宽厚的品德，这样天下的治理就完备了。生死有命，我不再多说了！"壬戌日，皇上在临光殿驾崩，终年五十六岁。

四月庚寅日，皇上被谥为"太祖高

四月庚寅，上谥曰太祖高皇帝。奉梓宫于东府前渚升龙舟②。丙午，窆武进泰安陵③。

皇帝"。棺柩在东府前水边放入龙舟。丙午日，安葬在武进泰安陵。

注释 ① 大渐：病危。 ② 梓宫：帝后所用的梓木棺材。 ③ 窆(biǎn)：埋葬。武进：今江苏丹徒。

原文

上少沈深有大量，宽严清俭，喜怒无色。博涉经史，善属文，工草隶书①，弈棋第二品②。虽经纶夷险，不废素业。从谏察谋，以威重得众。即位后，身不御精细之物。敕中书舍人桓景真曰："主衣中似有玉介导③，此制始自大明末，后泰始尤增其丽。留此置主衣，政是兴长疾源，可即时打碎，凡复有可异物，皆宜随例也。"后宫器物栏槛以铜为饰者，皆改用铁。内殿施黄纱帐，宫人著紫皮履，华盖除金花爪，用铁回钉。每曰："使我治天下十年，当使

翻译

皇上年轻时深沉而有大气量，宽严清俭，喜怒不表现于外。博览经史书籍，善写文章，擅长草隶书，下棋为第二品。虽然历经风波，也没有废弃学业。能听从进谏，审察谋略，以威望得到众人拥护。即皇帝位后，身上不戴精巧的器物。曾手谕中书舍人桓景真说："皇上的衣库中好像有玉做的介导，这个制度始于大明末年，后来泰始年间更加华丽。留下此物在皇上的衣库中，是政治弊端产生之源，可立即打碎，以后再有奇异的器物，也都照此办理。"后宫的器物栏槛用铜装饰的，全部改用铁。内殿布置黄纱帐，宫人穿紫皮鞋，车上的华盖除金花爪外，都用铁回钉。他常说："让我治理天下十年，就会让黄金与泥土同样价格。"想以自己为天下表率，移风易俗。……

黄金与土同价。"欲以身率
天下,移变风俗。……

注释 ① 草隶:亦称章草,是隶书的草写。 ② 品:棋品,棋艺的等级。古代围棋棋艺共分为九品。 ③ 主衣:即主衣库,负责提供皇上衣物。介导:引头发入冠帻的器具。

东昏侯纪

导读

　　东昏侯萧宝卷是齐明帝萧鸾的次子,公元498年明帝死后即位为皇帝。两年多后,雍州刺史萧衍发兵包围京师,萧宝卷被身边的人杀死,年仅19岁,死后被追封为东昏侯。他死后,齐朝基本上就灭亡了。

　　萧宝卷是个典型的昏君,他年轻无知,又不肯信用朝廷大臣,只宠幸身边的宦官和群小。生活上荒淫奢侈,沉湎于声色狗马,搜刮民间财富建造宫殿苑囿,视朝廷大事为儿戏,随意杀戮文武大臣,搞得国家大乱,民不聊生。他在位的短短两年多时间,就先后爆发四次朝廷将领举兵反叛的事件,最后众叛亲离,被自己平时亲信的人杀死。

　　本篇以记叙皇帝的劣迹为主要内容,这在古代史书帝纪中是比较特别的。其中可能带有作者萧子显的某种个人恩怨,因为萧宝卷的父亲萧鸾是篡位上台的,而被他废黜并杀害的郁林王萧昭业、海陵王萧昭文则是萧子显的侄儿,所以萧子显对萧鸾父子深怀怨恨。但文中的记录基本上符合历史事实,暴露了封建统治阶级的荒淫腐朽,从中可看出齐朝灭亡的必然性。(选自卷七)

原文

　　东昏侯宝卷字智藏,高宗第二子也①。本名明贤,高宗辅政后改焉。建武元年②,立为皇太子。

翻译

　　东昏侯萧宝卷字智藏,是齐明帝萧鸾的第二个儿子。原名明贤,萧鸾辅政后改名。建武元年(494),被立为皇太子。

永泰元年七月己酉,高宗崩,太子即位。……

永泰元年(498)七月己酉日,齐明帝去世,太子即位为皇帝。……

注释　① 高宗:即齐明帝萧鸾。　② 建武:齐明帝年号。建武元年:494年。

原文

帝在东宫便好弄,不喜书学,高宗亦不以为非,但勖以家人之行①。令太子求一日再入朝,发诏不许,使三日一朝。尝夜捕鼠达旦,以为笑乐。高宗临崩,属以后事,以隆昌为戒②,曰:"作事不可在人后!"故委任群小,诛诸宰臣,无不如意。

翻译

皇帝在东宫做太子时便喜好玩耍,不喜欢写字学习。萧鸾也不以为非,只是以"家人"的品行劝勉他。萧鸾叫太子请求每天入朝两次,又故意下诏不同意,只让他每三天入朝一次。他常在夜里捕捉老鼠直到天亮,以此来取乐。萧鸾临死时,对他嘱咐后事,要他以郁林王萧昭业为鉴戒,对他说:"做大事不可落在别人后面!"所以他委任众多小人,诛杀朝廷大臣,无不按照他自己的意思行事。

注释　① 勖(xù):勉励。家人:《易经》卦名。按《易传》的解释,此卦内容是讲父子兄弟夫妇的家道。　② 隆昌:指郁林王萧昭业,即帝位后以隆昌为年号,不到一年,被萧鸾废黜。

原文

性重涩少言,不与朝士接,唯亲信阉人及左右御刀应敕等。自江祏、始安王遥光诛后①,渐便骑马。日夜

翻译

东昏侯性格迟钝很少言语,不与朝中官吏交往,只亲信宦官和身边持刀侍卫及传达旨意的人。自从江祏、始安王萧遥光被诛杀后,他开始练习骑马,日

于后堂戏马，与亲近阉人倡伎鼓叫。常以五更就卧，至晡乃起②。王侯节朔朝见③，晡后方前，或际暗遣出。台阁案奏④，月数十日乃报，或不知所在。二年元会⑤，食后方出，朝贺裁竟，便还殿西序寝⑥，自巳至申，百僚陪位，皆僵仆菜色。比起就会，忽遽而罢。

夜在后堂玩马，和亲近的宦官及歌女们一起大声喧闹。经常在天将亮时入睡，到下午才起来。王侯们在规定的日期来朝见，到下午以后才上前，有时要等到天将黑时才退出来。尚书省奏上的案卷，一个多月以后才作答复，有时甚至不知丢在何处。永元二年（500）元旦会见群臣，他在食时以后（上午八时以后）才出来，朝拜礼仪刚刚完毕，他就回到西厢房睡觉，从巳时睡到申时，众臣僚留在位上奉陪，都因疲倦饥饿而倒地。等到他起来会见时，却又匆忙草率地结束了。

注释 ① 江祏（shí）：字弘业，任中书令、右仆射。始安王萧遥光：齐高帝萧道成的侄子。江祏于永元元年（499）密谋废黜东昏侯立萧遥光，事发被杀。参见本书《江祏传》。 ② 晡：申时，即下午三点至五点。 ③ 节朔：指王侯按规定朝见天子的日期。 ④ 台阁：指尚书省官员。 ⑤ 元会：皇帝元旦会见群臣。 ⑥ 西序：西厢房。

原文

陈显达事平①，渐出游走，所经道路，屏逐居民，从万春门由东宫以东至于郊外②，数十百里，皆空家尽室。巷陌悬幔为高障，置仗人防守，谓之"屏除"③。或于市肆左侧过亲幸家④，环

翻译

陈显达之事平息后，他逐渐外出巡游，所经过的道路，都要排除驱逐当地居民，从万春门经过东宫以东直到郊外，几十上百里路，两旁住宅都被赶得空无一人。街巷道路上悬挂帷幔成为高高的屏障，安置卫士防守，称之为"屏除"。东昏侯有时到市场店铺两旁拜访

回宛转,周遍京邑。每三四
更中,鼓声四出,幡戟横路,
百姓喧走相随,士庶莫辨。
出辄不言定所,东西南北,
无处不驱人。高障之内,设
部伍羽仪,复有数部,皆奏
鼓吹羌胡伎⑤,鼓角横吹。
夜出昼反,火光照天。拜爱
姬潘氏为贵妃,乘卧舆,帝
骑马从后。著织成裤褶⑥,
金薄帽,执七宝缚矟⑦,戎服
急装,不变寒暑,陵冒雨雪,
不避坑阱。驰骋渴乏,辄下
马解取腰边蠡器酌水饮
之⑧,复上马驰去。马乘具
用锦绣处,患为雨所沾湿,
织杂彩珠为覆蒙,备诸雕
巧。教黄门五六十人为骑
客⑨,又选无赖小人善走者
为逐马,左右五百人,常以
自随,奔走往来,略不暇息。
置射雉场二百九十六处,翳
中帷帐及步障⑩,皆夹以绿
红锦,金银镂弩,牙璲瑁帖
箭⑪。郊郭四民皆废业,樵

所亲幸的小人家中,巡回周转,走遍整
个京城。他常常在半夜三更四更时,鼓
声大作,旗帜器杖横行于道路,老百姓
喧闹奔走相互跟随,士人与庶民无法分
辨。他出游则不说明一定的去处,东西
南北,无处不驱赶行人。东昏侯在高高
的屏障之内,设置列队士兵和仪仗,另
外还有好几部,都是吹奏羌胡音乐的艺
伎,吹奏鼓角横吹之曲。他夜里出去白
天返回,火光照天。他封其爱姬潘氏为
贵妃,让她乘坐可以躺卧的车辆,自己
骑马跟随在后。他穿着织成的骑服,戴
着饰有金箔的帽子,拿着装饰有多种宝
物的长矛,一身军服全副武装,不管是
寒是暑,顶着风雨冒着霜雪,不避坑坑
洼洼。他奔走得口渴了,就下马解下腰
边的胡芦瓢舀水饮用,然后又上马奔驰
而去。东昏侯乘马的用具上用锦绣装
饰的地方,担心被雨水淋湿,就编织各
种彩珠作为覆盖,用尽了各种雕饰技
巧。他教宦官五六十人做骑客,又选了
一些善于奔跑的无赖小人来追马,身边
有五百人,经常叫他们跟随自己,来来
往往到处奔走,一刻也不休息。他设置
了射野鸡的场所二百六十九处,华盖中
的帷帐和屏幕,都用红绿锦缎为夹里,
用金银雕镂弓弩,用象牙和璲瑁装饰箭

苏路断⑫,吉凶失时,乳妇婚姻之家,移产寄室⑬,或舆病弃尸⑭,不得殡葬。有弃病人于青溪边者⑮,吏惧为监司所问⑯,推置水中,泥复其面,须臾便死,遂失骸骨。

杆。城里和郊外的士农工商都荒废了各自的工作,道路上看不到打柴割草的人,吉凶也失去了正常的时节。怀孕的妇女和新婚人家,都转移家产寄居他室,有的人抱病登车弃尸路旁,得不到埋葬。有的把病人抛弃在青溪旁,役吏害怕被监察官追问,便将病人推入水中,用泥土覆盖在脸上,一会儿就死了,连尸首都找不到。

注释 ①陈显达:南齐开国功臣,永元元年(499)十一月举兵反叛东昏侯,兵败被杀。 ②万春门:在当时台城东掖门以北。 ③屏除:意为排除众人的屏障。 ④左侧:犹言左右、两旁。 ⑤鼓吹:北方民族音乐名。羌胡伎:古代西北部民族的艺伎。 ⑥裤褶(xí):一种便于骑马的服装。 ⑦矟(shuò):长矛。 ⑧蠡器:瓠瓢。 ⑨黄门:指宦官。 ⑩翳(yì):华盖。 ⑪瑇瑁:一种海龟,其甲壳可作装饰品。帖:同"贴",粘附。 ⑫樵苏:打柴割草的人。 ⑬"乳妇"二句:据他书记载,东昏侯曾在沈公城剖孕妇之腹视其男女。故孕妇新婚人家转移躲避。 ⑭舆病:抱病登车。 ⑮青溪:在今南京城内上元门附近。 ⑯监司:监察地方属吏的官员。

原文

后宫遭火之后,更起仙华、神仙、玉寿诸殿,刻画雕彩,青葛金口带①,麝香涂壁,锦幔珠帘,穷极绮丽。絷役工匠,自夜达晓,犹不副速,乃剔取诸寺佛刹殿藻井仙人骑兽以充足之②。世

翻译

后宫遭火灾之后,又盖起仙华、神仙、玉寿等大殿,雕刻描绘彩色图案,用青葛金装饰边沿,用麝香涂抹墙壁,悬挂锦幔和珠帘,竭尽美艳华丽之能事。抓来服役的工匠,通宵达旦地干,仍然不能满足要求,于是又剥取各佛寺神殿里的彩色天花板和仙人骑兽图

祖兴光楼上施青漆,世谓之"青楼"。帝曰:"武帝不巧,何不纯用琉璃?"

像用来补充。齐武帝时盖的兴光楼上涂着青漆,世人称之为"青楼"。皇上却说:"武帝不算工巧,为何不全部使用琉璃?"

注释　① 荐(jiān):本指兰草。金口带:用金装饰的边沿。　② 藻井:指绘有藻状纹彩的天花板。

原文

潘氏服御,极选珍宝,主衣库旧物,不复周用,贵市民间金银宝物,价皆数倍。虎魄钏一只,直百七十万。京邑酒租,皆折使输金,以为金涂。犹不能足,下扬、南徐二州桥桁塘埭丁①,计功为直,敛取见钱,供太乐主衣杂费②。由是所在塘渎,多有隳废③。又订出雉头鹤氅白鹭缞④。亲幸小人,因缘为奸利,课一输十⑤,郡县无敢言者。

翻译

潘贵妃的服饰车驾,都选用最好的珍宝,皇上衣库中所存的旧物,已经不再够用,又以高价购买民间的金银宝物,价钱都高达数倍。琥珀钏一只,价值一百七十万。京城里的酒税,都折价叫人贡纳黄金,用来制成金泥。仍然不能满足宫中消费,又取消扬州、南徐州两地修筑桥梁塘坝的丁壮们的劳役,按工时折算为价格,收取现钱,用来提供太乐宫和皇上衣服的杂费。因此那些地方的塘坝沟渠,很多都毁坏了。又向民间征收野鸡头毛和鹤羽白鹭羽制成的外衣。东昏侯所亲幸的小人,也乘机捞取私利,规定征收一份,实际收纳十份,郡县里没有人敢说话。

注释 ① 扬、南徐二州：见《高帝纪》注。桁（háng）：浮桥。埭（dài）：土坝。
② 太乐：朝廷掌管乐人的官署。 ③ 隳（huī）：毁坏。 ④ 订出：指向民众征收。雉
头：野鸡头上的毛，色泽鲜艳，可以用来装饰裘衣。鹤氅：用鹤羽制成的外衣。白鹭
缞（cuī）：用白鹭羽毛制成的衣服。 ⑤ 课：按规定数目征收。输：缴纳。

原文

三年夏，于阅武堂起芳乐苑，山石皆涂以五采，跨池水立紫阁诸楼观，壁上画男女私亵之像。种好树美竹，天时盛暑，未及经日，便就萎枯。于是征求民家，望树便取，毁彻墙屋以移致之，朝栽暮拔，道路相继。花药杂草，亦复皆然。

又于苑中立市，太官每旦进酒肉杂肴①。使宫人屠酤，潘氏为市令②，帝为市魁③，执罚，争者就潘氏决判。

翻译

永元三年（501）夏天，东昏侯在阅武堂建造芳乐苑，山石都涂上五彩颜色，横跨池水建造紫阁等楼台，墙壁上画着男女交欢的图像。他命令栽种各种名贵的树木和竹子，当时天气酷热，不到一天，就枯萎了。于是又下令到民众家中征求，看见树木就要取走，拆墙毁屋进行移栽，早晨栽下傍晚拔掉，道路上连续不断。对于各种花草，也是如此。

东昏侯又在芳乐苑中设立集市，太官每天早晨送进酒肉和各种菜肴。叫宫人卖肉酤酒，潘氏扮作市令，皇上扮作市魁，执行处罚，发生争执就到潘氏那里去裁决。

注释 ① 太官：官名，掌管皇帝饮食宴会。 ② 市令：主管市场的官员。 ③ 市
魁：管理市场的役吏。

原文

帝有膂力，能担白虎幢①，自制杂色锦伎衣，缀以

翻译

皇上很有力气，能担起白虎大旗，自制了杂色锦缎的歌伎衣服，缝缀着金

金花玉镜众宝，逞诸意态。所宠群小党与三十一人，黄门十人。初任新蔡人徐世櫄为直阁骁骑将军②，凡有杀戮，皆其用命。杀徐孝嗣后③，封为临汝县子④。陈显达事起，加辅国将军⑤。虽用护军崔慧景为都督⑥，而兵权实在世櫄。及事平，世櫄谓人曰："五百人军主，能平万人都督。"世櫄亦知帝昏纵⑦，密谓其党茹法珍、梅虫儿曰："何世天子无要人，但阿侬货主恶耳⑧。"法珍等争权，以白帝。帝稍恶其凶强，以二年正月，遣禁兵杀之。世櫄拒战而死。自是法珍、虫儿用事，并为外监⑨，口称诏敕。中书舍人王咺之与相唇齿⑩，专掌文翰。其余二十余人，皆有势力。崔慧景平后⑪，法珍封余干县男，虫儿封竟陵县男。

花玉镜等许多宝物，卖弄神情姿态。所宠幸的小人党羽有三十一人，宦官十人。开始时任命新蔡人徐世櫄为直阁骁骑将军，凡是有杀戮之事，都是由他拿主意。杀了徐孝嗣以后，他被封为临汝县子爵。陈显达反叛的事情发生后，他又加上了辅国将军的官号。虽然任用护军崔慧景为都督，但兵权实际上在徐世櫄手中。等到陈显达的事情平息后，徐世櫄对人说："我这五百人的军主，能盖过他统帅万人的都督。"徐世櫄也知道皇上昏乱放纵，私下对他的同党茹法珍、梅虫儿说："哪一代天子没有自己的要人，我只是贩卖皇上的罪恶罢了。"茹法珍等人想与徐世櫄争夺权力，就把这些话告诉皇上。皇上渐渐憎恶世櫄的凶险强悍，于永元二年（500）正月，派禁卫兵去杀他。徐世櫄抗拒交战而死。从此茹法珍、梅虫儿决定大事，二人都担任外监，口传皇上诏令。中书舍人王咺之与他们相互配合，专门掌管文笔。其余二十几人，都有一定势力。崔慧景之事平息后，茹法珍封为余干县男爵，梅虫儿封为竟陵县男爵。

注释 ① 白虎橦：绘有白虎图样的大旗。橦，同"幢"。 ② 新蔡：县名，今属河南。直阁：即直阁将军，宫廷卫兵的领兵官。"骁骑将军"是另加的荣誉称号。 ③ 徐孝嗣：字始昌。东昏侯即位后任司空，密谋废立，被发觉，东昏侯赐他饮药酒而死。 ④ 临汝县：今江西临川。 ⑤ 辅国将军：见《高帝纪》注。 ⑥ 护军：即护军将军，见《高帝纪》注。都督：这里指都督中外诸军事，为诸军统帅。 ⑦ 橚：音 biǎo。 ⑧ 阿侬：吴语称"我"为"阿侬"。 ⑨ 外监：官名，在外行监督统领之事。 ⑩ 中书舍人：见《高帝纪》注。喧：音 xuǎn。 ⑪ 崔慧景平：崔慧景于永元二年（500）三月举兵袭京师，四月事败被杀。

原文

及义师起①，江、郢二镇已降②，帝游骋如旧。谓茹法珍曰："须来至白门前③，常一决。"义师至近郊，乃聚兵为固守之计。召王侯朝贵分置尚书都座及殿省④。又信鬼神，崔慧景事时，拜蒋子文神为假黄钺⑤、使持节⑥、相国、太宰⑦、大将军、录尚书、扬州牧⑧、钟山王⑨。至是又尊为皇帝。迎神像及诸庙杂神皆入后堂，使所亲巫朱光尚祷祀祈福。以冠军将军王珍国领三万人据大桁⑩，莫有斗志。遣左右直长阉竖王宝孙督

翻译

到了萧衍发兵起事后，江、郢二州的守军已经投降，皇上骑马游荡一如往日。他对茹法珍说："等他们来到白门前，再与他们一决雌雄。"萧衍的人马到达京城近郊时，皇上才聚集兵士商量固守的计策。召集王侯和朝廷贵臣分别安置在尚书都座和殿省。又相信鬼神，崔慧景一事发生时，皇上拜蒋子文的神灵为假黄钺、使持节、相国、太宰、大将军、录尚书、扬州牧、钟山王。到此时又尊奉蒋子文为皇帝。迎接神像和各庙的杂神都进入后堂，派所亲幸的巫师朱光尚祭祀祷告，祈求福祐。派冠军将军王珍国率领三万人据守朱雀桥，但没有人有斗志。又派身边的直长宦官王宝孙去督战，称为"王长子"。王宝孙厉声斥骂各位将帅，直阁将军席豪怀着愤恨

战⑪，呼为"王长子"。宝孙切骂诸将帅，直阁将军席豪发愤突阵死。豪，骁将，既毙，众军于是土崩。军人从朱雀观上自投及赴淮死者无数。于是闭城自守，城内军事委王珍国。兖州刺史张稷入卫京师，以稷为副，实甲犹七万人。

去冲锋陷阵而战死。席豪是一员骁勇的将领，他死之后，众军也就土崩瓦解了。军人们从朱雀观上跳下去或是投入秦淮河而死的不可胜数。于是皇上只好关闭城门自守，城内军务大事委任王珍国负责。兖州刺史张稷赶来保卫京师，就任命张稷为副手，当时实有士兵七万人。

注释 ① 义师：指梁武帝萧衍的部队。萧衍于永元二年（500）十二月起兵反叛东昏侯，后建立梁朝。《南齐书》写成于梁代，故称萧衍部队为"义师"。　② 江：江州，治所在今江西九江。郢：郢州，治所在今湖北武昌。　③ 白门：都城建康城的西门。④ 都座：朝廷议事的地方。　⑤ 蒋子文：东汉广陵人，曾自言骨青，死后当为神，汉末为秣陵尉，追贼至钟山（在今江苏南京东郊），伤额而死。后世封为神，立庙祭祀，故钟山一名蒋山。黄钺：黄金所饰之钺，为天子的仪仗。假黄钺：对大臣的一种封号，意为借用天子仪仗，以示威重。　⑥ 使持节：见《高帝纪》注。　⑦ 太宰：古代掌管王室内外事务的官。　⑧ 录尚书、扬州牧：见《高帝纪》注。　⑨ 钟山：在今南京东郊，亦名紫金山。　⑩ 大桁：即朱雀桥，见《高帝纪》注。　⑪ 直长：官名，隶属于秘书省。

原文

帝乌帽袴褶，备羽仪，登南掖门临望。又虚设铠马斋仗千人①，皆张弓拔白，出东掖门，称蒋王出荡。素好斗军队，初使宫人为军，后乃用黄门。亲自临阵，诈

翻译

皇上头戴黑帽身穿骑服，备好仪仗侍卫，登上南掖门眺望。又虚设了带铠甲的马匹和仪仗队武士一千人，一起拉弓拔剑，冲出东掖门，假称是蒋子文神出来扫荡。皇上平时就喜欢看军队交战，当初曾让宫人扮作军人，后来又用

被疮，使人舆将去。至是于阅武堂设牙门军顿②，每夜严警。帝于殿内骑马从凤庄门入徽明门，马被银莲叶具装铠，杂羽孔翠寄生③。逐马左右卫从，昼眠夜起如平常。闻外鼓叫声，被大红袍登景阳楼屋上望，弩几中之。众皆怠怨，不为致力。募兵出战，出城门数十步，皆坐甲而归。虑城外有伏兵，乃烧城旁诸府署，六门之内皆荡尽。城中阁道西掖门内，相聚为市，贩死牛马肉。帝初与群小计议，陈显达一战便败，崔慧景围城退走，谓义师远来，不过旬日，亦应散去。敕太官办樵米为百日粮而已。大桁败后④，众情凶惧。法珍等恐人众惊走，故闭城不复出军。既而义师长围既立，堑栅严固，然后出荡，屡战不捷。

宦官。他亲自临阵，假装受了伤，让人把他抬走。到此时他在阅武堂设置牙门军营，每天夜里严加戒备。皇上在殿内骑马从凤庄门进入徽明门，马上披着银制的莲叶，都装上铠甲，还装饰着孔雀的尾羽和杂色羽毛。担任"追马"的人跟随在左右侍卫，白天睡觉晚上起来还是与往常一样。听到外面有鼓噪喊叫的声音，皇上披上大红袍登上景阳楼屋顶上眺望，几乎被箭射中。众人都怠倦怨恨，不肯为他出力。招募的士兵出去交战，出城门才数十步，就都弃甲而归。他担忧城外会有伏兵，于是就烧毁城墙旁各官府房屋，六个城门之内都被一扫而空。城中道路旁和西掖门内，相聚为集市，贩卖被烧死的牛马的肉。皇上开始时与身边小人商议，认为当初陈显达反叛时一战便败，崔慧景来围城不久也退去了，所以认为萧衍这次远道而来，不过十天，也应当溃散离去。所以下诏令太官筹办柴米只准备了一百天的口粮。到了朱雀桥一仗打败后，众人神情恐惧。茹法珍等人担心兵众惊惧逃跑，就关闭了城门不再出军。不久萧衍的军队便在城外设置了很长的包围圈，壕沟栅栏严密坚固，这时茹法珍等人才出城攻击，所以交战多次都不能获胜。

① 铠马：披带铠甲的马。斋仗：担任仪仗侍卫的武士。 ② 牙门：军营门前竖牙旗，故称营门为牙门。顿：驻扎。 ③ 孔翠：孔雀尾部的羽毛。寄生：依附、附着。 ④ 大桁败：指永元三年(501)冬十月甲戌日，王国珍在朱雀桥迎战萧衍，被击败。

原文

帝尤惜金钱，不肯赏赐，法珍叩头请之，帝曰："贼来独取我邪？何为就我求物？"后堂储数百具榜①，启为城防。帝云拟作殿，竟不与。又催御府细作三百人精仗，待围解以拟"屏除"②。金银雕镂杂物，倍急于常。

翻译

皇上尤其吝惜金钱，不肯用来赏赐将士，茹法珍向他叩头请求，皇上说："贼兵来难道只是抓我一个人吗？为何来向我要东西？"后宫储备有数百片木板，有人启奏请求用来修筑城防工事。皇上说那是准备用来盖大殿的，最终也不肯给予。又催促御府细致地制造供三百人使用的精巧器杖，待到解围以后准备用来设"屏除"。他对金银和雕镂杂物的需求，比平常加倍地急迫。

注释 ① 榜：木板。 ② 屏除：见上文。

原文

王珍国、张稷惧祸及，率兵入殿，分军又从西上阁入后宫断之。御刀丰勇之为内应。是夜，帝在含德殿吹笙歌作《女儿子》①，卧未熟。闻兵入，趋出北户，欲

翻译

王国珍、张稷惧怕将来灾祸降到自己头上，就率兵进入大殿，又分出一队军士从西上阁进入后宫断其退路。皇上的侍卫丰勇之为他们作内应。这天夜里，皇上在含德殿吹笙歌唱《女儿子》乐曲，卧床尚未熟睡。听到有士兵进入，急忙从北门逃出，想回到后宫。但

还后宫。清曜阁已闭，阉人禁防黄泰平以刀伤其膝，仆地，顾曰："奴反邪?"直后张齐斩首送梁王②。

清曜阁已被关闭，担任禁卫的宦官黄泰平用刀刺伤了皇上的膝盖，皇上仆倒在地，回头喝道："奴才造反了吗?"直后张齐斩下了皇上的头送给梁王萧衍。

注释 ① 女儿子:乐府《西曲歌》名。 ② 直后:官名,从属于掌管宫廷禁卫的左右卫。梁王:指萧衍。齐中兴二年(502)正月,宣德太后下诏进萧衍爵位为梁王。

王 敬 则 传

导读

王敬则（? —498），晋陵南沙（今江苏江阴东南）人。出身于社会下层，因善于杂耍而被召用为宋帝的贴身侍卫，后升任侠毂队主、直阁将军、龙骧将军、安成王车骑参军等职。萧道成辅政时，王敬则追随萧道成为之效力。在萧道成清除异己势力、最终夺取帝位、建立齐朝的整个过程中，王敬则立下了汗马功劳。因而在齐朝建立后，他被加官进爵，封为寻阳郡公，历任南兖州刺史、吴兴太守、散骑常侍、护军将军、会稽太守，一直升到司空、太尉、大司马。王敬则是一介武夫，缺少智谋。齐朝后期，他以开国元勋的身份居于高位，越来越引起皇帝的疑忌。终于迫使他起兵反叛朝廷，最后兵败被杀。王敬则的经历在古代封建王朝开国武将中有一定的典型意义。从这篇传记中，可以看出当时统治集团内部矛盾斗争的尖锐激烈。（选自卷二六）

原文

王敬则，晋陵南沙人也①。母为女巫，生敬则而胞衣紫色，谓人曰："此儿有鼓角相②。"敬则年长，两腋下生乳各长数寸，梦骑五色师子③。年二十余，善拍张④，补刀戟左右⑤。景和

翻译

王敬则，晋陵南沙（今江苏江阴东南）人。母亲是个巫婆，生下王敬则时，胎衣是紫色的，她对人说："这小孩有当武将的相貌。"敬则长大后，两边腋下各生出一个长达数寸的乳头，又梦见自己骑坐五色狮子。二十多岁时，善于玩杂技，被召用为皇上的刀戟卫士。景和皇

使敬则跳刀⑥，高与白虎幢等⑦，如此五六，接无不中。补侠毂队主⑧，领细铠左右⑨。与寿寂之同毙景和⑩。明帝即位⑪，以为直阁将军⑫。坐捉刀入殿启事，系尚方十余日⑬，乃复直阁。除奋武将军⑭，封重安县子，邑三百五十户。敬则少时于草中射猎，有虫如乌豆集其身，摘去乃脱，其处皆流血。敬则恶之，诣道士卜，道士曰："不须忧，此封侯之瑞也⑮。"敬则闻之喜，故出都自效，至是如言。

帝刘子业叫敬则耍刀，把刀扔到与白虎旗一样高，同样的刀有五六把，王敬则没有接不中的。后来王敬则担任天子"夹毂队"的队长，兼任贴身侍卫官。他与寿寂之等人一起杀死了景和皇帝。宋明帝即位后，让他担任直阁将军。因为提着刀上大殿向皇上启事，被拘禁在尚方十多天，然后再任直阁将军。后又任命为奋武将军，封为重安县子爵，食邑三百五十户。敬则年轻时有一次在草丛中打猎，有黑豆一样的虫子集中叮在他身上，用手去抓才离去，叮过的地方都流了血。敬则心中很不高兴，找到道士请他占卜，道士说："不必忧虑，这是将要封侯的吉兆。"敬则听了很高兴，于是出都效力，如今果然应验了道士的话。

注释 ①晋陵南沙：在今江苏江阴东南。 ②鼓角：军队中使用的战鼓和号角。鼓角相：做军队将领的面相。 ③师：同"狮"。 ④拍张：一种杂技，表演者伸臂从空中接刀为戏。 ⑤补：任职。刀戟左右：指皇帝身边的卫士。 ⑥景和：刘宋前废帝刘子业年号，此处代指刘子业。跳刀：耍刀，即上文所谓"拍张"。 ⑦白虎幢：绘有白虎图样的旗帜。 ⑧侠毂队：王侯的亲兵，出行时夹车作卫队。侠：同"夹"。主：队长。 ⑨细铠左右：皇帝的贴身宿卫官。 ⑩同毙：刘子业于465年被左右近臣阮佃夫、寿寂之等人杀死，见《宋书》卷七。 ⑪明帝：宋明帝刘彧。 ⑫直阁将军：见《高帝纪》注。 ⑬尚方：官署名，负责制造皇上所用器物。 ⑭除：任命。奋武将军：杂号将军的一种。 ⑮瑞：祥瑞，吉兆。

原文

泰始初①,以敬则为龙骧将军②、军主③,随宁朔将军刘怀珍征寿春④。殷琰遣将刘从筑四垒于死虎⑤,怀珍遣敬则以千人绕后,直出横塘⑥,贼众惊退。除奉朝请⑦,出补暨阳令⑧。

翻译

泰始(465—471)初期,皇上任命敬则为龙骧将军、军主,跟随宁朔将军刘怀珍出征寿春。叛将殷琰派遣部将刘从在死虎修筑四个营垒,刘怀珍派遣王敬则带领一千人绕到后方,直出横塘袭击,叛军惊骇而退。王敬则后被任命为奉朝请,出任暨阳县令。

注释 ①泰始:宋明帝年号,465—471年。 ②龙骧将军:加给出征将领的一种称号,有实际兵权。 ③军主:一军的主将。 ④宁朔将军:出征将军的一种称号。寿春:今安徽寿县。当时晋安王刘子勋在这一带起兵反叛朝廷,故宋明帝派兵前往讨伐。 ⑤殷琰:原为豫州刺史,后归附刘子勋。死虎:地名,所在地址不详。⑥横塘:在今江苏南京西南。 ⑦奉朝请:本为王公、大臣定期朝见皇帝的称谓,南朝时常用作安置闲散官员的一种官号。 ⑧暨阳:县名,故城在今江苏江阴。

原文

敬则初出都,至陆主山下,宗侣十余船同发,敬则船独不进。乃令弟入水推之,见一乌漆棺。敬则曰:"尔非凡器。若是吉善,使船速进。吾富贵,当改葬尔。"船须臾去。敬则即入县,收此棺葬之。

翻译

敬则刚出都城,来到陆主山下,家人的十几艘船一齐出发,只有敬则的船不能前进。于是叫弟弟下水推船,发现一具乌漆棺材。敬则对棺材说:"你不是平常之器。如果是吉利的话,就让我的船快速前进。等我富贵之后,就当为你改葬。"船一会儿就驶去了。敬则到了暨阳县,就把那具棺材取来安葬了。

军荒之后，县有一部劫逃紫山中为民患[1]。敬则遣人致意劫帅，可悉出首，当相申论。治下庙神甚酷烈，百姓信之。敬则引神为誓，必不相负。劫帅既出，敬则于庙中设会，于座收缚，曰："吾先启神：若负誓，还神十牛。今不违誓。"即杀十牛解神，并斩诸劫。百姓悦之。迁员外郎[2]。

战乱之后，县里有一伙强盗逃到紫山中，成为民众的祸患。敬则派人向强盗首领传达自己的意思，请他们都出来自首，可以从宽论处。当地庙神祭祀极其兴盛，老百姓相信神灵。敬则就以神作证发誓，表示一定不失言。强盗首领出山后，敬则在庙中设宴会，就在座席上将强盗头子捆缚，对他说："我先前向神启明：如果我背弃了誓言，就还给神十头牛。现在我不违背对神作出的许诺。"当即杀了十头牛献给神，同时将强盗全部斩首。老百姓对此很高兴。王敬则后升任为员外郎。

注释 ① 劫：强盗。紫山：一本作"入山"。 ② 员外郎：见《高帝纪》注。

原文

元徽二年[1]，随太祖拒桂阳贼于新亭[2]。敬则与羽林监陈显达、宁朔将军高道庆乘舸舺于江中迎战，大破贼水军，焚其舟舰。事宁，带南泰山太守[3]、右侠毂主，转越骑校尉[4]，安成王车骑参军[5]。

翻译

元徽二年(474)，敬则跟随萧道成在新亭抵挡桂阳王刘休范。敬则与羽林监陈显达、宁朔将军高道庆乘战船在江中迎战，大破敌兵的水军，烧毁其船舰。叛乱平息后，敬则兼任南泰山太守、右侠毂队主，转任越骑校尉、安成王车骑参军。

注释　①元徽：刘宋后废帝年号。　②太祖：指萧道成。桂阳贼：指桂阳王刘休范，当时反叛朝廷。参见本书《高帝纪》。　③南泰山：郡名，治所在今江苏灌云北。④越骑校尉：五校尉（屯骑、步兵、射声、越骑、长水）之一，级别略次于将军。　⑤安成王：即宋顺帝刘准，明帝第三子，封安成王，进号车骑将军。参军：将军府中的重要幕僚。车骑参军：即车骑将军府中的参军。

原文

　　苍梧王狂虐①，左右不自保。敬则以太祖有威名，归诚奉事。每下直②，辄往领府③。夜著青衣，扶匐道路，为太祖听察苍梧去来。太祖命敬则于殿内伺机，未有定日。既而杨玉夫等危急殒帝。敬则时在家，玉夫将首投敬则，敬则驰诣太祖。太祖虑苍梧所诳，不开门。敬则于门外大呼曰："是敬则耳。"门犹不开。乃于墙上投进其首。太祖索水洗视，视竟，乃戎服出。

翻译

　　苍梧王狂暴酷虐，身边的人都不能自保。敬则看到萧道成有威望名声，便诚心归附并侍奉他。每当公事完毕，就到萧道成的领军府中去。敬则夜里穿着青色的便衣，匍匐在道路旁，为萧道成暗中监视苍梧王的来往行迹。萧道成命令敬则在殿内窥伺时机，但未能有合适的日子。不久杨玉夫等人在危急仓促之中杀了苍梧王。当时王敬则在家中，杨玉夫带着苍梧王的头来交给王敬则，敬则驰马去见萧道成。萧道成担心是苍梧王设计骗他，不肯开门。敬则在门外大叫道："是我王敬则。"门还是不开。于是他就从墙头上把苍梧王的头扔进去。萧道成找来水把头洗净察看，看清后，才穿上军装出门来。

注释　①苍梧王：即刘宋后废帝刘昱，参见《高帝纪》注。　②下直：犹言下班、下岗。直：同"值"。　③领府：领军府。当时萧道成任中领军。

原文

敬则从入宫，至承明门①。门郎疑非苍梧还，敬则虑人觇见②，以刀环塞窐孔③，呼开门甚急。卫尉丞颜灵宝窥见太祖乘马在外④，窃谓亲人曰："今若不开内领军，天下会是乱耳。"门开，敬则随太祖入殿。明旦，四贵集议⑤。敬则拔白刃在床侧跳跃曰："官应处分⑥，谁敢作同异者！"升明元年⑦，迁员外散骑常侍⑧、辅国将军、骁骑将军⑨、领临淮太守⑩，增封为千三百户，知殿内宿卫兵事。

翻译

敬则跟随萧道成到皇宫，来到承明门。看门人怀疑不是苍梧王回来，敬则担心被人发觉，就用刀柄塞住门上洞孔，十分急迫地呼叫开门。卫尉丞颜灵宝窥见到萧道成骑马在外面，私下对亲人说："今天如果不开门放进萧领军，天下定会大乱了。"门开后，敬则跟随萧道成进入殿中。第二天早晨，"四贵"在一起商议国事。敬则拔出刀子在一旁跳跃着说："萧领军作出决定，有谁敢说个不字！"升明元年（477），王敬则升任员外散骑常侍、辅国将军、骁骑将军，兼任临淮太守，封给的食邑增加到一千三百户，并管辖殿内侍卫兵之事。

注释　①承明门：当时建康台城北掖门的内门。　②觇（chān）：偷看，侦察。　③窐（guī）孔：小洞。　④卫尉：掌管宫门警卫的官。卫尉丞：卫尉的副官。　⑤四贵：指萧道成、袁粲、褚渊、刘秉四人。参见《高帝纪》注。　⑥官：对尊长的敬称，这里指萧道成。　⑦升明：刘宋顺帝年号。　⑧员外散骑常侍：皇帝的侍从，隶属于侍中。当时萧道成已进位侍中。　⑨辅国将军、骁骑将军：并见《高帝纪》注。　⑩临淮：郡名，治所当在今江苏境内，具体地址不详。

原文

沈攸之事起①，进敬则

翻译

沈攸之反叛的事发生后，敬则被加

号冠军将军。太祖入守朝堂②。袁粲起兵夕，领军刘韫、直阁将军卜伯兴等于宫内相应，戒严将发。敬则开关掩袭，皆杀之。殿内窃发尽平，敬则之力也。迁右卫将军，常侍如故③。增封为二千五百户，寻又加五百户。又封敬则子元迁为东乡侯，邑三百七十户。齐台建④，为中领军⑤。

号为冠军将军。萧道成入守朝堂。袁粲准备起兵的那天晚上，领军刘韫、直阁将军卜伯兴等人在宫内与之呼应，戒备森严准备起事。王敬则打开大门突然袭击，将他们全部杀死。殿内的骚动能够全部平息，是王敬则出的力。王敬则后升任为右卫将军，常侍之职依旧。封邑增加到二千五百户，不久又增加了五百户。又封王敬则的儿子王元迁为东乡侯，食邑三百七十户。齐朝建立后，王敬则任中领军。

注释 ① 沈攸之事：指荆州刺史沈攸之反叛朝廷。 ② 朝堂：百官议事的地方。 ③ 常侍：即员外散骑常侍，见前注。 ④ 齐台建：指齐朝建立。 ⑤ 中领军：朝廷中央统兵之官，位略次于领军将军。

原文

太祖将受禅①，材官荐易太极殿柱②。从帝欲避土③，不肯出宫逊位。明日，当临轩，帝又逃宫内。敬则将舆入迎帝，启譬令出。帝拍敬则手曰："必无过虑，当饷辅国十万钱④。"

翻译

萧道成即将接受宋帝禅让时，材官提出更换太极殿的柱子。宋顺帝想躲避，不肯出宫让位。第二天，即将出门上车时，顺帝又逃入宫内。王敬则带着车驾进去迎接顺帝，开导他出来。后来顺帝拍着王敬则的手说："要是我的顾虑肯定是多余的，我就赏给辅国将军十万钱。"

注释 ①受禅:接受禅让,这里指萧道成废宋顺帝自立。 ②材官:负责工匠土木之事的官。 ③避土:谓躲避。 ④辅国:辅国将军,此处指王敬则。

原文

建元元年①,出为使持节、散骑常侍、都督南兖、兖、徐、青、冀五州军事②、平北将军③、南兖州刺史,封寻阳郡公,邑三千户。加敬则妻怀氏爵为寻阳国夫人。二年,进号安北将军④。虏寇淮、泗,敬则恐,委镇还都,百姓皆惊散奔走。上以其功臣,不问,以为都官尚书⑤、抚军⑥。

翻译

建元元年(479),王敬则出任使持节,散骑常侍,都督南兖、兖、徐、青、冀五州军事,平北将军,南兖州刺史,封为寻阳郡公,食邑三千户。加封王敬则的妻子怀氏爵位为寻阳国夫人。建元二年(480),加官号为安北将军。北魏人侵扰淮、泗一带,王敬则恐惧,丢下他镇守的地方回到京都,当地老百姓都惊散逃跑。皇上因为他是有功之臣,没有问罪,还任命他为都官尚书、抚军将军。

注释 ①建元:齐高帝萧道成年号。 ②南兖、兖、徐、青、冀五州:见《高帝纪》注。 ③平北将军:当时出征将军名号以征、镇、安、平为序,各有东、西、南、北四员。平北将军为四平将军之一。 ④安北将军:四安将军之一,位略高于平北将军。 ⑤都官尚书:尚书省负责舟船桥梁的官。 ⑥抚军:即抚军将军。

原文

寻迁使持节、散骑常侍、安东将军、吴兴太守①。郡旧多剽掠,有十数岁小儿于路取遗物,杀之以殉②。

翻译

不久王敬则转任使持节、散骑常侍、安东将军、吴兴太守。郡中以前多有偷盗抢夺的事情,有个十多岁的小孩在路边拾走人家丢下的东西,敬则将他自此道不拾遗，郡无劫盗。又录得一偷，召其亲属于前鞭之。令偷身长扫街路，久之乃令偷举旧偷自代。诸偷恐为其所识，皆逃走。境内以清。出行，从市过，见屠肉枅③，叹曰："吴兴昔无此枅，是我少时在此所作也。"

杀头示众。从此郡中道不拾遗，也没有抢劫盗窃之事。又有一次抓到一名小偷，敬则就把他的亲属召集来，当着他们的面鞭打小偷。又让小偷自己长期打扫街道，时间长了，就叫这个小偷检举出旧日的偷友来代替自己。小偷们害怕被他认出，都纷纷逃走了。从此境内安定了。敬则出外行走，从市场上经过，看见屠夫卖肉用来吊秤的木架，感叹说："吴兴以前没有这种东西，是我年轻时在此制作的。"

注释 ①吴兴：今浙江吴兴。 ②殉(xùn)：示众。 ③枅(jī)：挂大秤的横木。

原文

迁护军将军①，常侍如故，以家为府。三年，以改葬去职，诏赠敬则母寻阳公国太夫人。改授侍中，抚军将军。太祖遗诏敬则以本官领丹阳尹②。寻迁为使持节，散骑常侍，都督会稽、东阳、新安、临海、永嘉五郡军事③，镇东将军，会稽太守。永明二年，给鼓吹一部。……

翻译

王敬则迁任护军将军，常侍的官职依旧，以家为将军府。建元三年(481)，他因为要替母亲改葬而暂时离职，皇上下诏赠给敬则母亲以寻阳公国太夫人的称号。后改任侍中、抚军将军。齐高帝萧道成临终遗诏任命王敬则以现有官职的身份兼任丹阳尹。不久他又迁任使持节，散骑常侍，都督会稽、东阳、新安、临海、永嘉五郡军事，镇东将军，会稽太守。齐武帝永明二年(484)，赐给敬则鼓吹一部。……

注释 ① 护军将军：与领军将军同为朝廷中央统兵的高级将领。领军将军统领内军，护军将军统领外军。 ② 丹阳：郡名，属扬州。尹：当时京城所在郡的太守称尹，亦即京都地区最高行政长官。 ③ 会稽：治所在今浙江绍兴。东阳：治所在今浙江金华。新安：治所在今浙江淳安西北。临海：治所在今浙江临海。永嘉：治所在今浙江温州。此五郡当时皆属扬州。

原文

三年，进号征东将军。宋广州刺史王翼之子妾路氏，刚暴，数杀婢，翼之子法明告敬则，敬则付山阴狱杀之①。路氏家诉，为有司所奏，山阴令刘岱坐弃市刑②。敬则入朝，上谓敬则曰："人命至重，是谁下意杀之？都不启闻？"敬则曰："是臣愚意。臣知何物科法③，见背后有节，便言应得杀人。"刘岱亦引罪，上乃赦之。敬则免官，以公领郡。

翻译

永明三年（485），加敬则官号为征东将军。宋广州刺史王翼之的儿子的妾路氏，性情粗鲁暴烈，多次杀死婢女，王翼之的儿子王法明向王敬则告状，敬则交代山阴县狱吏将路氏杀死。路氏家人上诉，被主管部门受理上奏，山阴县令刘岱因此被判死刑。敬则上朝廷见皇上，皇上对敬则说："人命之事十分重大，是谁授意杀人的？事前也不禀告？"敬则说："是我的意思。我哪里知道什么东西叫法律，只看见背后有犯罪的情节，就说应该杀掉她。"刘岱也自引罪责，皇上就赦免了他。敬则被免官，以公爵的身份兼管郡中之事。

注释 ① 山阴：县名，治所在今浙江绍兴。 ② 弃市：处死刑。 ③ 科法：条规法令。

原文

明年，迁侍中、中军将军。寻与王俭具即本号开府仪同三司①。俭既固让，敬则亦不即受。

七年，出为使持节、散骑常侍、都督豫州郢州之西阳司州之汝南二郡军事②、征西大将军、豫州刺史，开府如故。进号骠骑。十一年，迁司空，常侍如故。世祖崩，遗诏改加侍中。高宗辅政③，密有废立意。隆昌元年④，出敬则为使持节，都督会稽、东阳、临海、永嘉、新安五郡军事⑤，会稽太守，本官如故。海陵王立⑥，进位太尉⑦。

翻译

第二年，王敬则又被任命为侍中、中军将军。不久与王俭一起被允许在现有官号的名义下开府仪同三司。王俭坚决推让，敬则也不便接受。

永明七年(489)，王敬则出任使持节，散骑常侍，都督豫州、郢州之西阳、司州之汝南二郡军事，征西大将军，豫州刺史，开府的规格依旧。后又进号为骠骑。永明十一年(493)，升任司空，常侍的官职依旧。齐武帝萧赜去世，留下遗诏改加敬则为侍中。萧鸾辅佐朝政，私下有废黜郁林王另立的意思。隆昌元年(494)，派敬则出京任使持节，都督会稽、东阳、临海、永嘉、新安五郡军事，会稽太守，原有官职依旧。海陵王被立为皇帝后，敬则被进位为太尉。

注释　①王俭：见《礼志》注。开府仪同三司：当时给予高级官吏的一种官号，意为设置府署规格与三司(太尉、司徒、司空)相同。　②豫州：治所在今安徽合肥。郢州：治所在今湖北武昌。西阳：郡名，治所在今湖北黄冈东。司州：治所在今河南信阳。汝南：郡名，治所寄设于司州治所所在地。　③高宗：指齐明帝萧鸾。齐武帝死后，郁林王即位，当时萧鸾为尚书令、镇军将军，掌握朝政。　④隆昌：郁林王萧昭业年号。　⑤会稽、东阳、临海、永嘉、新安五郡：见前注。　⑥海陵王：齐武帝萧赜子文惠太子的第二子，名昭文。郁林王被废后，他被萧鸾立为帝。　⑦太尉：

官名,三公之一,为全国军事首脑。

原文

敬则名位虽达,不以富贵自遇。危拱傍遑,略不尝坐,接士庶皆吴语,而殷勤周悉。初为散骑使虏,于北馆种杨柳。后员外郎虞长耀北使还,敬则问:"我昔种杨柳树,今若大小?"长耀曰:"虏中以为甘棠①。"敬则笑而不答。

翻译

敬则的名望地位虽然很高,但不以富贵自傲于人。他常常拱手徘徊,很少有安坐的时候,与士民交往时说的都是吴语,待人热情而周到。当初他任散骑常侍时出使北魏,在北馆种了一株杨柳树。后来员外郎虞长耀出使北魏归来,敬则问他:"我昔日所种的杨柳树,如今有多高了?"长耀说:"北魏的人已经把它当作召公所种的甘棠树一样崇拜了。"敬则笑着没有回答。

注释　① 甘棠:一种树木,又叫杜梨。《诗·召南》有《甘棠》一诗,内容是说西周时召公在南方种下一棵甘棠树。后来当地的人对这棵树很尊重,借以寄托对召公的思念。

原文

世祖御座赋诗①,敬则执纸曰:"臣几落此奴度内②。"世祖问:"此何言?"敬则曰:"臣若知书,不过作尚书都令史耳③,那得今日?"敬则虽不大识书,而性甚警黠,临州郡,令省事读辞④,

翻译

一次齐武帝在御座上要写诗,敬则拿着纸说:"我也差一点落入此等奴辈的行列。"武帝问:"此话怎讲?"敬则说:"我若是会写字,只不过去做尚书都令史罢了,哪能有今日的地位?"敬则虽然不大认识字,但天性却很机警聪明,治理郡府时,他让办事人员为他读狱辞,他下令判决,都不违背道理。

下教判决,皆不失理。

注释 ① 世祖:齐武帝萧赜。 ② 奴度:犹言奴辈。 ③ 尚书都令史:尚书省掌管文书的低级官吏。 ④ 省事:具体办事的官吏。

原文

　　明帝即位,进大司马①,增邑千户。台使拜授日,雨大洪注,敬则文武皆失色。一客在傍曰:"公由来如此,昔拜丹阳吴兴时亦然。"敬则大悦,曰:"我宿命应得雨。"乃列羽仪,备朝服,道引出听事拜受②。意犹不自得,吐舌久之,至事竟。

翻译

　　明帝萧鸾即位后,敬则进位为大司马,增加封邑一千户。朝廷使者来宣布任命的那一天,下了倾盆大雨,敬则与文武官员都大惊失色。有一位客人在一旁说:"您向来都是这样,从前拜任为丹阳尹、吴兴太守时,也是如此。"敬则听了高兴起来,说:"我命中注定应该遇到雨。"于是排好仪仗队,穿好朝服,由人引导走出大厅接受任命。他心中还是有点不安,连连吐舌头,一直到事情完毕。

注释 ① 大司马:当时为兼握政务及军事重权的高官,位在三公之上。 ② 听事:厅堂。听,同"厅"。

原文

　　帝既多杀害,敬则自以高、武旧臣,心怀忧恐。帝虽外厚其礼,而内相疑备,数访问敬则饮食体干堪宜,闻其衰老,且以居内地,故

翻译

　　明帝经常杀害大臣,敬则也因为自己是高帝、武帝时的旧臣,心中怀有忧虑和恐惧。明帝虽然在外表上加重对他的礼遇,但内心却对他猜疑防范,多次派人询问敬则的饮食、身体情况的好

得少安。三年中,遣萧坦之将斋仗五百人①,行武进陵。敬则诸子在都,忧怖无计。上知之,遣敬则世子仲雄入东安慰之。仲雄善弹琴,当时新绝。江左有蔡邕焦尾琴②,在主衣库③,上敕五日一给仲雄。仲雄于御前鼓琴作《懊侬曲歌》曰④:"常叹负情侬,郎今果行许!"帝愈猜愧。

坏,听说他已衰老,而且是居住在内地,心中才稍微安定。建武三年(496),皇上派萧坦之带领卫士五百人,出行到武进陵。敬则的几个儿子在京都,十分忧虑恐惧,不知所措。皇上知道后,就让敬则的长子仲雄进入东府加以安慰。仲雄善于弹琴,琴艺在当时新奇绝妙。江东一带传有蔡邕的焦尾琴,藏在皇上的衣库中,皇上命令每隔五天给仲雄弹奏一次。仲雄在皇帝面前弹琴演唱《懊侬曲歌》道:"常叹负情于我,郎今果然如此!"皇上更加猜疑愧疚。

注释 ① 斋仗:担任皇帝仪仗侍卫的卫士。 ② 焦尾琴:《后汉书·蔡邕传》载,"吴人有烧桐以爨者,邕闻火烈之声,知其良木,因请而裁为琴,果有美音,而其尾犹焦,故时人名曰焦尾琴焉"。 ③ 主衣库:存放皇帝所用衣物的地方。④ 懊侬曲:南朝乐府吴声歌曲名。

原文

　　永泰元年①,帝疾,屡经危殆。以张瑰为平东将军、吴郡太守,置兵佐,密防敬则。内外传言当有异处分。敬则闻之,窃曰:"东今有谁?只是欲平我耳!"诸子怖惧,第五子幼隆遣正员将军徐岳密以情告徐州行

翻译

　　永泰元年(498),明帝病重,好几次病危。他派张瑰为平东将军、吴郡太守,置兵佐,严密防备王敬则。朝廷内外传言将要有特别行动。敬则听到后,私下说:"现在东边还有谁?只是要征讨我罢了!"他的儿子们很惊恐,第五子幼隆派正员将军徐岳暗中把情况告诉徐州行事谢朓商量计策,若谢朓同意,

事谢朓为计②，若同者，当往报敬则。朓执岳驰启之。敬则城局参军徐庶家在京口③，其子密以报庶，庶以告敬则五官王公林④。公林，敬则族子，常所委信。公林劝敬则急送启赐儿死，单舟星夜还都。敬则令司马张思祖草启，既而曰："若尔，诸郎在都，要应有信，且忍一夕。"其夜，呼僚佐文武樗蒲赌钱⑤，谓众曰："卿诸人欲令我作何计？"莫敢先答。防阁丁兴怀曰⑥："官只应作耳。"敬则不作声。明旦，召山阴令王询、台传御史钟离祖愿⑦。敬则横刀跂坐，问询等："发丁可得几人？传库见有几钱物？"⑧询答："县丁卒不可上。"祖愿称："传物多未输入。"敬则怒，将出斩之。王公林又谏敬则曰："官是事皆可悔，惟此事不可悔。官讵不更思？"敬则唾其面曰：

就准备去报告王敬则。谢朓却把徐岳抓住马上去禀告皇上。敬则的城局参军徐庶家住京口，他的儿子将内情暗中告诉徐庶，徐庶又告诉敬则的五官王公林。王公林是敬则的族子，常常被敬则委以信任。公林劝王敬则赶紧送启文给皇上请求将儿子赐死，乘独舟连夜返回都城。敬则就命令司马张思祖起草启文，但一会儿他又说："如果这样，我的儿子都在都城，应该有信息，姑且等待一夜再说。"这天夜里，他招呼文武官员在一起赌钱，他对众人说："你们各位想叫我作何打算？"没有人敢抢先回答。防阁丁兴怀说："这事只应由您做主。"敬则不作声。第二天天亮，他召见山阴令王询、台传御史钟离祖愿，敬则提刀蹲坐着，问王询等人："发动丁壮可以得到多少人？仓库里现有多少钱物？"王询回答："县里的丁壮仓促中调不上来。"祖愿说："运送的物资大多尚未运到。"敬则发怒，将两人推出去斩首。王公林又劝谏敬则说："您什么事都来得及后悔，只有这件事是来不及后悔的。你何不重新考虑？"敬则把口水唾在他脸上骂道："小子！我干大事，跟你小子有什么相干！"于是敬则便发兵起事了。……

"小子！我作事，何关汝小子！"乃起兵。……

注释 ① 永泰：齐明帝年号。永泰元年：498 年。 ② 徐州行事：徐州府下属幕僚。谢朓(464—499)，字玄晖，南齐著名诗人，出身陈郡谢氏，是王敬则的女婿。 ③ 城局参军：将军府中的僚属之一，掌管城防。京口：今江苏镇江。 ④ 五官：领军将军、护军将军府所属僚官之一。 ⑤ 樗(chū)蒲：古代一种赌博用具。 ⑥ 防阁：防阁将军，为诸王府中的侍卫官。 ⑦ 台传御史：皇帝派往诸王府负责监察的官。 ⑧ 传库：军营中的仓库。

原文

收敬则子员外郎世雄、记室参军季哲①、太子洗马幼隆②、太子舍人少安等③，于宅杀之。长子黄门郎元迁④，为宁朔将军，领千人于徐州击虏，敕徐州刺史徐玄庆杀之。

翻译

皇帝收押了王敬则的儿子员外郎王世雄、记室参军王季哲、太子洗马王幼隆、太子舍人王少安等，统统在住宅中杀死。敬则的长子黄门郎王元迁，任宁朔将军，率领一千人在徐州抗击北魏，皇上下令徐州刺史徐玄庆将他杀掉。

注释 ① 记室参军：将军府中掌书记的官。 ② 太子洗马：太子宫中的属官，太子出行时为先导。 ③ 太子舍人：太子宫中的属官之一。 ④ 黄门郎：即黄门侍郎，皇帝近署的郎官。

原文

敬则招集配衣①，二三日便发。欲劫前中书令何胤还为尚书令②，长史王弄

翻译

敬则招集人马，分配衣甲，两三天便出发。他想劫持前中书令何胤随他回都城任尚书令，被长史王弄璋、司马

璋、司马张思祖止之③。乃率实甲万人过浙江④。谓思祖曰："应须作檄⑤。"思祖曰："公今自还朝，何用作此!"敬则乃止。

张思祖劝止了。于是率领兵甲万人渡过钱塘江。他对张思祖说："应该写一篇檄文。"思祖说："您如今是自己回朝廷，何必写这种东西!"敬则就罢了。

注释　①配衣:分配战炮兵甲。　②中书令:中书省的长官。中书省是为皇帝掌管机要的机构。　③长史、司马:皆为将军府中常设的属官。　④浙江:钱塘江。　⑤檄(xí):檄文,声讨的文书。

原文

朝廷遣辅国将军前军司马左兴盛、后军将军直阁将军崔恭祖、辅国将军刘山阳、龙骧将军直阁将军马军主胡松三千余人,筑垒于曲阿长冈①,右仆射沈文季为持节都督②,屯湖头③,备京口路④。

翻译

朝廷派遣辅国将军前军司马左兴盛、后军将军直阁将军崔恭祖、辅国将军刘山阳、龙骧将军直阁将军马军主将胡松三千多人,在曲阿长岗修筑营垒,右仆射沈文季任持节都督,驻扎在湖头,防备京口的道路。

注释　①曲阿长冈:在今江苏丹阳附近。　②右仆射:尚书省的重要长官,与尚书令及左仆射同居宰相之任。　③湖头:在今江苏江宁东南。　④京口:今江苏镇江。

原文

敬则以旧将举事,百姓檐篙荷锸随逐之,十余万众。至晋陵①,南沙人范修

翻译

王敬则以旧将的身份发兵起事,老百姓们纷纷拿着棍棒农具追随着他,有十多万人。到了晋陵,南沙人范修化杀

化杀县令公上延孙以应之。敬则至武进陵口②，恸哭乘肩舆而前③。遇兴盛、山阳二砦④，尽力攻之。兴盛使军人遥告敬则曰："公儿死已尽，公持许底作？"官军不敌欲退，而围不开，各死战。胡松领马军突其后，白丁无器仗，皆惊散，敬则军大败。敬则索马，再上不得上，兴盛军客袁文旷斩之⑤，传首。是时上疾已笃，敬则仓卒东起，朝廷震惧。东昏侯在东宫⑥，议欲叛，使人上屋望，见征虏亭失火⑦，谓敬则至，急装欲走。有告敬则者，敬则曰："檀公三十六策⑧，走是上计。汝父子唯应急走耳。"敬则之来，声势甚盛，裁少日而败⑨，时年七十余。

了县令公上延孙来响应王敬则。敬则来到武进陵口(经过高帝的陵墓)，痛哭着乘坐肩舆前进。到左兴盛、刘山阳的寨垒前，尽力攻战。左兴盛派军人远远地告诉敬则说："你的儿子都死光了，你还凭什么反叛？"官军抵挡不住想退却，但包围却解不开，双方都拼死作战。胡松带领军马从后面突击，敬则招来的丁壮没有武器，都被惊散了，敬则的军队大败。敬则找来马匹，上了两次都没能上得去，左兴盛的军客袁文旷将敬则斩杀，首级传送都城。当时皇上的病已很重，敬则突然在东边起兵，朝廷十分震动惊恐。东昏侯在东宫为太子，商议要反叛，派人上屋顶眺望，看见征虏亭一带起火，以为王敬则要到了，急忙整装准备逃走。有人把这个消息告诉敬则，敬则说："檀公三十六计，走是上计，你们父子是只应该赶紧逃走了。"敬则率兵而来时，声势很大，但只几天就失败了，死时七十多岁。

注释 ①晋陵：今江苏常州。 ②武进陵：是齐高帝萧道成陵墓所在地。 ③肩舆：一种由人抬扛的代步工具。 ④砦：同"寨"。 ⑤军客：充当前驱的武将。 ⑥东昏侯：齐明帝之子萧宝卷，明帝死后即位。 ⑦征虏亭：故址在今江苏南京。因东晋时征虏将军谢石所建，故名。 ⑧檀公：即檀道济。他善于计谋，曾帮助刘裕建立宋朝。 ⑨裁：同"才"，仅仅。

王 僧 虔 传

导读

　　王僧虔(426—485)琅邪临沂(今山东临沂)人。宋文帝时始为秘书郎,后累官至尚书令。齐朝建立后,转任侍中、丹阳尹,出为湘州刺史。齐武帝即位后迁侍中、左光禄大夫、开府仪同三司。他是东晋大书法家王羲之的四世族孙,是宋齐之际最著名的书法家,工正、行书,又喜文史,善音律。他与谢庄、袁淑友善,袁淑常赞叹他"文情鸿丽,学解深拔"。他的字体继承祖法,丰厚淳朴而有气骨,为当时所推崇,影响及于唐宋。他的文章今存十多篇,其中载于本篇传文的《论书》一文,对汉代以来二十多位书法家作了评价,对于研究古代书法史有重要价值。他另外还有《书赋》《条疏古来能书人名启》等文,也是有关古代书法艺术的重要资料。(选自卷三三)

原文

　　王僧虔,琅邪临沂人也①。祖珣②,晋司徒③。伯父太保弘④,宋元嘉世为宰辅⑤。……父昙首⑥,右光禄大夫⑦。昙首兄弟集会诸子孙,弘子僧达下地跳戏,僧虔年数岁,独正坐采蜡烛珠为凤凰。弘曰:"此

翻译

　　王僧虔,琅邪临沂人。祖父王珣,晋朝时任司徒。伯父太保王弘,宋元嘉(424—453)年间曾为宰相。……父亲王昙首,任右光禄大夫。王昙首兄弟有一次带着孩子们一起聚会,王弘的儿子僧达在地上跳跃玩耍,而僧虔当时年仅数岁,却独自端坐在一旁采集蜡烛油做凤凰。王弘说:"这孩子将来一定能成

儿终当为长者。"

为尊长的人。"

① 琅邪临沂：今山东临沂。 ② 珣：音 xún。 ③ 司徒：见《高帝纪》注。 ④ 太保：原为皇帝的辅弼之官，晋以后常用作赠官。 ⑤ 元嘉：宋文帝刘义隆年号。为宰辅：任宰相之职。 ⑥ 昙：音 tán。 ⑦ 光禄大夫：官名，掌皇帝顾问应对，隶属于光禄勋。无定员，通常用作赠官。其中又设左、右光禄大夫二人，位稍高。

原文

僧虔弱冠，弘厚，善隶书。宋文帝见其书素扇，叹曰："非唯迹逾子敬①，方当器雅过之。"除秘书郎②，太子舍人。退默少交接，与袁淑、谢庄善③。转义阳王文学④，太子洗马，迁司徒左西属⑤。

翻译

僧虔年轻时，性格宽弘仁厚，善于写隶书。宋文帝看见他书写的素帛扇面，感叹道："不仅字迹超过王献之，器度风雅也将要超过了。"便任命他为秘书郎、太子舍人。僧虔性格谦让沉默，很少与人交往，只与袁淑、谢庄友善。后转为义阳王文学、太子洗马，又迁任司徒左西属。

① 子敬：王献之（344—386），字子敬，东晋书法家。 ② 秘书郎：掌管图籍起草文书的官吏，隶属于秘书监。 ③ 袁淑（408—453）：字阳源，南朝宋诗人。谢庄（421—466）：字希逸，南朝宋文学家。 ④ 义阳王：宋文帝第九子刘昶。文学：诸王府中的属官，为文学侍从。当时诸王府设师友、文学各一人。 ⑤ 司徒左西属：司徒府中的属官。

原文

兄僧绰，为太初所害①，亲宾咸劝僧虔逃。僧虔涕泣曰："吾兄奉国以忠贞，抚

翻译

王僧虔的哥哥王僧绰，被刘劭杀害，亲戚和宾客都劝王僧虔逃避。僧虔哭泣着说："我的兄长以忠贞报效国家，

我以慈爱，今日之事，苦不见及耳。若同归九泉，犹羽化也②。"孝武初③，出为武陵太守④。兄子俭于中途得病，僧虔为废寝食。同行客慰喻之。僧虔曰："昔马援处儿侄之间一情不异⑤，邓攸于弟子更逾所生⑥。吾实怀其心，诚未异古。亡兄之胤⑦，不宜忽诸。若此儿不救，便当回舟谢职，无复游官之兴矣。"还为中书郎⑧，转黄门郎、太子中庶子⑨。

对我也很慈爱，如今这事，我只苦于不能与他一起承受，若能与他一起去死，也就等于羽化成仙了。"孝武帝初年，王僧虔出任武陵太守。他哥哥的儿子王俭在途中得病，僧虔为此不吃不睡。同行的客人劝慰他。僧虔说："从前马援在儿子和侄子之间感情没有一点差别，邓攸对待弟弟的儿子胜过亲生子。我也与他们怀着同样的心情，与古人没有两样。亡兄的后代，更不应轻率对待。如果这孩子救不活，我就要掉转船头辞去官职，再没有做官的兴致了。"僧虔任满回京后，任中书郎，转任黄门郎、太子中庶子。

注释 ① 太初：指宋文帝刘义隆长子刘劭。刘劭于公元453年弑杀刘义隆而篡立，改元太初。王僧绰曾密启文帝除掉刘劭。后被刘劭得知，遂将他杀害。 ② 羽化：指飞升成仙。 ③ 孝武：宋孝武帝刘骏。 ④ 武陵：郡名，治所在今湖南常德。 ⑤ 马援（前14—后19），字文渊，东汉人。《后汉书·马援传》载有其《诫兄子严敦书》一文，对侄子像对亲生儿子一样加以教诲。 ⑥ 邓攸：字伯道，东晋人。《晋书·邓攸传》记载，他曾在一次逃难中舍弃亲子而保住弟弟的儿子。 ⑦ 胤（yìn）：后代。 ⑧ 中书郎：中书省的属官。刘宋时中书省设侍郎四人，隶属于中书令。 ⑨ 太子中庶子：太子宫中的属官，掌太子左右侍奉应对等事。

原文

孝武欲擅书名，僧虔不敢显迹。大明世①，常用拙

翻译

孝武帝刘骏想独占擅长书法的名声，僧虔不敢显露自己的笔迹。大明

笔书，以此见容。出为豫章王子尚抚军长史②，迁散骑常侍，复为新安王子鸾北中郎长史③、南东海太守④，行南徐州事，二蕃皆帝爱子也。

（457—464）年间，他常用拙劣的笔迹书写，因此能被容纳。僧虔后出任豫章王刘子尚抚军长史，迁任散骑常侍。又任新安王刘子鸾北中郎长史、南东海太守，行南徐州事。子尚、子鸾两位藩国王都是皇帝的爱子。

注释 ① 大明：刘宋孝武帝年号，457—464 年。 ② 豫章王子尚：孝武帝第二子刘子尚，时任抚军将军。长史：将军府中的佐吏。 ③ 新安王子鸾：孝武帝第八子，时任北中郎将。 ④ 南东海：郡名，治所在今江苏丹徒。

原文

寻迁豫章内史①。入为侍中，迁御史中丞②，领骁骑将军。甲族向来多不居宪台③，王氏以分枝居乌衣者④，位官微减。僧虔为此官，乃曰："此是乌衣诸郎坐处，我亦可试为耳。"复为侍中，领屯骑校尉⑤。泰始中⑥，出为辅国将军、吴兴太守⑦，秩中二千石⑧；王献之善书，为吴兴郡，及僧虔工书，又为郡，论者称之。

翻译

王僧虔不久升任豫章内史。入朝任侍中，升任御史中丞，兼任骁骑将军。当时大族出身的人已经很久不在御史台任职，王氏后裔居住在乌衣巷的人，官位都已减低。王僧虔为此当了御史中丞，便说："这是从前乌衣巷诸位坐过的地方，我今天也可以试着坐一坐。"他后来又任侍中，兼任屯骑校尉。泰始（465—472）中期，出任辅国将军、吴兴太守，俸禄满二千石。从前王献之擅长书法，曾任吴兴郡太守；到了王僧虔也工书法，又任此郡太守，当时评论者颇为称道。

注释 ① 豫章：郡名，治所在今江西南昌。内史：诸王国所辖郡中相当于太守的官。 ② 御史中丞：御史台的长官。御史台是朝廷的监察机构。 ③ 甲族：大族。

宪台:御史台。　④ 乌衣:地名,即乌衣巷,在今南京城东南。东晋以来王、谢等大族居住于此。　⑤ 屯骑校尉:屯骑、步兵、射声、越骑、长水五校尉之一,位略次于将军。　⑥ 泰始:宋明帝刘彧年号,465—471 年。　⑦ 吴兴:郡名,治所在今浙江吴兴。　⑧ 秩:俸禄。中:满。秩中二千石为略次于三公的俸禄。

原文

　　徙为会稽太守①,秩中二千石,将军如故。中书舍人阮佃夫家在会稽,请假东归。客劝僧虔以佃夫要幸,宜加礼接。僧虔曰:"我立身有素,岂能曲意此辈? 彼若见恶,当拂衣去耳。"佃夫言于宋明帝,使御史中丞孙夐奏②:"僧虔前莅吴兴,多有谬命……"坐免官。

翻译

　　王僧虔后转任会稽太守,俸禄二千石,将军之职依旧。中书舍人阮佃夫老家在会稽,请假归来探亲。门客劝王僧虔阮佃夫是皇帝的宠幸之人,应该以礼相接。僧虔说:"我平素立身处世有操守,怎能曲意逢迎这种人? 他如果讨厌我,我就应当拂衣而去。"阮佃夫回去后向宋明帝进谗言,又叫御史中丞孙夐上奏章说:"王僧虔以前在吴兴任职时,政令多有谬误……"僧虔因此被免官。

注释　① 会稽:郡名,治所在今浙江绍兴。　② 夐:音 qióng。

原文

　　寻以白衣兼侍中,出监吴郡太守,迁使持节、都督湘州诸军事、建武将军、行湘州事①,仍转辅国将军,湘州刺史。所在以宽惠著称。巴峡流民多在湘土②,僧虔

翻译

　　不久王僧虔又以布衣身份任侍中,出监吴郡太守,升任使持节、都督湘州诸军事、建武将军、行湘州事,又重新任辅国将军、湘州刺史。在任职的地方以宽厚仁爱著称。巴峡一带流亡的民众很多居住在湘州,僧虔上表建议划出益

表割益阳、罗、湘西三县缘江民立湘阴县③，从之。

阳、罗、湘西三县沿江一带的民众建立湘阴县，被上面采纳。

注释 ① 湘州：治所在今湖南长沙。行……事：指官阶较高的官吏代理较低的职务。 ② 巴峡：指今重庆以东长江沿岸一带地区。 ③ 益阳：县名，在今湖南益阳东。罗：罗城，在今湖南平江南。湘西：县名，在今湖南湘潭南。湘阴县：在今湖南湘阴。

原文

元徽中①，迁吏部尚书②。……僧虔寻加散骑常侍，转右仆射。升明元年③，迁尚书仆射，寻转中书令，左仆射。二年，为尚书令。僧虔好文史，解音律，以朝廷礼乐多违正典，民间竞造新声杂曲，时太祖辅政，僧虔上表曰："夫悬钟之器，以雅为用；凯容之礼④，八佾为仪⑤。今总章羽佾⑥，音服舛异，又歌钟一肆⑦，克谐女乐，以歌为务，非雅器也。……宜命有司，务勤功课，缉理遗逸，迭相开晓，所经漏忘，悉加补缀。曲全者禄厚，艺妙者位优。利以动

翻译

元徽（473—477）中期，王僧虔升任吏部尚书。……僧虔不久又加任散骑常侍，转任右仆射。升明元年（477），他升任尚书仆射，不久转任中书令、左仆射。升明二年（478），任尚书令。僧虔喜好文史，懂得音律，当时朝廷的礼乐大多违背了正典，民间也竞相制造新声杂曲，此时萧道成辅佐朝政，僧虔上表说："钟磬等乐器，应该以雅正为用；《凯容》的乐舞，也应该以古代天子的八佾之舞为标准。如今天子的乐官和舞列，音律服饰都背离了古制，编钟只用一排，以谐调女乐歌唱，只以歌唱为目的，这不是雅正的使用。……应该命令主管者，勤加考核，收集整理散佚的古乐，用以开导启发，凡是已经遗漏忘却的，都应加以补充。乐曲完整者给予厚禄，技艺高超者给予高位。用利益来调动，

之,则人思刻厉。反本还源,庶可跂踵。"事见纳。

这样人人都会努力。回到古乐的根本,大概就有希望了。"他的意见被采纳。

注释 ① 元徽:宋后废帝刘昱年号,474—476年。 ② 吏部尚书:尚书省负责选拔任免官吏的长官。 ③ 升明:宋顺帝刘准年号。 ④ 凯容:刘宋时一种乐舞的名称。 ⑤ 八佾:古代天子乐舞的规模。佾(yì):舞者的队列。 ⑥ 总章:指天子的乐官。 ⑦ 歌钟:即编钟。肆:钟磬悬列之数。悬钟十六为肆。

原文

建元元年①,转侍中,抚军将军,丹阳尹②。二年,进号左卫将军,固让不拜。改授左光禄大夫,侍中、尹如故。郡县狱相承有上汤杀囚,僧虔上疏言之曰:"汤本以救疾,而实行冤暴,或以肆忿。若罪必入重,自有正刑;若去恶宜疾,则应先启。岂有死生大命,而潜制下邑?愚谓治下囚病,必先刺郡③,求职司与医对共诊验;远县,家人省视,然后处理。可使死者不恨,生者无怨。"上纳其言。……

翻译

建元元年(479),王僧虔转任侍中、抚军将军、丹阳尹。建元二年(480),加官号为左卫将军,他坚决辞让不接受。他后来改任为左光禄大夫,侍中和尹的官职依旧。当时郡县沿袭有用汤药杀死囚犯的情况,僧虔上疏说:"汤药本是用来治病的,而现在实际上却用来施行暴虐、造成冤案,或用来泄私愤。若是罪行必须重处,自有正当的刑罚;若是须尽快除去恶人,也应先启明上司。岂有人命生死的大事,而由下级小官吏私下决定的道理?我认为给囚犯治病,必须先向郡里报告,由主管者和医生当面共同诊断;边远的县,则应由囚犯的家属前往察看,然后再行处理。这样可以使死者没有遗憾,生者不怀怨恨。"皇上采纳了他的意见。……

注释 ① 建元：齐高帝萧道成年号。建元元年：479 年。 ② 汤：汤药。 ③ 刺：报告。

原文

太祖善书，及即位，笃好不已。与僧虔赌书毕，谓僧虔曰："谁为第一?"僧虔曰："臣书第一，陛下亦第一。"上笑曰："卿可谓善自为谋矣。"示僧虔古迹十一帙①，就求能书人名。僧虔得民间所有，帙中所无者，吴大皇帝、景帝、归命侯书②，桓玄书③，及王丞相导、领军洽、中书令珉、张芝、索靖、卫伯儒、张翼十二卷奏之④。又上羊欣所撰《能书人名》一卷⑤。

翻译

萧道成喜欢书法，登皇帝位后，更加喜好不止。他与王僧虔比赛书法后，问王僧虔说："谁是第一?"王僧虔说："我书法第一，陛下也是第一。"皇上笑着说："你可以说是善于为自己谋虑了。"他向僧虔出示古人的书迹十一帙，向他寻求善于书法者的姓名。王僧虔得到民间流传而皇上帙中所没有的，如吴大帝孙权、景帝孙休、归命侯孙皓的书迹、桓玄的书迹，以及东晋丞相王导、领军王洽、中书令王珉、张芝、索靖、卫伯儒、张翼等人的书迹共十二卷奏给皇上，又奏上羊欣所撰写的《能书人名》一卷。

注释 ① 帙（zhì）：书套，书函。 ② 吴大皇帝、景帝、归命侯：指三国时吴国大帝孙权、景帝孙休、末帝孙皓。 ③ 桓玄：字敬道，东晋末年人，曾发兵夺取东晋政权，自立为皇帝。后被刘裕诛杀。 ④ 王丞相导：东晋丞相王导。领军洽：王导第三子王洽，曾任领军。他是王僧虔的曾祖父。中书令珉：王洽第二子王珉，曾任中书令，善行书。张芝：字伯英，东汉书法家。索靖（239—303）：字幼安，西晋书法家，尤善章草。卫伯儒：卫觊，三国魏书法家。张翼：字君祖，东晋书法家。 ⑤ 羊欣：字敬元，南朝宋书法家。

原文

其年冬①,迁持节、都督湘州诸军事、征南将军、湘州刺史,侍中如故。清简无所欲,不营财产,百姓安之。世祖即位②,僧虔以风疾欲陈解,会迁侍中、左光禄大夫、开府仪同三司③。僧虔少时群从宗族并会,客有相之者云:"僧虔年位最高,仕当至公,余人莫及也。"及授,僧虔谓兄子俭曰:"汝任重于朝,行当有八命之礼④,我若复此授,则一门有二台司⑤,实可畏惧。"乃固辞不拜。上优而许之,改授侍中、特进⑥、左光禄大夫。客问僧虔固让之意,僧虔曰:"君子所忧无德,不忧无宠。吾衣食周身,荣位已过,所惭庸薄无以报国,岂容更受高爵,方贻官谤邪?"兄子俭为朝宰,起长梁斋,制度小过,僧虔视之不悦,竟不入户,俭即毁之。

翻译

这一年冬天,僧虔升任持节、都督湘州诸军事、征南将军、湘州刺史,侍中的官职依旧。僧虔清廉简朴没有私欲,不经营财产,百姓安于他的治理。武帝即位后,僧虔因患中风想辞去职务,却正碰上给他升任侍中、左光禄大夫、开府仪同三司。僧虔年轻时和宗族里的人聚会,有客人为他相面说:"僧虔年寿和地位将来一定会最高,官职当升至三公,其他人都比不上。"到任命时,僧虔对侄子王俭说:"你已经在朝廷任重要职务,将有八命高官的礼仪,我如果再接受此任,就是一家之内有二人为三公宰相,这实在很可怕。"于是坚决推辞不接受。皇上特许同意,改任侍中、特进、左光禄大夫。有人问僧虔坚决辞让的用意,僧虔说:"君子所忧虑的是自己没有德行,而不是不受宠幸。我的衣食已满足,荣誉爵位也已超过,所惭愧的是才能微薄无以报效国家,怎么能再接受高级爵位,让人家责骂我居官不称职呢?"他的侄子王俭任朝廷宰相,建造长梁斋,规模稍稍超过了规定,僧虔见了不高兴,始终不肯入门,王俭只好把长梁斋拆毁。

注释 ① 其年:指建元二年(480)。 ② 世祖:齐武帝萧赜。 ③ 开府仪同三司:见《王敬则传》注。 ④ 八命:原指周代官秩一命至九命的第八级,后泛指高级官爵。 ⑤ 台司:指三公宰相的官位。 ⑥ 特进:官名,往往赐给功德优胜的大臣,位在三公下。

原文

永明三年①,薨。……

其论书曰:"宋文帝书,自云可比王子敬,时议者云:'天然胜羊欣,功夫少于欣。'王平南廙、右军叔②,过江之前以为最③。亡曾祖领军书,右军云:'弟书遂不减吾。'变古制,今唯右军。领军不尔,至今犹法钟、张④。亡从祖中书令书,子敬云'弟书如骑骡,骎骎恒欲度骅骝前'。庾征西翼书⑤,少时与右军齐名,右军后进,庾犹不分,在荆州与都下人书云:'小儿辈贱家鸡,皆学逸少书,须吾下,当比之。'张翼⑥,王右军自书表,晋穆帝令翼写题后答,右军当时不别,久后方悟,云'小人几欲乱真'。张芝、索靖、韦

翻译

永明三年(485),王僧虔去世。……

王僧虔有《论书》一文说:"宋文帝的书法,自称可以与王献之相比,当时评论者却认为他的字'天然超过羊欣,而功夫却不及羊欣'。平南将军王廙,是王羲之的叔父,在过江之后王羲之出名之前,他的书法算最好。我的曾祖父王洽的书法,王羲之曾评价说:'老弟的字就不比我差!'改变古人笔法,如今只有王羲之一人。王洽不是这样,到那时仍然效法钟繇、张芝。我的叔祖父王珉的书法,王献之曾评价说:'老弟的书法,好比骑着骡子急急忙忙总想超过骏马一样。'征西将军庾翼的书法,年轻时与王羲之齐名,王羲之后来有了发展,庾翼却还是看不出,他在荆州给都城的人写信说:'现在这些小孩儿辈看低自己家的鸡,都去学王羲之的书法,等我回来,当与他一比高低。'张翼(善于模仿),凡是王羲之亲笔书写的章表,晋穆帝都让张翼题写答复,王羲之当时不在

诞、钟会、二卫并得名前代[7]，无以辨其优劣，唯见其笔力惊异耳。张澄当时亦呼有意[8]。郗愔章草亚于右军[9]。郗嘉宾草亚于二王[10]，紧媚过其父。桓玄自谓右军之流，论者以比孔琳之[11]。谢安亦入能书录[12]，亦自重，为子敬书嵇康诗。羊欣书见重一时，亲受子敬，行书尤善，正乃不称名。孔琳之书天然放纵，极有笔力，规矩恐在羊欣后。丘道护与羊欣俱面受子敬[13]，故当在欣后。范晔与萧思话同师羊欣[14]，后小叛，既失故步，为复小有意耳。萧思话书，羊欣之影，风流趣好，殆当不减，笔力恨弱。谢综书[15]，其舅云'紧生起，是得赏也，恨少媚好'[16]。谢灵运乃不伦[17]，遇其合时，亦得入流。贺道力书亚丘道护[18]。庾昕学右军[19]，亦欲乱真矣。"又著《书赋》，传于世。

意，日久之后才明白，说：'小人的模仿几乎可以乱真了。'张芝、索靖、韦诞、钟会、二卫在前代都很有名气，无法区分他们的优劣，只可见到他们的笔力令人惊异。张澄的字在当时也算有意思。郗愔的章草次于王羲之。郗嘉宾的草书次于'二王'，但其紧凑柔媚超过他的父亲。桓玄自称能进入王羲之一流，但评论者认为只可与孔琳之相比。谢安也被收入能书者人名录，也很自重，曾经为王献之书写嵇康的诗。羊欣的书法也一度很被人看重，他亲身受到王献之的指点，行书写得尤其好，正楷却不太有名气。孔琳之的字天然而放纵，很有笔力，而规矩法度恐怕要在羊欣之下。丘道护与羊欣一起当面受到王献之指点，他的字也在羊欣之下。范晔与萧思话一同向羊欣学习，后来小有违背，已经失去了原来的风格，但也还小有一点意思。萧思话的字，像是羊欣字的影子，风流趣味，可以说没有减少，但遗憾的是笔力太弱。谢综的字，他舅舅评价说：'起笔比较紧凑，是值得赞赏的，但可惜过于柔媚了些。'谢灵运则与人不同，碰上适合的时候，也能进入流品。贺道力的字次于丘道护。康昕学习王羲之，也差不多可以乱真了。"王僧虔还写有《书赋》一篇，流传于世。

注释 ① 永明：齐武帝年号。永明三年：485 年。 ② 王平南廙（yì）：王廙，字世将，工书画，东晋时曾任平南将军。右军：王羲之，字逸少，东晋书法家，官至右军将军，故称王右军。王廙是王羲之的叔父。 ③ 过江：指西晋灭亡，东晋建立。此句中华书局本《南齐书》校记云：《元龟》八百六十一"江"下有"右军"二字，是。盖谓在过江之后，右军之前，以王廙为最也。按《书法要录》云："王平南廙，是右军叔，自过江东，右军之前，惟廙为最。"文较明析。 ④ 钟、张：指钟繇、张芝。钟繇，字子常，三国魏书法家。张芝，见前注。 ⑤ 庾征西翼：庾翼，字稚恭，东晋时曾任征西将军。 ⑥ 张翼：见前注。 ⑦ 韦诞：字仲将，三国魏书法家。钟会：字士秀，三国魏人。二卫：指卫瓘、卫铄（卫夫人），二人是同乡，又都是晋代著名书法家。余见前注。 ⑧ 张澄：字国民，晋代书法家，工楷书。 ⑨ 郗愔：字方回，东晋时曾任临海太守和徐、兖二州刺史。 ⑩ 郗嘉宾：名超，郗愔之子。二王：指王羲之、王献之父子。 ⑪ 孔琳之：字彦林，南朝宋人，善写草隶。 ⑫ 谢安：字安石，东晋大贵族，曾任宰相之职，善行书。 ⑬ 丘道护：南朝宋书法家，官至相国主簿，善隶书。 ⑭ 范晔：字蔚宗，南朝宋史学家，善隶书。萧思话：南朝宋大臣，官至中书令，颇工隶书。 ⑮ 谢综：南朝宋书法家，曾任太子中舍人，善隶书。 ⑯ 其舅：指谢综的舅舅范晔。 ⑰ 谢灵运：小名客儿，南朝宋文学家。 ⑱ 贺道力：南朝宋书法家，曾任吴县令、建康令，善草书。 ⑲ 庾昕：当作康昕，东晋义兴人。一说胡人，字君明，官至临沂令，善隶、草书。

刘 瓛 传

导读

　　刘瓛(434—489 年)字子珪,沛国相(今安徽宿州西北)人。是宋齐之际一位著名儒生,当时很有名气。他不追求功名,不想做官,曾经有过做大官的机会,但他放弃了。他做郡丞一类小官,也只是为了拿一些微薄的俸禄供养母亲。但他不是一个自恃清高、超然世外的隐士,也有为君主王侯出谋划策、提供咨询的愿望。从他回答齐高帝萧道成的一番话,可以看出他关心世事,且有深刻的政治见解。不过他不愿受官职的拘束,只想成为侯王的宾客师友一类人物。这篇传记中所引其《与张融王思远书》就充分表达了他的志向。像刘瓛这样的人在中国古代知识分子中也是一种类型,有其特点。唐代的李泌也属于这一类人物。(选自卷三九)

原文

　　刘瓛,字子珪①,沛国相人②,晋丹阳尹悰六世孙也③。祖引之,给事中④。父惠,治书御史⑤。

翻译

　　刘瓛,字子珪,沛国相人,是晋朝丹阳尹刘悰的六世孙。祖父刘引之,官至给事中。父亲刘惠,官至治书御史。

注释　①瓛:音 huán。　②沛国相:今安徽宿州西北。　③丹阳尹:见《王敬则传》注。　④给事中:官名,为皇帝左右侍从,备顾问应对等事。　⑤治书御史:官名,为皇帝侍从,掌管书籍、律令。

原文

瓛初州辟祭酒主簿①。宋大明四年②，举秀才③。兄璡亦有名，先应州举，至是别驾东海王元曾与瓛父惠书曰④："此岁贤子充秀，州闾可谓得人。"除奉朝请⑤，不就。

翻译

刘瓛开始时被聘任为州中祭酒主簿。宋大明四年（460）被举拔为秀才。其兄刘璡也有名声，在这之前也被州中举拔。到这时别驾东海王元曾写信给刘瓛的父亲刘惠说："连续两年你的儿子充当秀才，州府可以说是得到人才了。"刘瓛被任命为奉朝请，他没有接受。

注释　①祭酒：这里指州府里掌管文教的官。主簿：州府里掌管文书、参与机要的官。　②大明：宋孝武帝年号。　③秀才：当时荐举人才的一种名目，意为优秀人才。　④别驾：州刺史的助理官。　⑤奉朝请：本为贵族、官僚定期朝见皇帝的称谓。南朝时成为一种官号，用来安置闲散官员。

原文

少笃学，博通《五经》①。聚徒教授，常有数十人。丹阳尹袁粲于后堂夜集，瓛在座，粲指庭中柳树谓瓛曰："人谓此是刘尹时树，每想高风；今复见卿清德，可谓不衰矣。"荐为秘书郎，不见用。除邵陵王郡主簿②，安陆王国常侍③，安成王抚军行参军④，公事免。瓛素无

翻译

刘瓛年轻时专心好学，博通《五经》，招聚生徒进行讲授，经常有几十人。丹阳尹袁粲在后堂与人夜晚聚会，刘瓛在座，袁粲指着庭中柳树对刘瓛说："人说此树是你的六世祖在任时所种，我常常想到他的高风；如今又见到你的清德，真可谓家风不衰。"袁粲推荐刘瓛为秘书郎，但未被录用。他后来被任命为邵陵王郡主簿、安陆王国常侍，安成王抚军行参军，因公事免职。刘瓛平素并无做官的志向，从此便不

宦情,自此不复仕。除车骑行参军,南彭城郡丞⑤,尚书祠部郎⑥,并不拜。袁粲诛⑦,瓛微服往哭,并致赙助。

再做官。后来被任命为车骑行参军,南彭城郡丞、尚书祠部郎等职,都没有上任。袁粲被杀后,刘瓛曾穿便服去哭吊,并出资帮助安葬。

注释 ①《五经》:指《诗》《书》《礼》《易》《春秋》五部儒家经典。 ②邵陵王:宋孝武帝第十三子刘子元。郡主簿:郡府里掌文书机要的幕僚官。 ③安陆王:宋孝武帝第四子刘子绥。国常侍:诸王身边的侍从官。 ④安成王:宋孝武帝第十六子刘子孟。抚军:指抚军将军府。参军:将军府中的幕僚。行参军:诸王将军府设置的曹官分正参军与行参军两类。 ⑤南彭城:治所当在今江苏镇江附近,具体地点不详。郡丞:郡太守的佐官。 ⑥尚书祠部郎:尚书省负责宗庙、祭祀的官。 ⑦袁粲诛:袁粲被诛事,见《高帝纪》。

原文

太祖践阼①,召瓛入华林园谈语,谓瓛曰:"吾应天革命,物议以为何如?"瓛对曰:"陛下诚前轨之失,加之以宽厚,虽危可安;若循其覆辙,虽安必危矣。"既出,帝顾谓司徒褚渊曰:"方直乃尔!学士故自过人。"敕瓛使数入,而瓛自非诏见,未尝到宫门。

翻译

齐太祖萧道成登上帝位后,曾召刘瓛到华林园谈话,问刘瓛说:"我顺应天意改朝换代,人们的议论以为如何?"刘瓛回答说:"陛下如果以前车之失为诫,实行宽厚仁爱的政治,即使处于危难也能转危为安;如果重蹈覆辙,即使现在安定也会变得危险。"他出去后,皇帝回头对司徒褚渊说:"他方正耿直如此!饱学之士就是比平常人强。"下诏令刘瓛可以经常来见皇帝,而刘瓛若非被召见,从未主动到宫门。

注释 ① 太祖:齐高帝萧道成。践阼:指登上帝位。

原文

上欲用瓛为中书郎①,使吏部尚书何戢喻旨。戢谓瓛曰:"上意欲以凤池相处②,恨君资轻,可且就前除,少日当转国子博士③,便即后授。"瓛曰:"平生无荣进意,今闻得中书郎而拜,岂本心哉?"后以母老阙养,重拜彭城郡丞。谓司徒褚渊曰:"自省无廊庙之才,所愿唯保彭城丞耳。"上又以瓛兼总明观祭酒④,除豫章王骠骑记室参军⑤,丞如故,瓛终不就。武陵王晔为会稽太守⑥,上欲令瓛为晔讲,除会稽郡丞,学徒从之者转众。

翻译

皇上想任用刘瓛为中书郎,派吏部尚书何戢去转告其旨意。何戢对刘瓛说:"皇上想让你到中书省任职,但惋惜你资历太浅。你可以暂且接受前面的任命,不久当转为国子博士,以便衔接以后的任命。"刘瓛说:"我平生没有荣利进取之意,如今若是听说要做中书郎就接受任命,这难道是我的本心吗?"后来因为母亲年老缺少供养,才重新就任彭城郡丞。他对司徒褚渊说:"我觉得自己并非国家栋梁之材,所希望的只是保住彭城丞之职而已。"皇上又请刘瓛兼任总明观祭酒、任豫章王骠骑记室参军,而彭城丞之职依旧保留,刘瓛也始终不肯接受。武陵王萧晔任会稽太守时,皇上想叫刘瓛为萧晔讲解《五经》,就任命他为会稽郡丞,而跟随他的学生变得更多。

注释 ① 中书郎:中书省的属官。中书省是秉承皇帝意旨掌管机要、发布政令的机构。 ② 凤池:即凤凰池,原是皇帝禁苑中的池沼。因当时中书省设于此,故以凤凰池作为中书省的代称。 ③ 国子博士:国子学里执教的官。 ④ 总明观:官署名。南齐曾一度废国子学,另立总明观以代替。祭酒:国子学首席执教官。 ⑤ 豫章王:齐高帝萧道成第二子萧嶷,曾任骠骑将军。 ⑥ 武陵王晔:萧道成第五子萧晔。

原文

永明初^①，竟陵王子良请为征北司徒记室^②。瓛与张融、王思远书曰^③："奉教使恭召，会当停公事，但念生平素抱，有乖恩顾。吾性拙人间，不习仕进，昔尝为行佐，便以不能及公事免黜，此皆眷者所共知也。量己审分，不敢期荣。夙婴贫困，加以疏懒，衣裳容发，有足骇者。中以亲老供养，襄裳徒步，脱尔逮今，二代一纪^④。先朝使其更自修正，勉厉于阶级之次^⑤，见其褴褛，或复赐以衣裳。袁、褚诸公咸加劝励，终不能自反也。一不复为，安可重为哉？昔人有以冠一免不重加于首，每谓此得进止之仪。古者以贤制爵，或有秩满而辞老；以庸制禄，或有身病而求归者。永瞻前良，

翻译

永明初年，竟陵王萧子良请他任征北司徒记室之职。刘瓛给张融、王思远写信说："承蒙来信征召，本当停下此地公事前往，但念我平生怀抱，看来要有负你们的恩顾了。我本性拙于人世间事，不习惯于做官进取。以前曾任军中小职，便因不能行公事而免职，这都是朋友所共知的。我审度自己的才能，不敢期望荣禄。我幼遭贫困，又很懒散，衣服容貌，常令人惊骇。又因家中母亲年老需供养，所以一直率衣步行为平民，疏脱懒散到如今，已经历了两代十二年。前朝曾叫我好自修饰，努力争取官阶晋升，见我穿着破旧，时或赐给衣裳，袁粲、褚渊诸公也对我加以勉励，但终究不能使我改变。一旦决定不干，岂可重新又干呢？从前有人认为帽子一脱就不可再戴在头上，我常常认为这是懂得了进取和停止的道理。古人以贤能定爵位，故有人官职将满而告老辞职；以才用定俸禄，故有人身患疾病而请求放归。遥想前代贤良的品德，在自己身上又如何呢？我又因家中长辈年迈，更不愿居于官位，废弃对父母的奉

在己何若？又上下年尊，益不愿居官次，废晨昏也⑥。先朝为此，曲申从许，故得连年不拜荣授，而带帖薄禄。既习此岁久，又齿长疾侵，岂宜摄斋河间之听⑦，厕迹东平之僚⑧？本无绝俗之操，亦非能偃蹇为高，此又诸贤所当深察者也。近奉初教，便自希得托迹于客游之末，而固辞荣级，其故何耶？以古之王侯大人，或以此延四方之士，甚美者则有辐凑燕路，慕君王之义⑨；骧镳魏阙，高公子之仁⑩。继有追申、白而入楚⑪，羡邹、枚而游梁⑫。吾非敢叨夫曩贤，庶欲从九九之遗踪⑬。既于闻道集泮不殊⑭，而幸无职司拘碍；可得奉温清⑮，展私计。志在此尔。"除步兵校尉⑯，并不拜。

养。前朝因为这一点，曲从允许，所以我能够连年不接受荣耀的任命，而只是附带拿点薄禄。既已多年习惯于此，又加上年长体病，我哪里适宜去做河间献王的宾客、东平思王的幕僚？我本无隔绝世俗的操守，也不是以傲慢求得高名，这一点又是诸位所应当深察的。近得诸位书教，便希求混身于说客游士的末流，但又坚决推辞荣耀的官级，这是何缘故？因为古代王侯大人，常以此种方法招引四方贤士，传为美谈的则如当年游士们竞相奔走于燕国之路，仰慕燕昭王的高义；纵马奔驰到魏国朝廷，崇尚魏公子的仁德。继之则有人追踪申公、白公而到楚国，仰慕邹阳、枚乘而游梁国。我并不敢与从前的贤人相比，只希望仿效当初齐国东野鄙人以九九薄技见齐桓公的故事。这样既与讲道论学没有区别，又能幸免官职杂务的拘束；可以照顾父母的冷暖，又能施展自己的打算。我的志向至此而已。"后朝廷又任命他为步兵校尉，他都没有接受。

注释 ① 永明：齐武帝年号，483—493 年。 ② 竟陵王子良：齐武帝第二子萧子良。征北司徒记室：征北将军府中的僚官。 ③ 张融：当时任竟陵王征北咨议。王思远：当时任竟陵王征北记室参军。 ④ 二代：指宋、齐两代。一纪：十二年。

⑤ 厉:同"励"。　⑥ 晨昏:指对父母的侍养。语出《礼记·曲礼上》:"冬温而夏清,
昏定而晨省。"⑦ 摄:指升堂时提起衣摆防止跌倒,表示恭谨有礼。斋:衣之下缝。
河间:指西汉河间献王刘德。他修学好古,搜罗古籍,山东诸儒多从而游。听:同
"厅"。　⑧ 东平:指西汉东平思王刘宇。他喜好儒术,其傅、相皆儒者,与之旦夕讲
诵。　⑨ 辐凑燕路,慕君王之义:指战国时燕昭王以重金招贤,天下游士争相奔赴
燕国。事见《战国策·燕一》《新序·杂事三》。　⑩ 骧镳魏阙,高公子之仁:指战国
时魏公子信陵君礼贤下士,士多往归之。事见《史记·魏公子列传》。骧镳:驾马奔
驰。魏阙:指朝廷。　⑪ 申、白:申公、白公,西汉儒生,与楚元王刘交为师友。
⑫ 邹、枚:邹阳、枚乘,曾游梁国,为梁孝王刘武宾客。　⑬ 九九之遗踪:《说苑·尊
贤》载:齐桓公招士,东野鄙人有以九九之术(即乘法计算)见者,桓公受而礼之。后
四方之士相携而并至。　⑭ 泮:即泮宫,古代学宫。集泮:在学宫与生徒讲道论学。
⑮ 温清:义同"晨昏",见前注。　⑯ 步兵校尉:五校尉之一,是略次于将军的武官。

原文

瓛姿状纤小,儒学冠于
当时,京师士子贵游莫不下
席受业①。性谦率通美,不
以高名自居。游诣故人,唯
一门生持胡床随后②,主人
未通,便坐问答。住在檀
桥,瓦屋数间,上皆穿漏。
学徒敬慕,不敢指斥,呼为
"青溪"焉。竟陵王子良亲
往修谒,七年,表世祖为瓛
立馆,以扬烈桥故主第给
之,生徒皆贺。瓛曰:"室美

翻译

刘瓛身材瘦小,他研究儒学在当
时数第一,京城里的士人和贵族子弟无
不向他拜见求学。他性格谦和率直通
达,不因名气高而自傲。拜访朋友时,
只有一个学生持着小凳子跟随在后,主
人还未通报时,便坐下来与学生问答。
住在檀桥,瓦屋数间,屋顶都已穿漏。
学生们敬慕他,不敢直接称呼,就称为
"青溪"。竟陵王萧子良曾亲自前往拜
见他,永明七年(489)上表齐武帝为刘
瓛立学馆,把扬烈桥故主的房宅给他。
学生们都来庆贺,刘瓛说:"居室太美
就是人的灾祸,这样华美的屋宇哪里是

为人灾，此华宇岂吾宅邪？幸可诏作讲堂，犹恐见害也。"未及徙居，遇病。子良遣从瓛学者彭城刘绘、顺阳范缜将厨于瓛宅营斋③。及卒，门人受学者并吊服临送。时年五十六。

我住的？幸好皇上下诏是把它作为讲堂，但我还是担心遭到祸害呢。"未等到迁居，他生了重病。萧子良派跟随刘瓛学习的彭城人刘绘、顺阳人范缜带了厨子到刘瓛住处设斋食请众僧来诵经祈祷。去世后，跟他学习的门人都穿了丧服去给他送葬。刘瓛终年五十六岁。

注释　① 贵游：指贵族子弟无官职者。　② 胡床：一种可以折叠的坐具。因从胡地传入，故名。　③ 营斋：设斋食以供众僧，也即请众僧诵经祈祷。

原文

瓛有至性。祖母病疽经年，手持膏药，渍指为烂。母孔氏甚严明，谓亲戚曰："阿称便是今世曾子①。"阿称，瓛小名也。年四十余，未有婚对。建元中②，太祖与司徒褚渊为瓛娶王氏女。王氏斲壁挂履③，土落孔氏床上，孔氏不悦，瓛即出其妻。及居父丧，不出庐，足为之屈，杖不能起。今上天监元年④，下诏为瓛立碑，谥曰贞简先生。所著文集，

翻译

刘瓛有淳厚的性情。祖母身上长了毒疮，多年不愈，刘瓛手持膏药为她涂抹，手指都泡烂了。母亲孔氏很严明，对亲戚说："阿称就是当今的曾子。""阿称"是刘瓛的小名。到四十多岁，还没有婚配。建元年间，齐高帝和司徒褚渊为刘瓛娶了王氏的女儿。王氏凿墙壁挂鞋子，泥土落到孔氏的床上，孔氏不高兴，刘瓛就把妻子休掉了。他为父亲服丧期间，一直不走出庐舍，以至脚骨弯曲，撑着手杖也不能起来。梁武帝天监元年(502)下诏书为刘瓛立碑，谥号为"贞简先生"。刘瓛所著的文集，都是关于《礼》的解说，流传于

皆是《礼》义,行于世。……　‖　世。……

江 祏 传

导读

江祏(？—499)字弘业，是齐明帝萧鸾的表兄弟。萧鸾篡承帝位后，江祏以外戚的身份步入最高权力中心，声势显赫。明帝死后，他奉遗诏与刘暄等人执掌朝政。在统治集团内部激烈的权力之争中，他与东昏侯萧宝卷以及同样也是外戚的刘暄形成对立，最后被害而死。这篇传记语言简练、条理清楚，特别是叙述江、刘火并的一段，能以很少的语言写出当时十分复杂的情况，而且前后关照，笔笔交代清楚，充分表现出《南齐书》叙事简洁的特点。(选自卷四二)

原文

江祏，字弘业①，济阳考城人也②。祖遵，宁朔参军。父德邻，司徒右长史。

翻译

江祏，字弘业，是济阳考城人。祖父江遵，官至宁朔参军。父亲江德邻，官至司徒右长史。

注释　① 祏：音 shí。　② 济阳考城：在今河南兰考。

原文

祏姑为景皇后①，少为高宗所亲②，恩如兄弟。宋末，解褐晋熙国常侍③、太祖徐州西曹④、员外郎、高宗冠军参军⑤、带溧阳令⑥、竟陵

翻译

江祏的姑妈是景皇后，所以江祏自幼受到齐明帝萧鸾的亲幸，两人恩情如同兄弟。刘宋末年，开始入仕任晋熙国的常侍，又任萧道成所辖徐州府的西曹、员外郎，高宗萧鸾属下的冠军参军、

王征北参军⑦、尚书水部郎⑧。高宗为吴兴⑨，以祏为郡丞，加宣威将军、庐陵王中军功曹记室⑩、安陆王左军咨议⑪、领录事⑫、带京兆太守⑬。除通直郎⑭，补南徐州别驾⑮。

兼任湿阳县令，竟陵王萧子良属下的征北参军，尚书水部郎。萧鸾任吴兴郡太守时，任用江祏为郡丞，加封为宣威将军、庐陵王中军功曹记室、安陆王左军咨议，兼领录事，兼任京兆太守。后他又被任命为通直郎，补任南徐州府的别驾。

注释　①景皇后：齐明帝萧鸾之父萧道生的妻子。明帝即位后，追尊其父为景皇，母为景皇后。　②高宗：即齐明帝萧鸾。　③解褐：脱去布衣，即开始做官。晋熙国：宋文帝第九子刘昶的封国。　④太祖：指齐高帝萧道成。徐州西曹：徐州府的属官。　⑤冠军参军：冠军将军府中的僚属。　⑥湿阳：县名，故治在今湖北黄陂南。　⑦竟陵王：齐武帝第二子萧子良。征北参军：征北将军府中的僚属。　⑧尚书水部郎：尚书省分管水利的官吏。　⑨吴兴：郡名，故治在今浙江吴兴。　⑩庐陵王：齐武帝第三子萧子卿。功曹记室：州郡掌管考查记录功劳的官员。　⑪安陆王：齐武帝第五子萧子敬。咨议：将军府中的参谋官，位在诸参军之上。　⑫录事：掌管文书记录的官。　⑬带：兼任。京兆：指首都行政区。　⑭通直郎：官名，地位与散骑侍郎相等。　⑮南徐州：今江苏镇江。别驾：州刺史的佐吏。

原文

　　高宗辅政，委以心腹。隆昌元年①，自正员郎补丹阳丞②、中书郎。高宗为骠骑③，镇东府④，以祏为咨议参军⑤，领南平昌太守⑥，与萧谌对直东府省内⑦。时新立海陵⑧，人情未服，高宗胛

翻译

　　高宗萧鸾辅佐朝政时，把他当作心腹之人。隆昌元年（494），由正员郎补任丹阳郡丞、中书郎。萧鸾担任骠骑大将军，镇守东府时，任用江祏为咨议参军，兼任南平昌郡太守，与萧谌一同在东府城内当班。当时刚刚立海陵王为帝，人心尚未顺服。萧鸾肩胛上有赤色

上有赤志,常秘不传,祏劝帝出以示人。晋寿太守王洪范罢任还⑨,上祖示之,曰:"人皆谓此是日月相⑩。卿幸无泄言。"洪范曰:"公日月之相在躯,如何可隐?转当言之公卿。"上大悦。会直后张伯、尹瓒等屡谋窃发⑪,祏、谌忧虞无计,每夕辄托事外出。及入纂议定⑫,加祏宁朔将军。高宗为宣城王,太史密奏图纬云⑬:"一号当得十四年。"祏入,帝喜以示祏曰:"得此复何所望!"及即位,迁守卫尉⑭,将军如故。封安陆县侯⑮,邑千户。祏祖遵,以后父赠金紫光禄大夫⑯;父德邻,以帝舅亦赠光禄大夫。

的痣,平常隐蔽不让外人知道,江祏劝他出示给人看。晋寿太守王洪范离任回京城,萧鸾脱去上衣给他看,并说:"人家都说这是日月之相,请你千万不要泄漏出去。"王洪范说:"您有日月之相在身上,如何可以隐藏?我当要转告各位公卿。"萧鸾十分高兴。后来遇上直后张伯、尹瓒等人屡次密谋暗中闹事,江祏、萧谌忧虑防备没有办法,于是每到晚上入朝时就借托他事外出。等到萧鸾入继帝位的事议定后,加封江祏为宁朔将军。萧鸾受封为宣城王,太史暗中奏上河图纬书说:"一发号令当得到十四年。"江祏进去时,萧鸾高兴地出示给他看,说道:"如果得到这个,还能有什么别的愿望呢!"等到萧鸾即帝位后,江祏升任卫尉,将军之职依旧,又被封为安陆县侯,食邑一千户。江祏已死去的祖父江遵,因为是皇太后的父亲而追赠金紫光禄大夫的官号;江祏已死去的父亲江德邻,也因为成了皇帝的舅舅而被追赠光禄大夫的官号。

注释　①隆昌:齐郁林王萧昭业年号。　②丹阳:郡名,故城在今江苏江宁东南。齐丹阳郡管辖范围包括京城建康。丹阳丞:丹阳尹的佐官。　③骠骑:骠骑大将军。　④东府:在当时都城东南,为扬州刺史的治所。　⑤咨议参军:简称咨议,见前注。　⑥南平昌:郡名,故址当在今江苏境内。　⑦萧谌:字彦文,时为宁朔将军。

⑧ 海陵:海陵王萧昭业。　⑨ 晋寿:治所在今四川广元。　⑩ 日月相:指做皇帝皇后的贵相。　⑪ 直后:官名,从属于掌管宫廷禁卫的左右卫。　⑫ 入纂:指以皇室支系的身份继承帝位。　⑬ 图纬:河图和纬书,东汉以来常用作占验吉凶的材料。　⑭ 卫尉:负责皇宫警卫的武官。　⑮ 安陆县:今属湖北。　⑯ 金紫光禄大夫:加金章紫绶的光禄大夫。

原文

建武二年①,迁右卫将军,掌甲仗廉察。四年,转太子詹事②。祐以外戚亲要,势冠当时,远致饷遗③,或取诸王第名书好物。然家行甚睦,待子侄有恩意。

注释　① 建武:齐明帝萧鸾年号。　② 太子詹事:太子官属之长。　③ 饷遗(wèi):馈赠。

翻译

建武二年(495),江祏迁任右卫将军,掌管兵甲卫士的查访。建武四年(497),转任太子詹事。江祏因为是皇帝外戚、亲信要人,声势在当时极其显赫,从远处四方收到不少馈赠,有时他直接到诸王的府第中拿取名书宝物。但在家族中相处很和睦,对待子侄辈很有恩情。

原文

上寝疾,永泰元年①,转祏为侍中、中书令,出入殿省。上崩,遗诏转右仆射,祏弟卫尉祀为侍中,敬皇后弟刘暄为卫尉②。东昏即位,参掌选事。高宗虽顾命群公③,而意寄多在祏兄弟。

翻译

明帝卧病不起,永泰元年(498),调任江祏为侍中、中书令,进出于皇宫和诸公府之间。明帝驾崩,留下遗诏调任江祏为右仆射,江祏的弟弟卫尉江祀升任侍中,敬皇后的弟弟刘暄任卫尉。东昏侯萧宝卷即帝位,江祏参与执掌选拔任命官吏的事。明帝萧鸾临终前虽然对各位公侯都有交代,但实际上意思是至是更直殿内,动止关咨。永元元年④,领太子詹事⑤。刘暄迁散骑常侍、右卫将军⑥。柘兄弟与暄及始安王遥光⑦、尚书令徐孝嗣、领军萧坦之六人,更日帖敕⑧,时呼为"六贵"。

把大事主要寄托在江柘兄弟身上。江柘兄弟这段时间轮流在皇宫内当班,皇上有所动作都要向他们咨询。永元元年(499),江柘兼任太子詹事。刘暄迁任散骑常侍、右卫将军。江柘兄弟与刘暄以及始安王萧遥光、尚书令徐孝嗣、领军将军萧坦之六人,按日轮流代表皇上签署敕令,当时被称为"六贵"。

注释 ① 永泰:齐明帝萧鸾年号。 ② 敬皇后:齐明帝萧鸾的皇后刘氏。 ③ 顾命:皇帝临终遗命。 ④ 永元:齐东昏侯萧宝卷年号。 ⑤ 太子詹事:太子宫中的属官。南朝时的太子詹事是太子宫中事务的总管,他与太子的关系相当于宰相与皇帝的关系。 ⑥ 散骑常侍、右卫将军:并见《高帝纪》注。 ⑦ 始安王遥光:齐高帝萧道成的侄孙。 ⑧ 帖敕:代表皇帝在奏章公文上签署命令。

原文

帝稍欲行意,孝嗣不能夺,坦之虽时有异同,而柘坚意执制①,帝深忿之。帝失德既彰,柘议欲立江夏王宝玄②。刘暄初为宝玄郢州行事③,执事过刻。有人献马,宝玄欲看之,暄曰:"马何用看!"妃索煮肫,帐下咨暄,暄曰:"旦已煮鹅,不烦复此。"宝玄恚曰④:"舅殊无

翻译

东昏侯渐渐想要按自己的意思行事,徐孝嗣不敢强夺大权,萧坦之则有时表示一些不同意见,而江柘则坚决要掌握权力,因此东昏侯对他深为愤恨。东昏侯丧失道德的行为已经暴露于众,江柘计议想要立江夏王萧宝玄为帝。刘暄当初曾担任宝玄所辖郢州府的行事,执掌政务过于苛刻。有人来献马匹,宝玄想去看看,刘暄说:"马有什么可看的!"王妃索要煮肫吃,帐下的人向刘暄询问,刘暄说:"早上已经煮了鹅,

《渭阳》之情⑤。"暄闻之亦不悦。至是不同祏议，欲立建安王宝夤⑥，密谋于遥光。遥光自以年长，属当鼎命⑦，微旨动祏。祏弟祀以少主难保，劝祏立遥光。暄以遥光若立，已失元舅之望，不肯同。故祏迟疑久不决。遥光大怒，遣左右黄昙庆于清溪桥道中刺杀暄。昙庆见暄部伍人多，不敢发。事觉，暄告祏谋，帝处分收祏兄弟。祀时直在内殿，疑有异，遣信报祏曰："刘暄似有异谋，今作何计？"祏曰："政当静以镇之耳。"俄而召祏入见，停中书省。初，直斋袁文旷以王敬则勋当封⑧，祏执不与。帝使文旷取祏，以刀环筑其心曰："复能夺我封否？"祏、祀同日见杀。……

不必麻烦再来煮肫。"宝玄愤恨地说："舅舅一点也没有甥舅之情。"刘暄听了也很不高兴。所以此时他不同意江祏的计议，而想要立建安王宝夤为帝，就到萧遥光那里去密谋。萧遥光认为自己年辈大，应当由他来登皇帝位，就隐约地用这个意图来挑动江祏。江祏的弟弟江祀认为年幼的君主难以辅佐，劝江祏立萧遥光为帝。而刘暄则因为如果立了遥光，自己就失去了皇帝长舅的身份和威望，所以不肯同意。因此江祏长时间迟疑不决。遥光于是大怒，派遣身边的亲信黄昙庆在青溪桥一带道路上刺杀刘暄。黄昙庆见刘暄随从队伍人数众多，不敢下手。事情被发觉，刘暄诬告是江祏谋划，东昏侯决定逮捕江祏兄弟。当时江祀在内殿当班，疑惑有异常情况，派人送信报告江祏说："刘暄好像有异常之谋，如今当作如何打算？"江祏说："政治上的事应当冷静地对待。"不一会儿皇上召江祏入见，于是被扣留在中书省。当初，直斋袁文旷凭借斩杀王敬则的功劳应当封侯，江祏坚决不答应。皇上此时派袁文旷去擒取江祏，袁文旷用刀头之环敲击江祏的心口说："你还能剥夺我的封命吗？"江祏、江祀在同一天被杀死。……

注释 ① 执制:掌握决定皇帝发布命令的权力。 ② 江夏王宝玄:齐明帝第三子。曾兼任郢州刺史。 ③ 行事:诸王府中执事的官。 ④ 恚(huì):愤恨。 ⑤ 渭阳之情:《诗·秦风·渭阳》:"我送舅氏,至于渭阳。"后世以渭阳之情表示甥舅之间的情谊。 ⑥ 宝夤(yín):齐明帝第六子。 ⑦ 鼎命:指皇帝位。 ⑧ 直斋:官名,属左右卫,掌管宿卫侍从。

原文

后帝于后堂骑马致适,顾谓左右曰:"江祐若在,我当复能骑此不?"

翻译

后来东昏侯在后堂骑马十分尽兴,回头对左右的人说:"江祐如果还在,我还能像这样骑马吗?"

沈 文 季 传

导读

南齐初期,统治阶级为了加强对民众的管理和剥削,增加朝廷的财政收入,连年不断地进行户籍检查,一些官吏趁机敲诈勒索、盘剥百姓。民众不堪骚扰,不满情绪日增,终于引发了富阳人唐寓之领导的农民起义。起义军声势浩大,东南一带许多郡县先后被攻陷,一些郡守、县令纷纷落荒而逃。唐寓之还建立了自己的政权。后因朝廷派兵镇压,义军寡不敌众而失败,唐寓之被俘遭杀。《南齐书》的作者萧子显站在统治阶级的立场上,不仅不为唐寓之立传,而且视之为"贼"。但在《沈文季传》《虞玩之传》等文中却记录了这次起义的原因和经过,保存了有关史料。这里节录的就是《沈文季传》中有关唐寓之起义经过的一段记录。(选自卷四四)

原文

沈文季,字仲达,吴兴武康人①。……

文季少以宽雅正直见知。……明帝立,起文季为宁朔将军②,迁太子右卫率③、建安王司徒司马④。……

翻译

沈文季,字仲达,吴兴武康人。……

文季年少时以宽厚儒雅正直而闻名。……宋明帝即位,起用沈文季为宁朔将军,迁任太子右卫率,建安王司徒司马。……

注释 ①吴兴武康:今浙江湖州。 ②宁朔将军:见《高帝纪》注。 ③太子右卫

率:太子官中设左、右卫率各一人,掌东宫警卫。 ④ 建安王:齐武帝第九子萧子
真。司马:诸王将军府中的佐吏。司徒司马:司徒府中的司马。

原文

　　齐国初建,为侍中,领秘书监①。……永明元年②,出为左将军③、吴郡太守④。三年,进号平东将军。四年,迁会稽太守⑤,将军如故。

翻译

　　齐国建立之初,沈文季任侍中,兼任秘书监。……永明元年(483),他出任左将军,吴郡太守。三年(485),进加他官号为平东将军。四年(486),沈文季迁任会稽太守,将军的官职依旧。

注释　① 秘书监:秘书省的长官。　② 永明:齐武帝年号。　③ 左将军:即左军将军。　④ 吴郡:治所在今江苏苏州。　⑤ 会稽:郡名,治所在今浙江绍兴。

原文

　　是时连年检籍①,百姓怨望。富阳人唐寓之侨居桐庐②,父祖相传图墓为业③。寓之自云其家墓有王气,山中得金印,转相诳惑。三年冬,寓之聚党四百人,于新城水断商旅④,党与分布近县。新城令陆赤奋、桐庐令王天愍弃县走。寓之向富阳,抄略人民,县令何洵告鱼浦子逻主从系公⑤,发鱼浦村男丁防县。

翻译

　　当时由于连年检查户籍,老百姓十分怨恨不满。富阳人唐寓之侨居在桐庐县,父亲祖父辈相传以看风水选择墓地为职业。唐寓之自称他家的墓地上有帝王之气,并从山中得到一枚金印,辗转相传欺骗迷惑别人。永明三年(485)冬天,寓之聚集同党四百人,在新城水路上阻断来往商旅,并派遣党羽分布到附近各县。新城县令陆赤奋,桐庐县令王天愍都丢下县城逃跑了。唐寓之出发到富阳,沿路搜罗获取百姓,县令何洵告求鱼浦子巡察官员从系公,发动鱼浦村的壮丁防守县城。永兴县派

永兴遣西陵戍主夏侯昙羡率将吏及戍左右堨界人起兵赴救⑥。寓之遂陷富阳。会稽郡丞张思祖遣台使孔矜、王万岁、张繇等配以器仗将吏白丁⑦、防卫永兴等十属。文季亦遣器仗将吏救援钱塘⑧。寓之至钱塘，钱塘令刘彪、戍主聂僧贵遣队主张玗于小山拒之⑨，力不敌，战败。寓之进抑浦登岸⑩，焚郭邑，彪弃县走。文季又发吴、嘉兴、海盐、盐官民丁救之⑪。贼分兵出诸县，盐官令萧元蔚、诸暨令陵琚之并逃走⑫，余杭令乐琰战败乃奔⑬。是春，寓之于钱塘僭号，置太子，以新城戍为天子宫，县廨为太子宫。弟绍之为扬州刺史。钱塘富人柯隆为尚书仆射、中书舍人⑭，领太官令⑮。献铤数千口为寓之作仗⑯，加领尚方令⑰。分遣其党高道度徐寇东阳⑱，东阳太守

遣西陵镇驻军首领夏侯昙美率领将吏和守护左右土坝的人起兵去救援。寓之还是攻陷了富阳县。会稽郡的郡丞张思祖派遣台使孔矜、王万岁、张繇等配备了武器和将吏壮丁，防守永兴等十个属县。沈文季也派遣了配备武器的将吏去救援钱塘县。唐寓之的队伍来到钱塘，钱塘县令刘彪、驻军首领聂僧贵派遣队长张玗在小山迎击，力弱不能抵挡，吃了败仗。唐寓之前进到柳浦登上岸，烧毁了城郭，刘彪丢弃县城逃走。沈文季又发动吴县、嘉兴县、海盐县、盐官县的壮丁去援救。唐寓之分兵出击各县，盐官县令萧元蔚、诸暨县令陵琚之都逃走了。余杭县令乐琰被打败后也逃跑了。这年春天，唐寓之在钱塘县僭位自称皇帝，还立了太子，把新城县的营垒当作天子的宫殿，把县衙门当作太子的宫殿。任命其弟弟绍之为扬州刺史。钱塘县的富人柯隆被任命为尚书仆射、中书舍人、兼任太官令。他献出铁锭数千只为唐寓之制造兵器，于是又加官兼任尚方令。唐寓之又分派他的同党高道度慢慢地侵犯东阳郡，东阳太守萧崇之，长山县令刘国重抵抗而被杀死。崇之字茂敬，是齐太祖萧道成的族弟。……唐寓之的部队便占据了

萧崇之、长山令刘国重拒战见害⑲。崇之字茂敬，太祖族弟。……贼遂据郡。又遣伪会稽太守孙泓取山阴⑳，时会稽太守王敬则朝正㉑，故寓之谓乘虚可袭。泓至浦阳江㉒，郡丞张思祖遣峡口戍主汤休武拒战㉓，大破之。上在乐游苑㉔，闻寓之贼，谓豫章王嶷曰："宋明初，九州同反，鼠辈但作，看萧公雷汝头㉕！"遣禁兵数千人，马数百匹东讨。贼众乌合，畏马，官军至钱塘，一战便散。禽斩寓之，进兵平诸郡县。

郡治。又派遣他所任命的会稽太守孙泓攻取山阴，当时会稽太守王敬则恰好去京城朝见天子，所以唐寓之认为可以乘虚而入去袭击。孙泓到达浦阳江，郡丞张思祖派遣峡口驻军首领汤休武迎战，击破了孙泓的队伍。齐武帝在乐游苑，听到唐寓之起兵的消息，对豫章王萧嶷说："宋明帝初年，整个九州都反叛了，鼠辈们只管起来，看我萧公来敲下你们的头！"他派遣朝廷禁卫军几千人，战马数百匹到东边去讨伐。唐寓之的兵众是临时凑合，畏惧战马，官军到达钱塘，一交战便逃散了。官军抓获并斩杀了唐寓之，进兵平定了各郡县。

注释 ① 检籍：检查户籍。刘宋以来，许多人为了逃避繁重的赋税徭役，纷纷买通官吏，篡改户籍，假冒"百役不及"的士籍，致使户籍混乱。南齐政权为了增加财政收入，从高帝时即进行严厉的户籍检查。而校籍的官吏们则趁机敲诈勒索，不但户籍越发紊乱，而且加重了对人民的骚扰，从而激起了人民的强烈不满。 ② 富阳：县名，今属浙江。桐庐：县名，今属浙江。 ③ 图墓：看风水，择墓地。 ④ 新城：县名，在今浙江桐庐东北。 ⑤ 鱼浦：在今浙江富阳东南。子：子爵。逻主：巡察的官吏。 ⑥ 永兴：县名，在今浙江萧山西。西陵：镇名，在今浙江萧山西。堨（dài）界：堵水的土坝。 ⑦ 会稽郡：治所在今浙江绍兴。台使：朝廷禁省的使者。器仗：指兵器。白丁：未入仕的丁壮。 ⑧ 钱塘：县名，今浙江杭州。 ⑨ 小山：所在不详。

⑩ 抑浦:当作柳浦,在今杭州以东。 ⑪ 吴:县名,今江苏苏州。嘉兴:县名,今属浙江。海盐:今浙江海盐。盐官:县名,在今浙江海宁西南。 ⑫ 诸暨:县名,今属浙江。 ⑬ 余杭:县名,在今浙江杭州以西。 ⑭ 尚书仆射、中书舍人:见《高帝纪》注。 ⑮ 太官令:官名,掌管皇帝宴会饮食。 ⑯ 锭(dìng):铁锭。 ⑰ 尚方令:负责制造器仗物品的官。 ⑱ 东阳:郡名,治所在今浙江金华。 ⑲ 长山:即东阳郡治所。 ⑳ 山阴:会稽郡治所,今浙江绍兴。 ㉑ 朝正:正月朝见天子。 ㉒ 浦阳江:水名,从丰安(今浦江)经诸暨在山阴(今绍兴)以北流入杭州湾,今已废。 ㉓ 浹口:今浙江宁波以东入海口。 ㉔ 乐游苑:苑名,故址在今江苏江宁。 ㉕ 雷:同"擂",敲击。

原文

台军乘胜,百姓颇被抄夺。军还,上闻之,收军主前军将军陈天福弃市。……

明帝即位,加领太子詹事①,增邑五百户。……

翻译

官军乘胜前进,一路上很多老百姓被他们大肆掠夺。官军回都城后,皇上知道了,就把带兵的首领前军将军陈天福抓起来斩首示众。……

齐明帝即位,沈文季加官兼领太子詹事,增加食邑五百户。……

注释 ① 太子詹事:见《江祏传》注。

原文

文季见世方昏乱,托以老疾,不豫朝机①。……同孝嗣被害②。……时年五十八。……

翻译

沈文季见世道越来越混乱,就以自己年老多病为托辞,不再参与朝廷机要大事。……后来他与徐孝嗣一同被杀害。……终年五十八岁。……

注释 ① 豫:同"与",参与。 ② 孝嗣:徐孝嗣,字始昌,齐明帝时任尚书令。永元元年(499)冬十月与沈文季同日被东昏侯用药酒毒死。

王 融 传

导读

　　王融(467—493),字元长,是南齐著名文士,才思敏捷,文藻富丽,为文援笔可待。又精通声律,他与沈约、谢朓等人共创讲求声韵格律的新体诗,世称"永明体"。钟嵘《诗品(下)》说他"有盛才,词美英净"。原有集十卷,已散佚。今存诗八十多首,文五十多篇,明人辑有《王宁朔集》。王融出身世宦之家,且年少才高,躁于功名,奢望在三十岁以内位至公辅。这种功名心驱使他在政治上积极进取。他曾上书齐武帝求自试,又曾数次向齐武帝献计讨伐北魏,寻求建功立业的机会。然而他卷入了皇室内部争权夺利的漩涡,未能实现自己的雄心大志,赍志而殁。

　　这篇传记收录了王融的几篇疏奏,从中可以看出他的志向和文才。又详细记录了王融在齐武帝病危时谋立萧子良不成,后被郁林王陷害致死的经过,从中可以看到统治阶级内部矛盾斗争的尖锐残酷。(选自卷四七)

原文

　　王融,字元长,琅邪临沂人也①。祖僧达,中书令,曾高并台辅②。僧达答宋孝武云:"亡父亡祖,司徒司空。"父道琰,庐陵内史③。母临川太守谢惠宣女④,惇

翻译

　　王融,字元长,琅邪临沂人。祖父王僧达,曾任中书令,曾祖父和高祖父都曾登上三公之位。王僧达答宋武帝诏书中曾说:"我的亡父、亡祖,曾任司徒、司空。"王融父亲王道琰,任庐陵内史。母亲是临川太守谢惠宣的女儿,是一位

敏妇人也。教融书学。

敦厚而聪敏的妇女，教王融写字学习。

注释 ① 琅邪临沂：今山东临沂。 ② 台辅：指三公宰相之位。 ③ 庐陵：郡名，治所在今江西吉水。 ④ 临川：郡名，治所在今江西抚州南。

原文

融少而神明警惠，博涉有文才。举秀才。晋安王南中郎板行参军①，坐公事免。竟陵王司徒板法曹行参军②，迁太子舍人。融以父官不通，弱年便欲绍兴家业，启世祖求自试，曰："臣闻春庚秋蟀③，集候相悲；露木风荣，临年共悦。夫唯动植，且或有心；况在生灵，而能无感？臣自奉望宫阙，沐浴恩私；拔迹庸虚，参名盛列；缨剑紫复④，趋步丹墀⑤；岁时归来，夸荣邑里。然无勤而官，昔贤曾议；不任而禄，有识必讥。臣所用慷慨愤懑⑥，不遑自晏。诚以深恩鲜报，圣主难逢；蒲柳先秋⑦，光阴不待；贪及明时，展悉愚效，以酬陛下不

翻译

王融少年时头脑聪明机警，知识广博很有文才，被举拔为秀才。晋安王南中郎将任用他为行参军，因受公事牵连被免职。竟陵王司徒又任命他为法曹行参军，后升任太子舍人。王融因为父亲官运不通，年轻时就想要继承复兴祖先的业绩，他启奏齐武帝要求自试，文中说："我听说春天的黄鹂、秋天的蟋蟀，因节候变更而竞相悲鸣；露中的树木、风中的花草，因新春来临而共同喜悦。这些动物植物，尚且有其心思；更何况活人，怎能没有情感？我自从奉职于朝廷，承受皇上恩爱；举拔于平庸之众，列名于显赫之位；佩戴缨剑身穿紫衣，脚踏朝廷台阶；逢年过节返归故乡，可以夸耀于乡邻。然而不付辛劳而做官，往日贤人曾经非议；无所事事而得禄，有识之士定会讥笑。我因此而感到心情激愤难平，不得安心。我真心认为皇上的深恩我很少报答，圣明的君主很难再遇；而年龄容易衰老，时光不等人；

世之仁⑧。若微诚获信，短才见序，文武吏法，唯所施用。夫君道含弘，臣术无隐。翁归乃居中自是⑨，充国曰'莫若老臣'⑩。窃景前修，敢蹈轻节，以冒不媒之鄙，式罄奉公之诚⑪。抑又唐尧在上，不参二八⑫，管夷吾耻之⑬，臣亦耻之。愿陛下裁览。"迁秘书丞⑭。

我渴望在这圣明的时代，一展自己微薄的才能，来报答陛下罕见的仁德。如果我的诚心能得到信任，薄才能得到赏识，则无论文武吏法，听凭驱使任用。君主之道宽容弘大，臣子的才干也就无所隐藏。所以尹翁归曾凭借才能自我称许，赵充国也说'无人能胜过我老臣'。我心中仰慕这些前代的贤人，斗胆作出轻率之举，甘冒不经举荐的丑名，以尽奉公朝廷的诚心。再说有唐尧一样圣明的天子在上，却不能身为天子的辅佐之臣，管夷吾以此为耻，我也以此为耻。希望陛下裁断览察。"他后被提升为秘书丞。

注释 ① 晋安王：齐武帝第七子萧子懋，曾为南中郎将。板：授官。南北朝时授官有权，板上书授官之辞。 ② 竟陵王：齐武帝第二子萧子良，曾任司徒职。法曹：将军府中诸僚分曹治事，法曹掌军中执法。 ③ 庚：仓庚，即黄鹂鸟。 ④ 紫复：紫色的夹衣，为贵官的公服。 ⑤ 丹墀（chí）：宫殿前的红色石阶，代指宫庭。 ⑥ 愤懑（mèn）：气愤，抑郁不平。 ⑦ "蒲柳"句：蒲柳落叶早，故用来比喻人的早衰。 ⑧ 不世：罕有，非常。 ⑨ "翁归"句：意谓尹翁归凭借自己的才能自我称道。《汉书·尹翁归传》载：尹翁归曾向田延年自荐说："翁归文武兼备，唯所施设。" ⑩ "充国"句：《汉书·赵充国传》载：赵充国年七十余，皇上认为他已衰老，派人问他谁可以为将。充国回答说："没有人能超过我老臣。" ⑪ 罄（qìng）：尽。 ⑫ 二八：指"八元""八恺"，传说中颛顼和帝喾的十六位才子。代指天子的辅佐之臣。 ⑬ 管夷吾：即管仲，春秋时齐国政治家，辅佐齐桓公建立霸业。 ⑭ 秘书丞：秘书监的佐官。

原文

从叔俭，初有仪同之授①，融赠诗及书。俭甚奇惮之，笑谓人曰："穰侯印讵便可解②？"寻迁丹阳丞、中书郎③。……

翻译

王融的族叔王俭，当初被授予开府仪同三司的官号，王融便写了诗和书信赠给他。王俭读后对其才能十分惊奇，笑着对人说："穰侯的相印难道随便就可被人解去？"不久王融被任命为丹阳丞、中书郎。……

注释 ① 从叔俭：王俭，见《礼志》注。仪同之授：即授予开府仪同三司的官号，地位相当于三公。 ②"穰侯"句：穰侯即魏冉，战国时秦人，曾四次执掌秦国相印。 ③ 丹阳丞：丹阳尹的佐官。

原文

永明末①，世祖欲北伐，使毛惠秀画《汉武北伐图》，使融掌其事。融好功名，因此上疏曰："……臣乞以执殳先迈，式道中原，澄瀚渚之恒流②，扫狼山之积雾③，系单于之颈④，屈左贤之膝⑤，习呼韩之旧仪⑥，拜銮舆之巡幸。然后天移云动，勒封岱宗⑦，咸五登三⑧，追踪七十⑨，百神肃警，万国具僚，珪弁星离⑩，玉帛云聚。集三烛于兰席⑪，聆万岁之

翻译

永明末年，齐武帝想要北伐，叫毛惠秀画《汉武北伐图》，派王融主管此事。王融喜好功名，借此机会上疏说："……我请求手执兵器充当先驱，奔赴中原，澄清瀚海的乱流，扫荡狼山的迷雾，捆系单于的脖子，使左贤王屈膝投降，让他们重演呼邪邪向汉朝称臣的老规矩，迎拜皇上车驾去巡视。然后使天地改色风云震动，刻石封禅于泰山，与五帝三王比肩，追上前代帝王的踪迹，使众神都肃然敬畏，使万国都称臣效力，臣僚的冠冕像星辰一样排列，进贡的玉帛像云彩一样聚积。召集重臣于兰席之上，聆听皇上祥和的声音，岂不

祯声，岂不盛哉！岂不韪哉⑫！昔桓公志在伐莒，郭牙审其幽趣⑬；魏后心存去汉，德祖究其深言⑭。臣愚昧，忖诚不足以知微。然伏揆圣心，规模弘远；既图载其事，必克就其功。臣不胜欢喜。"

图成，上置琅邪城射堂壁上⑮，游幸辄观视焉。

辉煌！岂不伟大！从前齐桓公有讨伐莒国的志向，东郭牙便能审察他隐蔽的心思；曹操有废黜汉天子的心意，杨修便能探究其幽深的言辞。我愚昧无知，内心之诚不足以忖度细微之事。但私下揣测皇上的心思，计划一定是弘大深远；既已用图画描绘其事，必定能成就其功业。我心中不胜欢喜。"

图画绘成之后，皇上将它挂在琅邪城射堂墙壁上，每次游幸到此便观览审视。

注释　①永明：齐武帝年号，483—493 年。　②瀚渚：一作"瀚海"，北海，即今内蒙古的呼伦贝尔湖，泛指当时北方及西北地区。恒流：横流。　③狼山：即狼居胥山，在内蒙古五原西北。　④单(chán)于：匈奴的君长。　⑤左贤：即左贤王，匈奴贵族的封号。　⑥呼韩：即呼韩邪(yé)，匈奴单于，西汉宣帝、元帝时曾两次入汉朝见汉天子。　⑦勒封岱宗：指到泰山刻石封禅，向天地报告太平，赞颂功德。　⑧咸五登三：意谓与五帝三王比肩。　⑨七十：泛指古代在泰山封禅的帝王。《史记·封禅书》载："孔子论述六艺，传略言易姓而王，封泰山禅乎梁父者七十余王矣。"⑩珫(kuài)：玉饰冠缝。离：陈列。　⑪三烛：烛当为独。三独，指御史大夫、尚书令、司隶校尉，朝会时专席而坐，故称。见《后汉书·宣秉传》。兰席：席之美称。⑫韪(wěi)：善。　⑬"昔桓公"句：《管子·小问》载：春秋时齐桓公与管仲密谋伐莒，役者东郭牙在台下观察二人的神色与说话的口形，由此猜测出他们将要伐莒。⑭"魏后"句：意谓曹操心中有废汉的意图，杨修能探究出他的心思。魏后：即魏王，指曹操。德祖：杨修的字。　⑮射堂：天子行大射礼的地方。

原文

九年,上幸芳林园禊宴朝臣①,使融为《曲水诗序》,文藻富丽,当世称之。

翻译

永明九年(491),皇上到芳林园修禊并宴饮朝臣,命王融作《曲水诗序》,文辞华美富丽,受到当时人们的称赞。

注释 ① 禊(xì)宴:古俗在三月三日于水滨洗濯,祓除不祥,称为"禊"。同时携饮食宴饮,称为"禊宴"。

原文

上以融才辩,十一年,使兼主客①,接虏使房景高、宋弁②。弁见融年少,问主客年几。融曰:"五十之年,久逾其半。"因问:"在朝闻主客作《曲水诗序》。"景高又云:"正北闻主客此制,胜于颜延年③,实愿一见。"融乃示之。后日,宋弁于瑶池堂谓融曰:"昔观相如《封禅》④,以知汉武之德;今览王生《诗序》,用见齐王之盛。"融曰:"皇家盛明,岂直比踪汉武;更惭鄙制,无以远匹相如。"上以虏献马不称,使融问曰:"秦西冀北,

翻译

皇上认为王融才高善辩,于永明十一年(493)任命他兼任主客之职,接见北魏使者房景高、宋弁。宋弁见王融年纪很轻,便问他年岁多少。王融回答:"五十个年头,已度过了大半。"宋弁于是又问:"我在北朝就听说王主客作有《曲水诗序》一篇。"房景高也说:"在北朝听说王主客这篇佳作,胜过了颜延年,很想见识一下。"王融于是出示其文章。过了两天,宋弁在瑶池堂对王融说:"从前读了司马相如的《封禅文》,由此知道汉武帝的功德。如今看到王先生的《诗序》,由此见到齐朝皇帝的伟大。"王融说:"大齐皇上的伟大英明,哪里只是与汉武帝比肩而已;更惭愧我拙劣的文章,无法与司马相如比较。"皇上认为北魏所献的马匹不合要求,使王融

实多骏骥。而魏主所献'良马',乃驽骀之不若⑤。求名检事,殊为未孚⑥。将旦旦信誓,有时而爽⑦;驷驷之牧⑧,不能复嗣?"宋弁曰:"不容虚伪之名,当是不习土地。"融曰:"周穆马迹遍于天下⑨。若骐骥之性,因地而迁,则造父之策⑩,有时而踬?"弁曰:"王主客何为勤勤于千里?"融曰:"卿国既异其优劣,聊复相访。若千里日至,圣上当驾鼓车⑪。"弁曰:"向意既须⑫,必不能驾鼓车也。"融曰:"买死马之骨,亦以郭隗之故⑬。"弁不能答。

责问道:"秦地以西冀州以北,以出产骏马著称。而魏国君主所献的'良马',却连劣等的马都比不上。根据名声考核实际,两者很不相符。难道你们诚恳的许诺,将要被背弃;肥壮的骏马,不能再出产?"宋弁说:"不敢承当伪冒良马之名,该是它们不习此地水土。"王融说:"当年周穆王的马迹遍行于天下。假使骏马的性能,会因地域不同而改变,那么造父驾驭车马,岂不有时也要颠覆?"宋弁说:"王主客为何要如此殷勤地寻求千里之马?"王融说:"贵国既然能区别马的优劣,就请再去寻访。若有日行千里的良马献来,圣上将用它来驾鼓车。"宋弁说:"照你刚才的意思,那些已经求得的马,定是连驾鼓车也不能胜任啰。"王融回答:"买下死马的尸骨,也是因为听了郭隗的话的缘故。"宋弁不能对答。

注释　①主客:官名,负责接待外国使者。　②虏使:指北魏的使者。　③颜延年:名延之,南朝宋著名文学家。　④相如《封禅》:指汉武帝时司马相如所作《封禅文》,见《汉书·司马相如传》。　⑤驽骀(tái):劣马。　⑥孚:信。　⑦爽:背弃。　⑧驷(jiōng)驷:马肥壮的样子。牧:通牡,公马。　⑨周穆:即周穆王,名满,西周天子,曾西击犬戎,东征徐戎。传说他有八匹骏马。　⑩造父:传说为周穆王时善于御马的人。　⑪"若千里"二句:《后汉书·循吏传》载:东汉初异国献名马,日行千里,光武帝刘秀下诏用它驾鼓车。鼓车:载鼓之车,较轻。　⑫须:求。　⑬"买死马"二句:《战国策·燕策一》载:燕昭王求贤,郭隗先生对燕昭王说,古有人君求千里马,三年不得,后得千里马,马已死,买其首五百金。此后便多次得到千里马。今王欲致士,先从我郭隗开始,则贤于我的人就会到来。

原文

　　融自恃人地,三十内望为公辅。直中书省,夜叹曰:"邓禹笑人①。"行逢大舫开②,喧湫不得进③,又叹曰:"车前无八驺卒④,何得称为丈夫!"

翻译

　　王融倚仗自己的才能门第,希望在三十岁以内做上三公。在中书省值班,夜里感叹道:"邓禹要嘲笑我了。"出行遇到浮桥开动,人声喧闹不得前进,又感叹道:"车前没有八个驺卒为我开路,怎么能称作大丈夫!"

注释　①邓禹:字仲华,东汉人,与刘秀友善,辅佐刘秀平定天下。刘秀即位后拜为大司徒,年仅二十四岁,深受刘秀器重。　②舫(háng):浮桥。大舫:即朱雀桥,在建康城朱雀门附近,横贯秦淮河。开:指浮桥暂时断开,让船只通行。　③喧湫(qiū):喧哗鸣叫。　④驺卒:掌管车马的奴仆。古代贵族高官出行时,前有八名驺卒喝道。

原文

　　朝廷讨雍州刺史王奂①,融复上疏曰:"臣每览史传,见忧国忘家,捐生报德者,未曾不抚卷叹息。……臣少重名节,早习军旅。若试而无绩,伏受面欺之诛;用且有功,仰酬知人之哲。"

翻译

　　朝廷讨伐雍州刺史王奂,王融又上疏说:"我每次读史书传记,见到那些忧国忘家,舍身报德的人物,没有不抚卷长叹的。……我自幼重视功名节操,早年就习于军事。皇上如果试用我而没有成绩,我甘愿接受欺君之罪的诛罚;如果任用后取得功绩,则当酬谢皇上知人善用的明智。"

注释　①雍州：治所在今湖北襄阳。王奂于永明十一年(493)私自杀害宁蛮长史刘兴祖，触怒齐武帝，故朝廷派兵讨伐他。见《南齐书·王奂传》。

原文

　　会虏动，竟陵王子良于东府募人①，板融宁朔将军，军主②。融文辞辩捷，尤善仓卒属缀，有所造作，援笔可待。子良特相友好，情分殊常。晚节大习骑马。才地既华，兼藉子良之势，倾意宾客，劳问周款，文武翕习辐凑之。招集江西伧楚数百人③，并有干用。

翻译

　　正好遇上北魏人骚动，竟陵王萧子良在东府招募军人，任命王融为宁朔将军、军队首领。王融文辞辩捷，特别善于在仓促之中写文章，需要写作时，提笔立等可待。萧子良对他特别友好，情分非同寻常。王融年纪不小了却努力练习骑马。他才能品第高贵，又依靠着萧子良的权势，关怀身边的宾客，问候周到而殷勤，所以文武大臣纷纷围绕在他的周围。他招集了长江以西的楚地人数百名，都有才干，加以重用。

注释　①东府：见《高帝纪》注。　②板：任命。军主：一军之主帅。　③伧(cāng)楚：当时对楚地人的贬称。

原文

　　世祖疾笃暂绝，子良在殿内，太孙未入①。融戎服绛衫，于中书省閤口断东宫仗不得进，欲立子良。上既苏，太孙入殿，朝事委高宗②。融知子良不得立，乃

翻译

　　齐武帝病重暂时不省人事，当时萧子良在殿内，皇太孙尚未入殿。王融身穿戎服绛衫，在中书省小门口阻挡东宫的仪仗，使皇太孙不得进入，打算立萧子良为帝。后来皇上苏醒了，皇太孙萧昭业得以入殿，朝廷大事被托付给萧鸾。王融知道萧子良不得立为帝，就脱

释服还省。叹曰："公误我！"郁林深忿疾融，即位十余日，收下廷尉狱③，然后使中丞孔稚珪倚为奏曰④："融姿性刚险，立身浮竞，动迹惊群，抗言异类。近塞外微尘，苦求将领，遂招纳不逞，扇诱荒伧。狡箪声势⑤，专行权利，反复唇齿之间，倾动颊舌之内。威福自己，无所忌惮，诽谤朝政，历毁王公，谓己才流，无所推下，事曝远近。"使融依源据答⑥。融辞曰："囚实顽蔽，触行多愆⑦。但夙忝门素，得奉教君子。爰自总发⑧，迄将立年，州闾乡党，见许愚慎；朝廷衣冠，谓无瑿咎⑨。过蒙大行皇帝奖育之恩⑩，又荷文皇帝识擢之重⑪，司徒公赐预士林⑫，安陆王曲垂眄接⑬。既身被国慈，必欲以死自效，前后陈伐虏之计，亦仰简先朝。今段犬羊乍扰⑭，纪僧真奉宣先敕⑮，赐

去军服回到中书省，叹息道："公误了我！"萧昭业深深痛恨王融，即位十多天就将他收捕关进廷尉监狱，然后叫御史中丞孔稚珪秉承意旨起草奏章说："王融本性刚愎凶险，立身浮躁不逊，举动惊世骇俗，言论不合常规。近来塞外小有风波，朝廷苦于寻求将领，他便招集纳用为非作歹之徒，扇动蛊惑楚地的蛮人。他狡弄声势，独行权利，唇齿之间颠倒是非，口舌之内兴风作浪。作威作福，肆无忌惮，诽谤朝政，诋毁王公，以为自己是才士之流，无法对他加以追究，劣迹昭著，远近闻名。"命王融依照原奏一一答复。王融辩解说："我这个囚人的确愚顽昏蔽，行动多有罪过。但我出身官宦门第，得以承受君子教诲。从幼年开始，直到成年，家乡邻里，赞许我的谨慎；朝廷大臣，认为我没有什么过错。承蒙已故皇帝奖掖培育之恩，又受到文皇帝的赏识举拔，司徒公恩赐我列身士林，安陆王对我屈尊相待。既然身受国家之恩，就一定要以死报效，前后几次陈述讨伐魏虏的计策，也曾仰承先皇帝赐简。这次北虏开始骚扰，纪僧真奉先皇帝之旨宣布诏书，赐告北部边境的动静，命我起草军令，当时我就乘便启闻，希望进谏皇上。等到司徒公宣

语北边动静，令囚草撰符诏[16]，于时即因启闻，希侍銮舆[17]。及司徒宣敕招募，同例非一，实以戎事不小，不敢承教。续蒙军号，赐使招集，衔敕而行，非敢虚扇。且格取亡叛[18]，不限伧楚。'狡竿声势'[19]，应有形迹；'专行权利'，又无赃贿。'反覆唇齿之间'，未审悉与谁言；'倾动颊舌之内'，不容都无主此。但圣主膺教，实所沐浴，自上《甘露颂》及《银瓮启》《三日诗序》《接房使语辞》[20]，竭思称扬，得非'诽谤'？且王公百司，唯贤是与，高下之敬，等秩有差，不敢逾滥，岂应'訾毁'？因才分本劣，谬被策用，悚怍之情，夙宵兢惕，未尝夸示里间。彰曝远迩，自循自省，并愧流言。良由缘浅寡虞，致贻嚣谤。伏惟明皇临宇，普天蒙泽；戊寅赦恩[21]，轻重必宥。百日旷期，始蒙

布诏书招募军士，同时受命的不止一人，确实因为军机大事非同小可，不敢轻易承诺。后来又接到军令，命我招集军士，这是奉皇上诏书行事，并非大胆凭空扇动。再说招纳投降归顺之人，并不只限于楚地蛮众。'狡弄声势'，应该有具体行动；'独行权利'，却又未贪赃受贿。'唇齿之间颠倒是非'，不知都是与谁言语；'口舌之中兴风作浪'，不能都无见证之人。只是圣主的亲身教诲，确实曾经承受，自献上《甘露颂》及《银瓮启》《三日诗序》《接房使语辞》等文，竭尽思虑称颂赞扬，大概不能算'诽谤'吧？再说王公与百官，只与贤者相交，高下都敬重，等级有差别，不敢逾越礼节，岂敢有所'诋毁'？我的才能天分低劣，错被重用，内心惶恐不安，日夜战战兢兢，从不敢夸耀于乡邻。所谓'劣迹昭著远近闻名'，自我审察，甚至觉得有愧于这种流言蜚语。确实是由于我缘分浅薄，很少防备，所以招致这些诽谤之辞。我窃思圣明皇帝登临天下，普天下的人都将蒙受恩泽；戊寅日普施大赦之恩，无论罪行轻重都应得到赦免。百日的宽期，刚刚过了十多天，我一介罪身却独独遭到御史的弹劾。如果所有事实都有证据，核对无误，身死之日，

旬日，一介罪身，独婴宪劾。若事实有征，爰对有在，九死之日，无恨泉壤。"诏于狱赐死。时年二十七。临死叹曰："我若不为百岁老母，当吐一言。"融意欲指斥帝在东宫时过失也。

融被收，朋友部曲参问北寺㉒，相继于道。融请救于子良，子良忧惧不敢救。融文集行于世。

我在黄泉之下也无遗憾。"萧昭业下诏赐王融死于狱中，死时年仅二十七岁。临死前他感叹说："我如果不是为了百岁老母的缘故，就要吐露心中一句话。"王融的意思是想指斥皇上在东宫时的过失。

王融被收系入狱后，他的朋友和部下到监狱去探望，道路上连续不断。王融曾向萧子良请求援救，萧子良忧虑畏惧不敢救他。王融的文集流行于世。

注释 ① 太孙：齐武帝之长孙，即郁林王萧昭业。 ② 高宗：即齐明帝萧鸾，此时为左仆射，兼右卫将军。 ③ 廷尉：掌司法刑狱的官。 ④ 中丞：即御史中丞，为朝廷最高监察官。 ⑤ 筹(suàn)：算计、玩弄。 ⑥ 源：犹"原"。 ⑦ 愆(qiān)：罪过、过失。 ⑧ 总发：犹"总角"，指童年。 ⑨ 衅(xìn)咎：过错，罪过。 ⑩ 大行：指皇帝死。大行皇帝：此处指刚去世的齐武帝萧赜。 ⑪ 文皇帝：指齐武帝长子文惠皇太子萧长懋，他在齐武帝生前去世，追尊为世宗文皇帝。 ⑫ 司徒公：指竟陵王萧子良，时任司徒。 ⑬ 安陆王：即萧子敬，齐武帝第五子。 ⑭ 今段："段"当为"段"。"今段"犹言这回、这次。 ⑮ 纪僧真：当时为中书舍人。 ⑯ 符诏：传达军令的诏书。 ⑰ 侍：进谏。銮舆：皇帝的车驾，代指皇上。 ⑱ 格：来，招致。 ⑲ 筭：同"算"。 ⑳《三日诗序》：即上文《曲水诗序》。《接虏使语辞》：即上文与北魏使者的对话。 ㉑ 戊寅：指齐永明十一年(493)七月戊寅日，这一天齐武帝去世，郁林王即位。 ㉒ 部曲：指王融招募来的部队。北寺：即北寺狱，监狱名。

孔 稚 珪 传

导读

孔稚珪(447—501)字德璋,是齐朝著名的文学家,好学,善文辞。其所作《北山移文》一篇,是南朝骈文中的优秀作品。历来脍炙人口。他在萧齐朝廷任职二十多年,政治生涯几乎与萧齐朝廷相始终。孔稚珪在法律史上也有一席地位,他在齐永明年间曾参与齐朝法律的修订,上《律文》二十卷,《录序》一卷。这篇传记就记载了有关这方面的情况。《南齐书》的八志中没有《刑法志》,本篇传记中有关齐朝刑法问题的记载,可聊补这一欠缺。(选自卷四八)

原文

孔稚珪,字德璋,会稽山阴人也①。……

稚珪少学涉,有美誉。太守王僧虔见而重之,引为主簿②。州举秀才。解褐宋安成王车骑法曹行参军③,转尚书殿中郎④。太祖为骠骑⑤,以稚珪有文翰,取为记室参军⑥,与江淹对掌辞笔⑦。迁正员郎,中书郎⑧,尚书左丞⑨。父忧去官⑩,

翻译

孔稚珪,字德璋,是会稽郡山阴县人。……

孔稚珪少年时学识广泛,有美好的声誉。太守王僧虔见到他后对他很看重,引荐他担任主簿之职。州里举拔他为秀才。后入仕担任宋安成王的车骑法曹行参军,转任尚书殿中郎。齐高帝萧道成担任骠骑大将军时,认为孔稚珪有文笔之才,就用他为记室参军,与江淹二人共同负责文笔方面的事。后迁任正员郎、中书郎、尚书左丞。后来因父亲去世服丧而离任,与哥哥孔仲智回与兄仲智还居父山舍⑪。仲智妾李氏骄妒无礼,稚珪白太守王敬则杀之。服阕⑫,为司徒从事中郎⑬、州治中、别驾从事史⑭、本郡中正⑮。

到父亲在山中的馆舍居住。孔仲智的妾李氏骄横嫉妒不守礼节,孔稚珪就向太守王敬则告状把她杀了。服丧期满后,担任司徒从事中郎、州治中、别驾从事史、本郡的中正等职。

注释 ① 会稽山阴:今浙江绍兴。 ② 主簿:太守幕府中参与机要,总领府事的重要僚属。 ③ 宋安成王:宋孝武帝第十六子刘子孟。车骑法曹行参军:车骑将军府中掌管军中执法的曹官。 ④ 尚书殿中郎:尚书省掌朝廷礼仪的郎官。 ⑤ 太祖:齐高帝萧道成。骠骑:骠骑大将军。 ⑥ 记室参军:将军府中掌文书的幕僚。 ⑦ 江淹(444—505):字文通,南朝著名文人。 ⑧ 正员郎:朝廷编制内的郎官,与员外郎相对。 ⑨ 尚书左丞:尚书省的佐官,掌宗庙郊祠等事。 ⑩ 父忧:因父亲去世而服丧。 ⑪ 父山舍:指孔稚珪父亲孔灵产在禹井山(在今江苏苏州西南)建造的馆舍。 ⑫ 服阕:服丧期结束。 ⑬ 司徒从事中郎:司徒府中办理事务的郎官。 ⑭ 治中:州刺史的助理。别驾:州刺史的副官。从事史:州府的别驾、治中、主簿等佐吏均称为从事史。 ⑮ 中正:州郡负责考察选拔官吏的官。

原文

永明七年①,转骁骑将军,复领左丞②。迁黄门郎③,左丞如故。转太子中庶子、廷尉④。江左相承用晋世张杜律二十卷⑤,世祖留心法令⑥,数讯囚徒,诏狱官详正旧注。先是七年,尚书删定郎王植撰定律章表奏之⑦,曰:"臣寻《晋律》⑧,

翻译

永明七年(489),孔稚珪转任骁骑将军,并重新兼任尚书左丞。后迁任黄门郎,左丞之职依旧。不久他又调任太子中庶子和廷尉。东晋以来一直继承沿用晋代张斐、杜预的律令二十卷,齐武帝萧赜对法令较关心,多次亲自审讯囚犯,并下诏令司法官详细订正以前法律的注解。永明七年以前,尚书省的删定郎王植曾撰写制定法律的章表奏给文简辞约，旨通大纲；事之所质，取断难释。张斐、杜预同注一章，而生杀永殊。自晋泰始以来⑨，唯斟酌参用。是则吏挟威福之势，民怀不对之怨。所以温舒献辞于失政⑩，绛侯慷慨而兴叹⑪。皇运革祚⑫，道冠前王；陛下绍兴，光开帝业。下车之痛⑬，每恻上仁；满堂之悲，有矜圣思。爰发德音，删正刑律，敕臣集定张杜二注。谨砺愚蒙，尽思详撰，削其烦害，录其允衷。取张注七百三十一条，杜注七百九十一条。或二家两释，于义乃备者，又取一百七条。其注相同者，取一百三条。集为一书。凡一千五百三十二条，为二十卷。请付外详校，摘其违谬。"从之。于是公卿八座参议⑭，考正旧注。有轻重处，竟陵王子良下意，多使从轻。其中朝议不能断者，制旨

皇上，说："臣探究《晋律》，认为《晋律》文辞简约，旨在疏通大纲而已；对照具体事例，如何判决却难于解释。张斐、杜预二人同是注释某一条文，但是生是杀意见颇不相同。自从晋泰始年间以来，只好斟酌着参考运用。这样就使狱吏拥有作威作福的权势，民众怀有无法申诉的怨恨。这也正是当初路温舒要上疏指斥时政过失、绛侯周勃慷慨发出感叹的缘故。皇朝改朝换代，道德超越前王；陛下继位复兴，开扩帝王之业。开创之初的沉痛，每每触动皇上的仁心；满堂之中的悲悯，时时牵引着圣明的思绪。于是发布仁德之音，删削厘正刑法律令，命臣汇集确定张斐、杜预二人的注解。臣谨努力使用自己愚钝的智能，竭尽思虑详细撰写，删削其烦杂有害的条文，录取其允当适宜的部分。收取张注七百三十一条，杜注七百九十一条。有时两家有两种解释，从道理上看都可备为一说，又收取一百零七条。两家所注相同的，又收取一百零三条。汇集为一书，共计一千五百三十二条，分为二十卷。请交付外面大臣详细审核，并指出其中的错误。"皇上听从了他的意见。于是公卿和众大臣一起参与讨论，考核订正旧律的注解。凡有可轻

平决^⑮。

可重之处,竟陵王萧子良拿出主意,都使之从轻论处。其中有朝中讨论不能决定的,则由皇帝下旨裁决。

注释 ① 永明:齐武帝萧赜年号。 ② 左丞:即尚书左丞。 ③ 黄门郎:见《王敬则传》注。 ④ 廷尉:掌管司法刑狱的官。 ⑤ 江左:长江下游以东地区。东晋以来,南朝政权在此建都,故以江左代指南方朝廷。张杜:张裴(一作张斐)、杜预,二人曾参与西晋泰始年间修订和注释新法律之事,见《晋书·刑法志》。 ⑥ 世祖:齐武帝萧赜。 ⑦ 尚书删定郎:尚书省掌管文件起草修订的官员。 ⑧ 晋律:晋代的法律。 ⑨ 泰始:西晋武帝司马炎年号。 ⑩ 温舒:路温舒,字长君,西汉大臣,宣帝时曾上书主张尚德缓行,文中曾指斥当时狱吏的罪恶。文见《汉书·路温舒传》。 ⑪ 绛侯:即西汉周勃,汉文帝时周勃被诬告谋反,被逮捕治罪,他不善辩护之辞,受到狱吏的侵辱,后以千金买通狱吏,得到狱吏的指点,得以赦免。事后他感叹说:"吾尝将百万军,然安知狱吏之贵乎!"见《史记·绛侯周勃世家》。 ⑫ 皇运革祚:指改朝换代。 ⑬ 下车:指皇帝初即位。 ⑭ 八座:指尚书令、左右仆射、五曹尚书等尚书省高级官员。 ⑮ 制旨:皇上的旨意。

原文

至九年,稚珪上表曰:"臣闻匠万物者以绳墨为正,驭大国者以法理为本。是以古之圣王,临朝思理,远防邪萌,深杜奸渐,莫不资法理以成化,明刑赏以树功者也。伏惟陛下蹑历登皇,乘图践帝^①,天地更筑,日月再张,五礼裂而复缝^②,

翻译

到永明九年(491),孔稚珪上表说:"臣听说制造万物的人以绳墨为标准,治理大国的人以法理为根本。所以古代的圣王,君临朝廷思考治理方法,总是及早防范邪恶的萌芽,严格杜绝奸邪的产生,无不依靠法理来完成教化,明立刑赏以建立功德。窃思陛下顺应天意,登上皇位,天地重新构造,日月重放光芒,崩溃的五礼重新缝合,衰废的六乐重新整理。于是发布仁德之音,下达六乐颓而爱缉③。乃发德音，下明诏，降恤刑之文④，申慎罚之典，敕臣与公卿八座共删注律。谨奉圣旨，咨审司徒臣子良，禀受成规，创立条绪。使兼监臣宋躬⑤、兼平臣王植等抄撰同异⑥，定其去取。详议八座，裁正大司马臣嶷⑦。其中洪疑大议，众论相背者，圣照玄览，断自天笔。始就成立《律文》二十卷，《录叙》一卷，凡二十一卷。今以奏闻，请付外施用，宣下四海。

圣明之诏，降下慎用刑律的文告，重申谨慎施罚的经典，命臣与公卿及诸位大臣共同删定注释法律。臣谨奉圣上的旨意，并咨询审定于司徒臣萧子良，继承现有的法规，创立条文纲领，请兼秘书监臣宋躬、兼廷尉平臣王植等抄写编排不同的条文，确定其删除或保留。又请诸位大臣详细讨论，由大司马臣萧嶷裁决订正。其中有重大疑问，众人的意见绝然相反的，则由圣明皇上亲自览察，由天子亲笔决断。现已完成《律文》二十卷、《录叙》一卷，共计二十一卷，现在奏闻皇上，请交付给外面加以施行，宣布于天下。

注释 ① 蹑历、乘图：都是指登上皇帝位。 ② 五礼：指祭祀、冠婚、宾客、军旅、丧葬等五个方面的礼仪。 ③ 六乐：指云门、大咸、大韶、大夏、大濩、大武等六种古代音乐。 ④ 恤刑：慎用刑罚。 ⑤ 兼监：兼任的秘书监。秘书监是秘书省的长官。 ⑥ 兼平：兼任的廷尉平。廷尉平是廷尉的属官。 ⑦ 嶷：齐高帝萧道成次子豫章文献王萧嶷。

原文

"臣又闻老子、仲尼曰：'古之听狱者，求所以生之；今之听狱者，求所以杀之。''与其杀不辜，宁失有罪。'

翻译

"臣又听说老子、孔子曾经说过：'古代受理案件的人，寻求可以救人的方法；如今受理案件的人，寻求可以杀人的方法。''与其错杀无罪的人，还不是则断狱之职,自古所难矣。今律文虽定,必须用之;用失其平,不异无律。律书精细,文约例广;疑似相倾,故误相乱;一乖其纲,枉滥横起。法吏无解,既多谬僻;监司不习,无以相断。则法书徒明于帙里,冤魂犹结于狱中。今府州郡县千有余狱,如令一狱岁枉一人,则一年之中,枉死千余矣。冤毒之死,上干和气,圣明所急,不可不防。致此之由,又非但律吏之咎,列邑之宰,亦乱其经。或以军勋余力,或以劳吏暮齿;犷情浊气,忍并生灵;昏心狠态,吞剥氓物。虐理残其命,曲文被其罪。冤积之兴,复缘斯发。狱吏虽良,不能为用。使于公哭于边城,孝妇冤于遐外①。陛下虽欲宥之,其已血溅九泉矣。

如让有罪的人逃脱。'由此看来决断狱讼的职责,自古以来就是很难的。如今法律条文虽然已定,但还必须有待于运用;运用时失去了公平,那就与没有法律毫无区别。法律的书十分精细,文字简约但条例运用宽广。疑难相似之处往往相互干扰,所以造成错误和混乱。一旦背离了大纲,枉曲滥用的情况就会兴起。法官不理解,就会多谬误和偏斜;监察官不习法律,也无法加以判断。这样法律文本虽然写得明白,也只能白白地装在书袋里,而蒙冤而死的鬼魂仍然不断在监狱中聚集。如今府、州、郡、县监狱有一千多个,如果每个监狱每年枉判一人,那么一年之中,冤枉而死的人就会有一千多。冤害而死的鬼魂,上干犯平和之气,是圣明的君主所急之事,不可不防备。造成这种情况的原因,又不仅是执法官吏的责任,各地方的行政长官,也往往搅乱法律。他们有的是凭借建立军功的余力来任职,有的已是精力不济,年事已高的老吏;粗犷之情浑浊之气,忍心吞害人民的生命;昏聩之心凶狠之态,侵吞掠夺人民的财物,乱用法理害人性命,曲解条文加以罪名。冤狱的流行,这也是个原因。即使有良好的执法官吏，也不能发挥作用。所以当初使于公只好在边城痛哭，孝妇也只能在远方蒙冤而死。陛下即使想要赦免他们，冤死者也恐怕早已血溅九泉了。

注释　①"使于公"二句：《说苑·贵德》《汉书·于定国传》等记载：东海有孝妇，守寡后奉养婆婆十年，以孝闻名。婆婆不愿长期连累她，自缢而死。小姑遂诬告孝妇谋杀婆婆。太守毒刑拷打，迫使孝妇招认。县狱吏于公认为其中有冤，为之争辩，太守不听，于公痛哭而去官。孝妇遂蒙冤而死。于公，汉丞相西平侯于定国之父。

原文

"寻古之名流，多有法学。故释之、定国①，声光汉台；元常、文惠②，绩映魏阁。今之士子，莫肯为业；纵有习者，世议所轻。良由空勤永岁，不逢一朝之赏，积学当年，终为闾伍所蚩。将恐此书永坠下走之手矣③。今若弘其爵赏，开其劝慕；课业宦流，班习胄子④；拔其精究，使处内局；简其才良，以居外仕；方岳咸选其能⑤，邑长并擢其术；则皋繇之谋⑥，

翻译

"推究古代的著名人物，有许多都有法律方面的学问。所以张释之、于定国，名声光照汉代；钟元常、高文惠，业绩辉映魏朝。如今的士子们，无人肯以此作为学业；即使有学习法律的，也被世人的议论所轻视。这的确是因为白白地辛苦学习多年，也不会得到朝廷一点赏赐；多年积累了丰富的学问，最终反而被乡邻所嗤笑。所以我担心这法律之书将要在我手上永远埋没下去。如今若能弘大爵位和赏赐，加以鼓励诱导；对做官的人进行考核，对国学生进行讲习；选拔其中研究精深的人，让他在朝廷里供职；挑选其中才高德优的

指掌可致;杜郑之业⑦,郁焉何远。然后奸邪无所逃其刑,恶吏不能藏其诈;如身手之相驱,若弦栝之相接矣⑧。

人,让他到外面做官。各州、郡的长官都选举有才能的人,乡邑一级长官也按照其才干来提拔。如能这样,那么像皋陶那样的谋划,指着手掌就可来到;像杜、郑那样的业绩,兴盛而起也不会很远。如此之后,奸邪的罪犯就无法逃避刑罚,邪恶的官吏也不敢隐藏其奸诈。这样,法律的运用就好像驱动自己的身体和手臂一样自如,好像弓弦与箭栝相接应一样严密了。

注释 ① 释之:张释之,字季,西汉文帝时为廷尉,执法公平,不阿权贵,天下称之。定国:于定国,字曼倩,西汉时人,曾任廷尉,后官至丞相。据《汉书·于定国传》载,当时人称赞张、于二人说:"张释之为廷尉,天下无冤民,于定国为廷尉,民自以不冤。"② 元常:三国时魏国钟繇的字。钟繇曾任廷尉、大理等职,曾上疏魏明帝建议恢复肉刑以代替死刑。文惠:三国魏高柔的字。高柔曾任法曹掾,明于法理,执法不阿。 ③ 下走:谦词,指自己,犹言"仆"。 ④ 胄子:古代帝王与贵族的长子,皆入国学,称为"胄子"。 ⑤ 方岳:指太守,刺史等地方长官。 ⑥ 皋繇:即皋陶(yáo),传说虞舜之臣,掌管刑狱之事。 ⑦ 杜郑:指西晋杜预和东汉郑玄,二人都曾为法律作注解。 ⑧ 栝(guā):箭末扣弦处。

原文

"臣以疏短,谬司大理①。陛下发自圣衷,忧矜刑纲②,御廷奉训,远照民瘼③。臣谨仰述天官④,伏奏云陛。所奏缪允者,宜写

翻译

"臣以疏短的才干,错被任用为司法之官。陛下从圣明的内心出发,关心于刑法的大纲,朝廷上发布训令,远远照见民众的疾苦。臣小心地传述百官的职责,恭敬地上奏给陛下。所奏的内

律上。国学置律助教，依
《五经》例。国子生有欲读
者，策试上过高第，即便擢
用，使处法职，以劝士流。"

容如果偶尔有一点允当之处，就应写到
法律条文上。国家的学校应设置法律
助教，依照《五经》设立助教的例子。国
学生如果有愿意研读的，通过对策考试
达到优等成绩，就可举拔任用，让他担
任法官之职，以此来鼓励士人。"

注释　① 大理：掌管刑狱司法的官。　② 忧矜：忧念，关心。　③ 瘼（mò）：疾苦。
④ 天官：泛指百官。

原文

　　诏报从纳，事竟不
施行。

　　转御史中丞，迁骠骑长
史①、辅国将军。建武初②，
迁冠军将军、平西长史③、南
郡太守④。……

翻译

　　皇帝下诏答复表示采纳，但此事最
终没有施行。

　　孔稚珪后来调任御史中丞，迁任骠
骑长史、辅国将军。建武初年，迁任冠
军将军、平西长史、南郡太守。……

注释　① 骠骑长史：骠骑将军府中的佐官。　② 建武：齐明帝萧鸾年号，494—
497 年。　③ 平西长史：平西将军府中的佐官。　④ 南郡：治所在今湖北荆州。

原文

　　稚珪风韵清疏，好文
咏，饮酒七八斗。与外兄张
融情趣相得①，又与琅邪王
思远②、庐江何点、点弟胤并
款交③。不乐世务，居宅盛

翻译

　　孔稚珪风神气韵清朗疏简，喜好作
文咏诗，能饮酒七八斗。他与表兄张融
情趣相投，又与琅邪人王思远、庐江人
何点、何点的弟弟何胤等皆有诚挚的交
往。他不乐于从事世俗的杂务，居住的

营山水,凭机独酌,傍无杂事。门庭之内,草莱不剪,中有蛙鸣。或问之曰:"欲为陈蕃乎④?"稚珪笑曰:"我以此当两部鼓吹⑤,何必期效仲举?"

地方营造山水景物,常常依凭几案独自饮酒,身旁没有杂事。门庭之内,杂草荒芜不加剪除,其中有青蛙鸣叫。有人问他说:"你是想效法东汉的陈蕃吗?"孔稚珪笑着说:"我把这蛙鸣当作两部鼓吹来听,又何必一定是效法陈蕃呢?"

注释 ① 张融(444—497):字思光,南齐文学家。作有《海赋》等。 ② 王思远(451—500):尚书令王晏从弟,齐明帝时官至侍中。 ③ 何点:南齐时隐士。何胤(yìn):官至散骑常侍、太常卿。款:诚恳、恳切。 ④ 陈蕃:字仲举,《后汉书》本传说他尝独处一室,庭宇芜秽,不接宾客。东汉灵帝时曾封他为高阳乡侯,他坚辞不受。 ⑤ 鼓吹:皇帝所用的音乐,后常用以赏赐有功之臣。

原文

永元元年①,为都官尚书,迁太子詹事,加散骑常侍。三年,稚珪疾。东昏屏除,以床舆走,因此疾甚,遂卒。年五十五。赠金紫光禄大夫。

翻译

永元元年(499),他担任都官尚书、迁任太子詹事,加封散骑常侍。永元三年(501),孔稚珪得病。东昏侯出外巡游时建立屏障驱赶居民,孔稚珪躺在病床上乘车避走,因此病情加重,于是死去。终年五十五岁。死后被赠予金紫光禄大夫的散官衔。

注释 ① 永元:齐东昏侯萧宝卷年号。

张 欣 泰 传

导读

张欣泰(456—501)字义亨。他出身将门,有一定的军事才干,从本传所记载的永明八年(490)讨伐萧子响和建武二年(495)解钟离城之围两次军事行动来看,他对用兵之道是比较精通的。但他又不愿以武业自居,而喜好读书赋诗,希望做一个清闲的文人,甚至还表现出一些隐士的风度。这也并非故意要附庸风雅,他的诗文今天虽然只剩下本传所载的一篇《移北魏广陵侯》,但钟嵘《诗品》称他的诗"希古胜文,鄙薄俗制,赏心流亮,不失雅宗",可见他确实有些文才。但在当时的政治环境下,无论做文臣还是做武将,似乎都不能清闲超脱,他后来终于还是身不由己地卷入了统治集团内部的激烈冲突,以致丧失了性命。他的经历对于身处动荡不安的南齐政治局面中的文臣武将来说,也是具有一定的典型意义的。(选自卷五一)

原文

张欣泰,字义亨,竟陵人也①。父兴世,宋左卫将军。

欣泰少有志节,不以武业自居,好隶书,读子史。年十余,诣吏部尚书褚渊②,渊问之曰:"张郎弓马多少?"欣泰答曰:"性怯畏马,

翻译

张欣泰,字义亨,是竟陵人。父亲张兴世,是宋朝的左卫将军。

欣泰少年时就有志向节操,不以武将之业自居,喜好隶书,阅读诸子和史传。他年龄十多岁时,拜见吏部尚书褚渊,褚渊问他说:"张郎的弓马武艺如何?"欣泰回答说:"我天性怯懦害怕骑马,也没有力气拉弓。"褚渊感到

无力牵弓。"渊甚异之。

十分惊异。

注释 ① 竟陵:郡名,治所在今湖北天门西北。 ② 吏部尚书:尚书省负责举拔任免官吏的长官。

原文

辟州主簿,历诸王府佐。元徽中①,兴世在家,拥雍州还资②,见钱三千万。苍梧王自领人劫之③,一夜垂尽。兴世忧惧感病卒。欣泰兄欣华时任安成郡④,欣泰悉封余财以待之。

翻译

张欣泰后被征用为州府的主簿,历任各王府的僚佐。宋元徽年间,其父张兴世闲居在家中,拥有从雍州任上退下时带回的资金,现钱三千万。苍梧王亲自带人去抢劫,一夜之间几乎被抢劫一空。张兴世忧虑恐惧感染疾病而死去。欣泰的哥哥张欣华当时正在安成郡做官,欣泰把剩下的钱财全部封藏好等待哥哥回来。

注释 ① 元徽:宋后废帝刘昱年号,473—477 年。 ② 雍州:治所在今湖北襄阳。还资:原指做官的人离任时发的路费,后多指离任官员任职期间积聚的私财。③ 苍梧王:即宋后废帝刘昱。 ④ 安成郡:治所在今广西宾阳东面。

原文

建元初①,历官宁朔将军,累除尚书都官郎②。世祖与欣泰早经款遇③,及即位,以为直阁将军,领禁旅④。除豫章王太尉参军⑤,出为安远护军⑥、武陵

翻译

建元初年,张欣泰担任宁朔将军,累官至尚书都官郎。齐世祖萧赜与张欣泰早年就有诚恳的交往,萧赜即位后,任用张欣泰为直阁将军,统领禁卫军。他后来又被任命为豫章王太尉参军,出任安远护军、武陵内史。欣泰回

内史^⑦。还复为直阁、步兵校尉，领羽林监^⑧。欣泰通涉雅俗，交结多是名素^⑨。下直辄游园池，著鹿皮冠，衲衣锡杖^⑩，挟素琴^⑪。有以启世祖者，世祖曰："将家儿何敢作此举止！"后从车驾出新林^⑫，敕欣泰甲仗廉察，欣泰停仗，于松树下饮酒赋诗。制局监吕文度过见^⑬，启世祖。世祖大怒，遣出外。数日，意稍释，召还，谓之曰："卿不乐为武职驱使，当处卿以清贯^⑭。"除正员郎。

京后复任直阁将军、步兵校尉，统领羽林监。欣泰与风雅之士流俗之人都有交往，结交的多为有名望的人。下了班就去游览园林池沼，头戴鹿皮帽，身穿僧衣，手执禅杖，携带一把素琴。有人把这个情况禀告齐世祖萧赜，萧赜说："将门的后代怎么敢作出这样的举动！"后来张欣泰跟随皇帝的车驾出游新林苑，皇上命他督察侍卫队，欣泰中途停下卫队，到松树下去喝酒作诗。制局监吕文度经过那里看见了，就报告萧赜。萧赜大怒，把张欣泰赶出去。过了几天，皇上心情稍稍缓解，又把欣泰召回来，对他说："你不乐意担任武官的差使，那就安排你一个清贵的官职吧。"于是他被任命为正员郎。

注释 ① 建元：齐高帝萧道成年号，479—482年。 ② 尚书都官郎：尚书省的郎官，隶属于都官尚书。 ③ 世祖：齐武帝萧赜。 ④ 禁旅：皇宫的禁卫军。 ⑤ 豫章王：萧道成次子萧嶷，时任太尉。 ⑥ 安远护军：当时加给驻守在外地的武官的一种封号，与镇蛮护军平级。 ⑦ 武陵：郡名，治所在今湖南常德。 ⑧ 羽林监：皇帝禁卫军统领。 ⑨ 名素：素来有名望的人。 ⑩ 衲衣：僧衣。锡杖：禅杖。 ⑪ 素琴：不加装饰的琴。 ⑫ 新林：苑名，故址在今江苏南京江宁西南。 ⑬ 制局监：南齐时杂内官名，掌管内官器物制造。 ⑭ 清贯：清贵的官职，指侍从文翰之官。

原文

永明八年^①，出为镇军

翻译

永明八年（490），张欣泰出任镇军

中兵参军②、南平内史③。巴东王子响杀僚佐④，上遣中庶子胡谐之西讨⑤，使欣泰为副。欣泰谓谐之曰："今太岁在西南⑥，逆岁行军，兵家深忌，不可见战，战必见危。今段此行⑦，胜既无名，负诚可耻。彼凶狡相聚，所以为其用者，或利赏逼威，无由自溃。若且顿军夏口⑧，宣示祸福，可不战而禽也。"谐之不从，进屯江津⑨，尹略等见杀⑩。

中兵参军、南平内史。巴东王萧子响杀害手下的僚佐，皇上派遣中庶子胡谐之前往西边去讨伐，任命张欣泰为副手。欣泰对胡谐之说："如今太岁星在西南方向，迎着太岁星行军，是兵家深为忌讳的，不可以作战，作战则一定会遇到危难。如今这次行动，胜了没有名声，败了更是可耻。对方是凶狠狡猾的人相聚一处，手下的人之所以被他们利用，或许是施加利赏进行威逼所致，没有原由也会自己崩溃。如果我们把军队驻扎在夏口，向他们说明祸福利害，这样就可以不战而获胜。"胡谐之没有听从，进兵屯驻到江津，结果尹略等人战败被杀。

注释　①永明：齐武帝萧赜年号。　②镇军中兵参军：镇军将军府中的幕僚。　③南平：郡名，治所在今湖北公安南。　④巴东王子响：齐武帝第四子萧子响，封巴东王。时任荆州刺史，他私作锦袍。购置器杖，长史刘寅等人连名告发，被他杀死。　⑤中庶子：即太子中庶子。　⑥太岁：古代天文学上的星名，自东向西运行，十二年一周天。古代方术家认为太岁所在为凶方。　⑦今段：当为"今段"，犹言"今者""这番"。　⑧夏口：在今湖北武昌西。　⑨江津：在今湖北江陵南。　⑩尹略：当时任游击将军，亦奉命前往讨伐萧子响。

原文

　　事平，欣泰徙为随王子隆镇西中兵①，改领河东内

翻译

　　事件平息后，欣泰迁任为随王萧子隆的镇西中兵，又改为兼任河东内史。

史^②。子隆深相爱纳,数与谈宴,州府职局,多使关领,意遇与谢朓相次^③。典签密以启闻^④,世祖怒,召还都。屏居家巷,置宅南冈下,面接松山。欣泰负弩射雉,恣情闲放。众伎杂艺,颇多闲解。

萧子隆对他深为喜爱亲近,多次与他交谈宴饮,州府里各项事务,大多让他处理,情意待遇与对待谢朓的情形相似。典签把这个情况暗中报告皇上,世祖大怒,将张欣泰召回京都。欣泰隐居在家里,在南冈下购置了住宅,面对着松山。他带着弓箭去射野鸡,纵情放任其闲适之情。与许多歌伎艺人为伴,非常安闲轻松。

注释 ① 随王子隆:齐武帝萧赜第八子,萧子隆,封随王。镇西中兵:镇西将军的属官。 ② 河东:郡名,治所在今湖北松滋西。 ③ 谢朓:字玄晖,南朝著名文人。曾为随王萧子隆幕僚,深受赏爱,后被齐武帝召回(参见《南齐书·谢朓传》)。 ④ 典签:诸王府和州府的属吏。南朝宋、齐时典签常由皇帝派亲信担任,用以监视诸王和各州刺史。

原文

明帝即位,为领军长史^①,迁咨议参军。上书陈便宜二十条^②,其一条言宜毁废塔寺。帝并优诏报答。

翻译

齐明帝即位后,欣泰被任命为领军长史,迁任咨议参军。他上书陈述应办之事二十条,其中有一条是说应该拆毁那些破废的塔寺。皇上都特别下诏书给予答复。

注释 ① 领军长史:领军将军府中的重要属官。 ② 便宜:应办的事宜,特指对国家的政治的建议。

原文

建武二年^①,虏围钟离

翻译

建武二年(495),北魏的军队包围

城②。欣泰为军主,随崔慧景救援③。欣泰移虏广陵侯曰④:"闻攻钟离,是子之深策,可无谬哉?《兵法》云:'城有所不攻,地有所不争。'岂不闻之乎?我国家舟舸百万,覆江横海。所以案甲于今不至,欲以边城疲魏士卒。我且千里运粮,行留俱弊。一时霖雨,川谷涌溢,然后乘帆渡海,百万齐进,子复奚以御之?乃令魏主以万乘之重,攻此小城,是何谓欤?攻而不拔,谁之耻邪?假令能拔,子守之,我将连舟千里,舳舻相属,西过寿阳⑤,东接沧海,仗不再请,粮不更取,士卒偃卧,起而接战,乃鱼鳖不通,飞鸟断绝。偏师淮左,其不能守,胶可知矣。如其不拔,吾将假法于魏之有司,以请子之过。若挫兵夷众,攻不卒下;驱士填隍⑥,拔而不能守,则魏朝名士,其当别有

钟离城。张欣泰担任军队主将,跟随崔慧景前去救援。欣泰写了一篇移文给北魏的广陵侯:"听说攻打钟离城,是你深思的计策,这难道不荒谬吗?《兵法》上说:'城有的是不可攻的,地有的是不可争的。'难道没有听说过?我们朝廷有百万战船,可以覆盖长江大海。之所以至今按兵不动,没有前来,是想用这小小边城把魏国士卒拖垮。我们将要从千里之外运粮,行军驻留都不方便。但一等雨季到来,河谷水流充溢,然后我们乘船渡海,百万战船一齐进发,你还凭什么来抵挡?你却要叫魏国的君主以万乘之主的威重,来攻打这小小的城池,是何居心?攻打而不能拔取,又是谁的耻辱?即使能攻下此城,你来守卫,我将要连接舟船千里,船头船尾相接,西面经过寿阳,东边连接大海,不必再调人马,不须重取粮草,士卒们安然高卧,爬起来迎战,就能使鱼鳖不能逃脱,飞鸟断了退路。你们一支孤军困于淮南,不能固守城池,这是明明白白可想而知的。如果不能攻拔,我将要借用魏国主管部门的法律,来治你的罪过。你损失大批士兵,却始终攻不下城池;驱赶士兵去填护城壕,攻拔下来也不能守卫,这样魏国朝中的名士们,

深致乎,吾所未能量。昔魏之太武佛狸⑦,倾一国之众,攻十雉之城⑧,死亡太半,仅以身返。既智屈于金墉⑨,亦虽拔而不守。皆筹失所为⑩,至今为笑。前鉴未远,已忘之乎?和门邑邑⑪,戏载往意。"

大概就应当别有深远的考虑了吧,这就不是我所能预料的了。从前魏国的太武帝佛狸,率领一国的兵众,攻打十雉小城,结果死亡超过大半,只能保住自己一条命逃回。既使自己的智慧在金墉城下受挫,而且即使攻下城池也不能防守。这都是算计失误所造成的,至今被人们嘲笑。前车之鉴不远,难道你已经忘了?军门森严,我只是戏把往事叙说。"

注释 ① 建武:齐明帝萧鸾年号。 ② 虏:指北魏军队。钟离城:在今安徽凤阳。 ③ 崔慧景:字君山,当时为豫州刺史、冠军将军。 ④ 移:用于责备别人错误行为的一种文体,即移文。这里用作动词。 ⑤ 寿阳:今安徽寿县。 ⑥ 隍:护城壕。 ⑦ 太武佛狸:即北魏太武帝拓跋焘。佛狸是其小字。 ⑧ 雉:古代计算城墙面积的单位,长三丈高一丈为一雉。 ⑨ 金墉:城名,在今河南洛阳东北。南北朝时为屯戍要塞。 ⑩ 筹(suàn):计划,筹谋。 ⑪ 和门:军营之门。邑邑:森严的样子。

原文

房既为徐州军所挫,更欲于邵阳洲筑城①。慧景虑为大患。欣泰曰:"虏所以筑城者,外示娇大,实惧我蹑其后耳。今若说之以彼此各愿罢兵,则其患自息。"慧景从之。遣欣泰至虏城下具述此意。及虏引退,而

翻译

北魏军队既被徐州驻军挫败,又想在邵阳洲修筑城垒。崔慧景为此忧虑,认为是大患。张欣泰说:"敌军之所以在这里修筑城垒,是故意对外显示他们的强大,实际上是害怕我们切断他们的后退之路。现在如果跟他们谈判说双方各自都愿意罢兵而去,那么他们的忧虑就会平息。"崔慧景听从了他的意见,派欣泰到魏军城下,把这个意思都跟他

洲上余兵万人,求输五百匹马假道。慧景欲断路攻之。欣泰说慧景曰:"归师勿遏,古人畏之。死地之兵,不可轻也。胜之既不足为武,败则徒丧前功。不如许之。"慧景乃听虏过。时领军萧坦之亦援钟离,还启明帝曰:"邵阳洲有死贼万人,慧景、欣泰放而不取。"帝以此皆不加赏。

们说了。到魏兵大部分撤退时,洲上还剩下一万士兵,他们要求交纳五百匹马借路撤退。崔慧景想断其后路进攻他们。张欣泰劝说崔慧景道:"撤退的军队不可阻拦,古人对此也很畏惧。困在绝境的士兵,不可轻视。胜了他们不足以说明你的勇武,败给他们则徒然前功尽弃。不如答应他们的要求。"崔慧景于是就听任魏兵撤退了过去。当时领军萧坦之也前来援救钟离城,回去以后就禀告明帝说:"邵阳洲上有无路可逃的贼兵一万人,崔慧景、张欣泰将他们放走而不攻取。"皇帝因此对他们二人都不给奖赏。

注释　① 邵阳洲:在今安徽凤阳东北淮水中。

原文

　　四年,出为永阳太守①。永元初②,还都。崔慧景围城③,欣泰入城内,领军守备。事宁,除辅国将军、庐陵王安东司马④。义师起⑤,以欣泰为持节,督雍、梁、南北秦四州,郢州之竟陵,司州之随郡军事⑥,雍州

翻译

　　建武四年(497),张欣泰出任永阳太守。永元初年,回到都城。崔慧景率兵包围京城,张欣泰进入城内,统领军队防守戒备。事件平息后,欣泰被任命为辅国将军、庐陵王安东司马。萧衍发兵起事后,皇上任命张欣泰为持节,督察雍、梁、南北秦四州以及郢州的竟陵、司州的随郡的军事,并任雍州刺史,将军的官职依旧。当时少帝萧宝卷昏聩

刺史,将军如故。时少帝昏乱⑦,人情咸伺事隙。欣泰与弟前始安内史欣时密谋结太子右率胡松⑧、前南谯太守王灵秀⑨、直阁将军鸿选、含德主帅苟励⑩、直后刘灵运等十余人⑪,并同契会。

淫乱,人心都在等待时机以便行事。张欣泰与弟弟前始安内史张欣时密谋联合太子右率胡松、前南谯太守王灵秀、直阁将军鸿选、含德主帅苟励、直后刘灵运等十多人,共同结下密约。

注释 ① 永阳:郡名,治所在今安徽滁州。 ② 永元:东昏侯萧宝卷年号,499—501 年。 ③ 指崔慧景于永元二年(500)欲废黜东昏侯,另立江夏王萧宝玄为帝,率兵包围京师。 ④ 庐陵王:齐明帝第五子萧宝源,时为安东将军。 ⑤ 义师:指梁武帝萧衍率领的部队。 ⑥ 雍州:治所在今湖北襄阳。梁州:治所在今陕西南郑。南北秦:秦州原为晋武帝泰始五年(269)置,治所在今甘肃天水。南朝时又侨置南、北二秦州,南秦州寄治所于梁州,北秦州治所在氏池(今甘肃成县西北)。郢州:治所在今湖北武汉。竟陵:郡名,治所在今湖北天门西北。司州:治所在今河南信阳。随郡:治所在今湖北随州。 ⑦ 少帝:即东昏侯萧宝卷。 ⑧ 右率:即太子右卫率,太子官中的侍卫官。 ⑨ 南谯:郡名,治所在今安徽全椒西北。 ⑩ 含德主帅:含德殿卫兵首领。南齐时杂内官名。 ⑪ 直后:官名,从属于掌管宫廷禁卫的左右卫将军。

原文

帝遣中书舍人冯元嗣监军救郢①,茹法珍、梅虫儿及太子右率李居士、制局监杨明泰等十余人相送中兴堂②。欣泰等使人怀刀于座斫元嗣,头坠果柈中③。又

翻译

皇上派中书舍人冯元嗣监督军队救援郢州,茹法珍、梅虫儿以及太子右率李居士、制局监杨明泰等十多人到中兴堂为他送行。张欣泰等派人藏了刀在宴席上砍死了冯元嗣,头落在果盘里。又砍死了杨明泰,破开了他的肚

斫明泰,破其腹。虫儿伤刺数疮,手指皆堕。居士逾墙得出,茹法珍亦散走还台。灵秀仍往石头迎建安王宝夤,率文武数百,唱警跸④,至杜姥宅⑤。欣泰初闻事发,驰马入宫,冀法珍等在外,城内处分,必尽见委,表里相应,因行废立。既而法珍得反,处分闭门上仗,不配欣泰兵,鸿选在殿内亦不敢发。城外众寻散。少日事觉,诏收欣泰、胡松等,皆伏诛。

子。梅虫儿受了几处刀伤,手指都被砍落。李居士翻越墙头得以逃出,茹法珍也惊散而逃,跑回台城。王灵秀于是到石头城迎接建安王萧宝夤,率领文武大臣数百人,吆喝开路、阻挡行人,来到杜姥宅。张欣泰刚刚听到事情发生,就乘马驰往皇宫,他希望茹法珍等人仍在城外,城里的安排,必定都已交给他手下的人,里应外合,便可以废掉东昏侯萧宝卷另立萧宝夤为帝。但不久茹法珍返回宫中,安排关闭大门布兵防守,宫内并不配合张欣泰的兵马,鸿选在殿内也不敢行动。城外的兵众不久便散去了。几天后事情被发觉,皇上下诏收系张欣泰、胡松等人,他们都被诛杀。

注释　①中书舍人:原为中书省主管文书的官吏。南朝时中书舍人实权较重,参与机密。郢:州名,治所在今湖北武昌。当时郢州为萧衍占据,萧衍已扶持南康王萧宝融(齐和帝)即皇帝位。　②中兴堂:堂名,所在不详。　③果柈:果盘。　④警跸:帝王出入时,侍卫警戒,禁止行人。　⑤杜姥宅:在当时建康城宣阳门与宫门之间。原为晋成帝杜后母裴氏宅所在,故名。

原文

欣泰少时有人相其当得三公①,而年裁三十。后屋瓦堕伤额,又问相者,云:"无复公相,年寿更增,亦可

翻译

张欣泰年幼时曾有人给他看相,说他将会做到三公,而年寿只有三十岁。后来屋顶上一块瓦掉下来砸伤了他的额头,他又去问看相的人,看相的人说:

得方伯耳②。"死时年四十六。

"已经不再有做三公的面相,而年寿却增加了一些。但也还可以做到地方长官。"他死时年仅四十六岁。

注释 ① 三公:指太尉、司徒、司空,为最高官位的官员。 ② 方伯:原指一方诸侯之长。后用来指州郡长官。

卞 彬 传

导读

　　卞彬(生卒年不详)字士蔚,济阴冤句(今山东菏泽西南)人。他有文才,好饮酒,是个放浪形骸、与世无争的人物。从传中所录其《蚤虱赋序》一文,可以大概看出他的日常生活情况和精神状态。但他对政治并不是漠不关心,萧道成废宋建齐之际,他屡次引民谣古诗加以讥刺。传中所引其《目禽兽》《虾蟆赋》中文句,也是用比喻象征的手法,表达他对现实政治的批判。不过他又把政治上的事比作投掷五木子赌博,流露出一种看破一切的消极失望态度。他的文章当时流传于闾巷,除这篇传中所提到的以外,篇目可考的还有《枯鱼赋》《蜗虫赋》等。他也能写诗,钟嵘《诗品(下)》评价他的诗"爱奇崭绝、慕袁彦伯之风。虽不宏绰,而文体剿净,去平美远矣"。(选自卷五二)

原文	翻译
卞彬,字士蔚,济阴冤句人也①。祖嗣之,中领军。父延之,有刚气,为上虞令②。	卞彬,字士蔚,是济阴冤句人。祖父卞嗣之,曾任中领军。父亲卞延之,有刚直之气,曾任上虞令。

注释　　① 济阴冤句:在今山东菏泽西南。　② 上虞:县名,今属浙江。

原文

彬才操不群,文多指刺。州辟西曹主簿①、奉朝请、员外郎。宋元徽末②,四贵辅政③。彬谓太祖曰:"外间有童谣云:'可怜可念尸著服,孝子不在日代哭,列管暂鸣死灭族④。'公颇闻不?"时王蕴居父忧,与袁粲同死⑤,故云"尸著服"也⑥。褚字边衣也,孝除子,以日代者,谓褚渊也。列管,萧也。彬退,太祖笑曰:"彬自作此。"齐台初建,彬又曰:"谁谓宋远,跂予望之⑦。"太祖闻之,不加罪也⑧。除右军参军⑨。家贫,出为南康郡丞⑩。

翻译

卞彬的才能品操不同寻常,他的文章经常讽刺时政。州府征辟他为西曹主簿、奉朝请、员外郎。刘宋元徽(473—477)末期,萧道成等"四贵"辅佐朝政。卞彬对萧道成说:"外面流传有童谣说:'可怜可念尸著服,孝子不在日代哭,列管暂鸣死灭族。'您有没有听到?"当时王蕴正在为死去的父亲服丧,他与袁粲一起被杀,所以说"尸体穿丧服"。丧服是"衣","褚"字的偏旁是"衣","孝"字去掉"子",以"日"代替,这就是说的褚渊。列管就是箫(暗指萧道成)。卞彬退出去后,萧道成笑着说:"这是卞彬自己作的童谣。"齐朝初建立,卞彬又说:"谁说宋朝远,踮脚就可见。"萧道成听了,也没有加罪于他。后任命为右军参军,因家中贫穷,出任南康郡丞。

注释 ① 西曹主簿:州府里的重要僚属。 ② 元徽:宋后废帝刘昱年号,473—476 年。 ③ 四贵:指萧道成、袁粲、褚渊、刘秉四人,刘宋后废帝时共掌朝政。 ④ 暂(zàn):同"暂",暂时。此童谣分别影射王蕴、褚渊、萧道成三人,详见下文。 ⑤ 王蕴、袁粲被杀的情况。 ⑥ 服:指丧服。 ⑦ 谁谓宋远,跂予望之:《诗·卫风·河广》诗句。这里用诗中的"宋"暗指刘宋朝廷。意谓宋朝灭亡的教训不远,踮起脚即可望见。 ⑧ 按《南史·卞彬传》记卞彬咏诗之事后云:"遂大忤旨,因此摈废数年不得仕。"与此传所说大不相同,从这里可以看出作者萧子显为其祖父萧道成隐恶的曲笔。 ⑨ 右军参军:右军将军府署中的幕僚。 ⑩ 南康:郡名,治所在今江西赣州西南。郡丞:郡太守的佐官。

原文

彬颇饮酒,摈弃形骸。作《蚤虱赋序》曰:"余居贫,布衣十年不制。一袍之缊①,有生所托,资其寒暑,无与易之。为人多病,起居甚疏,萦寝败絮,不能自释。兼摄性懒惰,懒事皮肤,澡刷不谨,浣沐失时,四体㸧㸧②,加以臭秽。故苇席蓬缨之间,蚤虱猥流,淫痒渭溰,无时恕肉。探揣攫撮,日不替手。虱有谚言:'朝生暮孙。'若吾之虱者,无汤沐之虑,绝相吊之忧,宴聚乎久襟烂布之裳,服无改换,掏啮不能加。脱略缓懒,复不勤于捕讨,孙孙息息,三十五岁焉。"其略言皆实录也。

翻译

卞彬很能喝酒,放浪形骸不修边幅。他曾写作《蚤虱赋序》说:"我身处贫困,布衣已经十年未有新制。一件旧袍,是我毕生的依托,任凭寒暑,都不更换。我身体多病,起居非常疏懒,寝卧在破棉絮中,不能自拔。加上生性懒惰,懒得照顾自己的皮肤,洗刷不认真,沐浴不及时,四肢多毛发,又脏又臭。所以苇席蓬缨之中,跳蚤虱子聚集,奇痒潮湿,没有一刻饶恕我的肉体。探揣捕捉,每天不停手。虱子有谚语说:'早晨生,晚抱孙。'要说我身上的虱子,则既没有汤水洗浴的顾虑,也没有死亡哀吊的忧惧,安然聚集在又旧又脏的烂衣破布之中,衣服没有改换,掏咬也不能加害。我疏脱懒散,又不能勤于捕捉讨伐,它们子子孙孙生生不息,已经有三十五年了。"这些话大概是真实的记录。

注释 ① 缊(yùn):乱麻,旧絮。 ② 㸧(níng)㸧:毛多貌。

原文

除南海王国郎中令①、尚书比部郎②、安吉令③、车骑记室④。彬性好饮酒，以瓠壶瓢勺杬皮为肴⑤，著帛冠十二年不改易。以大瓠为火龙，什物多诸诡异。自称"卞田居"，妇为"傅蚕室"。或谏曰："卿都不持操，名器何由得升⑥？"彬曰："掷五木子⑦，十掷辄鞬⑧，岂复是掷子之拙？吾好掷，政极此耳。"永元中⑨，为平越长史⑩、绥建太守⑪，卒官。

翻译

卞彬后来被任命为南海王国郎中令、尚书比部郎、安吉令、车骑记室。卞彬天性喜好饮酒，用壶芦瓢舀杬皮作菜肴，他戴的帛冠十二年没有更换。用大葫芦做灯笼，使用的杂物也多奇怪异常。他自称为"卞田居"，称妻子为"傅蚕室"。有人劝谏他说："你一点也不修持自己的品操，官爵怎能得到提升？"卞彬说："好比投掷五木子，十投都不中，难道还是因为掷子笨拙吗？我喜欢掷子赌博，政治上的道理也不过如此而已。"永元年间，卞彬任平越长史、绥建太守，在官任上逝世。

注释 ① 南海王：齐武帝第十一子萧子罕。郎中令：掌管宫室警卫的官。 ② 尚书比部郎：尚书省管法制的郎官。 ③ 安吉：县名，今浙江安吉。 ④ 车骑记室：车骑将军府中的文书。 ⑤ 杬(yuán)：木名，其皮可食用。 ⑥ 名器：等级称号和车服仪制，引申指官阶。 ⑦ 五木子：古代一种赌具，一套五只，以木制成。 ⑧ 鞬(jiān)：古代博戏用语，此处指投掷不中。 ⑨ 永元：齐东昏侯萧宝卷年号，499—501年。 ⑩ 平越长史：平越将军府中的佐吏。 ⑪ 绥建：郡名，在今广东广宁西南。

原文

彬又目禽兽云："羊性

翻译

卞彬又曾评论禽兽说："羊天性淫

淫而狠，猪性卑而率，鹅性顽而傲，狗性险而出①。"皆指斥贵势。其《虾蟆赋》云："纡青拖紫，名为蛤鱼②。"世谓比令仆也③。又云："科斗唯唯，群浮暗水；维朝继夕，聿役如鬼④。"比令史咨事也⑤。文章传于闾巷。

荡而乖戾，猪天性卑鄙而懒惰，鹅天性顽固而傲慢，狗本性凶险而直露。"这都是指斥当时的权贵。他的《虾蟆赋》说："绕青拖紫，名叫蛤鱼。"世人认为这是比喻尚书令和仆射。赋中又说："蝌蚪唯唯诺诺，成群浮游浑水；每天从早到晚，蠕动好像小鬼。"这是比喻令史和咨事等官吏。他的文章流传于街巷之间。

注释 ①《南史·卞彬传》云："羊淫狠谓吕文显，猪卑率谓朱隆之，鹅顽傲谓潘敞，狗险出谓文度。"② 蛤鱼：即虾蟆。 ③ 令仆：尚书令和仆射。他们的绶带为紫色和青色。 ④ 聿役：昆虫蠕动的样子。 ⑤ 令史：掌文书的小官，职位次于郎。咨事：指咨议、录事等中小官吏。

虞 愿 传

导读

虞愿(426—479)字士恭,他的一生主要是在刘宋时期度过的。宋明帝刘彧为湘东王时,虞愿任湘东王国常侍。刘彧即位后,虞愿因为与刘彧有旧恩,因而受到重用,官至中书郎、骁骑将军、廷尉。虞愿虽然因个人关系而得到皇帝的信用,却敢于犯颜直谏,他当面指责皇帝建造寺院用的是"百姓卖儿贴妇钱""罪高佛图",又指斥皇帝爱好围棋是"非人主所宜好",这都是很大胆的。他在晋平郡任太守时,也能爱护民众,不经营私产。可见他是个比较耿介廉洁的人,故《南齐书》将他列入《良政传》。(选自卷五三)

原文

虞愿,字士恭,会稽余姚人也①。祖赉②,给事中③,监利侯④。父望之,早卒。赉中庭橘树冬熟,子孙竞来取之。愿年数岁,独不取,赉及家人皆异之。

翻译

虞愿,字士恭,会稽余姚人。祖父虞赉,任给事中,封监利侯。父亲虞望之,很早就去世了。虞赉庭院中的橘树冬天果实成熟了,子孙辈都争着来摘取。虞愿年仅数岁,却独独不来摘取,虞赉和家里人都觉得他不寻常。

注释 ① 会稽余姚:今浙江余姚。 ② 赉:音 lài。 ③ 给事中:见《刘瓛传》注。 ④ 监利:县名,今属湖北。

原文

元嘉末①，为国子生②，再迁湘东王国常侍③，转浔阳王府墨曹参军④。明帝立⑤，以愿儒吏学涉，兼蕃国旧恩，意遇甚厚。除太常丞⑥、尚书祠部郎、通直散骑侍郎⑦，领五郡中正，祠部郎如故。帝性猜忌，体肥憎风，夏月常著皮小衣，拜左右二人为司风令史，风起方面，辄先启闻。星文灾变，不信太史，不听外奏，敕灵台知星二人给愿⑧，常直内省，有异先启，以相检察。

翻译

宋元嘉末年，虞愿为国子生，后又迁任湘东王的国常侍，又转任浔阳王府墨曹参军。宋明帝即位后，认为虞愿对儒学和吏治都有研究，再加上在封国时的往日恩情，所以对虞愿待遇十分优厚。任命他为太常丞、尚书祠部郎、通直散骑侍郎，兼任五郡中正，祠部郎的官职依旧。皇帝生性猜疑，身体肥胖憎恶吹风，夏季常穿皮小衣，任命左右二人为司风令史，风从某一面兴起，就预先禀告他。星象天文的灾异变化，皇帝不相信太史，不听外面大臣奏告，命令把灵台观察星象的两个人交给虞愿，常年在内省当班，有灾异情况就预先禀告，用以检验审察。

注释 ①元嘉：宋文帝刘义隆年号，424—453年。 ②国子生：国子学（皇家学校）的学生。 ③湘东王：宋明帝刘彧即位前，曾封为湘东王。国常侍：诸王身边的侍从官。 ④浔阳王：宋武帝第六子刘子房，封浔阳王。墨曹参军：州府中负责刑法的属官。 ⑤明帝：即宋明帝刘彧（yù）。 ⑥太常丞：太常的佐官。太常是朝廷主管宗庙礼仪、文化教育的长官。 ⑦通直散骑侍郎：皇帝的侍从。因与散骑侍郎同员值，故称通直散骑侍郎。 ⑧灵台：观测星象的地方。知星：负责观察天文的官吏。

原文

帝以故宅起湘宫寺，费

翻译

皇帝用旧宅地皮建造湘宫寺，费用

极奢侈。以孝武庄严刹七层，帝欲起十层。不可立，分为两刹，各五层。新安太守巢尚之罢郡还^①，见帝，曰："卿至湘宫寺未？我起此寺，是大功德。"愿在侧曰："陛下起此寺，皆是百姓卖儿贴妇钱^②，佛若有知，当悲哭哀愍，罪高佛图^③，有何功德？"尚书令袁粲在坐，为之失色。帝乃怒，使人驱下殿。愿徐去无异容。以旧恩，少日中，已复召入。

极其奢侈。由于宋孝武帝的庄严刹有七层，所以皇帝要建造十层。十层太高难以建立，便分为两座刹，每座五层。新安太守巢向之离任回京都，拜见皇帝，皇帝说："你去了湘宫寺没有？我建造这座寺，是一个大功德。"虞愿在一旁说："陛下建造此寺，用的都是老百姓出卖儿女典当老婆的钱，佛要是有知，就应当悲哭哀悯，罪孽比佛塔还高，还有什么功德？"尚书令袁粲当时也在坐，听了这话大惊失色。皇帝于是大怒，叫人把虞愿驱赶下殿。虞愿从容而去，神色不变。因为有旧日的恩情，所以几天之内，就又被召进去了。

注释 ① 新安：治所在今浙江淳安西。 ② 贴：典当、抵押。 ③ 佛图：佛塔、佛寺。

原文

帝好围棋，甚拙，去格七八道，物议共欺为第三品。与第一品王抗围棋，依品赌戏。抗每饶借之，曰："皇帝飞棋，臣抗不能断。"帝终不觉，以为信然，好之愈笃。愿又曰："尧以此教

翻译

皇帝喜欢下围棋，但棋艺很笨拙，离棋格还有七八道，人们评议时都骗他说他已经是第三品。他曾与第一品王抗下围棋，按照棋品赌博游戏。王抗经常让他，并说："皇帝下的飞棋，我无法抵挡。"皇帝始终不自觉，以为真是如此，喜好越来越深。虞愿又说："尧曾经用围棋来教他的不肖子丹朱，这不是人

丹朱^①，非人主所宜好也。"虽数忤旨，而蒙赏赐，犹异余人。迁兼中书郎。

主所应该喜好的东西。"虞愿虽然多次触犯皇帝的意旨，但蒙受的赏赐，还是超过其他人。后迁职兼中书郎。

注释　① 丹朱：尧的儿子。尧认为他不肖，不足以授天下。据《博物志》载，尧制造了围棋来教他的儿子丹朱。

原文

帝寝疾，愿常侍医药。帝素能食，尤好逐夷^①，以银钵盛蜜渍之，一食数钵。谓扬州刺史王景文曰："此是奇味，卿颇足不?"景文曰："臣夙好此物，贫素致之甚难。"帝甚悦。食逐夷积多，胸腹痞胀^②，气将绝。左右启饮数升酢酒^③，乃消。疾大困，一食汁滓犹至三升。水患积久，药不复效。大渐日^④，正坐，呼道人，合掌便绝。愿以侍疾久，转正员郎。

翻译

皇帝卧病在床，虞愿常在他身边伺候医药。皇帝平时很能吃，尤其喜欢吃河豚鱼肉，用银钵盛蜂蜜浸泡，一吃就是好几钵。皇帝对扬州刺史王景文说："这是奇异之味，你吃得多吗?"王景文说："臣历来喜欢吃这个东西，但因贫穷很难得到。"皇帝听了很高兴。吃河豚鱼肉越来越多，吃得胸腹膨胀，将要断气。左右的人启禀让皇帝饮下几升醋，膨胀才消退。皇帝疾病很重时，一次还能吃下三升汤汁渣滓。患水肿的日子长了，药也不再起作用。病危之日，端正而坐，呼唤道人，双手合掌便断了气。虞愿因为伺候皇帝疾病时间很久，转为正员郎。

注释　① 逐夷：河豚鱼肉。一说指晒干的咸鱼肠。　② 痞：胸腹闷塞郁结的病。③ 酢酒：醋。　④ 大渐：病危。

原文

出为晋平太守^①，在郡不治生产^②。前政与民交关^③，质录其儿妇。愿遣人于道夺取将还。在郡立学堂教授。郡旧出髯蛇^④，胆可为药。有饷愿蛇者，愿不忍杀，放二十里外山中，一夜蛇还床下。复送四十里外山，经宿，复还故处。愿更令远，乃不复归，论者以为仁心所致也。海边有越王石，常隐云雾，相传云："清廉太守乃得见。"愿往观视，清彻无隐蔽。后琅邪王秀之为郡，与朝士书曰："此郡承虞公之后，善政犹存，遗风易遵，差得无事。"以母老解职，除后军将军^⑤。褚渊常诣愿^⑥，不在，见其眠床上积尘埃，有书数帙^⑦。渊叹曰："虞君之清，一至于此。"令人扫地拂床而去。

翻译

虞愿后出任晋平太守，在郡中不经营家产。他的前任官与一平民有纠葛，将平民的儿媳妇抓去做抵押。虞愿派人在半道上将她夺下并放回家。在郡中还设立了学堂施行教育。郡中以前出产大蛇，蛇胆可以做药。有人赠送给虞愿一条蛇，虞愿不忍心杀它，就把它放回二十里外的山中，过了一夜蛇又回到他的床下。他又把蛇送到四十里外的山中，经过一个晚上，蛇又回到原来的地方。虞愿又把它送得更远，才不再回来。评论的人都认为这是他的仁爱之心所致。海边有一块越王石，常年隐藏在云雾中，相传说："清廉的太守来才能看得见。"虞愿前去观看时，越王石清彻没有隐蔽。后来琅邪人王秀之担任郡太守，在写给朝中士人的信中说："此郡承蒙虞公治理之后，善政仍然存在，遗风易于遵守，我几乎可以清静无事。"虞愿因母亲年老而辞去官职，后又被任命为后军将军。褚渊曾去拜访虞愿，虞愿不在，只见他的卧床上积满了灰尘，堆有好几帙书籍。褚渊感叹道："虞君的清廉，到了这种地步。"他叫人为他扫地拂床，然后离去。

注释 ① 晋平:郡名。查《宋书》《南齐书》的《州郡志》皆无晋平郡。疑当为晋安郡,治所在今福建福州。 ② 生产:家庭谋生的产业。 ③ 交关:犹言"纠葛"。 ④ 髯蛇:大蛇。 ⑤ 后军将军:当时中央朝廷统兵将领有前军、后军、左军、右军四将军,号"四军"。 ⑥ 褚渊:字彦回,刘宋末年任尚书令、侍中等职。 ⑦ 帙:书套,书函。

原文

迁中书郎,领东观祭酒①。兄季,为上虞令②,卒。愿从省步还家,不待诏便归东。除骁骑将军,迁廷尉③,祭酒如故。愿尝事宋明帝,齐初宋神主迁汝阴庙④,愿拜辞流涕。建元元年⑤,卒,年五十四。愿著《五经论问》,撰《会稽记》,文翰数十篇。

翻译

虞愿后迁任中书郎,兼任东观祭酒。他的哥哥虞季,任上虞县令,去世了。虞愿从台省步行回家,不等皇帝诏令便返回台省。他后被任命为骁骑将军,迁任廷尉,祭酒之职依旧。虞愿曾经事奉宋明帝。齐朝初年,宋朝祖庙的祖宗牌位迁移到汝阴庙中去,虞愿流着眼泪对之下拜告别。建元元年(479年),虞愿去世,终年五十四岁。虞愿著有《五经论问》,撰《会稽记》,有文章数十篇。

注释 ① 东观:皇家书院。祭酒:官名,为国子学的主管。 ② 上虞:今浙江上虞。 ③ 廷尉:朝廷掌管司法刑狱的官。 ④ 神主:宗庙内所设已故国君的牌位。萧道成建立齐朝后,封宋帝为汝阴王,故将宋宗庙神主迁往汝阴。汝阴:在今安徽合肥。 ⑤ 建元:齐高帝萧道成年号。

顾 欢 传

顾欢(420—482)字景怡,一字玄平。他出身贫寒,笃志好学,对儒、道、佛三家学说都有所研究。曾在天台山开馆授徒,前往受业的人很多。他隐居不仕,齐高帝、齐武帝都曾征召他去做官,他都没有接受。故《南齐书》将他列入《高逸传》。南朝时期佛教的影响日益扩大,佛教思想与中国固有的儒、道思想既互相争斗,又互相吸收融合。这篇传记收录了顾欢的《夷夏论》一文,评论了佛、道二教的异同优劣,对研究当时的思想文化发展具有史料价值。(选自卷五四)

原文

顾欢,字景怡,吴郡盐官人也①。祖赳,晋隆安末②,避乱徙居。欢年六七岁,书甲子③有简三篇,欢析计,遂知六甲④。家贫,父使驱田中雀,欢作《黄雀赋》而归,雀食过半。父怒,欲挞之,见赋乃止。乡中有学舍,欢贫无以受业,于舍壁后倚听,无遗忘者。八岁,诵《孝经》《诗》《论》。及长,

翻译

顾欢,字景怡,吴郡盐官人。祖父顾赳,在晋朝隆安末年因躲避战乱而移居别处。顾欢六七岁时,有书写天干地支的书简三篇,顾欢分析推算,便懂得了计算"六甲"之术。家中贫穷,父亲叫他去驱赶田里的雀子,顾欢却作了一篇《黄雀赋》回来,而雀子则把田里的粮食吃掉一大半。父亲发怒,想要打他,看了他写的赋才罢手。家乡有一个学堂,顾欢因为贫穷无法前去接受学业,就在学堂墙壁后面靠着墙旁听,听到的东西没有再遗忘的。八岁时,诵读《孝经》

笃志好学。母年老,躬耕诵书,夜则燃糠自照。同郡顾颉之临县⑤,见而异之,遣诸子与游,及孙宪之⑥,并受经句。欢年二十余,更从豫章雷次宗咨玄儒诸义⑦。母亡,水浆不入口六七日,庐于墓次,遂隐遁不仕。于剡天台山开馆聚徒⑧,受业者常近百人。欢早孤,每读《诗》至"哀哀父母"⑨,辄执书恸泣,学者由是废《蓼莪》篇不复讲。

《诗经》和《论语》。长大后更加笃志好学。母亲年老,他一边亲自耕田养家一边读书,夜里点燃秕糠来照明。同郡的顾颉之到县里来,看见顾欢十分奇异,就让自己的几个儿子跟他游学,以及孙子顾宪之,一起接受经书句读。顾欢年龄二十多岁时,又跟随豫章人雷次宗研究玄学儒学各种教义。母亲去世后,他一连六七天水浆不进口,在墓旁筑庐守墓,从此便隐居不做官。他在剡县的天台山开设学馆招集学生,前去接受学业的通常有近百人。顾欢幼年失去父亲,每次读《诗经》读到"哀哀父母"的诗句,就拿着书恸哭悲泣,跟他学习的人从此就废除《蓼莪》篇不再讲习。

注释 ① 吴郡盐官:在今浙江海宁西南。 ② 隆安:晋安帝司马德宗年号,397—401年。 ③ 甲子:指天干地支。 ④ 六甲:用天干地支相配计算时日,其中有甲子、甲戌、甲申、甲午、甲辰、甲寅,称为六甲。 ⑤ 顾颉(yǐ)之:字伟仁,南朝宋人,曾任山阴(今浙江绍兴)县令,官至散骑常侍,湖州(今属浙江)刺史。 ⑥ 宪之:顾颉之之孙,字士思,齐朝时累官至尚书吏部侍郎、豫章太守。 ⑦ 雷次宗:见《高帝纪》注。 ⑧ 剡:县名,故城在今浙江嵊州西南。 ⑨ "哀哀父母":《诗·小雅·蓼莪》篇诗句。

原文

　　太祖辅政①,悦欢风教,征为扬州主簿②,遣中使迎

翻译

　　齐太祖萧道成辅佐朝政时,喜好顾欢的风雅教养,就委任他为扬州主簿,

欢③。及践阼④，乃至。欢称山谷臣顾欢上表曰："臣闻举网提纲，振裘持领。纲领既理，毛目自张。然则道德，纲也；物势，目也。上理其纲，则万机时序；下张其目，则庶官不旷。是以汤、武得势师道则祚延，秦、项忽道任势则身戮。夫天门开阖⑤，自古有之，四气相新，缔裘代进⑥。今火泽易位⑦，三灵改宪⑧，天树明德，对时育物，搜扬仄陋⑨，野无伏言。是以穷谷愚夫，敢露偏管⑩。谨删撰《老氏》⑪，献《治纲》一卷。伏愿稽古百王，斟酌时用，不以刍荛弃言⑫，不以人微废道，则率土之赐也⑬，微臣之幸也。幸赐一疏，则上下交泰⑭，虽不求民而民悦，不祈天而天应。应天悦民，则皇基固矣。臣志尽幽深⑮，无与荣势；自足云霞⑯，不须禄养。陛下既远见寻求，敢不

派了朝廷使者去迎接他。等到萧道成登上帝位，顾欢才到达。顾欢自称"山谷臣顾欢"，上表给皇帝说："臣听说要举起大网必须先提起纲绳，要整理裘皮衣必须先持住衣领。纲领已经理好，毛目自然就会张开。若是如此，那么道德，就是纲；事务和势位则是目。皇上理清纲领，那么万事都会有秩序；臣下张开细目，那么众官就不会失职。所以商汤、周武得到权势同时又以道德为师，因而能延长国统；秦王、项羽忽视道德而依赖权势，因而身遭杀戮。天门的开闭，自古以来就有，四季相继更新，夏衣和冬衣不断替换。如今火和水交换了位置，三灵改变了旧法，老天树立了有圣明道德的人，适应时节化育万物，搜寻张扬偏僻卑微的人，民间没有隐藏不发的言论。因此穷僻山谷里的愚夫，也敢显露自己偏狭的意见。我慎重地删定编撰了《老氏》，献上《治纲》一卷。希望皇上能考察古代百王的治理之道，时时斟酌加以运用，不因为我是草野之人而舍弃我的言论，不因为我地位微贱而废弃我献上的道理，那就是对全国的恩赐了，也是我微贱之臣的幸运了。希望皇上能赐恩浏览一下，那就能使上下之气和顺贯通，即使不祈求民众，民众

尽言。言既尽矣，请从此退。"……

也会喜悦；不祈求老天，老天也会呼应。能使老天呼应民众喜悦，皇上的根基就牢固了。我的志向在于幽隐深处，不想得到荣华势位；自能满足于山中云霞，不需要俸禄供养。陛下既然远远地来寻求我，我岂敢不尽胸中之言。言论已经全部说出，请让我从此隐退。"……

注释 ① 太祖：齐高帝萧道成。 ② 扬州：治所在今南京东。当时萧道成兼任扬州牧。 ③ 中使：皇帝官中派出的使者。 ④ 践阼：指皇帝即位。 ⑤ 天门：指皇帝官殿之门。天门开阖：指改朝换代。 ⑥ 绨(chī)：细葛布衣服，为夏季服装。裘：皮毛衣服，为冬季服装。 ⑦ 火泽易位：火和水改换了位置，指朝代更换。泽：水。 ⑧ 三灵：指日、月、星。三灵改宪：意谓天命转移，朝代更替。 ⑨ 仄陋：指地位卑微的人。 ⑩ 偏管：指片面的、不完全的见解。 ⑪ 老氏：指《老子》之书。 ⑫ 刍荛(chú ráo)：割草打柴的人，引申为草野之人。 ⑬ 率土：谓国境之内，代指国家。 ⑭ 上下交泰：指天地之气融和贯通，天下和顺。 ⑮ 志尽幽深：意谓志在隐居。 ⑯ 自足云霞：意谓满足于生活在大自然之中，不务世事。

原文

欢东归①，上赐麈尾、素琴②。

永明元年③，诏征欢为太学博士④，同郡顾黯为散骑郎⑤。黯字长孺，有隐操，与欢俱不就征。

翻译

顾欢离开京城返回故乡，皇上赐给他鹿尾拂尘和素琴。

永明元年(483)，齐武帝又下令征召顾欢为太学博士，同时征召同郡的顾黯为散骑侍郎。顾黯字长孺，有隐逸的操守，他与顾欢都没有接受征召。

注释 ① 东归:这里指返回其故乡。 ② 麈(zhǔ)尾:用驼鹿尾巴制成的拂尘。当时的风气,学者讲学时往往手执麈尾。素琴:不加装饰的琴。 ③ 永明:齐武帝萧赜年号。 ④ 太学博士:皇家学校里的教官。 ⑤ 散骑郎:即散骑侍郎,皇帝的侍从。

原文

欢晚节服食①,不与人通。每旦出户,山鸟集其掌取食。事黄老道②,解阴阳书,为数术多效验③。初元嘉末④,出都寄住东府⑤,忽题柱云:"三十年二月二十一日。"因东归。后太初弑逆⑥,果是此年月。自知将终,赋诗言志云:"精气因天行,游魂随物化。"克死日,卒于剡山⑦,身体柔软,时年六十四。还葬旧墓,木连理出墓侧。县令江山图表状。世祖诏欢诸子,撰欢《文议》三十卷。

翻译

顾欢晚年服食丹药,不与人交往。每天早晨出门,山中的鸟儿栖息在他的手掌上获取食物。他研究黄老之道,精通阴阳家书,进行占卜验算大多能得到验证。早在宋元嘉末年,他出都城寄住在东府,忽有一天在柱子上题字道:"三十年二月二十一日。"然后便返回故乡。后来刘劭弑君篡立,果然是这个日期。他自己知道寿命将要终了,作了诗表达心志说:"精气顺着天道运行,游魂随着万物迁化。"在定下的死亡日期,他在剡山去世,死后身体柔软,终年六十四岁。后被送回安葬到家中旧墓,枝干相连的异根树木从墓旁长出。县令江山图上表记录其行状。齐武帝下诏令顾欢的儿子们编撰了顾欢的《文议》三十卷。

注释 ① 服食:道家养生法,指服食丹药。 ② 黄老道:黄帝老子的学说。 ③ 数术:即术数,古代关于天文、历法、占卜的学问。 ④ 元嘉:宋文帝刘义隆年号,424—453年。 ⑤ 东府:南朝时扬州刺史的治所,在今南京东。 ⑥ 太初弑逆:指元嘉三十年(453)宋文帝刘义隆之子刘劭弑父自立为帝,定年号为太初。 ⑦ 剡山：在今浙江嵊州境内。

原文

佛道二家，立教既异，学者互相非毁。欢著《夷夏论》曰：

"夫辨是与非，宜据圣典。寻二教之源，故两标经句。道经云：'老子入关之天竺维卫国[1]。国王夫人名曰净妙，老子因其昼寝，乘日精入净妙口中[2]。后年四月八日夜半时，剖左腋而生，坠地即行七步。于是佛道兴焉。'此出《玄妙内篇》[3]，佛经云：'释迦成佛[4]，有尘劫之数[5]。'出《法华》、《无量寿》[6]。或'为国师道士，儒林之宗'。出《瑞应本起》[7]。

翻译

佛教、道教两家，所立的教义既不同，学者们互相攻击诋毁。顾欢写了《夷夏论》说：

"要辨明是与非，应当依据圣人的经典。欲探寻二教的源头，所以标举出两者的经句。道教经典中说：'老子入关到了天竺的维卫国。国王的夫人名叫净妙，老子在净妙白天睡觉的时候，乘着日神之精进入净妙的口中。后年四月八日半夜时分，剖开净妙的左腋而再生，落地之后就能行走七步。于是佛家之道就兴起了。'这一记载出自《玄妙内篇》。佛教经典说：'释迦牟尼成佛之前，有尘劫的定数。'这一记载出自《法华经》和《无量寿经》。又有的说'佛是国家之师、有道之士，是儒林的宗师'。这出自《瑞应本起经》。

注释 ①天竺：印度的古称。维卫国：天竺古国名。 ②日精：太阳的精华。 ③玄妙内篇：道教经典名。 ④释迦：即释迦牟尼，佛教创始人。 ⑤尘劫：佛教称一世为一劫，无量无边劫为尘劫。 ⑥法华：指《妙法莲华经》。无量寿：指《无量寿经》。二者皆为佛教经典。 ⑦瑞应本起：即《太子瑞应本起经》，叙述释迦牟尼故事的佛经。

原文

"欢论之曰：五帝、三皇，莫不有师。国师道士，无过老、庄；儒林之宗，孰出周、孔？若孔、老非佛，谁则当之？然二经所说，如合符契。道则佛也，佛则道也。其圣则符，其迹则反。或和光以明近，或曜灵以示远。道济天下，故无方而不入；智周万物，故无物而不为。其入不同，其为必异。各成其性，不易其事。是以端委搢绅①，诸华之容；翦发旷衣，群夷之服。擎踞磬折②，侯甸之恭③；狐蹲狗踞，荒流之肃。棺殡椁葬，中夏之制④；火焚水沉，西戎之俗。全形守礼，继善之教；毁貌易性，绝恶之学。岂伊同人，爰及异物。鸟王兽长，往往是佛。无穷世界，圣人代兴。或昭五典⑤，或布三乘⑥。在鸟而鸟鸣，在兽而兽吼；教华而华言，化夷而

翻译

"顾欢评论认为：五帝、三皇，无不有老师。要说国家之师、有道之士，没有能超过老子、庄子的；要说儒林宗师，又有谁能先于周公、孔子？如果孔子、老子不是佛，谁又能当得起佛的名称？这样说来两家经典的说法，是完全符合的。道就是佛，佛也就是道。他们的圣明是相符合的，而其具体行迹却相反。有的是收敛光华以明察近处，有的是放射灵光以照示远方。大道普济天下，所以没有什么地方不可进入；智慧周备万物，所以没有什么事物不可作为。其进入的地方不同，其作为的事情也就一定有差异。各自形成自己的特性，不变换各自的事情。所以穿着端庄的朝服，腰带上插着笏版，这是华夏各族的容仪；剪去头发，穿着宽松的衣衫，这是蛮夷各族的服饰。举手长跪，弯腰站立，是王城附近的人表示恭敬的礼仪；而像狐、狗一样蹲踞，却是荒远地区的人表示庄重的姿态。用棺椁埋葬死者，是中国的制度；而用火焚烧或沉入水中，却是西戎的风俗。保全形体遵守礼仪，是继承善德的教育；毁坏容貌改变本性，则是戒绝恶习的学问。岂只人如此，动物也是一样。鸟中之王兽中之长，往往

夷语耳。虽舟车均于致远，而有川陆之节；佛道齐乎达化，而有夷夏之别。若谓其致既均，其法可换者，而车可涉川，舟可行陆乎？今以中夏之性，效西戎之法，既不全同，又不全异。下弃妻孥，上废宗祀。嗜欲之物，皆以礼伸；孝敬之典，独以法屈。悖礼犯顺，曾莫之觉；弱丧忘归⑦，孰识其旧？且理之可贵者，道也；事之可贱者，俗也。舍华效夷，义将安取？若以道邪？道固符合矣。若以俗邪？俗则大乖矣。

也是佛。无穷无尽的世界，圣人一代代产生。或者昭示于五典，或者宣布于三乘。在鸟群中就作鸟鸣，在兽群中就作兽吼；施教于中华就说华言，施化于夷族就说夷语罢了。虽然舟和车都是用来到达远方，却有水中和陆地的界限；佛教和道教都是施行教化，却有夷和夏的区别。如果说它们的目的既然一样，其方法也就可以调换，那么难道车子可以渡河，舟船可以在陆地上行走吗？如今用中国的特性，仿效西戎的方法，既不完全相同，也不完全相异。对下抛弃妻子儿女，对上废除祖宗祭祀。满足嗜欲的事物，都按照礼仪引伸；表示孝敬的制度，却运用法规加以委屈。违背礼节冒犯人情，却不曾觉悟；好比幼年离乡忘了归去，谁还记得他的根本？再说原理中可珍贵的，是大道；事情中可轻贱的，是风俗。舍弃中国的一套来效法蛮夷，将按照什么原则来取舍？是取其大道吗？那么大道本来就是符合的。是取其风俗吗？那么风俗则是大相径庭了。

注释 ①端委：端正而宽长的朝服。搢绅：插笏版于腰带间。 ②擎跽：举手长跪。磬折：弯腰站立。 ③侯甸：侯服与甸服，古代指天子王城以外的附近地区。 ④中夏：中国。 ⑤五典：即五常，指父义、母慈、兄友、弟恭、子孝等五种伦理道德。 ⑥三乘：指佛教所谓声闻乘、缘觉乘、菩萨乘。 ⑦弱丧忘归：指幼年离开故居，后来忘记返回。语出《庄子·齐物论》。

原文

"屡见刻舷沙门①,守株道士②,交诤小大,互相弹射。或域道以为两,或混俗以为一。是牵异以为同,破同以为异。则乖争之由,淆乱之本也。寻圣道虽同,而法有左右。始乎无端,终乎无末。泥洹仙化③,各是一术。佛号正真④,道称正一⑤。一归无死,真会无生。在名则反,在实则合。但无生之教赊⑥,无死之化切。切法可以进谦弱,赊法可以退夸强。佛教文而博,道教质而精。精非粗人所信,博非精人所能。佛言华而引,道言实而抑。抑则明者独进,引则昧者竞前。佛经繁而显,道经简而幽。幽则妙门难见,显则正路易遵。此二法之辨也。

翻译

"常常看到那些刻舟求剑的僧徒,守株待兔的道士,争论大小,互相攻击。有的把大道区分为二,有的把风俗混同为一。这是把本不相同的东西牵连为同,把本来相同的东西分割为不同。这就是相背的争执产生的原由,是造成混淆紊乱的根本。推寻圣人的大道虽然相同,而方法却有差异。在没有发端的地方开始,在没有末尾的地方结束。涅槃和仙化,各是一种方法。佛教叫做正真,道教称为正一。正一归结为没有死,正真相应于没有生。在名称上虽然相反,在实质上却是相合的。只是没有生的教义高远,没有死的教义切近。切近的方法可以促进那些谦让软弱的人,高远的方法可以抑制那些夸傲强悍的人。佛教文饰而广博,道教质朴而精约。精约就不是粗犷的人所能相信,广博就并非精细的人所能做到。佛教的言论华丽而有所引伸,道教的言论朴实而有所控制。有所控制就只有聪明的人独自进入其境界,有所引伸则连糊涂的人也都争着前来实行。佛经丰富而明显,道经简练而隐晦。隐晦就使得玄妙的门径难以看见,明显就使得正确的道路容易遵循。这是两家方法的区别。

注释 ① 刻舷:即刻舟求剑,典出《吕氏春秋·察今》。沙门:佛教僧侣。 ② 守株:即守株待兔,典出《韩非子·五蠹》。 ③ 泥洹(huán):即涅槃,佛教术语,指脱离一切烦恼,进入自由无碍的境界。亦指僧人的死。仙化:道教术语,指得道成为仙人。 ④ 正真:佛教术语,即"真如""法身",指佛教的绝对不变的本体。 ⑤ 正一:道教术语,指永恒不变的世界万物之本。 ⑥ 赊:长久、遥远。

原文

"圣匠无心①,方圆有体,器既殊用,教亦异施。佛是破恶之方,道是兴善之术。兴善则自然为高,破恶则勇猛为贵。佛迹广大,宜以化物;道迹密微,利用为己。优劣之分,大略在兹。

翻译

"造物主无所用心,而万物却自有方圆形体,器物既有不同的用途,教化也有不同的施行。佛教是破除邪恶的方法,道教是提倡善德的学术。提倡善德就须以自然为高,破除邪恶则应以勇猛为贵。佛的行迹宽广宏大,适宜用来化育外物;道的行迹细密幽微,利于用来修养自身。两者优劣的区分,大概在此。

注释 ① 圣匠:神圣的大匠,指造物主。

原文

"夫蹲夷之仪①,娄罗之辩②,各出彼俗,自相聆解。犹虫欢鸟聒③,何足述效?"……

翻译

"至于蹲踞的礼仪,嘈杂的言谈,各自出于那里的风俗,他们自己能够相互理解,就好像虫儿之间的鸣叫,鸟儿之间的聒噪一样,又哪里值得去传述仿效?"……

注释 ① 蹲夷:蹲踞而坐,即上文所谓"狐蹲狗踞"。 ② 娄罗:形容语音含混嘈杂。 ③ 欢(huān):叫。聒:声音嘈杂。

朱 谦 之 传

导读

本文选自《南齐书·孝义传》。朱谦之这个人物并不重要,但文中涉及的一桩复仇杀人案对研究古代伦理和法制观念的关系却有一定的意义。朱谦之杀了自己的仇人,然后去投案,后来自己又被仇人的儿子杀死。因为双方都是为了给亲人复仇,符合古代所宣扬的孝悌精神,所以齐武帝最后决定对当事人全部赦免。从这件事可以看出古代伦理道德观念在人们社会行为中的主导作用,及其对于法制精神的巨大干扰和冲击。(选自卷五五)

原文

朱谦之,字处光,吴郡钱唐人也①。父昭之,以学解称于乡里。谦之年数岁,所生母亡,昭之假葬田侧②,为族人朱幼方燎火所焚③。同产姊密语之④,谦之虽小,便哀戚如持丧。年长不婚娶。永明中⑤,手刃杀幼方,诣狱自系。县令申灵勖表上,别驾孔稚珪、兼记室刘琏、司徒左西掾张融笺与刺

翻译

朱谦之,字处光,吴郡钱唐人。父亲朱昭之,因学识通达而受到乡里人的称道。朱谦之年方数岁时,他的生身母亲去世了,朱昭之将她暂时殡葬在田亩旁边,被同族人朱幼方放的燎火焚毁了。朱谦之的胞姊把这件事暗中告诉他,谦之年龄虽然很小,却非常哀伤悲戚好像在服丧一样。长大以后他不结婚娶妻。永明年间,他亲手用刀杀死了朱幼方,然后到官府狱中投案自首。县令申灵勖将此案上表报告,州府的别驾孔稚珪、兼记室刘琏、司徒左西掾张融

史豫章王曰⑥:"礼开报仇之典,以申孝义之情;法断相杀之条,以表权时之制⑦。谦之挥刃斩冤,既申私礼;系颈就死,又明公法。今仍杀之,则成当世罪人;宥而活之,即为盛朝孝子。杀一罪人,未足弘宪;活一孝子,实广风德。张绪、陆澄,是其乡旧⑧,应具来由。融等与谦之并不相识,区区短见,深有恨然。"豫章王言之世祖。时吴郡太守王慈⑨,太常张绪⑩、尚书陆澄并表论其事⑪。世祖嘉其义,虑相复报,乃遣谦之随曹虎西行。将发,幼方子恽于津阳门伺杀谦之⑫。谦之之兄选之又刺杀恽。有司以闻。世祖曰:"此皆是义事,不可问。"悉赦之。吴兴沈颛闻而叹曰:"弟死于孝,兄殉于义。孝友之节⑬,萃此一门。"选之字处林,有志节,著《辩相论》。幼时顾欢见

写了书札给刺史豫章王萧嶷说:"礼仪开启报仇的典范,用来申明孝义的感情;法律断绝杀人的条款,用来表明暂时的制裁。朱谦之挥刀斩杀冤仇之人,已经报了自己的私仇;然后投案自首,又申明了国家的法律。如今仍然将他处死,就使他成了当代的罪人;如果赦免他让他活命,他就成了太平盛世里的一名孝子。杀死一个有罪的人,不足以弘大宪法;而留下一个孝子,则确实可以推广风化道德。张绪、陆澄,都是他的同乡故人,应当说明事情发生的来由。我们几人与朱谦之并不相识,只是觉得他这样心胸狭隘采取缺少远见的举动,一定是有深深的冤恨。"豫章王将此事告诉齐世祖萧赜。当时吴郡太守王慈、太常张绪、尚书陆澄等人都上表议论这件事。世祖赞赏朱谦之的义气,但又顾虑他们互相再进行报复,就派遣朱谦之跟随曹虎出发到西面去。将要出发时,朱幼方的儿子朱恽,在津阳门伺机将朱谦之杀了。朱谦之的哥哥朱选之,又刺杀了朱恽。主管部门把这件事报告皇上。世祖说:"这都是有节义的事情,可以不加追查。"于是将他们都赦免了。吴兴人沈颛听了此事感叹道:"弟弟因为孝顺而死,哥哥又为节义而

而异之，以女妻焉。官至江夏王参军⑭。

殉难。孝顺友爱的节操，都聚集到这一家来了。"朱选之字处林，有志气节操，著有《辩相论》。幼年时顾欢见到他，对他很看重，就把女儿嫁给了他。后来他官至江夏王的参军。

注释 ① 吴郡钱唐：今浙江杭州。 ② 假葬：暂时安葬。 ③ 燎火：为除去田里野草而烧的火。 ④ 同产姊：同母所生的姐姐。 ⑤ 永明：齐武帝萧赜年号（483—493）。 ⑥ 别驾：州刺史的副官。记室：即记室参军，将军府中的幕僚。司徒左西掾：司徒府中的僚佐。笺：给上级或尊长者的书札。豫章王：齐高帝萧道成之次子萧嶷，封豫章王。 ⑦ 权时：暂时。 ⑧ 乡旧：同乡人。 ⑨ 吴郡：治所在今江苏苏州。 ⑩ 太常：朝廷掌管宗庙礼仪、文化教育的官。 ⑪ 尚书：尚书省分曹办事的官。陆澄（字彦渊）当时任度支尚书（掌管国家财务）。 ⑫ 津阳门：当时建康城外城的南门，在宣阳门东侧。 ⑬ 孝友：孝顺父母、友爱兄弟。 ⑭ 江夏王：齐高帝萧道成第十二子萧锋。

纪 僧 真 传

导读

本文选自《南齐书·幸臣传》。纪僧真出身寒门，由于追随萧道成，得到赏识，在齐朝高帝、武帝、明帝时代，都受恩遇和重用。他有一定的才干，在萧道成登基以前，纪僧真给予谋划和协助，可见其善于审时度势、随机应变。像他这样出身低微而有一定的才干，因而得到重用的人，在南朝时不乏其人，《幸臣传》中的人物大多属于此类。南朝几个开国皇帝自己也是出身寒门，因而也能任用一些出身寒门的人做官，使魏晋以来严重的门阀制度稍有改变。但作者萧子显将这一类人贬称为"幸臣"，则反映了他站在门阀观念立场上的某种偏见。（选自卷五六）

原文

纪僧真，丹阳建康人也①。僧真少随逐征西将军萧思话及子惠开，皆被赏遇。惠开性苛，僧真以微过见罚，既而委任如旧。及罢益州还都②，不得志，僧真事之愈谨。惠开临终叹曰："纪僧真方当富贵，我不见也。"乃以僧真托刘秉、周颙。初，惠开在益州，土反，

翻译

纪僧真，丹阳建康人。纪僧真年轻时跟随征西将军萧思话和他的儿子萧惠开，得到他们父子二人的赏识。萧惠开性情苛刻，僧真因为犯了很小的过错就遭到他的惩罚，但不久就又对他委以信任同往常一样了。到了萧惠开从益州离任回到都城，很不得志，而纪僧真对他的事奉却更加恭敬。萧惠开临终时感叹说："僧真将要得到富贵，可惜我看不见了。"于是他把纪僧真托付给刘秉、周颙。当初，萧惠开在益州时，当地

被围危急，有道人谓之曰：
"城围寻解。檀越贵门后方
大兴③，无忧外贼也。"惠开
密谓僧真曰："我子弟见在
者，并无异才。政是道成
耳。"僧真忆其言，乃请事太
祖。随从在淮阴④，以闲书
题⑤，令答远近书疏。自寒
官历至太祖冠军府参军⑥、
主簿。僧真梦蒿艾生满江，
惊而白之。太祖曰："诗人
采萧，萧即艾也⑦。萧生断
流，卿勿广言。"其见亲
如此。

人造反，他被围困，十分危急。有一个
道士却对他说："城外的包围不久就会
解除。施主的贵门以后将要大大的兴
盛，不必忧虑外面的贼兵。"萧惠开私下
对纪僧真说："我姓萧的子弟们现在还
活着的，都没有什么奇异才能。道人所
说的恐怕正是萧道成。"纪僧真记着这
句话，于是后来就请求事奉齐太祖萧道
成。他跟随萧道成在淮阴，因为善于起
草书写文书，萧道成命令他答复远近之
人的书信奏疏。纪僧真从卑下的官职
一直升任为萧道成冠军府中的参军、主
簿。有一次纪僧真梦见长江里长满了
蒿艾，惊醒后就告诉萧道成，萧道成说：
"诗人采萧，萧就是蒿艾。萧长出来阻
断了江流，你不要对外人多说。"他被亲
信到如此地步。

注释　①丹阳建康：今江苏南京。　②益州：治所在今四川成都。　③檀越：梵语
的音译，意为"施主"。　④淮阴：郡名，治所在今江苏淮阴东南。　⑤闲：同"娴"，熟
练。　⑥冠军府参军：冠军将军府中的僚属。　⑦《诗·王风·采葛》："彼采萧兮。"
《说文》："萧，艾蒿也。"

原文

元徽初①，从太祖顿新
亭②，拒桂阳贼③。萧惠朗
突入东门，僧真与左右共拒

翻译

元徽初年，纪僧真跟随萧道成驻守
新亭，抵挡桂阳王刘休范的反叛。萧惠
朗冲入东门，僧真与左右的人共同抵

战。贼退,太祖命僧真领亲兵,游逻城中。事宁,除南台御史④、太祖领军功曹⑤。上将废立,谋之袁粲、褚渊。僧真启上曰:"今朝廷猖狂,人不自保。天下之望,不在袁、褚。明公岂得默已,坐受夷灭?存亡之机,仰希熟虑。"太祖纳之。

抗。贼兵退后,萧道成命令纪僧真率领亲兵,在城中巡逻。事情平息后,他被任命为南台御史、萧道成领军府的功曹。萧道成准备废黜宋帝另立,与袁粲、褚渊谋划。纪僧真启禀萧道成说:"如今朝廷肆意妄行,人人不能自保。天下人的希望,并不寄托在袁、褚二人身上。圣明的主公岂能保持自己的沉默,坐等灭亡之灾呢?生死存亡的关键时刻,希望您深思熟虑。"萧道成采纳了他的意见。

注释 ① 元徽:宋后废帝刘昱年号(473—477)。 ② 新亭:在今江苏南京西南。 ③ 桂阳贼:指桂阳王刘休范,元徽二年(474)举兵反叛。 ④ 南台御史:即御史中丞,朝廷中央监察官。南台,即御史台。 ⑤ 领军功曹:领军将军府中掌考察记录功劳的官吏。

原文

太祖欲度广陵起兵①,僧真又启曰:"主上虽复狂衅,虐加万民,而累世皇基,犹固盘石。今百口北度,何必得俱?纵得广陵城,天子居深宫施号令,目明公为逆,何以避此?如其不胜,则应北走胡中。窃谓此非万全策也。"上曰:"卿顾家,

翻译

萧道成打算渡江到广陵去起兵,纪僧真又启禀说:"皇上虽然又举动狂妄,虐害万民,但几代积累起来的皇朝根基,仍然像盘石一样坚固。如今您率领众人北渡长江,如何一定能使众人都跟您去?纵使得到了广陵城,天子却可以在深宫里发号施令,把圣明的主公您看成是逆贼,您如何才能逃脱?如果不能获胜,大概只能向北逃到胡人那里去

岂能逐我行耶?"僧真顿首称无二。升明元年②,除员外郎,带东武城令③。寻除给事中、邵陵王参军④。

了。我认为这不是确保万全的计策。"萧道成说:"你顾念自己的家,哪里会跟随我行动?"纪僧真叩着头声称自己没有二心。升明元年(477),任命为员外郎,兼领东武城令。不久又任命为给事中、邵陵王府的参军。

注释 ① 广陵:今江苏扬州。 ② 升明:宋顺帝刘准年号。 ③ 东武城:县名。刘宋时东武城治所当在今江苏境内,具体位置不详。 ④ 邵陵王:齐武帝第十四子萧子贞,封邵陵王。

原文

太祖坐东府高楼①,望石头城②,僧真在侧。上曰:"诸将劝我诛袁、刘,我意不欲便尔。"及沈攸之事起,从太祖入朝堂③。石头反夜④,太祖遣众军掩讨。宫城中望石头火光及叫声甚盛,人怀不测。僧真谓众曰:"叫声不绝,是必官军所攻。火光起者,贼不容自烧其城,此必官军胜也。"寻而启石头平。上出顿新亭,使僧真领千人在帐内。初,上在领军府,令僧真学上手迹

翻译

萧道成坐在东府高楼上,眺望石头城,纪僧真在一旁。萧道成说:"各位将领劝说我诛杀袁粲、刘秉,我觉得现在还不便动手。"到沈攸之谋反的事情发生后,纪僧真跟随太祖进入朝堂。石头城反叛的那天夜里,萧道成派众军去讨伐。宫城里望见石头城一片火光,叫喊声很高。人们不知情况,心意不定。僧真对众人说:"叫声不绝,这一定是官军在进攻。火光生起,贼兵是不会自己烧毁其城池,这一定是官军胜利了。"不久就有人来启奏,说石头城的叛乱已被平息。萧道成出去驻守新亭,让纪僧真带领一千人在营帐内。当初,萧道成在领军府时,叫纪僧真模仿他的手迹签名,

下名，至是报答书疏，皆付僧真。上观之，笑曰："我亦不复能别也。"初，上在淮阴治城，得一锡跗⑤，大数尺，下有篆文，莫能识者。僧真曰："何须辨此文字，此自久远之物，九锡之征也⑥。"太祖曰："卿勿妄言。"及上将拜齐公，已克日，有杨祖之谋于临轩作难⑦。僧真更请上选吉辰，寻而祖之事觉。上曰："无卿言，亦当致小狼狈。此亦何异呼沱之冰⑧。"转齐国中书舍人⑨。

到这时凡是答复的书札文件，都交给纪僧真处理。萧道成看了他的签名，笑着说："连我自己也不再能辨别其真假了。"当初，萧道成在淮阴修整城墙，得到一个锡制的碑座，有好几尺大，下面刻有篆文，没有人能认识。纪僧真说："何必辨认这些文字，这是很久以前的古物，是将要得到九锡的征兆。"萧道成说："你不要乱说。"到后来萧道成将要被封为齐公，已经定下了日期，有一个叫杨祖之的人阴谋在皇上临轩时发难。纪僧真又请求萧道成另选一个吉祥的日子。不久杨祖之的事被发觉。萧道成说："如果没有你事前说的话，我就要遇到小麻烦了。这与当初汉光武帝渡滹沱河时巧遇河上结冰有什么两样？"后来纪僧真便转任齐国中书舍人。

注释 ①东府：在今江苏南京东南，当时为扬州刺史的治所。 ②石头城：在今南京西南。当时司徒袁粲、尚书令刘秉率兵在石头城据守。 ③朝堂：百官议事的地方。 ④石头反：指袁粲、刘秉等人在石头城起兵反叛。 ⑤锡跗(fū)：用锡制成的碑石或钟磬等乐器下面的座基。 ⑥九锡：传说为古代帝王尊礼大臣所赐的九种器物。自西汉王莽以来，凡掌政大臣夺取政权，建立新王朝前，都先加九锡。⑦临轩：皇帝来到殿堂前堂陛之间轩槛处。这里指宋帝将举行拜萧道成为齐公的礼仪时。 ⑧呼沱：即滹沱河。呼沱之冰：《后汉书·光武帝纪》载，更始二年(24)，刘秀至呼沱河，无船，适遇冰合，得以渡过。后以"呼沱之冰"比喻危急关头得到帮助。 ⑨齐国：宋顺帝给萧道成的封国。

原文

建元初①,带东燕令②,封新阳县男,三百户。转羽林监③,加建威将军④,迁尚书主客郎⑤、太尉中兵参军⑥,令如故。复以本官兼中书舍人。太祖疾甚,令僧真典遗诏。永明元年⑦,宁丧⑧,起为建威将军,寻除南泰山太守⑨,又为舍人,本官如故,领诸王第事。

翻译

建元初年,纪僧真兼领东燕令,封为新阳县男爵,食邑三百户。后转任羽林监,加封为建威将军,迁任尚书主客郎、太尉中兵参军,县令之职依旧。后又以本身官职兼任中书舍人。太祖萧道成病重时,令纪僧真主持写下遗诏。永明元年(483),纪僧真因父亲去世而离任服丧,除丧后又任建威将军,不久任命为南泰山太守,又任中书舍人,本身的官职依旧,并兼管诸王府第之事。

注释　①建元:齐高帝萧道成年号,479—482 年。　②东燕:县名,治所当在今江苏境内,具体位置不详。　③羽林监:皇宫禁卫军首领。　④建威将军:当时设置的各种杂号将军之一。　⑤主客郎:尚书省负责接待外宾的郎官。　⑥太尉中兵参军:太尉府中的僚属。　⑦永明:齐武帝萧赜年号。　⑧宁丧:为父母服丧。《南史》作"丁父丧"。　⑨南泰山:郡名,治所在今江苏灌云北。

原文

僧真容貌言吐,雅有士风。世祖尝目送之,笑曰:"人何必计门户,纪僧真常贵人所不及。"诸权要中,最被昑遇①。除越骑校尉,余官如故。出为建武将军②、

翻译

纪僧真的容貌和谈吐,儒雅而有士人的风度。齐世祖萧赜曾经目送着纪僧真,笑着说:"人何必要计较门第,纪僧真是那些出身高贵的人也往往比不上的。"在各位掌握要害大权的人当中,纪僧真最受赏识和信任。后被任命为越骑校尉,其他官职依旧。又出任建武

建康令③。还除左右郎将④、泰山太守⑤。加先驱使⑥。寻除前军将军⑦。遭母丧，开冢得五色两头蛇。世祖崩，僧真号泣思慕。明帝以僧真历朝驱使，建武元年⑧，除游击将军，兼司农⑨，待之如旧。欲令僧真治郡，僧真启进其弟僧猛为镇蛮护军⑩、晋熙太守⑪。永泰元年⑫，除司农卿⑬。明帝崩，掌山陵事⑭。出为庐陵长史⑮，年五十五，卒。

将军、建康令。回都城后被任命为左右郎将、泰山太守。加任先驱使。不久又被任命为前军将军。遇到母亲去世，挖开坟墓得到有五种颜色的两头蛇。齐世祖萧赜驾崩，纪僧真号哭思念。齐明帝萧鸾因为纪僧真受到前面几代皇帝的任用，在建武元年(494)，任命他为游击将军，兼任司农，对待他与前代皇帝一样。明帝又想叫纪僧真治理郡邑，僧真启奏推荐他的弟弟纪僧猛为镇蛮护军、晋熙太守。永泰元年(498)，纪僧真被任命为司农卿。明帝驾崩后，他负责管理皇帝陵墓。出任庐陵长史。五十五岁时去世。

注释 ①眄(xì)遇：重视，赏识。 ②建武将军：当时各种杂号将军之一。 ③建康：今江苏南京，当时为南齐都城。 ④左右郎将：朝廷统兵的武官，级别略次于将军。 ⑤泰山：郡名，治所在今山东泰安东南。 ⑥先驱使：杂内官名，皇帝出行时力先导。 ⑦前军将军：中央朝廷统兵将军之一。 ⑧建武：齐明帝萧鸾年号。 ⑨司农：朝廷主管钱粮和农业的官。 ⑩镇蛮护军：当时镇守边境的将军的一种官号。 ⑪晋熙：郡名，治所在今安徽潜山。 ⑫永泰：东昏侯萧宝卷年号。 ⑬司农卿：即大司农，为九卿之一。 ⑭山陵事：指管理帝王陵墓的事。 ⑮庐陵：郡名，治所在今江西吉水。

梁书

于 白 译注

周勋初 审阅

导　言

　　自西晋"永嘉之乱"至隋文帝平陈（304—589）的近三百年间，我国出现了长期混战的割据局面，各种力量组合分化、起伏消长，情况十分复杂。《梁书》记载的是起自梁武帝天监元年（502），迄于梁敬帝太平二年（557）共五十六年间的梁朝史事。

　　《梁书》本纪六卷，列传五十卷，合为五十六卷，唐姚思廉修撰。姚思廉又撰有《陈书》三十六卷。《梁书》和《陈书》的编著，是从姚思廉的父亲姚察开始的。姚察（533—606）字伯审，吴兴武康（今浙江德清西）人。据《陈书·姚察传》，姚察自幼勤奋好学，广蓄图书典籍，学识渊博。他精研《汉书》，在出使北周时曾解答学者的质疑，甚为问难者叹服，被誉为史学长才。姚察在陈时，历任秘书监、领大著作、吏部尚书，是与徐陵、江总齐名的文士。陈亡入隋，他又受到隋文帝的赏识，历任太子内舍人、秘书丞。隋文帝对朝臣说："姚察学行，当今无比，我平陈唯得此一人。"（《陈书·姚察传》）梁史的修撰始于陈代，姚察以史职参与其事，至陈亡还没有完成，但积累了国史旧稿。隋文帝开皇九年（589），姚察奉诏撰梁、陈二史。隋炀帝大业二年（606），姚察去世，终年七十四岁。姚察临终前，嘱托儿子思廉续成其志。

　　姚思廉（557—637）字简之，《旧唐书》《新唐书》均有传。姚思廉历仕陈、隋、唐三朝，在陈为扬州主簿；入隋为汉王府参军、河间郡司法书佐、代王侑（即隋恭帝）侍读；唐初，任文学馆学士、太子洗马、著作郎、弘文馆学士，后迁散骑常侍，被列为十八学士之一。姚思廉在父亲去世后，就开始补续二史。唐太宗贞观三年（629），设立史馆修撰隋以前各朝史事,诏姚思廉与秘书监魏徵同撰《梁书》和《陈书》。魏徵为监修。姚思廉从贞观二年(628)实际上已开始正式编撰二史了,到贞观九年(637)书成,历时共九年,当时思廉已是七十八岁高龄。两年后,姚思廉病逝,终年八十。如果从开皇九年(589)姚察奉诏撰梁、陈二史来推算,则《梁书》《陈书》的完成经历了四十八年——将近半个世纪的漫长岁月,凝聚了两代人的心血。梁、陈二史的成书情形,与司马迁继司马谈完成《史记》、班固继班彪完成《汉书》的情况相似。

梁朝是南朝时期学术文化最繁荣的一个朝代,有撰史学士及著士等史职,同时还临时征调其他官员参与修撰国史的工作。梁武帝时,沈约、周兴嗣、鲍行卿、谢昊等曾相承撰录《梁书》一百卷,侯景之乱后,这部史籍被梁元帝萧绎运往江陵,在北周攻陷江陵时,被付之一炬。陈时,又重新开始了梁史的编纂工作,据《隋书·经籍志》载,计有许亨《梁史》五十三卷、刘璠《梁典》三十卷、何之元《梁典》三十卷、阴僧仁《梁撮要》三十卷、姚最《梁后略》十卷、萧韶《太清纪》十卷、萧世怡《淮海乱离志》四卷等,在姚思廉修《梁书》时都还存在。除这些书,当时还有不少起居注和杂史等材料。上述诸书现在都已散佚,因此《梁书》就成了现存较为原始的文献了。它保存了梁代有关政治、军事、文化、宗教、民族、对外关系等方面的丰富资料,是研究梁朝和南北朝历史的一部必读书。

《梁书》的作者具有较高的史识,比如他为范缜立了专传。齐梁时代,统治阶层僻处江左,苟且偷安,不思恢复失地,却竭力信崇佛教,一味沉溺于佛法,大兴土木,修建了许多豪华宏大的佛寺,结果上行下效,耗资巨万,百姓深受其害。梁武帝萧衍就曾以帝王之身,四次舍身同泰寺,随后即用重金赎回。就在这佛教炽盛的时代,范缜却倡言富贵贫贱的偶然和因果报应的无稽,并著《神灭论》,驳难佛教神学以及其他鬼神信仰。姚思廉以客观的笔法记叙了范缜一生的行迹,详细记载了范缜面对齐竟陵王萧子良"集僧难之不能屈"和梁武帝召集王公朝贵及僧正六十余人反驳《神灭论》,范缜仍不为所屈的事迹,表彰了范缜坚持真理的可贵精神,并且收录了《神灭论》全文,使这篇中国思想史上的重要文献得以保存。又如在《贺琛传》中,详细记载了贺琛有关时务的长篇奏疏和梁武帝无理的训斥之词。南朝时士族阶层可以享受免除税役的特权,而负担却全部落在非士族的庶民肩上,士族贵人唯以侈靡为务。贺琛的奏疏,反映了士族的贪婪腐朽和人民生活的贫困,并揭示造成这种情况的根源在于梁武帝放纵士族贵族以及政刑谬乱。奏疏共述四事,陈寅恪先生认为,它们表明梁朝的统治阶级已经走上了败亡之路,无可挽回。梁武帝个人的生活虽然可以说是节俭的,但是整个上层社会都为奢靡之风所笼罩,个人的问题与全部社会无关(见《陈寅恪魏晋南北朝史讲演录》)。《贺琛传》详载贺琛的奏疏,也可见出修史者的见识。侯景之乱是南朝的一个重大事件,它不仅标志着梁朝的覆亡在即,而且标志着士族统治的结束。姚思廉用很长的篇幅作《侯景传》,详细记述了侯景之乱的全过程,展示了侯景之乱给人民带来的深重灾难以及统治阶级的腐朽无能。侯景围困建康时,梁朝的文武官员或逃或降,赶来救援的人名为勤王,实际上多是观望而已,但面对强敌,"吴人莫不怨愤,于是各立城栅拒守",这也表明了《梁书》作者的撰史态度。还有《梁书》专设《诸夷传》,记录了二十六个周边国家和少数民族的风俗、文化、物产以及与梁朝的经济文化交流,是今天研究民族史和中外关系史的珍贵材料。

六朝的文风,以骈四俪六为上,即使是叙事之文,也多以四字为句,芜冗繁琐。这种风气一直绵延到唐初,在这种流风的影响下,各家史籍的行文也都受到影响。而姚察、姚思廉父子却以司马迁、班固为榜样,崇尚散文,在撰史过程中以单行散文为主,对六朝的文体文风进行变革。历来论文家以为古文的复兴和重振滥觞于中唐的韩愈、柳宗元,其实身在陈末至唐初的姚氏父子已经开其先河了。所以清人赵翼说:"世但知六朝之后,古文自唐韩昌黎始,而岂知姚察父子已振于陈末唐初也哉!"(《廿二史札记·古文自姚察始》)

《梁书》文笔简练,行文流畅。比如《武帝本纪》叙述萧衍兴兵灭齐,既将当时纷繁复杂的局势记述得清楚明了,又表现出萧衍清醒的政治头脑和宏大的气魄,简然有法。《陈庆之传》则用简洁生动的文笔刻画了陈庆之其人其事,再现了一场场威武壮观的战争场面。《昌义之传》叙述钟离之战、《康绚传》叙述淮堰之作,都笔力遒劲,曲折明畅,读来酣畅淋漓。

《梁书》除了有上述特点,也有一些不足之处。最明显的缺点是多隐讳之笔,姚察、姚思廉父子撰《梁史》,大多依据国史旧闻,并沿袭其"有美必书、有恶必为之讳"的笔法,虚词溢美,文过饰非。高祖之弟临川王萧宏于天监四年(505)率大军北伐,所辖部队精锐强大,被魏人称为一百多年来未曾见过的强兵,但萧宏庸碌无能,领兵无方,听说魏军援兵赶到,先自胆怯,不但不敢迎战,反而下令"人马有前行者死",随后更弃军而逃,导致丧师失地。高祖没有追究他的责任,反倒加官晋爵,因为他只知搜刮财货,并无政治野心,所以萧衍不疑忌他,反而以亲族关系百般优待。此事《南史·临川王宏传》载之甚详,《梁书·临川王宏传》则仅云"会征役久,有诏班师"。这样的例子在《梁书》中不一而足。

《梁书》记叙较详,但过多地载录了许多无用的诏策表疏和私家诗赋文章,失之冗芜,殊为不当。《梁书》还有许多自相矛盾前后牴牾之处,如《侯景传》既称"张彪起义",又称"彪寇钱塘";《何敬容传》称"敬容铨序明审,号为称职",而《江革传》则云"何敬容掌选,序用多非其人"。《梁书》记年月也有错误。这些问题在阅读《梁书》时应当注意。

《南史》为唐李延寿所撰,记述了南朝宋、齐、梁、陈四朝一百七十年的史事,它大体是删补移易宋、齐、梁、陈四史而成。其中对梁代史事增补较多，保存了许多今已亡佚的笔记、杂录等资料，并纠正了《梁书》的一些谬误，所以在阅读《梁书》时可资参照。《梁书》无志，唐于志宁、李淳风等为梁、陈、隋、齐、周五代史撰成十志，历叙各朝典章制度，称《五代史志》，后来各史单行，十志遂并入《隋书》。所以研读《梁书》时应当参阅《隋书》的十志。

《梁书》共五十六卷，人物众多，由于篇幅限制，本书仅选译了十二篇。本书选文侧重于政治、军事方面，注译了关系到梁朝兴衰的一些人物，他们贯穿了梁朝的始终。另也选译了哲学、宗教、文学等方面的一些代表人物。梁朝是学术文化繁荣昌盛的时代，人才辈出，本应多选，但这套丛书中《南史选译》的选文侧重于此，为避重复，所以昭明太子、沈约、刘勰等传没有再选录。注释以职官、地名和不易译出的典章制度为主，相同条目一般不重复出注，今译采用直译。

由于注译者水平有限，选文及注译欠妥之处，敬请专家学者及读者批评指正。

本书的注译工作完成后，承蒙郁贤皓教授审读一过，并提出了许多宝贵的意见和建议，在此特致谢忱。

于　白

武 帝 本 纪

导读

梁武帝萧衍在齐朝原为雍州刺史,镇守襄阳。时齐东昏侯萧宝卷暴虐,杀死萧衍之兄萧懿,萧衍于是起兵攻陷齐都建康,进而夺取帝位,建立梁朝。在兴兵灭齐的过程中,萧衍有清醒的政治头脑,谋略深远,很有魄力。

萧衍在位凡四十八年,是宋、齐、梁、陈四朝共二十六帝中在位时间最久的皇帝。统治初期,比较重视政务,社会经济得到发展,基本上保持了境内的和平与稳定。晚年则任用奸小,听不进正直的忠告;佞信佛教,大造佛寺,并四次舍身同泰寺,耗费巨额钱财,导致经济衰败;尤其是招纳侯景的归降,开门揖盗,引狼入室,给梁朝带来毁灭性的灾难,自己也终于被饿死在台城。

萧衍又是一位博学多才的帝王,嗜读书,经常延揽文学之士相互研讨,对儒学、佛学均有研究;长于文学,善作诗;草隶、尺牍、骑射、弈棋,莫不称妙;还精通乐律。

《武帝本纪》共三卷,篇幅很长,这里作了很多删节。(选自卷一、二、三)

原文

高祖武皇帝讳衍①,字叔达,小字练儿,南兰陵中都里人②,汉相国何之后

翻译

高祖武皇帝名衍,字叔达,小字练儿,南兰陵中都里人,是西汉相国萧何的后代。……高祖的先父名顺之,是齐

也③。……皇考讳顺之④，齐高帝族弟也。参预佐命，封临湘县侯⑤。历官侍中⑥，卫尉⑦，太子詹事⑧，领军将军⑨，丹阳尹⑩，赠镇北将军。

高帝萧道成的族弟，曾经辅佐萧道成创业，被封为临湘县侯，历任侍中、卫尉、太子詹事、领军将军、丹阳尹，被赠予镇北将军的称号。

注释　① 高祖武皇帝：萧衍庙号高祖，谥武。旧时皇帝死，神主入宗庙，必须定一庙号，如某祖某宗。同时还要定谥号，将其一生行迹作一定论。讳：旧时对帝王将相或尊长不敢直称其名，谓之避讳。因亦指所避讳的名字。　② 南兰陵：郡名。治所在今江苏武进西北。　③ 相国：即丞相。何：即萧何。汉初大臣，沛县（今属江苏）人。秦末辅佐刘邦起义，曾任丞相。　④ 皇考：对亡父的尊称。　⑤ 临湘县：治所在今湖南长沙。　⑥ 侍中：官名。典掌机要，地位显贵。　⑦ 卫尉：官名，掌管宫门警卫。　⑧ 太子詹事：太子东宫官名，掌管太子家事。　⑨ 领军将军：六将军之一，掌管京城的卫戍部队。　⑩ 丹阳尹：丹阳郡（治所在今江苏南京）之最高行政长官。郡之最高行政长官一般称太守，但郡治在京城者则称尹。

原文

高祖以宋孝武大明八年甲辰岁生于秣陵县同夏里三桥宅①。生而有奇异，两髀骈骨，顶上隆起，有文在右手曰"武"。帝及长，博学多通，好筹略，有文武才干，时流名辈咸推许焉。所居室常若云气，人或过者，体辄肃然。

翻译

高祖于宋孝武帝大明八年（464）诞生在秣陵县同夏里的三桥宅中。高祖天生有奇异的体貌，两股之间有并骨，头顶隆起，右手有一"武"字的纹路。武帝长大后，博学多才，喜欢筹策谋略，兼有文武才干，当时的名流都很推重他。高祖所居的宅邸常常像有云气缭绕，人们去拜访他，总是肃然起敬。

起家巴陵王南中郎法曹行参军②，迁卫将军王俭东阁祭酒③。俭一见深相器异，谓庐江何宪曰④："此萧郎三十内当作侍中，出此则贵不可言。"竟陵王子良开西邸，招文学，高祖与沈约、谢朓、王融、萧琛、范云、任昉、陆倕等并游焉，号曰八友。融俊爽，识鉴过人，尤敬异高祖。每谓所亲曰："宰制天下，必在此人。"……

高祖最初出仕为巴陵王南中郎法曹行参军，后转任卫将军王俭的东阁祭酒。王俭一见高祖便深为器重，他对庐江何宪说："这个萧郎不到三十岁可官至侍中，进一步就贵不可言了。"竟陵王萧子良设置西邸别墅，延揽文学之士，高祖与沈约、谢朓、王融、萧琛、范云、任昉、陆倕等人都入幕，号称八友。王融俊逸清朗，有过人的见识，他特别敬重高祖，常常对亲近的人说："将来统治天下的，一定就是这个人。"……

注释　①秣陵县：治所在今南京城南。　②巴陵王：即萧子伦，齐武帝萧赜第十三子。曾为南中郎将（宋、齐以来，唯有诸王任中郎将）。法曹行参军：军府中掌管法令等的官员。　③卫将军：官名。可参与国政，权位甚重。东阁祭酒：将军府幕僚长。　④庐江：郡名。治所在今安徽舒城。

原文

建武二年，魏遣将刘昶、王肃帅众寇司州①，以高祖为冠军将军、军主②，隶江州刺史王广为援③。距义阳百余里④，众以魏军盛，趑趄莫敢前⑤。高祖请为先启，广即分麾下精兵配高祖。

翻译

齐明帝建武二年（495），北魏派遣将领刘昶、王肃率军进犯司州，明帝任命高祖为冠军将军、军主，隶属于江州刺史王广，前往救援。部队距义阳尚有一百余里，大家因为魏军人多势众，犹犹豫豫不敢前进。高祖请求为先锋，王广立即将所辖部分精兵拨给高祖。高尔夜便进，去魏军数里，径上贤首山⑥。魏军不测多少，未敢逼。黎明，城内见援至，因出军攻魏栅，高祖帅所领自外进战。魏军表里受敌，乃弃重围退走。……

祖当夜进发，离魏军还有几里，径直登上贤首山。魏军不知齐军兵力多少，不敢进逼。黎明时分，义阳城中见援兵到来，趁势出城进攻魏军营栅，高祖率部从外进击，魏军受到内外夹击，于是放弃层层包围而撤退。……

注释 ① 司州：治所在今河南信阳。 ② 冠军将军：武官名。南朝时，将军有各种不同的职权或地位。冠军为将军名号。军主：统领一军的主将。 ③ 江州：治所在今江西九江西南。 ④ 义阳：郡名。治所在今河南信阳西南。 ⑤ 赵趄(zī jū)：且前且却，犹豫不进。 ⑥ 贤首山：在今河南信阳西南。

原文

四年，魏帝自率大众寇雍州①，明帝令高祖赴援。十月，至襄阳，诏又遣左民尚书崔慧景总督诸军②，高祖及雍州刺史曹虎等并受节度③。明年三月，慧景与高祖进行邓城④，魏主帅十万余骑奄至。慧景失色，欲引退，高祖固止之，不从，乃狼狈自拔。魏骑乘之，于是大败。高祖独帅众距战，杀数十百人，魏骑稍却，因得

翻译

建武四年(497)，北魏孝文帝元宏亲自统率大军侵犯雍州，明帝命令高祖奔赴救援。十月，高祖到达襄阳，明帝又下诏派遣左民尚书崔慧景总督各军，高祖以及雍州刺史曹虎等人全部受他指挥。次年三月，崔慧景与高祖行进到邓城，魏孝文帝率领十万多骑兵突然杀来。崔慧景大惊失色，想要退却，高祖坚决地阻止他，可是崔慧景没有听从，于是狼狈后撤。北魏骑兵趁机追击，于是齐军大败。高祖独自率领部下奋战，杀敌数百人，魏军渐渐后退，高祖因而能列好阵脚来断后，直到天黑才下船而去。崔慧景的部队死伤殆尽，唯有高祖

结阵断后，至夕得下船。慧景军死伤略尽，惟高祖全师而归。俄以高祖行雍州府事⑤。

全军归来。不久，高祖得以代行管理雍州事务。

注释 ① 雍州：治所襄阳，在今湖北襄阳。 ② 左民尚书：官名。掌计账户籍。③ 刺史：官名。掌管一州军政的最高长官。 ④ 邓城：县名。治所在今湖北襄阳西北。 ⑤ 行：低职行高官事谓行。

原文

七月，仍授持节、都督雍梁南北秦四州郢州之竟陵司州之随郡诸军事、辅国将军、雍州刺史①。其月，明帝崩，东昏即位，扬州刺史始安王遥光、尚书令徐孝嗣、尚书右仆射江祏、右将军萧坦之、侍中江祀、卫尉刘暄更直内省②，分日帖敕③。高祖闻之，谓从舅张弘策曰："政出多门，乱其阶矣。《诗》云：'一国三公，吾谁适从？'况今有六，而可得乎！嫌隙若成④，方相诛灭，当今避祸，惟有此地。勤行

翻译

七月，乃正式授予高祖持节，都督雍、梁、南北秦四州，郢州的竟陵、司州的随郡诸军事，以及辅国将军、雍州刺史的职务。同月，明帝萧鸾驾崩，东昏侯萧宝卷即位，扬州刺史始安王萧遥光、尚书令徐孝嗣、尚书右仆射江祏、右将军萧坦之、侍中江祀、卫尉刘暄轮流在皇宫中值班，分日交替发布敕令。高祖知晓后，对堂舅张弘策说："政命出自许多途径，这是祸乱的来由。《诗经》上讲：'一国有三公，我该听从谁？'何况如今有六贵，这难道能行吗？仇怨一旦结下，必将相互屠杀，如今避祸，只有此地。努力奉行仁义的政策，可以自然完成周文王的伟业。只是诸弟滞留在首都，担心会遭遇灾祸，必须与长兄萧懿谋划此事。"

仁义,可坐作西伯⑤。但诸
弟在都,恐罹世患,须与益
州图之耳⑥。"

注释　①持节:州郡长官总领军事者往往加持节的称号。都督诸州军事:诸州的军事长官或统兵将帅。梁州:治所在今陕西汉中东面。南秦州:寄治在今陕西汉中东面。北秦州:寄治在今湖北荆州。郢(yǐng)州:治所在今湖北鄂州。竟陵:郡名。治所在今湖北钟祥。随郡:治所在今湖北随县。　②扬州:治所在今江苏南京。尚书令:尚书台长官,总揽一切政令。尚书右仆射(yè):尚书台副长官。右将军:官名。参与国政,地位显赫。内省:指宫中。　③帖敕:由主管朝政的大臣在奏章公文后签署意见,作为敕命,批发判行,叫帖敕。　④嫌隙:因猜疑不满而产生的恶感、仇怨。　⑤西伯:即周文王姬昌。　⑥益州:治所在今四川成都。萧衍长兄萧懿时为益州刺史。

原文

　　时高祖长兄懿罢益州还,仍行郢州事,乃使弘策诣郢,陈计于懿曰:"昔晋惠庸主①,诸王争权,遂内难九兴,外寇三作。今六贵争权,人握王宪②,制主画敕,各欲专威,睚眦成憾③,理相屠灭。且嗣主在东宫本无令誉④,媟近左右⑤,蜂目忍人⑥,一总万机,恣其所欲,岂肯虚坐主诺,委政朝臣。

翻译

　　当时高祖长兄萧懿被解除了益州刺史之职,但仍然代管郢州事,高祖便派张弘策到郢州,向萧懿献计说:"过去晋惠帝荒唐昏庸,各诸侯王争权夺利,于是内忧频繁,外患不断。如今六贵争权,人人掌握大政,控制君主而谋划诏令,都想独揽大权,为琐屑小事争执就会结下仇怨,势必导致相互屠杀。况且新皇帝做太子时就没有好名声,过分亲昵近侍,缺乏尊严,性情暴戾残忍,一旦他统揽大权,定会放纵他的欲望,哪会愿意虚拥帝位,而将国家大政托付给朝积相嫌贰⑦，必大诛戮。始安欲为赵伦⑧，形迹已见，蹇人上天⑨，信无此理。且性甚猜狭，徒取乱机。所可当轴⑩，惟有江、刘而已。祐怯而无断，暗弱而不才，折鼎覆𬪩⑪，翘足可待。萧坦之胸怀猜忌，动言相伤，徐孝嗣才非柱石，听人穿鼻⑫，若隙开衅起，必中外土崩。今得守外藩，幸图身计，智者见机，不俟终日。及今猜防未生，宜召诸弟以时聚集。后相防疑，拔足无路。郢州控带荆、湘⑬，西注汉、沔⑭；雍州士马，呼吸数万，虎视其间，以观天下。世治则竭诚本朝，时乱则为国蠲暴，可得与时进退，此盖万全之策。如不早图，悔无及也。"懿闻之变色，心弗之许。弘策还，高祖乃启迎弟伟及憺，是岁至襄阳。于是潜造器械，多伐竹木，沉于檀溪，密为舟装之备。时所住斋

臣。猜忌日渐积累，必定引发残酷的杀戮。始安王萧遥光图谋像西晋赵王司马伦那样废帝自立，迹象已经暴露，跛足的人想上天，实在没有这种道理。而且始安王性情猜忌，心胸狭隘，会徒然引发变乱。堪当大任的，只有江祐、刘暄。但江祐怯懦而不能决断，刘暄暗弱而又无才干，他们必然倾覆败事，顷刻间即可看到。萧坦之猜疑嫉妒，常常出言伤人，徐孝嗣也不是柱石之才，只能听人摆布，假如争端爆发，朝廷内外必然大乱。今天能够作为藩臣，有幸可以图谋身计，聪明人发现时机，不会等到天黑。趁如今未被疑忌，应该召唤诸弟及时会集。不然日后被猜忌提防时，恐怕已无路可走。郢州控扼着荆、湘两州，西来的汉水由此汇入长江；雍州的人马，转眼间便能召募数万之众，虎视天下，以观其变。时运昌隆就竭诚尽忠于朝廷，天下动荡则为国铲除暴虐，可以随时局变化而伸缩进退，这大概是万全之策。如不早做图谋，后悔就来不及了。"萧懿听了这番话，脸色大变，内心不赞同。张弘策返回，高祖于是迎接弟弟萧伟和萧憺，当年他们抵达襄阳。此时高祖暗中制造作战器械，大量砍伐竹木，沉于檀溪之中，秘密为造船做准备。

常有五色回转⑮,状若蟠龙⑯,其上紫气腾起⑰,形如伞盖⑱,望者莫不异焉。

那时高祖的住宅经常有五种正色回旋,形状宛若蟠龙,上面有紫气腾空,形状犹如伞盖,望见的人无不惊诧。

注释 ① 晋惠:即晋惠帝司马衷。以昏庸痴呆著称。初由贾后专权,引起皇族自相残杀的八王之乱。其后诸王相继擅政,晋惠帝形同傀儡。 ② 王宪:王法,大权。 ③ 睚眦(yá zì):瞪眼睛,怒目而视,引申为小怨小忿。 ④ 东宫:太子所居之宫。也用以指太子。 ⑤ 媟(xiè):因太亲近而态度不恭敬。 ⑥ 蜂目:目如蜂,形容凶恶。忍人:残忍的人。 ⑦ 嫌贰:猜疑,猜忌。 ⑧ 赵伦:即西晋赵王司马伦。永康元年(300)起兵杀专权之贾后,后又废惠帝而自立,引发皇族争夺王权的八王之乱。 ⑨ 蹇(jiǎn):跛足。 ⑩ 当轴:喻指居于主要地位,堪当大政。 ⑪ 折鼎覆𫗦(sù):鼎足折断,鼎中的食物翻掉,喻力不胜任,必至败事。𫗦:鼎中的食物。 ⑫ 听人穿鼻:喻无所主张,任人摆布。穿鼻:牛鼻穿绳。 ⑬ 荆州:治所在今湖北荆州。湘州:治所在今湖南长沙。 ⑭ 汉:即汉水,长江支流,源出陕西宁强,于湖北武汉入长江。沔(miǎn):即沔水,古代通称汉水流入汉阳的一段为沔水。 ⑮ 五色:谓青、赤、黄、白、黑五种颜色。古代以此五色为正色,其他为间色。 ⑯ 蟠龙:蛰伏的龙。 ⑰ 紫气:古代以紫气为祥瑞之气。 ⑱ 伞盖:古代一种长柄圆顶、伞面外缘垂有流苏的仪仗物。

原文

永元二年冬,懿被害信至,高祖密召长史王茂、中兵吕僧珍、别驾柳庆远、功曹史吉士瞻等谋之①。既定,以十一月乙巳召僚佐集于厅事②,谓曰:"昔武王会

翻译

东昏侯永元二年(500)冬,萧懿被害的消息传到襄阳,高祖秘密召集长史王茂、中兵吕僧珍、别驾柳庆远、功曹史吉士瞻等人商议谋划。谋划好后,高祖于十一月乙巳这一天在大厅召集僚属,说:"过去周武王在孟津盟会诸侯,大家都说:'纣应当受到讨伐。'当今的昏主

孟津③，皆曰'纣可伐'。今昏主恶稔④，穷虐极暴，诛戮朝贤，罕有遗育，生民涂炭，天命殛之⑤。卿等同心疾恶，共兴义举，公侯将相，良在兹日，各尽勋效，我不食言。"是日建牙⑥。于是收集得甲士万余人，马千余匹，船三千艘，出檀溪竹木装舰。

恶贯满盈，极尽残暴，杀害朝廷贤臣，极少留下后裔，生灵被屠杀，天意要诛杀他。你们与我同心一志，疾恶如仇，共举义旗，公侯将相的勋业，确实就在今天，诸位努力建功，我决不食言。"高祖当天树立出征的军旗。在当地征召到一万多名战士，一千多匹战马，三千艘战船，取出沉于檀溪中的竹木装配舰船。

注释　①长史：官名。为幕府中幕僚之长。中兵：官名。幕府僚属。别驾：州刺史之佐吏，总理众务，职权甚重，时称其职居刺史半。功曹史：官名。掌管考查记录功劳。　②厅事：官署视事的厅堂。　③孟津：古黄河之津渡，在今河南孟津东北、孟州西南。相传武王讨伐商纣，在此盟会诸侯并渡过黄河。　④稔（rěn）：庄稼成熟，引申为事物酝酿成熟。　⑤殛（jí）：诛杀。　⑥建牙：古时出征树立军旗，叫作"建牙"。

原文

先是，东昏以刘山阳为巴西太守①，配精兵三千，使过荆州就行事萧颖胄以袭襄阳②。高祖知其谋，乃遣参军王天虎、庞庆国诣江陵③，遍与州府书。及山阳西上，高祖谓诸将曰："荆州

翻译

在此之前，东昏侯任命刘山阳为巴西太守，配备三千精兵，派遣他到荆州与荆州行事萧颖胄袭击襄阳。高祖知晓了这一阴谋，便派参军王天虎、庞庆国前往江陵，普遍地致信州府各官员。等到刘山阳西上，高祖对众将领说："荆州人素来惧怕襄阳人，如今又加之唇亡

本畏襄阳人,加唇亡齿寒,自有伤弦之急④,宁不暗同邪?我若总荆、雍之兵,扫定东夏⑤,韩、白重出⑥,不能为计。况以无算之昏主,役御刀应敕之徒哉?我能使山阳至荆,便即授首,诸君试观何如。"及山阳至巴陵⑦,高祖复令天虎赍书与颖胄兄弟⑧。去后,高祖谓张弘策曰:"夫用兵之道,攻心为上,攻城次之,心战为上,兵战次之,今日是也。近遣天虎往州府,人皆有书。今段乘驿甚急,止有两封与行事兄弟,云'天虎口具';及问天虎而口无所说,行事不得相闻,不容妄有所道。天虎是行事心膂⑨,彼闻必谓行事与天虎共隐其事,则人人生疑。山阳惑于众口,判相嫌贰,则行事进退无以自明,必漏吾谋内。是驰两空函定一州矣。"山阳至江安⑩,闻之,果疑不

齿寒,势必闻风惊悸,难道不与我们暗地同心吗?我如果统领荆、雍两州之兵,去平定东方,即使韩信、白起重生再现,也没有什么挽回的妙计。何况对手是由没有算计的昏庸之主,驱使持刀应召之徒呢?我能使刘山阳一到荆州,立即丢掉脑袋,诸位试看结局如何。"等刘山阳到达巴陵,高祖又命令王天虎携带信函给萧颖胄兄弟。王天虎离开后,高祖对张弘策说:"用兵之道,以攻心为上策,攻城就次一等,心理战为上策,兵刃战就次一等,今天运用的正是这个道理。最近派王天虎前往江陵州府,人人都收到信函。近来信使往来频繁,却仅有两封信是给行事兄弟的,上面写着'天虎亲口详陈';等到颖胄询问王天虎,而王天虎无以对答,行事兄弟无从获悉内情,又不能随意妄加猜测。王天虎是萧颖胄的心腹,人们必定认为行事与王天虎共同隐瞒了真情,于是人人心生疑虑。刘山阳迷惑于众人所言,疑窦丛生,而行事就会进退两难,不能表明自己,一定落入我的圈套。这就是传送两封空函而平定一个州。"刘山阳抵达江安,闻知高祖送信给萧颖胄,果然疑惧不前。萧颖胄极端恐惧,于是处死王天虎,将其首级送给刘山阳。刘山阳信

上，颖胄大惧，乃斩天虎，送首山阳。山阳信之，将数十人驰入，颖胄伏甲斩之，送首高祖。仍以南康王尊号之议来告，且曰："时月未利，当须来年二月；遽便进兵^⑪，恐非庙算^⑫。"高祖答曰："今坐甲十万，粮用自竭，况所藉义心，一时骁锐，事事相接，犹恐疑怠；若顿兵十旬，必生悔吝。童儿立异，便大事不成。今太白出西方^⑬，仗义而动，天时人谋，有何不利？处分已定，安可中息？昔武王伐纣，行逆太岁^⑭，复须待年月乎？"竟陵太守曹景宗遣杜思冲劝高祖迎南康王都襄阳，待正尊号，然后进军，高祖不从。王茂又私于张弘策曰："我奉事节下^⑮，义无进退；然今者以南康置人手中，彼便挟天子以令诸侯，而节下前去为人所使，此岂岁寒之计^⑯？"弘策言之，高祖曰：

任了萧颖胄，带领数十人骑马入城，萧颖胄埋伏武士将其杀死，把他的首级送给高祖。萧颖胄于是将南康王萧宝融登基即位的建议通报高祖，并且说："天时不利于出征，应当等到明年二月；如果仓促进兵，恐怕不是成熟的决策。"高祖回答说："现在十万大军如果坐守不动，粮草日用要自然耗尽，何况我们所凭借的是英雄豪杰一时的愤激之心，即使诸事衔接紧密，还担心有人疑虑懈怠；假若按兵百日，必将产生悔恨。即使是儿童产生异心，也会使大业不能成功。现在太白星出自西方，我们仗义举兵，天时人和，有什么不利？决策已定，岂能半途而废？往昔武王伐纣，违逆太岁星的运行，又哪里等待天时呢？"竟陵太守曹景宗派遣杜思冲奉劝高祖迎接南康王定都襄阳，等到南康王登极，然后出征，高祖没有听从。王茂私下又对张弘策说："我效力于将军麾下，义无反顾；但如今南康王控制在别人手中，他们可以挟制天子，以他的名义发号施令，而将军前去被他人使唤，这难道是危难中的大计吗？"张弘策转告高祖，高祖说："假若大业不能成功，则无论善恶美丑都将同归于尽，假若功业能够创立，威慑四海，号令天下，又有谁敢不听

"若使前途大事不捷，故自兰艾同焚⑰，若功业克建，威詟四海，号令天下，谁敢不从！岂是碌碌受人处分？待至石城⑱，当面晓王茂、曹景宗也。"于沔南立新野郡⑲，以集新附。

从！这难道是碌碌无为任人摆布吗？等到兵临石头城，我要当面晓喻王茂、曹景宗。"高祖在沔南设置新野郡，用来集中新近归附的人。

注释　①巴西：郡名。治所在今四川绵阳东面。太守：官名。一郡之最高长官。南朝实行州、郡、县三级行政制度，一州辖数郡。　②行事：时萧颖胄代行荆州刺史事。　③江陵：县名。治所在今湖北荆州。　④伤弦：受过箭伤的鸟听到弓弦之音便会受惊。喻曾经经历祸患，遇事就要惊悸。　⑤东夏：古代泛指中国东部。　⑥韩、白：韩，韩信，辅佐刘邦平定天下的大将。白，白起，战国时秦国名将。　⑦巴陵：郡名。治所在今湖南岳阳。　⑧赍(jī)：携带。　⑨心膂(lǚ)：心、膂都是人体的重要部分。喻得力的人。膂：脊骨。　⑩江安：县名。治所在今湖北公安西北。　⑪遽(jù)：骤然。　⑫庙算：庙堂的策划。引申指成熟的重大决策。　⑬太白：即金星。传说太白星主杀伐。　⑭太岁：古代天文学中假设的星名，与岁星相应。又称岁阴或太阴。　⑮节下：对将军的敬称。　⑯岁寒：一年的寒冬。喻困境、乱世。　⑰兰艾：兰，香草；艾，臭草。喻好人与坏人。　⑱石城：即石头城。故址在今南京西清凉山。负山面江，控扼江险，南临秦淮河口，形势险固，宛如虎踞。　⑲新野郡：治所在今河南新野。

原文

　　（三年二月）戊申，高祖发襄阳。……

　　高祖至竟陵，命长史王茂与太守曹景宗为前军，中

翻译

　　（永元三年[501]正月）戊申这一天，高祖军从襄阳出发。……

　　高祖抵达竟陵，命令长史王茂和太守曹景宗为先头部队，中兵参军张法安

兵参军张法安守竟陵城。茂等至汉口^①，轻兵济江^②，逼郢城。其刺史张冲置阵据石桥浦^③，义师与战不利，军主朱僧起死之。诸将议欲并军围郢，分兵以袭西阳、武昌^④。高祖曰："汉口不阔一里，箭道交至^⑤，房僧寄以重兵固守，为郢城人掎角。若悉众前进，贼必绝我军后，一朝为阻，则悔无所及。今欲遣王、曹诸军济江，与荆州军相会，以逼贼垒。吾自后围鲁山^⑥，以通沔、汉。郢城、竟陵间粟^⑦，方舟而下^⑧；江陵、湘中之兵，连旗继至。粮食既足，士众稍多，围守两城，不攻自拔，天下之事，卧取之耳。"诸将皆曰："善。"乃命王茂、曹景宗帅众济岸，进顿九里^⑨。其日，张冲出军迎战，茂等邀击，大破之，皆弃甲奔走。荆州遣冠军将军邓元起、军主王世兴、田

驻守竟陵城。王茂等到达汉口，派遣轻兵渡江，进逼郢州城。郢州刺史张冲布阵据守石桥浦，义师与之交战，张冲军失利，军队主将朱僧起战死。诸将商议要合军包围郢州城，分兵去袭击西阳、武昌。高祖说："汉水口宽不过一里，船自中流而下，会受到敌军从两岸的交叉箭击，房僧寄又用重兵固守鲁山，与郢州城构成掎角之势。如果全军前进，敌人必定截断我军退路，一旦受阻，就后悔不及了。现在准备派王茂、曹景宗等部渡江，与荆州人马会合，进逼敌垒。我从后面包围鲁山，打通汉水水运。这样，郢城、竟陵间的粮食，可以用并船运输，顺流而下；江陵、湘中的人马，旌旗相连，源源而至。粮食既已充足，兵力又逐渐增多，围困两城，可以不战而得，天下大业，坐卧可取而已。"诸位将领都说："英明。"高祖于是命令王茂、曹景宗指挥大军渡江登岸，进驻九里城。那一天，张冲出兵迎战，王茂等出击，大败张冲，敌军全部弃甲溃逃。荆州派遣冠军将军邓元起，军队主将王世兴、田安等数千人，与雍州大军在夏首会合。高祖修筑汉口城以困守鲁山，命令水军主将张惠绍、朱思远等在江中巡逻，阻绝郢、鲁两城间的信使联络。

安等数千人⑩，会大军于夏首⑪。高祖筑汉口城以守鲁山，命水军主张惠绍、朱思远等游遏江中，绝郢、鲁二城信使。

注释　①汉口：一名沔口，即今湖北汉水入长江口处。　②轻兵：装备轻便、行动迅速的部队。　③石桥浦：在今湖北汉口东。　④西阳：郡名。治所在今湖北黄冈东。武昌：郡名。治所在今湖北鄂州。　⑤箭道交至：指船自中流而下，敌人夹岸射之，其箭交至。　⑥鲁山：在今湖北汉阳东北隅。　⑦郧（yún）城：约在今湖北安陆。　⑧方舟：两船相并之称。　⑨九里：在今湖北武昌附近。　⑩田安：即下文的田安之。　⑪夏首：在今湖北沙市东南。

原文

　　三月，乃命元起进据南堂西渚①，田安之顿城北，王世兴顿曲水故城②。是时张冲死，其众复推军主薛元嗣及冲长史程茂为主。

翻译

　　三月，高祖命令邓元起进据南堂西渚，田安之驻扎在城北，王世兴驻扎在曲水故城。当时张冲已死，他的部下又推举军中主将薛元嗣和张冲的长史程茂为主帅。

注释　①南堂：在今湖北武昌南，西近江渚。渚：水中小洲。　②曲水故城：在今武昌东。

原文

　　乙巳，南康王即帝位于江陵，改永元三年为中兴元

翻译

　　乙巳这一天，南康王在江陵即帝位，改永元三年为中兴元年，遥废东昏

年,遥废东昏为涪陵王。以高祖为尚书左仆射①,加征东大将军、都督征讨诸军事,假黄钺②。西台又遣冠军将军萧颖达领兵会于军③。是日,元嗣军主沈难当率轻舸数千,乱流来战④,张惠绍等击破,尽擒之。

侯为涪陵王。任命高祖为尚书左仆射,又官拜征东大将军、都督征讨诸军事,假黄钺以示尊宠。西台又派遣冠军将军萧颖达率领部队与大军会合。那一天,薛无嗣的军队主将沈难当率领数千艘小船,渡江来战,张惠绍等击败来犯之敌,并将他们全部擒获。

注释 ① 尚书左仆射:尚书省副长官。 ② 假黄钺:魏晋南北朝时,对权位最高的大臣出征时往往加以假黄钺的称号,即代表皇帝亲征之意。 ③ 西台:中书省的别称。魏晋南北朝时,尚书省权力渐减,中书省总管国家政事。 ④ 乱流:横渡江河。

原文

四月,高祖出沔,命王茂、萧颖达等进军逼郢城。元嗣战颇疲,因不敢出。诸将欲攻之,高祖不许。

五月,东昏遣宁朔将军吴子阳、军主光子衿等十三军救郢州,进据巴口①。

六月,西台遣卫尉席阐文劳军,赍萧颖胄等议,谓高祖曰:"今顿兵两岸,不并

翻译

四月,高祖兵出沔水,命令王茂、萧颖达等进军逼近郢城,薛元嗣屡经战斗,相当疲惫,因此不敢出战。诸将急欲攻城,高祖不允许。

五月,东昏侯派遣宁朔将军吴子阳、军队主将光子衿等十三支部队援救郢州,进占巴口。

六月,西台派遣卫尉席阐文慰问部队,阐文带来了萧颖胄等人的建议,对高祖说:"如今部队驻扎于大江两岸,却不合兵包围郢城,平定西阳、武昌,夺取

军围郢,定西阳、武昌,取江州,此机已失;莫若请救于魏,与北连和,犹为上策。"高祖谓阐文曰:"汉口路通荆、雍,控引秦、梁[②],粮运资储,听此气息,所以兵压汉口,连络数州。今若并军围城,又分兵前进,鲁山必阻沔路,所谓扼喉。若粮运不通,自然离散,何谓持久?邓元起近欲以三千兵往定寻阳[③],彼若欢然悟机,一郦生亦足[④];脱距王师,故非三千能下。进退无据,未见其可。西阳、武昌,取便得耳,得便应镇守。守两城不减万人,粮储称是,卒无所出。脱贼军有上者,万人攻一城,两城势不得相救。若我分军应援,则首尾俱弱;如其不遣,孤城必陷。一城既没,诸城相次土崩,天下大事于是去矣。若郢州既拔,席卷沿流,西阳、武昌,自然风靡,何遽分兵散众,自贻

江州,这个良机已经错过;不如向北魏求援,与之联合,这才是上策。"高祖对席阐文说:"汉口路通荆州、雍州,控制秦州、梁州,粮草运输和物资储备,全要视这里的情形而定,所以我军大兵压境汉口,以此沟通数州。现在如果合军包围郢城,又分兵前进,鲁山守军必定阻扼汉水通道,这就等于被卡住了咽喉。如果粮运不通,部队自然瓦解,如何能长久坚持?邓元起最近想用三千人马前去平定寻阳,他如果能欣然领悟其中奥妙,凭郦生那样一个说客就足够了;假若寻阳守军抵抗王师,那肯定不是三千人马所能攻克的。到那时进退无路,我不认为这计策可行。西阳、武昌两城,攻取是容易得到的,取得后则须守住。守卫两城不能少于万人,维持这支部队所需的相应粮草,仓促间无法提供。假若敌军中有聪睿之士,用一万人攻其中之一,两城势必不能相互援救。假如我分兵救援,那么我军首尾都很虚弱;假如不派援兵,孤城必然陷落。一城一旦陷落,各城必定相继土崩瓦解,天下大事就将付诸东流了。如果攻克了郢州,就将席卷沿江各城,西阳和武昌自然望风披靡,为何要仓促分散兵力,给自己添忧患呢!再说大

其忧！且丈夫举动，言静天步⑤；况拥数州之兵以诛群竖⑥，悬河注火，奚有不灭？岂容北面请救⑦，以自示弱！彼未必能信，徒贻我丑声。此之下计，何谓上策？卿为我白镇军⑧：前途攻取，但以见付，事在目中，无患不捷，恃镇军靖镇之耳。"

丈夫举事，目的是挽救国家命运；何况我们拥有数州之兵去讨伐那帮奸小，犹如倾注河水灭火，火哪有不灭的道理？岂能容忍向北魏乞求救助而自显无能！而且北魏人未必可以信赖，白白给我们败坏名声。如此的下策，怎么能称为上策？你替我告诉镇军将军萧颖胄：日后的攻取之事，只需交付给我，战事全在我的心目之中，不必担心不能成功，只是倚仗镇军将军安定诸镇罢了。"

注释　①巴口：即巴河入长江之口，在今湖北黄冈东南。　②秦：秦州，治所在今甘肃天水。　③寻阳：郡名。治所在今江西九江西南。　④郦（lì）生：即郦食其（yì jī），秦汉之际人，著名说客。　⑤天步：指国运。　⑥竖：小人。　⑦北面：古代君主南面而坐，臣子朝见君主则北面，因谓称臣于人为"北面"。　⑧镇军：萧颖胄其时为镇军将军。

原文

　　吴子阳等进军武口①，高祖乃命军主梁天惠、蔡道祐据渔湖城②，唐修期、刘道曼屯白阳垒③，夹两岸而待之。子阳又进据加湖④，去郢三十里，傍山带水，筑垒栅以自固。鲁山城主房僧寄死，众复推助防孙乐祖代

翻译

　　吴子阳等进军武口，高祖于是命令军队主将梁天惠、蔡道祐占据渔湖城，唐修期、刘道曼驻扎在白阳垒，夹岸静候敌军。吴子阳又进占加湖，距离郢城三十里，依山带水，构筑垒栅以固守。鲁山城主将房僧寄死，部下又推举助防孙乐祖接替。七月，高祖命令王茂率领军队主将曹仲宗、康绚、武会超等秘密

之。七月，高祖命王茂帅军主曹仲宗、康绚、武会超等潜师袭加湖，将逼子阳。水涸不通舰，其夜暴长，众军乘流齐进，鼓噪攻之，贼俄而大溃，子阳等窜走，众尽溺于江。王茂掳其余而旋。于是郢、鲁二城相视夺气⑤。

发兵偷袭加湖，将要进逼吴子阳。平日水道干涸不能通舰船，那一夜却大水暴涨，大军于是乘流一齐进发，击鼓呐喊而进攻，敌军很快溃败，吴子阳等逃走，大部人马淹死在江中。王茂俘获其余众而凯旋。于是郢、鲁二城闻风丧胆。

注释 ① 武口：即武口城，在今湖北黄陂东南，当今武湖水入长江之口。 ② 渔湖城：在今武汉东长江边。 ③ 白阳垒：在今武汉东长江边。 ④ 加湖：在今湖北黄陂东南。 ⑤ 夺气：因恐惧而丧气、丧胆。

原文

先是，东昏遣冠军将军陈伯之镇江州，为子阳等声援。高祖乃谓诸将曰："夫征讨未必须实力，所听威声耳。今加湖之败，谁不弭服①。陈虎牙即伯之子，狼狈奔归，彼间人情，理当恮惧②，我谓九江传檄可定也。"因命搜所获俘囚，得伯之幢主苏隆之③，厚加赏赐，使致命焉。鲁山城主孙乐

翻译

在此之前，东昏侯派遣冠军将军陈伯之镇守江州，作为吴子阳等人的声援。高祖对各将领说："用兵未必一定要凭借实力，所依靠的是声威气势罢了。如今吴子阳在加湖大败，谁还不顺服。陈虎牙就是陈伯之的儿子，狼狈逃回，其间人们的情绪，必定惊恐不安，我认为一纸檄文即可平定九江。"于是高祖下令搜查抓获的俘虏，得到陈伯之的幢主苏隆之，给予他丰厚的赏赐，让他传话给陈伯之。鲁山城主孙乐祖、郢城主程茂、薛元嗣相继求降。当初，郢城

祖、郢城主程茂、薛元嗣相继请降。初，郢城之闭，将佐文武男女口十余万人，疾疫流肿死者十七八，及城开，高祖并加隐恤，其死者命给棺椁④。……

闭门坚守，城中有官兵百姓十多万人，因疫病饥饿而死的占了十分之七八，等到城门打开，高祖都给予抚恤，并命令棺葬死者。……

注释 ① 弭（mǐ）服：顺服。 ② 怖惧：惊恐。 ③ 幢（chuáng）主：幢为旗帜，标志作战时一部分部队组织，五百至一千人不等。幢主是这部分部队的首领。 ④ 椁（huì）：小而薄的棺材。

原文

陈伯之遣苏隆之反命，求未便进军。高祖曰："伯之此言，意怀首鼠①，及其犹豫，急往逼之，计无所出，势不得暴。"乃命邓元起率众，即日沿流。八月，天子遣黄门郎苏回劳军②。高祖登舟，命诸将以次进路，留上庸太守韦叡守郢城③，行州事。邓元起将至寻阳，陈伯之犹猜惧，乃收兵退保湖口④，留其子虎牙守盆城⑤。及高祖至，乃束甲请罪。九

翻译

陈伯之派遣苏隆之复命，请求高祖不要立即进军。高祖说："伯之这番话，反映出他首鼠两端，趁着他犹豫不决，赶快发兵前往，伯之无计可施，势必不能有所作为。"于是命令邓元起率领大军，当天顺江而下。八月，齐和帝萧宝融派黄门郎苏回劳军。高祖登船，命令诸将相继出发，留上庸太守韦叡镇守郢城，代管郢州事务。邓元起将到达寻阳，陈伯之仍然猜疑惧怕，就收兵退保湖口，留他的儿子陈虎牙守盆城。等到高祖抵达，陈伯之才放下武器，请罪投降。九月，和帝下诏命令高祖平定东夏，并且让他见机行事，不必请示。同

月，天子诏高祖平定东夏，并以便宜从事⑥。是月，留少府、长史郑绍叔守江州城⑦。前军次芜湖⑧，南豫州刺史申胄弃姑孰走⑨，至是时大军进据之，仍遣曹景宗、萧颖达领马步进顿江宁⑩。东昏遣征虏将军李居士率步军迎战，景宗击走之。于是王茂、邓元起、吕僧珍进据赤鼻逻⑪，曹景宗、陈伯之为游兵⑫。是日，新亭城主江道林率兵出战⑬，众军擒之于阵。大军次新林⑭，命王茂进据越城⑮，曹景宗据皂荚桥⑯，邓元起据道士墩⑰，陈伯之据篱门。道林余众退屯航南⑱，义军迫之，因复散走，退保朱雀⑲，凭淮以自固。时李居士犹据新亭垒，请东昏烧南岸邑屋以开战场。自大航以西、新亭以北，荡然矣。

月，高祖留少府、长史郑绍叔守江州城。先头部队到达芜湖，南豫州刺史申胄放弃姑孰城逃走，至此时大军进据姑孰，高祖又派曹景宗、萧颖达率领骑兵步兵进驻江宁。东昏侯派遣征虏将军李居士率领步兵迎战，曹景宗将其击退。于是王茂、邓元起、吕僧珍进据赤鼻逻，曹景宗、陈伯之作为机动部队。这一天，新亭城主江道林率兵出城迎战，众军将他在阵前擒获。大军屯驻新林，高祖命令王茂进据越城，曹景宗占据皂荚桥，邓元起占据道士墩，陈伯之占据篱门。江道林的残部退守浮桥南，义军进逼，又四散溃逃，退保朱雀桥，凭借秦淮河固守。当时李居士依然盘踞在新亭垒，他请求东昏侯火烧南岸房屋以开辟新战场。于是从大浮桥以西，直到新亭以北，所有房屋都被烧得荡然无存。

注释 ① 首鼠:喻瞻前顾后、迟疑不决。 ② 黄门郎:官名。掌管诏令,备皇帝顾问,职位较重。 ③ 上庸:郡名。治所在今湖北竹山西南。 ④ 湖口:今江西鄱阳湖入长江口处。 ⑤ 盆城:即溢城,在今江西九江。南朝时为江州治所。 ⑥ 便宜从事:谓可斟酌事势所宜,自行处理,不必请示。 ⑦ 少府:官名。掌宫府事务。 ⑧ 芜湖:县名。治所在今安徽芜湖。 ⑨ 南豫州:治所在今安徽当涂。姑孰:在今安徽当涂,南豫州之治所。 ⑩ 江宁:县名。治所在今江苏江宁西南。 ⑪ 赤鼻逻:在今南京西南。 ⑫ 游兵:流动作战的部队。 ⑬ 新亭:在今南京南。地近江滨,依山筑城垒,为军事和交通重地。 ⑭ 新林:在今南京西南西善桥。滨临大江,为军事和交通要地。 ⑮ 越城:在今南京南。 ⑯ 皂荚桥:在今南京西南。 ⑰ 道士墩:在今南京南。 ⑱ 航:连船而成的浮桥。 ⑲ 朱雀:即朱雀桥,又名朱雀航、大航。在今江苏南京秦淮河上。

原文

十月,东昏石头军主朱僧勇率水军二千人归降。东昏又遣征房将军王珍国率军主胡虎牙等列阵于航南大路,悉配精手利器,尚十余万人。阉人王伥子持白虎幡督率诸军①,又开航背水,以绝归路。王茂、曹景宗等掎角奔之,将士皆殊死战,无不一当百,鼓噪震天地。珍国之众,一时土崩,投淮死者,积尸与航等,后至者乘之以济,于是朱爵

翻译

十月,东昏侯的石头军队主将朱僧勇率领二千水军投降。东昏侯又派遣征房将军王珍国率领军队主将胡虎牙等在航南大路上布阵,全部配备精锐武器,还有十多万人。宦官王伥子手持画有白虎的旗帜监督统领各军,又断浮桥阻绝部队退路,准备背水一战。王茂、曹景宗等成掎角之势奔袭敌军,将士们都殊死奋战,无不以一当百,战鼓声呐喊声震天动地。王珍国的人马顷刻间崩溃,跳入秦淮河而淹死的,尸体堆得与浮桥一样高,后到的人踏着尸体过河,朱雀桥的各军于是望风而溃。义军追杀到宣阳门,李居士以新亭垒、徐元

诸军望之皆溃。义军追至宣阳门②，李居士以新亭垒、徐元瑜以东府城降③，石头、白下诸军并宵溃④。壬午，高祖镇石头，命众军围六门，东昏悉焚烧门内，驱逼营署、官府并入城，有众二十万。青州刺史桓和绐东昏出战⑤，因以其众来降。高祖命诸军筑长围。

瑜以东府城归降，石头、白下各军都在一夜之间溃败。壬午这天，高祖亲临石头城，命令大军包围六门，东昏侯将门内的一切全部烧光，逼赶营署、官府人员一起进入台城，有二十万之众。青州刺史桓和诓骗东昏侯出城作战，却趁机率部归降。高祖命令各军修筑长围围困守敌。

注释　①伥（chāng）白虎幡：绘有白虎的旗。用于督战。　②宣阳门：六朝都城建康的南面正门。　③东府城：在今南京通济门附近，临秦淮河。每当建康有变，必置兵镇守。　④白下：在今南京北金川门外、幕府山南麓，北临大江，为建康北郊的军事要地，常置兵镇戍于此。　⑤青州：治所在今江苏连云港东南云台山一带。绐（dài）：欺骗。

原文

初，义师之逼，东昏遣军主左僧庆镇京口①，常僧景镇广陵②，李叔献屯瓜步③，及申胄自姑孰奔归，又使屯破墩以为东北声援④。至是，高祖遣使晓喻，并率众降。乃遣弟辅国将军秀镇京口，辅国将军恢屯破

翻译

当初，义师逼近，东昏侯派军队主将左僧庆镇守京口，常僧景镇守广陵，李叔献屯驻瓜步，等到申胄从姑孰逃回，又派他屯驻破墩，作为东北方面的接应。到此时，高祖派使者向他们阐明形势，他们都率众投降。东昏侯于是派遣自己的弟弟辅国将军萧秀镇守京口，辅国将军萧恢屯驻破墩，堂弟宁朔将军

墩,从弟宁朔将军景镇广陵。吴郡太守蔡夤弃郡赴义师。

萧景镇守广陵。吴郡太守蔡夤放弃吴郡投奔义师。

注释 ① 京口:在今江苏镇江,凭山临江,为长江下游军事重镇和首都建康北方门户。 ② 广陵:郡名。治所在今江苏扬州西北蜀冈上。 ③ 瓜步:即瓜步山,今江苏六合东南瓜埠山,古时南临大江,为军事争夺要地。 ④ 破墩:在今江苏句容东南。

原文

十二月丙寅旦,兼卫尉张稷、北徐州刺史王珍国斩东昏①,送首义师。高祖命吕僧珍勒兵封府库及图籍②,收嬖妾潘妃及凶党王咺之以下四十一人属吏③,诛之。……

天监元年夏四月丙寅,高祖即皇帝位于南郊。……

翻译

十二月丙寅这一天清晨,兼卫尉张稷、北徐州刺史王珍国杀死东昏侯,将其首级送给义师。高祖命令吕僧珍带兵封锁府库和图籍,逮捕宠妾潘妃以及凶党王咺之以下共四十一人交给主管官吏审判,并处死了他们。……

天监元年(502)夏季四月丙寅这天,高祖在南郊即位登基。……

注释 ① 北徐州:治所在今安徽凤阳东北。 ② 府库:国家贮藏财物、兵甲的处所。图籍:地图和户籍。 ③ 嬖(bì)妾:宠妾。咺:音 xuān。

原文

(大通元年)三月辛未,舆驾幸同泰寺舍身①。甲戌,还

翻译

(大通元年〔527〕)三月辛未这天,高祖驾临同泰寺,舍身事佛。甲戌这

宫,赦天下,改元。……

（中大通元年九月）癸巳,舆驾幸同泰寺,设四部无遮大会②,因舍身,公卿以下,以钱一亿万奉赎。

冬十月己酉,舆驾还宫,大赦,改元。……

（中大同元年三月）庚戌,法驾出同泰寺大会③,停寺省讲《金字三慧经》。

夏四月丙戌,于同泰寺解讲,设法会④。大赦,改元。……

（太清元年）三月庚子,高祖幸同泰寺,设无遮大会,舍身,公卿等以钱一亿万奉赎。……

夏四月丁亥,舆驾还宫,大赦天下,改元。……

天,高祖回宫,大赦天下,更改年号普通为大通。……

（中大通元年[529]九月）癸巳这天,高祖驾临同泰寺,召开四部无遮大会,于是舍身事佛,公卿以下用一亿万钱将他赎出。

冬十月乙酉这天,高祖回宫,大赦天下,更改年号大通为中大通。……

（中大同元年[546]三月）庚戌这天,高祖出席同泰寺大法会,停驻寺省,宣讲《金字三慧经》。

夏四月丙戌这天,高祖在同泰寺讲解佛理,召集法会。大赦天下,更改年号大同为中大同。……

（太清元年[547]）三月庚子这天,高祖驾临同泰寺,召开无遮大会,舍身事佛,公卿等用一亿万钱将他赎出。……

夏四月丁亥这天,高祖还宫,大赦天下,更改年号中大同为太清。……

注释　①舆驾:帝王的车驾。幸:帝王驾临。同泰寺:梁大通元年(527)建,在古台城后苑中,当今南京鸡鸣寺迤西北极阁一带。舍身:佛教徒为宣扬佛法,或为布施寺院,自作苦行,叫"舍身"。　②四部:又称"四众"或"四部众"。指比丘、比丘尼、优婆塞、优婆夷,亦即僧、尼及善男、信女。无遮大会:佛教布施僧俗的大斋会。无遮,即无所遮拦,谓不分贵贱、僧俗、智愚、善恶,一律平等看待。　③法驾:天子的车驾。　④法会:指佛教举行的各种宗教仪式的集会。

原文

（太清二年秋八月）戊戌，侯景举兵反。……

（冬十月）己酉，景自横江济于采石①。辛亥，景师至京，临贺王正德率众附贼。

十一月辛酉，贼攻陷东府城。……

（三年三月）丁卯，贼攻陷宫城，纵兵大掠。……

（夏四月）己酉，高祖以所求不供，忧愤寝疾②。……

五月丙辰，高祖崩于净居殿，时年八十六。辛巳，迁大行皇帝梓宫于太极前殿③。

冬十一月，追尊为武皇帝，庙号高祖。乙卯，葬于修陵。……

翻译

（太清二年[548]秋八月）戊戌这天，侯景举兵反叛。……

（冬十月）乙酉这天，侯景从横江浦渡江到达采石镇。辛亥这天，侯景部队攻到首都，临贺王萧正德率部投敌。

十一月辛酉这天，侯景攻陷东府城。……

（三年[549]三月）丁卯这天，贼寇攻陷台城，纵兵大肆抢劫。……

（夏四月）己酉这天，高祖因为得不到想要的给养，忧愤成疾，卧病不起。……

五月丙辰这天，高祖驾崩于净居殿，终年八十六岁。辛巳这天，将新故皇帝的灵柩迁到太极前殿。

冬十一月，追尊萧衍为武皇帝，庙号高祖。乙卯这天，高祖被安葬于修陵。……

曹 景 宗 传

导读

　　曹景宗(457—508)出身将门,幼善骑射。爱读史书,胸怀大志。齐末天下将乱,曹景宗依附萧衍,被推荐为竟陵太守。在灭齐战争中,曹景宗围郢城,平建康,骁勇善战,立有大功,是梁朝的开国名将。但他带兵军纪不严,自己又好大喜功,数次险些坏事。他还贪婪地搜刮民脂民膏,为自己修筑宏大豪华的住宅,沉溺于声色游猎,部下又多是凶悍的无赖,残暴横行,抢劫财物,掠人子女,为百姓大患。

　　曹景宗官至侍中、中卫将军,虽然地位显赫,但是他对标志权贵的繁文缛节和排场十分蔑视,率真任性,热情豪爽,强烈向往自由自在的生活。(选自卷九)

原文

　　曹景宗,字子震,新野人也①。父欣之,为宋将,位至征虏将军、徐州刺史②。

翻译

　　曹景宗,字子震,新野人。父亲曹欣之,是宋将,官至征虏将军、徐州刺史。

注释　①　新野:郡名。治所在今河南新野。　②　徐州:治所在今江苏徐州。

原文

　　景宗幼善骑射,好畋猎①,常与少年数十人泽中

翻译

　　曹景宗从小善于骑马射箭,喜欢打猎,经常和数十位年轻人在草泽中追逐

逐獐鹿，每众骑趁鹿，鹿马相乱，景宗于众中射之，人皆惧中马足，鹿应弦辄毙，以此为乐。未弱冠②，欣之于新野遣出州，以匹马将数人，于中路卒逢蛮贼数百围之③。景宗带百余箭，乃驰骑四射，每箭杀一蛮，蛮遂散走，因是以胆勇知名。颇爱史书，每读《穰苴》、《乐毅传》④，辄放卷叹息曰："丈夫当如是！"……

獐鹿，每当许多骑手一齐追鹿，鹿与马相混杂时，曹景宗才放箭射鹿，别人都担心射中马足，而鹿总是应弦中箭而死，曹景宗以此为乐事。不满二十岁时，父亲曹欣之派遣他外出，他单骑匹马，仅带了几个人，在半道上突然遭到数百名蛮寇的围攻。曹景宗身带一百多枝箭，于是纵马四射，每一箭杀死一个蛮寇，蛮寇于是四散逃去，曹景宗因此以胆大勇敢而闻名。曹景宗很喜爱读史书，每当读到《史记》中的《司马穰苴列传》和《乐毅列传》的时候，总是放下书感叹道："大丈夫就应当如此啊！"……

注释　① 畋（tián）猎：打猎。　② 弱冠：古代男子二十岁行冠礼，故用以指二十岁左右的男子。弱：年少。　③ 卒：同"猝"，突然。　④ 穰苴（jū）：即司马穰苴，春秋时齐国大夫，"文能附敌，武能安邦"。他深通兵法，有《司马穰苴兵法》传世。《史记》有《司马穰苴列传》。乐毅：战国时燕国名将。《史记》有《乐毅列传》。

原文

时建元初，蛮寇群动，景宗东西讨击，多所擒破。齐鄱阳王锵为雍州，复以为征房中兵参军①，带冯翊太守②，督岘南诸军事③，除屯骑校尉④。少与州里张道门

翻译

时逢齐高帝建元初年（479），蛮寇纷纷骚动，曹景宗东西讨伐，蛮寇大多被他击破擒获。齐鄱阳王萧锵任雍州刺史，又任命景宗为征房中兵参军，兼任冯翊太守，都督岘南诸军事，官拜屯骑校尉。曹景宗年轻时与同乡张道门友情深笃。张道门是齐车骑将军张敬

厚善。道门，齐车骑将军敬儿少子也，为武陵太守⑤。敬儿诛，道门于郡伏法，亲属故吏莫敢收，景宗自襄阳遣人船到武陵，收其尸骸，迎还殡葬，乡里以此义之。

儿的小儿子，任武陵太守。张敬儿被杀，张道门也在郡中伏法，亲朋故旧没人敢去收尸。曹景宗从襄阳派人乘船到武陵，收殓了张道门的尸骸，迎回故乡安葬，家乡人因此而赞叹曹景宗仗义。

注释　① 征虏中兵参军：征虏将军府僚属。时鄱阳王萧锵为征虏将军。　② 冯翊（píng yì）：郡名。治所在今湖北宜城东南。太守：郡之最高行政长官。　③ 岘（xiàn）：即岘山，又名岘首山，在今湖北襄阳南。　④ 屯骑校尉：为屯骑、步兵、射声、越骑、长水五校尉之一，为京城卫戍部队武官。　⑤ 武陵：郡名。治所在今湖南常德。

原文

建武二年，魏主拓跋宏寇赭阳①，景宗为偏将②，每冲坚陷阵，辄有斩获，以勋除游击将军③。四年，太尉陈显达督众军北围马圈④，景宗从之，以甲士二千设伏，破魏援托跋英四万人。及克马圈，显达论功，以景宗为后，景宗退无怨言。魏主率众大至，显达宵奔，景宗导入山道，故显达父子获全。

翻译

齐明帝建武二年（495），北魏皇帝拓跋宏进犯赭阳，曹景宗为偏将，常常攻坚拔阵，总是立下战功，因为战功官拜游击将军。建武四年（497），太尉陈显达督率大军北围马圈，曹景宗听命于他。景宗用二千人马设下埋伏，击败了北魏托跋英的四万援军。等到攻克马圈后，陈显达评定功绩，把曹景宗排在最后，曹景宗退让而没有怨言。魏主指挥大军杀到，陈显达连夜奔逃，景宗引导他躲入山路，陈显达父子因此得以逃脱。

注释 ① 赭（zhě）阳：县名。治所在今河南方城东。 ② 偏将：偏师之将。
③ 游击将军：晋以来，称领军、护军、左卫、右卫、骁骑、游击为六军。游击将军为六
军之一。 ④ 马圈：在今河南镇平南。

原文

五年，高祖为雍州刺
史，景宗深自结附，数请高
祖临其宅。时天下方乱，高
祖亦厚加意焉。永元初，表
为冠军将军、竟陵太守。及
义师起，景宗聚众，遣亲人
杜思冲劝先迎南康王于襄
阳即帝位①，然后出师，为万
全计。高祖不从，语在《高
祖纪》。高祖至竟陵，以景
宗与冠军将军王茂济江，围
郢城，自二月至于七月，城
乃降。复帅众前驱至南
州②，领马步军取建康③，道
次江宁，东昏将李居士以重
兵屯新亭，是日选精骑一千
至江宁行顿④，景宗始至，安
营未立；且师行日久，器甲
穿弊，居士望而轻之，因鼓
噪前薄景宗。景宗被甲驰

翻译

建武五年（498），梁高祖萧衍任雍
州刺史，曹景宗暗中主动去依附他，多
次请高祖到他的宅邸。当时天下将要
大乱，高祖对景宗也特别器重。齐东昏
侯永元初年（499），高祖推荐曹景宗为
冠军将军、竟陵太守。等到高祖起兵，
曹景宗召集部属响应，派遣亲信杜思冲
奉劝高祖先迎南康王萧宝融到襄阳即
帝位，然后出师，才是万全之策。高祖
没有采纳，这件事记载在《高祖本纪》
中。高祖抵达竟陵，命曹景宗与冠军将
军王茂渡江，围困郢城，从二月围到七
月，郢城才投降。曹景宗又率领大军前
进，到达南州，率领骑兵步兵去攻建康
城，途中停留江宁，东昏侯大将李居士
以重兵集结于新亭，那天居士挑选精锐
骑兵一千人到江宁驻扎，曹景宗刚到，
营寨尚未修成；而且部队长途跋涉，盔
甲磨损，兵器迟钝，居士看了很轻视，趁
势鼓噪向前逼近曹景宗。曹景宗披甲飞
马迎去，刚刚短兵相接，居士就弃甲奔
逃，曹景宗将其装备全部缴获，并趁胜

战，短兵裁接，居士弃甲奔走，景宗皆获之，因鼓而前，径至皂荚桥筑垒。景宗又与王茂、吕僧珍掎角，破王珍国于大航。茂冲其中坚，应时而陷，景宗纵兵乘之。景宗军士皆桀黠无赖⑤，御道左右，莫非富屋，抄掠财物，略夺子女，景宗不能禁。及高祖入顿新城，严申号令，然后稍息。复与众军长围六门。城平，拜散骑常侍、右卫将军⑥，封湘西县侯，食邑一千六百户⑦。仍迁持节、都督郢司二州诸军事、左将军、郢州刺史⑧。天监元年，进号平西将军⑨，改封竟陵县侯。

擂鼓前进，一直攻到皂荚桥方才构筑营寨。曹景宗又与王茂、吕僧珍构成掎角之势，在大浮桥将王珍国击败。王茂攻击其最坚固的部分，按时将其攻陷，景宗乘势纵兵出击。曹景宗的士卒都是凶悍狡猾的无赖，御道两旁，居住的全是富户，士卒们抢劫财物，掠夺子女，而曹景宗不能禁止。直到高祖入驻新城，严明军纪，抢劫掠夺之风才渐渐平息。曹景宗又与大军围困六门。建康城平，曹景宗官拜散骑常侍、右卫将军，封为湘西县侯，食邑一千六百户。又升任持节、都督郢司二州诸军事、左将军、郢州刺史。梁武帝天监元年（502），曹景宗进加封号为平西将军，改封竟陵县侯。

注释　①南康王：即萧宝融，齐明帝萧鸾第八子。　②南州：东晋南朝时以姑孰（今安徽当涂）为南州。　③建康：我国古代名都，即今南京。东晋、南朝皆都于此。④行顿：驻扎。　⑤桀黠（jié xiá）：凶悍而狡猾。　⑥散骑常侍：南北朝时属集书省。在皇帝左右规谏过失，以备顾问，往往与闻要政。　⑦食邑：古代诸侯封赐所属卿、大夫作为世禄的田邑（包括土地上的劳动者）。秦汉行郡县制后，承受封爵者的食禄改为以征收封邑内民户赋税拨充，其多少按民户计算。　⑧左将军：左、右、前、后四将军之一。　⑨平西将军：平东、平西、平南、平北四将军之一。

原文

景宗在州，鬻货聚敛①。于城南起宅，长堤以东，夏口以北，开街列门，东西数里，而部曲残横②，民颇厌之。二年十月，魏寇司州，围刺史蔡道恭。时魏攻日苦，城中负板而汲，景宗望门不出，但耀军游猎而已。及司州城陷，为御史中丞任昉所奏③，高祖以功臣寝而不治，征为护军④。既至，复拜散骑常侍、右卫将军⑤。

翻译

曹景宗于郢州刺史任上，赎卖货物，盘剥搜刮。他在城南营造住宅，从长堤以东，一直到夏口以北，开辟街道，设置门户，东西绵延有数里之长，而曹景宗的部属又残暴横行，百姓很厌恶他们。天监二年（503）十月，北魏兵马进犯司州，包围了司州刺史蔡道恭。当时魏军的进攻一天比一天猛烈，司州城中军民身负门板、冒着箭雨去打水，曹景宗却望着城门而不派援兵，只是炫耀军队，游玩打猎。等到司州城被攻陷，曹景宗受到御史中丞任昉的弹劾，高祖因为曹景宗是功臣而搁置了任昉的弹劾，没有追究曹景宗的罪责，反而任命为护军。曹景宗刚刚到任，又官拜散骑常侍、右卫将军。

注释 ① 鬻（yù）：卖。聚敛：剥削，搜刮。 ② 部曲：六朝时豪门大族的私人部队。 ③ 御史中丞：御史台长官，主管弹劾、纠察等。 ④ 护军：即护军将军，掌军职的选用，与领军将军或中领军同掌中央军队，为重要军事长官之一。 ⑤ 右卫将军：左右二卫将军之一。

原文

五年，魏托跋英寇钟离①，围徐州刺史昌义之，高祖诏景宗督众军援义之，豫

翻译

天监五年（506），北魏托跋英进犯钟离，包围徐州刺史昌义之，高祖下诏命令曹景宗都督众军援救义之，豫州刺

州刺史韦叡亦预焉②，而受景宗节度。诏景宗顿道人洲③，待众军齐集俱进。景宗固启，求先据邵阳洲尾④，高祖不听。景宗欲专其功，乃违诏而进，值暴风卒起，颇有湮溺⑤，复还守先顿。高祖闻之，曰："此所以破贼也。景宗不进，盖天意乎！若孤军独往，城不时立，必见狼狈。今得待众军同进，始大捷矣。"及韦叡至，与景宗进顿邵阳洲，立垒去魏城百余步。魏连战不能却，杀伤者十二三，自是魏军不敢逼。景宗等器甲精新，军仪甚盛，魏人望之夺气。魏大将杨大眼对桥北岸立城，以通粮运，每牧人过岸伐刍藁⑥，皆为大眼所略。景宗乃募勇敢士千余人，径渡大眼城南数里筑垒，亲自举筑⑦。大眼率众来攻，景宗与战破之，因得垒成。使别将赵草守之，因谓为赵草

史韦叡也参与此事，但受曹景宗的指挥。高祖诏命曹景宗屯驻道人洲，等待各路兵马会集后再一齐进发。曹景宗坚持陈述，要求先占据邵阳洲尾部，高祖没有准许。曹景宗想独占其功，于是违抗诏命前进，恰遇暴风突起，不少士兵被淹死，于是又退守原来的驻地。高祖获悉这一消息，说："这正是破敌的时机啊。景宗不前进，大概是天意吧！假如景宗孤军深入，营寨又不能按时筑好，那就必然陷入狼狈之境。如今能够等待各路兵马同时进攻，就可大获全胜了。"等到韦叡到达，与曹景宗一起进驻邵阳洲，在距离魏城仅一百多步的地方安营扎寨。魏军连续进攻不能使他们退却，自己反倒死伤了十分之二三，从此魏军不敢进逼。曹景宗等部装备精良，士气高昂，北魏士兵见了，军心沮丧。魏军大将杨大眼在正对桥的北岸修筑城堡，用以运输粮草，放牧人屡次过岸割草，草都被大眼所抢夺。曹景宗于是召募一千多名勇士，直接渡河到距杨大眼城南几里的地方修筑堡垒，并亲自举筑捣土。大眼率部来攻，曹景宗将其击败，堡垒因而得以修成。曹景宗派别将赵草守卫它，所以又叫赵草城，从此以后可以在那里随意割草放牧。大

城⑧，是后恣刍牧焉⑨。大眼时遣抄掠，辄反为赵草所获。先是，高祖诏景宗等逆装高舰，使与魏桥等，为火攻计。令景宗与叡各攻一桥，叡攻其南，景宗攻其北。六年三月，春水生，淮水暴长六七尺。叡遣所督将冯道根、李文钊、裴邃、韦寂等乘舰登岸，击魏洲上军尽殪⑩。景宗因使众军皆鼓噪乱登诸城，呼声震天地，大眼于西岸烧营，英自东岸弃城走。诸垒相次土崩，悉弃其器甲，争投水死，淮水为之不流。景宗令军主马广蹴大眼至涝水上⑪，四十余里，伏尸相枕。义之出逐英至洛口⑫，英以匹马入梁城⑬。缘淮百余里，尸骸枕藉，生擒五万余人，收其军粮器械，积如山岳，牛马驴骡，不可胜计。景宗乃搜军所得生口万余人⑭，马千匹，遣献捷，高祖诏还本军，景

眼不时派人来抢劫干草，总是反被赵草抓获。在此之前，高祖诏命曹景宗等预先准备高大的战舰，使它们与魏军的桥一样高，为火攻做准备。高祖命令曹景宗和韦叡各攻一座桥，韦叡攻南面的，曹景宗攻北面的。天监六年（507）三月，春汛到来，淮水暴涨了六七尺。韦叡派遣所部战将冯道根、李文钊、裴邃、韦寂等乘舰登岸，攻击驻扎在洲上的魏军，将其全歼。曹景宗趁势让众军都擂鼓呐喊，纷纷攻上各城，呼喊声惊天动地，大眼在西岸放火焚烧军营，托跋英则从东岸弃城而逃。魏军各城堡相继土崩瓦解，士兵全都丢盔弃甲，争相跳水逃生，结果被淹死，淮水因之堵塞而不能流通。曹景宗命令军主马广追击杨大眼，一直追到涝水上，沿途四十多里，尸骸重叠。义之出城追杀托跋英，直到洛口，托跋英仅以单骑逃入梁城。沿着淮水一百多里，尸体压着尸体，被擒获者有五万多人，缴获的军粮器械，堆积如山，牛马驴骡，不计其数。曹景宗挑出一万多名俘虏，一千匹战马，派人送给高祖报捷，高祖下诏赐还原军，曹景宗整顿部队，凯旋入城。曹景宗被增加食邑四百户，加上原先的食邑共二千户，由侯进爵为公。下诏官拜侍中、领军将军，赐给一支鼓吹乐队。

宗振旅凯入，增封四百，并前为二千户，进爵为公。诏拜侍中、领军将军、给鼓吹一部⑮。

注释 ① 钟离：郡名。治所在今安徽凤阳东北。 ② 豫州：治所在今安徽寿县西北。 ③ 道人洲：在今凤阳东北淮河中，西对邵阳洲。 ④ 邵阳洲：在今凤阳东北淮河中。 ⑤ 渰(yān)：同"淹"。 ⑥ 刍藁(gǎo)：干草。 ⑦ 筑：捣土的杵。 ⑧ 赵草城：在今安徽凤阳东北淮河侧。 ⑨ 刍牧：割草放牧。 ⑩ 殪(yì)：死。 ⑪ 蹑：追踪。涊(wèi)水：即今安徽北部淮河支流浍(kuài)河。 ⑫ 洛口：即今安徽淮南东北青洛河与高塘湖北入淮河口处。 ⑬ 梁城：在今淮南田家庵附近。 ⑭ 生口：俘虏。 ⑮ 鼓吹：演奏鼓吹乐的乐队。

原文

景宗为人自恃尚胜，每作书，字有不解，不以问人，皆以意造焉。虽公卿无所推揖；惟韦叡年长，且州里胜流①，特相敬重，同宴御筵，亦曲躬谦逊，高祖以此嘉之。景宗好内②，妓妾至数百，穷极锦绣。性躁动，不能沉默，出行常欲褰车帷幔③，左右辄谏以位望隆重，人所具瞻，不宜然。景宗谓所亲曰："我昔在乡里，骑快

翻译

曹景宗为人自视甚高，平日写信，碰到写不出的字，从不问人，都是臆造一个来代替。曹景宗虽然面对公卿也从不谦让，只是因韦叡年长，而且是乡里名流，所以对他特别敬重，同在皇帝的赐宴上，曹景宗对韦叡也是鞠躬谦让，高祖因此而夸奖他。曹景宗好女色，妓妾多达数百人，锦衣绣褥，极尽奢华。曹景宗的性情急躁好动，不能沉默，出门常想拉开车子的帷幔，随从经常规劝他，认为他位高望重，人人都想瞻仰，所以不宜那样。曹景宗对亲近的人说："往年我在家乡，骑快马如飞龙，

马如龙,与年少辈数十骑,拓弓弦作霹雳声,箭如饿鸱叫④。平泽中逐獐,数肋射之,渴饮其血,饥食其肉,甜如甘露浆。觉耳后风生,鼻头出火,此乐使人忘死,不知老之将至。今来扬州作贵人⑤,动转不得,路行开车幔,小人辄言不可。闭置车中,如三日新妇。遭此邑邑⑥,使人无气。"为人嗜酒好乐,腊月于宅中⑦,使作野呼逐除⑧,遍往人家乞酒食。本以为戏,而部下多剽轻⑨,因弄人妇女,夺人财货。高祖颇知之,景宗乃止。高祖数宴见功臣,共道故旧,景宗醉后谬忘,或误称下官,高祖故纵之以为笑乐。

与数十位年轻人纵马驰骋,张弓开弦发出霹雳声,飞箭如饥饿的鸱鸟尖叫。在平旷的草泽中追逐獐鹿,数着它的肋骨而射击,渴了喝它的血,饿了吃它的肉,味道甜得像甘露琼浆。食后感觉耳后生风,鼻头冒火,这种快乐使人忘记了生死,也忘记了衰老即将来临。如今在扬州作贵人,随便动弹不得,连走在路上打开车幔,小人总是说不好。关在车子里,犹如出嫁三日的新娘。遇到这样郁闷的事,让人没有一点生气。"景宗嗜酒好乐,腊月在家中,让人粗野地狂叫以驱逐邪疫,到所有人家乞讨酒食。这本来是戏谑玩笑,但曹景宗的部下大多凶悍狡猾,他们趁机调戏妇女,抢劫财物。高祖了解了这些情况,曹景宗才有所收敛。高祖多次设宴召见功臣,共同叙说往事旧情,曹景宗醉酒后经常错忘,有时误称自己为下官,高祖故意纵容他,以此欢笑取乐。

注释 ①胜流:名流。 ②内:女色。 ③褰(qiān):揭起。 ④鸱(chī):猫头鹰一类的猛禽。 ⑤扬州:治所在今江苏南京。 ⑥邑邑:忧闷貌,不舒畅。 ⑦腊月:阴历十二月。 ⑧逐除:旧俗于腊岁前一日,击鼓驱疫,谓之"逐除"。 ⑨剽(piāo)轻:剽悍轻薄。

原文

七年，迁侍中、中卫将军、江州刺史。赴任卒于道，时年五十二。诏赙钱二十万[1]，布三百匹，追赠征北将军、雍州刺史、开府仪同三司[2]。谥曰壮。子皎嗣。

翻译

天监七年(508)，曹景宗升任侍中、中卫将军、江州刺史。在赴任的途中病死，终年五十二岁。高祖诏令赐钱二十万，布三百匹，以助丧事，追赠他为征北将军、雍州刺史、开府仪同三司。谥号为壮。儿子曹皎继承父亲的爵位。

注释　① 赙(fù)：以财物助人办丧事。　② 开府仪同三司：开府原指成立府署，辟置僚属。魏、晋以后开府的逐渐增多，诸州刺史多以将军开府，都督军事，故有"开府仪同三司"(开府置官，援照三司成例)的名号。三司谓太尉、司徒、司空。

韦 叡 传

导读

　　韦叡（442—520），出身世家，是梁代名将。齐末为上庸太守，从萧衍起兵，多献谋策，深受器重，是萧衍征讨四方、平定天下的重臣。梁初，韦叡任豫州刺史。曾率军破魏军，取合肥，解钟离之围，功绩卓著。

　　韦叡体弱不能骑马，乘板舆督战。每战必亲临前线，实地调查，见机行事。他临危不惧，胆识过人，善抚士卒，而军法严明。魏人畏惧他，称之为"韦虎"。其为人秉性沉静，豁达大度，廉洁克己，朴素谦虚，从不与人相争，故深受百姓和士卒的爱戴。（选自卷一二）

原文

　　韦叡，字怀文，京兆杜陵人也①。自汉丞相贤以后，世为三辅著姓②。祖玄，避吏隐于长安南山③。宋武帝入关，以太尉掾征④，不至。伯父祖征，宋末为光禄勋⑤。父祖归，宁远长史⑥。叡事继母以孝闻。叡兄纂、阐，并早知名。纂、叡皆好学，阐有清操。祖征累为郡守，每携叡之职，视之如子。

翻译

　　韦叡，字怀文，京兆杜陵人。从汉丞相韦贤以后，世代都是三辅地区的望族。祖父韦玄，不愿做官，隐居于长安终南山。宋武帝刘裕入关，征聘他为太尉的属官，他没应聘。伯父韦祖征，宋末为光禄勋。父亲韦祖归，为宁远长史。韦叡侍奉继母，以孝闻名。韦叡的兄长韦纂、韦阐，都出名很早。韦纂、韦叡全都勤于学习，韦阐有清高的操守。伯父累经升迁任郡守，常常带着韦叡上任，待他如儿子一样。当时韦叡的内兄王憕、姨弟杜恽，在家乡都颇负盛名。

时叡内兄王憕、姨弟杜恽⑦，并有乡里盛名。祖征谓叡曰："汝自谓何如憕、恽？"叡谦不敢对。祖征曰："汝文章或小减，学识当过之；然而干国家，成功业，皆莫汝逮也。"外兄杜幼文为梁州刺史，要叡俱行。梁土富饶，往者多以贿败；叡时虽幼，独用廉闻。

伯父对韦叡说："你自己认为比王憕、杜恽怎样？"韦叡谦逊不敢回答。伯父说："你的文章也许稍差一些，但学识肯定超过他们；至于做国家的栋梁，建功立业，他们都赶不上你。"韦叡的外兄杜幼文为梁州刺史，邀请韦叡同行。梁州很富饶，去那里为官的，大多由于收受贿赂而身败名裂；韦叡当时虽然年轻，却独能以廉洁闻名。

注释　①京兆：郡名。治所在今陕西西安西北。杜陵：县名。治所在今陕西长安东北。　②三辅：西汉时于京畿之地设京兆尹、左冯翊、右扶风，合称三辅，相当于今陕西中部地区。后世政区划分虽有更改，但习惯上仍称其地为三辅。著姓：犹望族，有显赫名声的世家。　③南山：即秦岭终南山。　④掾（yuàn）：古代属官的通称。　⑤光禄勋：官名。掌管官殿门户。　⑥宁远长史：宁远将军府幕僚长。　⑦憕：音 chéng。

原文

宋永光初，袁颛为雍州刺史，见而异之，引为主簿①。颛到州，与邓琬起兵，叡求出为义成郡②，故免颛之祸。后为晋平王左常侍③，迁司空桂阳王行参军④，随齐司空柳世隆守郢

翻译

宋永光初年（465），袁颛为雍州刺史，见到韦叡认为他不寻常，引用他为主簿。袁颛到达雍州，与邓琬起兵反叛，韦叡请求去义成郡任职，所以免遭袁颛之祸。韦叡后来担任晋平王左常侍，转任司空桂阳王行参军，跟随司空柳世隆守郢城，抗击荆州刺史沈攸之。

城,拒荆州刺史沈攸之。攸之平,迁前军中兵参军。久之,为广德令⑤。累迁齐兴太守、本州别驾、长水校尉、右军将军⑥。齐末多故,不欲远乡里,求为上庸太守⑦,加建威将军。俄而太尉陈显达、护军将军崔慧景频逼京师⑧,民心遑骇,未有所定,西土人谋之于叡。叡曰:"陈虽旧将,非命世才;崔颇更事⑨,懦而不武。其取赤族也⑩,宜哉。天下真人⑪,殆兴于吾州矣。"乃遣其二子,自结于高祖。

攸之被平定后,升任前军中兵参军。很久以后,任广德县令。后又多次升迁为齐兴太守、本州别驾、长水校尉、右军将军。齐末天下纷攘多变,韦叡不愿远离故乡,所以恳求做上庸太守,进加建威将军的称号。不久,太尉陈显达、护军将军崔慧景频频逼近首都,民心恐惧惊骇,不知所从,西土人征询韦叡的意见。韦叡说:"陈显达虽然是经验丰富的老将,但不是名高一世的人才,崔慧景见多识广,但懦弱而不勇武。他们自取灭族,真是应该的呀。君临天下的帝王,大概要从我们州崛起吧。"于是派遣自己的两个儿子,主动与高祖结交。

注释 ① 主簿:汉始置,为中央及郡县官置典领文书、办理事务的官吏。魏晋以后,渐为统兵开府之大臣幕府中重要僚属,参与机要,总领府事。 ② 义成郡:治所在今湖北丹江口。 ③ 左常侍:王府的侍从官。 ④ 司空桂阳王:即萧铄,齐高帝第八子。司空为三公之一。 ⑤ 广德:县名。治所在今安徽广德西南。令:县的行政长官。 ⑥ 齐兴:郡名。治所在今湖北郧县。长水校尉:五校尉之一。为京城卫戍部队武官。 ⑦ 上庸:郡名。治所在今湖北竹山西南。 ⑧ 太尉:三公之一。为荣宠之职,无实权。 ⑨ 更事:阅历世事。 ⑩ 赤族:诛灭全族。 ⑪ 真人:指帝王。

原文

义兵檄至,叡率郡人伐

翻译

义军的檄文传到,韦叡率领郡人伐

竹为筏，倍道来赴，有众二千，马二百匹。高祖见叡甚悦，拊几曰[1]："他日见君之面，今日见君之心，吾事就矣。"义师克郢、鲁，平加湖，叡多建谋策，皆见纳用。大军发郢，谋留守将，高祖难其人；久之，顾叡曰："弃骐骥而不乘[2]，焉遑遑而更索？"即日以为冠军将军、江夏太守[3]，行郢府事。初，郢城之拒守也，男女口垂十万，闭垒经年，疾疫死者十七八，皆积尸于床下，而生者寝处其上，每屋辄盈满。叡料简隐恤[4]，咸为营理，于是死者得埋葬，生者反居业，百姓赖之。

竹造筏，兼程赶来，拥有战士两千名，战马二百匹。高祖见到韦叡十分高兴，拍着几案说："往日只见到您的面，今天看见了您的内心，我的大业定能成功。"义师攻克郢、鲁二州，平定加湖，韦叡奉献了许多计谋，都被采用。大军从郢州出发，高祖考虑留谁为守将，感到难于找到适当人选；过了很久，高祖望着韦叡说："抛弃眼前的千里马不骑，为什么还要匆匆忙忙四下寻觅？"当天任命韦叡为冠军将军、江夏太守，代管郢州府事。当初，齐军拒守郢城时，人口将近有十万，经过一年的坚守，十分之七八的人因患疫而死亡，尸体都堆在床下，而活人就睡在上面，每间屋子都是满满的。韦叡料理抚慰，全都做好安排，于是死者得以安葬，生者返回故居，重操旧业，老百姓都信赖他。

注释 ① 拊(fǔ)：同"抚"。 ② 骐骥：良马。 ③ 江夏：郡名。治所在今湖北武昌。 ④ 料简：料理、安排。

原文

梁台建[1]，征为大理[2]。高祖即位，迁廷尉[3]，封都梁

翻译

梁朝政府成立，韦叡被征召为大理。高祖即位，升任廷尉，封都梁子，食

子,邑三百户。天监二年,改封永昌,户邑如先。东宫建,迁太子右卫率④,出为辅国将军、豫州刺史、领历阳太守⑤。三年,魏遣众来寇,率州兵击走之。

邑三百户。天监二年(503),改封永昌,户邑同前。太子立,迁任太子右卫率,出为辅国将军、豫州刺史、兼任历阳太守。天监三年(504),北魏派军队进犯,韦叡指挥豫州士兵将其击退。

注释　① 台:中央政府的代称。　② 大理:掌管刑法的官员。　③ 廷尉:掌刑狱、司法的长官。　④ 太子右卫率:太子东宫官名。　⑤ 历阳:郡名。治所在今安徽和县。

原文

四年,王师北伐,诏叡都督众军。叡遣长史王超宗、梁郡太守冯道根攻魏小岘城①,未能拔。叡巡行围栅,魏城中忽出数百人陈于门外,叡欲击之,诸将皆曰:"向本轻来,未有战备,徐还授甲,乃可进耳。"叡曰:"不然。魏城中二千余人,闭门坚守,足以自保,无故出人于外,必其骁勇者也,若能挫之,其城自拔。"众犹迟疑,叡指其节曰:"朝廷授

翻译

天监四年(505),梁军北伐,诏命韦叡指挥各军。韦叡派遣长史王超宗、梁郡太守冯道根进攻魏军的小岘城,未能攻克。韦叡视察围栅,小岘城中忽然杀出数百人,在城门外列阵,韦叡要出击,但将领们都说:"先前本是轻装而来,未做战斗准备,现在应缓缓撤回,戴盔穿甲,方可进攻。"韦叡说:"不对。小岘城中有二千多守军,闭门坚守,足以自保,无故兵出城外,必定是其精锐之士卒,我们如果能挫败他们,小岘城可不攻自拔。"大家仍然犹豫不决,韦叡指着他的符节说:"朝廷授予符节,不是用来做装饰的,我韦叡的军法,不许冒犯。"于是进兵迎击。战士们都殊死奋战,魏军果

此,非以为饰,韦叡之法,不可犯也。"乃进兵。士皆殊死战,魏军果败走,因急攻之,中宿而城拔。遂进讨合肥②。先是,右军司马胡略等至合肥,久未能下,叡按行山川,曰:"吾闻'汾水可以灌平阳③,绛水可以灌安邑④',即此是也。"乃堰肥水⑤,亲自表率,顷之,堰成水通,舟舰继至。魏初分筑东西小城夹合肥,叡先攻二城。既而魏援将杨灵胤帅军五万奄至,众惧不敌,请表益兵。叡笑曰:"贼已至城下,方复求军,临难铸兵,岂及马腹。且吾求济师,彼亦征众,犹如吴益巴丘⑥,蜀增白帝耳⑦。'师克在和不在众',古之义也。"因与战,破之,军人少安。

然败逃,韦叡趁势猛攻,至半夜而小岘城被攻克。于是进讨合肥。在此之前,右军司马胡略等到达合肥,久攻不下,韦叡考察了山川地势,说:"我听说'汾水可淹平阳城,绛水可淹安邑城',此地就可以运用这个办法。"于是在肥水上筑堰,并亲自做表率,很快,堤堰筑成,河道通水,舟船战舰相继到达。魏军最初在东西两侧筑小城以辅翼合肥,韦叡先攻这两座小城。不久北魏派遣将领杨灵胤率领五万援兵急速赶到,大家担心抵挡不住,请求上表增派援兵。韦叡笑着说:"敌人已经兵临城下,这才要求增派援兵,这好比灾难临头才铸造兵器,哪里来得及。而且我方要求增派援军,敌人也同样要求添加人马,这犹如吴国加高了巴丘,蜀国加高了白帝。'战役的胜利取决于人和而不取决于人多',这是古已有之的道理。"因而与之交战,终于击败北魏军,部队才稍稍安定。

注释 ① 梁郡:治所在今安徽寿县。小岘城:在今安徽含山北。 ② 合肥:在今安徽合肥西。 ③ 汾水:即今山西黄河支流汾河。平阳:故址在今山西临汾西。 ④ 绛水:源出今山西绛县北,西北流至今侯马市南注入浍水。安邑:今山西夏县西北禹王城。 ⑤肥水：今南肥河（金斗河），源出长岗店东北，东南流经合肥，至肥东县西南入巢湖。 ⑥巴丘：在今湖南岳阳西南。三国时为吴重镇。 ⑦白帝：在今重庆奉节东白帝山上。三国时为蜀防吴重镇。

原文

初，肥水堰立，使军主王怀静筑城于岸守之，魏攻陷怀静城，千余人皆没。魏人乘胜至叡堤下，其势甚盛，军监潘灵祐劝叡退还巢湖，诸将又请走保三叉①。叡怒曰："宁有此邪！将军死绥，有前无却。"因令取伞扇麾幢，树之堤下，示无动志。叡素羸，每战未尝骑马，以板舆自载②，督厉众军。魏兵来凿堤，叡亲与争之，魏军少却，因筑垒于堤以自固。叡起斗舰③，高与合肥城等，四面临之。魏人计穷，相与悲哭。叡攻具既成，堰水又满，魏救兵无所用。魏守将杜元伦登城督战，中弩死，城遂溃。俘获万余级，牛马万数，绢满十

翻译

当初，肥水堰筑成的时候，韦叡派军主王怀静在岸边筑城守卫，魏军攻陷怀静城，一千多守军全部战死。魏军乘胜攻到韦叡堤下，来势凶猛，军监潘灵祐劝韦叡退回巢湖，众将领又请求退守三叉城。韦叡愤怒地说："岂能如此！将军退却要处死，只许前进不许后退。"于是命令取出仪仗旌旗等物，立在堤下，以表示决不退却的意志。韦叡身体一向羸弱，每次作战都不曾骑马，而是乘坐板舆，监督激励大军。魏兵前来凿堤，韦叡亲自与敌争夺，魏军稍稍后退，韦叡趁机在堤上筑垒以加强防卫。韦叡建造战船，高度与合肥城一样，四面临之。魏军无计可施，相聚一起悲嚎痛哭。韦叡的攻城器械已经准备就绪，堤堰中的水灌满了，魏军援兵派不上用场。魏军守将杜元伦登城督战，中箭而死，合肥城于是崩溃。抓获俘虏万余名，缴获的牛马以万计，绢堆满了十间屋子，韦叡全部用来犒赏部队。韦叡常常白天接待宾客，夜晚研读兵书，三更

间屋,悉充军赏。叡每昼接客旅,夜算军书,三更起张灯达曙。抚循其众④,常如不及,故投募之士争归之。所至顿舍修立,馆宇藩篱墙壁,皆应准绳。

天就燃烛起床,直到天露曙色,抚慰部下,经常担心有不周到的地方,所以投奔而来的人都争相追随他。韦叡所到之处,修建军营,房屋、围栅、墙壁,全都符合规范。

注释 ① 三叉:在今安徽合肥东南。 ② 板舆:古代一种用人抬的代步工具。 ③ 斗舰:古代战船。 ④ 抚循:抚慰。

原文

合肥既平,高祖诏众军进次东陵①。东陵去魏硖城二十里②,将会战,有诏班师。去贼既近,惧为所蹑,叡悉遣辎重居前,身乘小舆殿后,魏人服叡威名,望之不敢逼,全军而还。至是迁豫州于合肥。

翻译

合肥既已平定,高祖诏令大军进驻东陵。东陵距北魏硖城二十里,会战将临,高祖又下诏班师回来。当时离敌军很近,害怕被追击,韦叡让全部辎重在前面退即,自己乘坐小车殿后,魏军慑服于韦叡的威名,望着他们撤退而不敢进逼,梁师得以全军而返。到此时,将豫州治所迁往合肥。

注释 ① 东陵:在今安徽寿县南。 ② 硖(pì)城:在今安徽寿县南。

原文

五年,魏中山王元英寇北徐州①,围刺史昌义之于钟离②,众号百万,连城四十

翻译

天监五年(506),北魏中山王元英进犯北徐州,将刺史昌义之围困在钟离,号称有百万之众,连绵四十多座城

余。高祖遣征北将军曹景宗，都督众军二十万以拒之。次邵阳洲③，筑垒相守，高祖诏叡率豫州之众会焉。叡自合肥径道由阴陵大泽行④，值涧谷，辄飞桥以济。师人畏魏军盛，多劝叡缓行。叡曰："钟离今凿穴而处，负户而汲，车驰卒奔，犹恐其后，而况缓乎！魏人已堕吾腹中，卿曹勿忧也。"旬日而至邵阳。初，高祖敕景宗曰："韦叡，卿之乡望，宜善敬之。"景宗见叡，礼甚谨。高祖闻之，曰："二将和，师必济矣。"叡于景宗营前二十里，夜掘长堑，树鹿角⑤，截洲为城，比晓而营立。元英大惊，以杖击地曰："是何神也！"明旦，英自率众来战，叡乘素木舆，执白角如意麾军⑥，一日数合，英甚惮其强⑦。魏军又夜来攻城，飞矢雨集，叡子黯请下城以避箭，叡不许。军中

池。高祖派遣征北将军曹景宗，都督二十万人马抗击。部队驻扎在邵阳洲，构筑堡垒守卫，高祖诏命韦叡率领豫州的部队到邵阳洲会师。韦叡从合肥抄小路取道阴陵的大泽，遇到深涧幽谷，总是架桥渡兵。士卒慑于魏军人多势众，多劝韦叡缓行。韦叡说："钟离人此刻挖洞而居，背负门板汲水，我军车马飞驰，士卒迅跑，尚且担心赶不及，还谈什么缓兵呢！魏军已在我控制之中，你们不必忧虑。"韦叡仅用十天就抵达邵阳。当初，高祖敕命曹景宗说："韦叡是您家乡的名流，应当好好尊重他。"曹景宗见到韦叡，礼节非常殷勤周到。高祖听到此事，说："二将和睦，军队一定能成事。"韦叡在曹景宗营寨前二十里处，连夜挖掘壕沟，树起鹿角，分洲筑城，等到天刚破晓，军营已经建成。元英十分震惊，用手杖敲打着地面说："这是什么神仙啊！"次日天明，元英亲率人马来战，韦叡则乘坐白色木车，手拿白角如意指挥部队，一天数度交锋，元英非常惧怕韦叡的强大。魏军又趁夜来攻城，飞箭如雨，韦叡之子韦黯请求下城躲开箭雨，韦叡不答应。部队中出现惊慌，韦叡在城上厉声呵斥，部队才安定下来。魏人先在邵阳洲两岸建造了两座桥，设

惊，叡于城上厉声呵之，乃定。魏人先于邵阳洲两岸为两桥，树栅数百步，跨淮通道。叡装大舰，使梁郡太守冯道根、庐江太守裴邃、秦郡太守李文钊等为水军。值淮水暴长，叡即遣之，斗舰竞发，皆临敌垒，以小船载草，灌之以膏⑧，从而焚其桥。风怒火盛，烟尘晦冥⑨，敢死之士，拔栅斫桥，水又漂疾⑩，倏忽之间，桥栅尽坏。而道根等皆身自搏战，军人奋勇，呼声动天地，无不一当百，魏人大溃。元英见桥绝，脱身遁去。魏军趋水死者十余万，斩首亦如之。其余释甲稽颡⑪，乞为囚奴，犹数十万。所获军实牛马，不可胜纪。叡遣报昌义之，义之且悲且喜，不暇答语，但叫曰："更生！更生！"高祖遣中书郎周舍劳于淮上⑫，叡积所获于军门，舍观之，谓叡曰："君此获复

置了数百步的栅栏，作为横跨淮水的通道。韦叡装备大舰，派梁郡太守冯道根、庐江太守裴邃、秦郡太守李文钊等组成水军。正逢淮水暴涨，韦叡当即发兵，斗舰竞相出发，全都逼临敌垒，用小船装载干草，倒入油脂，然后放出烧桥。狂风大作，烈焰腾空，烟尘隐天蔽日，一片昏暗，敢死的勇士，拔栅栏，砍桥梁，加以水流湍急，顷刻之间，桥栅全部被毁。而冯道根等都身先士卒，战士们奋勇拼杀，呼喊声震天动地，无不以一当百，魏军大败。元英见桥梁被毁，脱身逃窜。魏军投水而死的有十多万人，被杀的也有这么多。另外缴械投降、磕头请罪，乞求为囚徒奴隶的，又有数十万人。缴获的军用物资以及牛马，多得不可胜数。韦叡派人通报昌义之，昌义之又悲又喜，无暇回话，只是叫着："重生了！重生了！"高祖派遣中书郎周舍到淮水上劳军，韦叡将缴获的物资堆积在军门之前，周舍参观后，对韦叡说："您的收获又与熊耳山一般高。"韦叡因战功而增加食邑七百户，进爵为侯，官拜通直散骑常侍，右卫将军。

与熊耳山等⑬。"以功增封七百户，进爵为侯，征通直散骑常侍、右卫将军⑭。

注释 ① 北徐州：治所在今安徽凤阳东北。 ② 钟离：郡名。治所在今安徽凤阳东北。 ③ 邵阳洲：在今安徽凤阳东北淮河中。 ④ 阴陵：县名。治所在今安徽定远西北。 ⑤ 鹿角：军事上的防御设备。形似鹿角。用带枝叉的树木植在地上，以阻止敌人的行进。 ⑥ 如意：用竹、玉、骨等制成，头作灵芝或云叶状，柄微曲，供搔背或玩赏之用。 ⑦ 惮（dàn）：畏惧，害怕。 ⑧ 膏：油脂。 ⑨ 晦冥：昏暗。 ⑩ 漂疾：迅速。 ⑪ 稽颡（qǐ sǎng）：屈膝下拜，以额触地，表示请罪。颡，额。 ⑫ 中书郎：指中书侍郎中书省属官。主管中书省内事务。 ⑬ 熊耳山：在河南卢氏县南，秦岭东段支脉，以两峰状若熊耳得名。 ⑭ 通直散骑常侍：集书省官员，侍从左右，与闻要政。右卫将军：六军之一。掌管京城的卫戍部队。

原文

七年，迁左卫将军①，俄为安西长史、南郡太守②，秩中二千石③。会司州刺史马仙琕北伐还军④，为魏人所蹑，三关扰动⑤，诏叡督众军援焉。叡至安陆⑥，增筑城二丈余，更开大堑，起高楼，众颇讥其示弱。叡曰："不然；为将当有怯时，不可专勇。"是时元英复追仙琕，将复邵阳之耻，闻叡至，乃退，

翻译

天监七年（508），韦叡升任左卫将军，不久任安西长史、南郡太守，俸禄为中二千石。正逢司州刺史马仙琕北伐后回军，受到魏军的追击，三关纷攘震动。高祖下诏命令韦叡都督各军赴援。韦叡到达安陆，将城墙加高了二丈多，又开掘大壕沟，筑起高楼，许多人讥讽他这是向敌人示弱。韦叡说："这不是示弱，作为将领应当有畏惧的时候，不能一味争强斗狠。"当时元英仍在追击仙琕，想雪邵阳洲战败之耻，得知韦叡到来，就退兵了，高祖也下诏停止进军。

帝亦诏罢军。明年,迁信武将军、江州刺史。九年,征员外散骑常侍、右卫将军⑦,累迁左卫将军、太子詹事⑧,寻加通直散骑常侍。十三年,迁智武将军、丹阳尹,以公事免。顷之,起为中护军⑨。

第二年,韦叡升任信武将军、江州刺史。天监九年(510),他被征召为员外散骑常侍、右卫将军,又累迁为左卫将军、太子詹事,很快又加官通直散骑常侍。天监十三年(514),韦叡转任智武将军、丹阳尹,因公事有失而免官。不久,起任中护军。

注释 ① 左卫将军:六军之一。掌管京城的卫戍部队。 ② 安西长史:安西将军府幕僚长。 ③ 秩:官吏的俸禄。中二千石:按汉制中二千石者为一年得二千一百六十石,每石为百二十斤,二千石者一年得一千四百四十石。 ④ 司州:治所在今河南洛阳东北。 ⑤ 三关:平靖、武胜、黄岘三个重要关隘的合称。均在河南信阳南。 ⑥ 安陆:县名。治所在今湖北安陆。 ⑦ 员外散骑常侍:集书省官员。侍从左右,与闻要政。 ⑧ 太子詹事:太子东宫官名。 ⑨ 中护军:武官名,资轻于护军将军,掌管京城卫戍部队,侍卫皇帝。

原文

十四年,出为平北将军、宁蛮校尉、雍州刺史①。初,叡起兵乡中,客阴俊光泣止叡,叡还为州,俊光道候叡,叡笑谓之曰:"若从公言,乞食于路矣。"饷耕牛十头。叡于故旧,无所遗惜,士大夫年七十以上,多与假

翻译

天监十四年(515),韦叡出任平北将军、宁蛮校尉、雍州刺史。当初,韦叡在家乡起兵,门客阴俊光哭泣着劝阻他,如今韦叡返乡任刺史,阴俊光在路边迎候,韦叡笑着对阴俊光说:"当初如果听从了您的意见,此刻我正在路上讨饭呢。"赏赐给阴俊光十头耕牛。韦叡对于老朋友毫不吝啬,士大夫年龄在七

板县令②,乡里甚怀之。十五年,拜表致仕③,优诏不许④。十七年,征散骑常侍、护军将军,寻给鼓吹一部,入直殿省⑤。居朝廷,恂恂未尝忤视⑥,高祖甚礼敬之。性慈爱,抚孤兄子过于己子,历官所得禄赐,皆散之亲故,家无余财。后为护军,居家无事,慕万石、陆贾之为人⑦,因画之于壁以自玩。时虽老,暇日犹课诸儿以学⑧。第三子稜,尤明经史,世称其洽闻,叡每坐稜使说书,其所发摘⑨,稜犹弗之逮也。高祖方锐意释氏⑩,天下咸从风而化;叡自以信受素薄,位居大臣,不欲与俗俯仰,所行略如他日。

十岁以上的,大多授予假板县令,家乡人非常感激他。天监十五年(516),韦叡上表辞官退休,高祖下诏优抚他,不让他退休。十七年(518),韦叡被征召为散骑常侍、护军将军,不久又赐给一支鼓吹乐队,入殿省供职。韦叡身居朝廷,谦虚谨慎,从不与人抵触,高祖很敬重他。韦叡秉性慈爱,抚育先兄的儿子超过对自己的儿子,历任官职所得的俸禄赏赐,全都分发给亲朋故旧,家中没有多余的财产。韦叡后任护军,安居在家,没有公务,倾慕石奋、陆贾的为人,将他们的形象描绘在墙上,经常欣赏。韦叡虽然年事已高,但闲暇的时候仍然督促孩子学习。韦叡的第三个儿子韦稜,特别精通儒经和历史,当世人称赞他见闻广博,韦叡常应韦稜的请求谈论经典的幽旨,他的阐幽发微解疑析难,仍为韦稜所不及。当时高祖正倾心于佛教,天下人都追慕这种风尚而受到熏陶教化;韦叡自认为接受信仰的秉赋素来薄弱,而且身为大臣,所以不想追随社会风气的变化,举止行为仍然一如往常。

注释　①宁蛮校尉:管理少数民族地区的官员。　②假板:指未经朝廷宣布的权宜任命,或指对低级官员不须通过朝廷的任命。受命者称假板官。　③拜表:上奏章。致仕:辞官归居。　④优诏:褒美、嘉奖或劝慰等的诏书。　⑤入直:指官员入官值班供职。殿省:官庭与台省。 ⑥ 恂恂:恭敬谨慎的样子。忤(wǔ):违反,抵触。 ⑦ 万石:即石奋。年十五为小吏,侍汉高祖刘邦。累官至太中大夫、太子太傅,位列九卿。一生谨慎小心。石奋与其四子均官至二千石,故景帝号石奋为万石君。陆贾:汉初政论家、辞赋家。曾官至太中大夫。 ⑧ 课:督促。 ⑨ 发擿(tì):解说疑难,揭发覆蔽。 ⑩ 释氏:佛教创始人释迦牟尼的简称。代指佛教。

原文

　　普通元年夏,迁侍中、车骑将军,以疾未拜。八月,卒于家,时年七十九。遗令薄葬,敛以时服。高祖即日临哭甚恸。赐钱十万,布二百匹,东园秘器①,朝服一具,衣一袭,丧事取给于官,遣中书舍人监护。赠侍中、车骑将军、开府仪同三司。谥曰"严"。

翻译

　　普通元年(520)夏天,韦叡升任侍中、车骑将军,因病没有就职。八月,在家中去世,终年七十九岁。遗嘱要求薄葬,用当时通行的服装入殓。高祖当日亲临韦宅,哭得极为悲伤。赐钱十万,布二百匹,棺木,朝服一具,衣一套,丧事所用由官府给予,派中书舍人监护办理丧事。追赠侍中、车骑将军、开府仪同三司。谥号为"严"。

注释　　① 东园秘器:指棺木等用于丧葬的器物。

原文

　　初,邵阳之役,昌义之甚德叡,请曹景宗与叡会,因设钱二十万官赌之①,景宗掷得"雉",叡徐掷得"卢",遽取一子反之②,曰

翻译

　　当初,邵阳战役之后,昌义之非常敬服韦叡,请曹景宗和韦叡聚会,拿出钱二十万作为樗蒲的赌金,曹景宗投得"雉",韦叡慢慢一掷,投得"卢",却快速取一个子翻转过来,说"怪事",于是停

“异事”，遂作塞。景宗时与群帅争先启捷，叡独居后，其不尚胜，率多如此，世尤以此贤之。……

止了游戏。曹景宗当时与众将帅争先报捷，韦叡唯独退让不争，他不求胜过别人，大都像这样，当时人尤其因为这点而推崇他。……

注释 ① 官赌：古代的博戏，即樗（chū）蒲。通过掷五木观其采色以赌胜负。采有一种，依次以卢、雉、犊、白为贵采，余为杂采。 ② 遽（jù）：急；骤然。

陈 伯 之 传

导读

　　陈伯之,济阴睢陵(今江苏睢宁)人。出身草野,曾为劫盗,又不识字,为人颇为机智,很有胆量。在政治上翻覆多变,原为齐江州刺史,抵抗过梁军,又投降梁高祖。梁朝建立后,仍以陈伯之为江州刺史,并封丰城县公。陈伯之后听信部属邓缮等人的挑唆,起兵叛梁,兵败后率众投奔北魏,任散骑常侍、平南将军。天监四年(505),高祖派其弟临川王萧宏帅大军北上伐魏,与陈伯之对峙在寿阳。萧宏令记室丘迟写信劝降伯之。伯之收信后,又归附了梁朝。

　　丘迟的《与陈伯之书》,晓之以民族大义,明之以双方情势,动之以乡关之思,曲折婉转,声情并茂。区区一信,竟使强将投戈,这种政治效果说明文章动人之深。"暮春三月,江南草长,杂花生树,群莺乱飞"等句,是历来为人们所传诵的名句。(选自卷二○)

原文

　　陈伯之,济阴睢陵人也①。幼有膂力②。年十三四,好着獭皮冠,带刺刀,候伺邻里稻熟③,辄偷刈之。尝为田主所见,呵之云:"楚子莫动④!"伯之谓田主曰:"君稻幸多,一担何苦?"田主

翻译

　　陈伯之,济阴睢陵人。幼年时就很有力气。十三四岁时,喜欢戴獭皮帽,佩带刺刀,窥探到邻里的稻子熟了,常常去偷偷收割。曾被田主发现,呵斥他说:"小子不许动!"陈伯之对田主说:"你的稻子很多,拿走一担又有何妨?"田主准备捉住他,陈伯之却挺刀向前,

将执之，伯之因杖刀而进，将刺之，曰："楚子定何如！"田主皆反走，伯之徐担稻而归。及年长，在钟离数为劫盗，尝授面觇人船⑤，船人斫之⑥，获其左耳。后随乡人车骑将军王广之，广之爱其勇，每夜卧下榻，征伐尝自随。

要刺田主，说："小子拿定了，你又能怎样！"田主都转身逃开，陈伯之挑着稻子缓缓归去。陈伯之长大后，多次在钟离抢劫偷盗，曾经探头窥看别人的船只，船上的人用刀砍他，砍掉了他的左耳。以后追随同乡车骑将军王广之，王广之喜欢他的勇猛，每夜让他睡在下床，征战也常常让他跟随在身旁。

注释 ① 济阴睢陵：今江苏睢宁。 ② 膂力：体力。 ③ 候伺：窥探，侦察。 ④ 楚子：对人的贬称。 ⑤ 觇(chān)：窥看。 ⑥ 斫(zhuó)：砍，斩。

原文

　　齐安陆王子敬为南兖州①，颇持兵自卫。明帝遣广之讨子敬，广之至欧阳②，遣伯之先驱，因城开，独入斩子敬。又频有战功，以勋累迁为冠军将军、骠骑司马，封鱼复县伯，邑五百户。

翻译

　　齐安陆王萧子敬为南兖州刺史，拥兵自卫。齐明帝萧鸾派遣王广之讨伐子敬，王广之到达欧阳，派陈伯之为先锋，陈伯之趁城门开着，独自进城杀死萧子敬。陈伯之后又屡建战功，以功绩累经升迁为冠军将军、骠骑司马，封为鱼复县伯，食邑五百户。

注释 ① 南兖州：治所在今江苏扬州。 ② 欧阳：在今江苏仪征东。

原文

　　义师起，东昏假伯之节、督前驱诸军事、豫州刺

翻译

　　梁高祖萧衍起兵，齐东昏侯让伯之代领符节、都督前驱诸军事、豫州刺史，

史①，将军如故。寻转江州，据寻阳以拒义军②。郢城平，高祖得伯之幢主苏隆之③，使说伯之，即以为安东将军、江州刺史。伯之虽受命，犹怀两端，伪云"大军未须便下"。高祖谓诸将曰："伯之此答，其心未定，及其犹豫，宜逼之。"众军遂次寻阳，伯之退保南湖，然后归附。进号镇南将军，与众俱下。伯之顿篱门，寻进西明门。建康城未平，每降人出，伯之辄唤与耳语。高祖恐其复怀翻覆，密语伯之曰："闻城中甚忿卿举江州降，欲遣刺客中卿，宜以为虑。"伯之未之信。会东昏将郑伯伦降，高祖使过伯之，谓曰："城中甚忿卿，欲遣信诱卿以封赏。须卿复降，当生割卿手脚；卿若不降，复欲遣刺客杀卿。宜深为备。"伯之惧，自是无异志矣。力战有功。城平，进号

依旧为冠军将军。不久陈伯之转到江州，占领寻阳以抗拒萧衍义师。郢城被攻克，高祖抓获陈伯之的幢主苏隆之，派他去劝降陈伯之，当即任命陈伯之为安东将军、江州刺史。陈伯之虽然接受了任命，但仍然首鼠两端，假称"大军不必立即东下"。高祖对诸将说："陈伯之这番回答，说明他还没有下定决心，趁着他还犹豫不决，应该逼迫他。"大军于是行进驻屯寻阳，陈伯之退守南湖，这以后才归附高祖。陈伯之被加封镇南将军的名号，与大军一齐东下。陈伯之驻扎在篱门，很快进据西明门。当时建康城尚未被攻克，每逢有投降的人出城，陈伯之总是叫来向他附耳低语。高祖担心他再有反复之心，就秘密告诉陈伯之说："听说城里的人非常恨你以江州投降，想要派刺客谋杀你，你应当小心谨慎。"陈伯之不相信高祖的话。正巧东昏侯的将领郑伯伦投降，高祖派他探访陈伯之，对陈伯之说："城里的人极恨你，要派使者以封官奖赏来引诱你。只要你再归降东昏侯，就活活割断你的手脚；你如果不投降，就将派刺客刺杀你。你务必要严加防范。"陈伯之害怕了，从此不再存有二心。陈伯之力战有功，攻占建康后，进加征南将军的名号，

征南将军,封丰城县公,邑二千户,遣还之镇。

封丰城县公,食邑二千户,派回镇守江州。

注释 ① 假节:假以符节,指大臣临时持节出征。 ② 寻阳:郡名,治所在今江西九江西南。 ③ 幢主:武官名,负责宿卫或统兵。

原文

伯之不识书,及还江州,得文牒辞讼①,惟作大诺而已②。有事,典签传口语③,与夺决于主者。

伯之与豫章人邓缮、永兴人戴永忠并有旧④,缮经藏伯之息英免祸⑤,伯之尤德之。及在州,用缮为别驾,永忠记室参军⑥。河南褚緭,京师之薄行者⑦,齐末为扬州西曹⑧,遇乱居闾里⑨;而轻薄互能自致,惟緭独不达。高祖即位,緭频造尚书范云,云不好緭,坚距之。緭益怒,私语所知曰:"建武以后,草泽底下,悉化成贵人,吾何罪而见弃。今天下草创,饥馑不已⑩,丧乱

翻译

陈伯之不识字,回江州以后,接到公文、诉讼,只是草率地批划一下而已。遇到紧急的事件,陈伯之通过典签传口信,完全由主办的人决定。

陈伯之与豫章人邓缮、永兴人戴永忠都有旧交,邓缮曾经藏匿陈伯之的儿子陈英,使他免除了灾祸,陈伯之尤其感激他。陈伯之任江州刺史后,用邓缮为别驾,永忠为记室参军。河南人褚緭,是京师品行轻薄之徒,齐末任扬州西曹,遭逢乱世住在乡里;那些品行不端的人相继爬上高位,唯独褚緭没有发迹。高祖即位后,褚緭多次拜访尚书范云,范云不喜欢褚緭,完全不理睬他。褚緭更加愤怒,私下向知心朋友说:"自齐明帝建武以来,草野之人,都腾达为显贵,而我有什么罪竟被抛弃。如今新王朝刚刚建立,荒年不断,天下祸乱尚不可预料。陈伯之在江州拥有强兵,又不是高祖亲信的大臣,他自然心存疑

未可知。陈伯之拥强兵在江州，非代来臣⑪，有自疑意；且荧惑守南斗⑫，讵非为我出⑬。今者一行，事若无成，入魏，何遽减作河南郡。"于是遂投伯之书佐王思穆事之⑭，大见亲狎。及伯之乡人朱龙符为长流参军⑮，并乘伯之愚暗，恣行奸险，刑政通塞，悉共专之。

虑；而且出现火星守在南斗的天象，难道不是为我而出。今天此行，如果事情不成，我将入北魏，少不了作个河南郡太守吧。"于是就投奔陈伯之书佐王思穆，伺奉他，极为亲近。等到陈伯之的同乡朱龙符任长流参军，他们都利用陈伯之的昏庸，肆意为非作歹，刑罚与政令的运用发布，全由他们一手把持操纵。

注释 ① 文牒：案卷，文书。辞讼：争讼，诉讼。 ② 大诺：旧时公文的核批画答。诺，表示同意。 ③ 典签：处理公文的小吏。 ④ 豫章：郡名，治所在今江西南昌。永兴：县名，治所在今浙江萧山。 ⑤ 息：后代，儿子。 ⑥ 记室参军：官名，掌章表书记文檄。 ⑦ 薄行：品行轻薄。 ⑧ 西曹：西曹从事的省称，州的属官。 ⑨ 闾里：乡里。 ⑩ 饥馑：荒年。 ⑪ 非代来臣：指不是嫡系的臣子。汉文帝刘恒未即位时为代王，吕后死，周勃等迎代王为帝，代王的臣子后来成为文帝的近臣。 ⑫ 荧惑：即火星，古人将其视为天下变乱时出现的兆头。南斗：星座名。古代象征地上的帝王。 ⑬ 讵：岂，难道。 ⑭ 书佐：官名，职掌起草和缮写文书。 ⑮ 长流参军：军府及三公的属官，主掌刑狱捕贼等。

原文

伯之子虎牙，时为直阁将军，高祖手疏龙符罪，亲付虎牙，虎牙封示伯之；高祖又遣代江州别驾邓缮，伯之并不受命。答高祖曰：

翻译

陈伯之的儿子陈虎牙，当时任直阁将军，高祖亲笔列举了朱龙符的罪状，亲自交付陈虎牙，陈虎牙秘密展示给陈伯之；高祖又派人取代江州别驾邓缮，陈伯之一概没有接受旨令。陈伯之回

"龙符骁勇健儿，邓缮事有绩效，台所遣别驾，请以为治中①。"缮于是日夜说伯之云："台家府库空竭，复无器仗②，三仓无米③，东境饥流④，此万代一时也，机不可失。"缙、永忠等每赞成之。伯之谓缮："今段启卿，若复不得，便与卿共下使反。"高祖敕部内一郡处缮，伯之于是集府州佐史谓曰："奉齐建安王教，率江北义勇十万，已次六合⑤，见使以江州见力运粮速下。我荷明帝厚恩，誓死以报，今便纂严备办⑥。"使缙诈为萧宝夤书，以示僚佐。于厅事前为坛，杀牲以盟，伯之先饮，长史已下次第歃血⑦。缙说伯之曰："今举大事，宜引众望。程元冲不与人同心；临川内史王观⑧，僧虔之孙，人身不恶⑨，便可召为长史，以代元冲。"伯之从之，仍以缙为寻阳太守，加讨逆将军；

答高祖说："朱龙符是勇猛的壮士，邓缮理事颇有成效，朝廷派来的别驾，请改任为治中。"邓缮于是日夜劝诱陈伯之说："朝廷国库空虚，又没有武器，三仓没有米粮，东境出现饥荒，这是千载不遇的良机，机不可失。"褚缙、戴永忠等人总是赞许邓缮的建议。陈伯之对邓缮说："最近为你启奏朝廷，如果不能恢复你的职务，我便与你一同起兵造反。"高祖下令以江州的一个郡安置邓缮，伯之于是召集府州的僚佐说道："敬获齐建安王萧宝夤的指教，他率领着十万忠义勇敢的将士，已经屯驻六合，派使者来要求江州全力运粮，迅速东下。我身受齐明帝厚恩，当誓死报答，今天就戒严、准备。"陈伯之派褚缙伪造萧宝夤的来信，向僚佐们展示。在大堂前修建祭坛，杀牲结盟，伯之先饮牲血，长史以下官员依次歃血为盟。褚缙劝告陈伯之说："今天办大事，应当做到众望所归。程元冲不和大家同心；临川内史王观，是王僧虔之孙，人品不坏，就可征召为长史，以取代程元冲。"陈伯之听从了这个建议，就任命褚缙为寻阳太守，加讨逆将军；戴永忠为辅义将军；朱龙符为豫州刺史，率领五百人守大雷。大雷戍主为沈慧休，镇南参军是李延伯。陈伯永忠辅义将军;龙符为豫州刺史,率五百人守大雷⑩。大雷戍主沈慧休,镇南参军李延伯。又遣乡人孙邻、李景受龙符节度,邻为徐州,景为郢州。豫章太守郑伯伦起郡兵距守。程元冲既失职,于家合率数百人,使伯之典签吕孝通、戴元则为内应。伯之每旦常作伎⑪,日晡辄卧⑫,左右仗身皆休息⑬。元冲因其解弛,从北门入,径至厅事前。伯之闻叫声,自率出荡,元冲力不能敌,走逃庐山。

之又派同乡孙邻、李景接受朱龙符指挥,孙邻为徐州刺史,李景为郢州刺史。豫章太守郑伯伦发动豫章郡的部队抵抗。程元冲既已失去官职,在家中聚集了数百人,让陈伯之的典签吕孝通、戴元则作为内应。陈伯之每天早晨常常兴起歌舞,太阳落山了就去睡觉,左右贴身侍卫全都休息。元冲趁着他们戒备松弛,从北门杀入,直接来到大堂之前。陈伯之听见叫喊声,亲自带人出来扫荡,元冲力战不敌,逃入庐山。

注释　① 治中:官名,主掌文书案卷,地位略高于别驾。　② 器仗:武器的总称。③ 三仓:即太仓、石头仓及常平仓,南朝的三个重要粮仓。　④ 东境:指今江苏、浙江一带。　⑤ 六合:山名,在今江苏六合西南。　⑥ 纂严:戒严。备办:准备,置办。⑦ 歃(shà)血:古时会盟,双方口含牲畜之血或以血涂口旁,表示信赖,称为歃血。⑧ 临川:郡名,治所在今江西南城东南。内史:郡太守属官,负责政务。　⑨ 人身:人的品行。　⑩ 大雷:在今安徽望江。　⑪ 伎:歌舞。　⑫ 日晡(bū):太阳落山。⑬ 左右仗身:帝、王或高官的随身卫士。

原文

初,元冲起兵,要寻阳

翻译

当初,元冲起兵攻陈伯之,邀约寻

张孝季,孝季从之。既败,伯之追孝季不得,得其母郎氏,蜡灌杀之。遣信还都报虎牙兄弟,虎牙等走盱眙,盱眙人徐安、庄兴绍、张显明邀击之,不能禁,反见杀。高祖遣王茂讨伯之。伯之闻茂来,谓缙等曰:"王观既不就命,郑伯伦又不肯从,便应空手受困。今先平豫章,开通南路,多发丁力[①],益运资粮,然后席卷北向,以扑饥疲之众,不忧不济也。"乃留乡人唐盖人守城,遂相率趣豫章。太守郑伯伦坚守,伯之攻之不能下。王茂前军既至,伯之表里受敌,乃败走,间道亡命出江北[②],与子虎牙及褚缙俱入魏。魏以伯之为使持节、散骑常侍、都督淮南诸军事、平南将军、光禄大夫、曲江县侯[③]。

阳人张孝季,张孝季追随元冲。事败后,陈伯之追捕张孝季,没有抓到,抓住了张孝季的母亲郎氏,用蜡将她灌杀。陈伯之派人去首都给陈虎牙兄弟报信,陈虎牙等逃到盱眙,盱眙人徐安、庄兴绍、张显明拦击他们,没能拦住,反而被杀。高祖派王茂讨伐陈伯之。陈伯之听说王茂前来,对褚缙等人说:"王观既不愿接受任命,郑伯伦又不肯追随,我们就会徒手受困。现在应先平定豫章,打开南行的通道,多派劳力,增运粮食物资,然后挥师北上,猛扑饥饿疲惫之军,不必担心不会成功。"于是留下同乡唐盖人守城,大军就相继奔赴豫章。太守郑伯伦坚守豫章城。陈伯之攻城不克。王茂的先头部队已经到达,陈伯之内外受敌,于是败逃,从小路出逃到江北,与儿子陈虎牙以及褚缙一起进入北魏。北魏任命陈伯之为使持节、散骑常侍、都督淮南诸军事、平南将军、光禄大夫、曲江县侯。

注释 ①丁力：成年的劳力。 ②间道：小路。 ③光禄大夫：官名。魏晋以后，为加官及礼赠之官。

原文

天监四年，诏太尉、临川王宏率众军北讨①，宏命记室丘迟私与伯之书曰：

"陈将军足下无恙②，幸甚。将军勇冠三军，才为世出。弃燕雀之小志，慕鸿鹄以高翔③。昔因机变化，遭逢明主，立功立事，开国承家，朱轮华毂④，拥旄万里⑤，何其壮也！如何一旦为奔亡之虏，闻鸣镝而股战⑥，对穹庐以屈膝⑦，又何劣耶？寻君去就之际，非有他故，直以不能内审诸己，外受流言，沉迷猖蹶，以至于此。圣朝赦罪论功，弃瑕录用，收赤心于天下，安反侧于万物，将军之所知，非假仆一二谈也。朱鲔涉血于友于⑧，张绣剚刃于爱子⑨，汉主不以为疑，魏君待

翻译

天监四年(505)，高祖诏令太尉、临川王萧宏率大军北伐，萧宏命令记室丘迟以私人名义写信给陈伯之说：

"陈将军足下身体健康，我极为欣慰。将军勇武为三军之冠，才华杰出于当代。鄙弃燕雀狭小的志向，仰慕鸿鹄高飞的胸怀。过去随机缘而变化，遇上梁武帝那样圣明的君主，建功立业，得以开国封爵并可代代相承，乘坐华美精致的车舆，统辖万里之阔的地盘，那是多么威风啊！怎么一下成为奔逃亡命的虏寇，听见响箭就大腿颤抖，面对穹庐而屈膝下跪，这又是多么卑微啊？推究你背离梁朝投靠北魏的时候，并无其他缘故，只是因为没有在自己内心审慎考察，又感于外面的谣言，沉溺于迷惑错乱的念头，以至于到了这个地步。梁朝赦免罪责而要求被赦的人戴罪立功，不计错误而加以任用，以此赢得天下人的赤诚之心，安定犹豫徘徊者的意念，这都是将军所熟知的，不需要我一一详述了。过去朱鲔杀死了光武帝的哥哥，张绣杀死了魏武帝的爱子，可是汉光武

之若旧。况将军无昔人之罪，而勋重于当世。

帝不因此而疑忌朱鲔，魏武帝对待张绣也如旧友。何况将军并没有朱、张二人的罪孽，而是功绩见重于当代。

注释 ① 太尉：三公之一，为辅佐皇帝实行统治的最高武官，魏晋以后为加官，无实权。 ② 足下：称对方的敬辞。无恙：问候用语。恙，病。 ③ "弃燕雀"二句：语出《史记·陈涉世家》，喻陈伯之有远大抱负。鸿鹄（hú）即鹄，天鹅。 ④ 毂（gǔ）：原指车轮中心的圆木，此处借指车舆。 ⑤ 旄（máo）：用牦牛皮装饰的旗子。此指旄节。拥旄，古代高级武将持节统制一方之谓。 ⑥ 鸣镝：响箭。 ⑦ 穹庐：少数民族居住的毡帐。此处代指北魏政权。 ⑧ 朱鲔（wěi）：王莽末年绿林军将领，曾劝刘玄杀光武帝刘秀之兄刘伯升。刘秀攻洛阳，朱鲔拒守，刘秀派人劝降，言建大功业的人不计小恩怨，今若降，不仅不会被杀，还能保住官爵，朱鲔乃降。涉血：即"喋血"。友于：即兄弟。 ⑨ "张绣"句：汉建安二年（197），曹操到宛，张绣降。不久又反，伤曹操，杀操长子曹昂、弟子曹安民。建安四年（199），张绣又降，封列侯。剚（zì）刃：用刀刺入人体。

原文

"夫迷途知反，往哲是与；不远而复，先典攸高①。主上屈法申恩，吞舟是漏。将军松柏不翦②，亲戚安居；高台未倾③，爱妾尚在。悠悠尔心，亦何可述。今功臣名将，雁行有序④。怀黄佩紫⑤，赞帷幄之谋⑥；乘轺建

翻译

"迷途知返，这是先贤所赞许的；迷途不远而归来，更为古代典籍所嘉许。当今皇帝轻于刑法而重施恩惠，法网宽松到可漏吞舟之鱼。将军的祖坟保护完好，亲族生活安宁；宅邸未被拆毁，爱妾依然健在。你好好想一想，你还有什么可说呢。当今的功臣名将，位置排列得像雁行一样很有秩序。身怀金印佩系紫绶，参与军国大计的谋划；乘轻车

节⑦,奉疆埸之任⑧,并刑马作誓⑨,传之子孙。将军独靦颜借命⑩,驱驰异域,宁不哀哉!……

而竖旄节,身负保卫边疆的重任。都曾杀马立约,爵位要传给子孙。唯独将军您厚着脸皮苟且偷生,在异域他乡为北魏奔走效劳,难道不是很可悲的吗!……

注释 ① 先典:古代的典籍,此处指《易经》。攸高:嘉许。 ② 松柏:古人坟墓边常植有松柏,此处借指陈伯之祖先的坟墓。 ③ 高台:指陈伯之在梁的宅邸。 ④ 雁行:大雁飞行的行列,喻高低尊卑的排列次序。 ⑤ 黄:黄金印。紫:系官印的丝带。 ⑥ 帷幄:军中的帐幕。 ⑦ 轺(yáo):古代轻小便捷的马车。 ⑧ 疆埸(yì):国界,边境。 ⑨ 刑马:杀马。古代诸侯杀白马饮血以盟誓。 ⑩ 靦(miǎn)颜:厚着脸。

原文

"暮春三月,江南草长,杂花生树,群莺乱飞。见故国之旗鼓,感平生于畴日,抚弦登陴①,岂不怆恨?所以廉公之思赵将②,吴子之泣西河③,人之情也。将军独无情哉!想早励良图,自求多福。"

翻译

"暮春三月,江南碧草茂盛,各色鲜花开满树枝,一群群的鹦鸟飞来飞去。望着故国军队的旗鼓,追思往日的生活,抚琴弦而登城远眺,怎能不感慨万端?正因如此,廉颇渴望重为赵将,吴起临西河而伤心落泪,这是人之常情。难道将军独无情吗!希望您早日作好安排,自己争取美好的前程。"

注释 ① 陴(pí):城上女墙。 ② 廉公:即廉颇,战国时赵名将。悼襄王时,获罪奔魏。后来,赵数困于秦兵,欲复用廉颇,廉颇也想复为赵将。 ③ "吴子"句:吴子即吴起,战国时魏名将。守西河(今陕西韩城一带)以拒秦。魏武侯听信谗言,吴起料西河必失,故望西河而泣。

原文

伯之乃于寿阳拥众八千归①。虎牙为魏人所杀。

伯之既至，以为使持节，都督西豫州诸军事、平北将军、西豫州刺史②，永新县侯，邑千户。未之任，复以为通直散骑常侍，骁骑将军，又为太中大夫③。久之，卒于家。其子犹有在魏者。

翻译

陈伯之于是在寿阳带领八千人马归降梁军。陈虎牙被魏人杀害。

陈伯之归来后，被任命为使持节、都督西豫州诸军事、平北将军、西豫州刺史，封永新县侯，食邑千户。尚未上任，又被任命为通直散骑常侍、骁骑将军，又任太中大夫。很久以后，陈伯之死在家中。陈伯之的儿子还有滞留在北魏的。

注释 ① 寿阳：治所在今安徽寿县。 ② 西豫州：治所在今河南息县城。 ③ 太中大夫：官名。一般用于安置老年官员。

原文

褚绲在魏，魏人欲擢用之。魏元会①，绲戏为诗曰："帽上著笼冠②，裤上著朱衣，不知是今是，不知非昔非。"魏人怒，出为始平太守③，日日行猎，堕马死。

翻译

褚绲在北魏，魏人想要提拔任用他。北魏元旦朝会上，褚绲写诗戏谑道："帽上戴笼冠，裤上穿朱衣，不知该不该肯定今天的对，不知该不该否定昨日的错。"魏人很愤怒，让他离开京城出任始平太守。褚绲天天打猎，后堕马而死。

注释 ① 元会：皇帝元旦朝见群臣叫正会，也叫元会。 ② 笼冠：鲜卑族戴的帽子。 ③ 始平：郡名。治所在今陕西兴平东南。

陈 庆 之 传

导读

　　陈庆之(484—539)字子云,义兴国山(今江苏宜兴西南)人,是南朝梁武帝时出身寒门的著名武将。自幼追随高祖,很受信赖。大通二年(528),魏北海王元颢降梁,武帝命令陈庆之率领七千人护送元颢北还,次年入洛阳,共经四十七战,取三十二城,所向披靡。后因兵少受挫,撤回南方。历任北兖州、南北司二州刺史等职。陈庆之为人忠正耿直,有胆、有识、有才,果敢机智,很有军事才能。他不仅是位骁勇善战的武将,还是一位富有远见、刚直不阿的政治家。

　　此传用简洁生动的文笔,刻画了陈庆之其人其事,再现了一场场威武壮观的战争场面。(选自卷三二)

原文

　　陈庆之,字子云,义兴国山人也①。幼而随从高祖。高祖性好棋,每从夜达旦不辍,等辈皆倦寐,惟庆之不寝,闻呼即至,甚见亲赏。从高祖东下平建邺②,稍为主书③,散财聚士,常思效用。除奉朝请④。

翻译

　　陈庆之,字子云,义兴国山人。自幼追随高祖。高祖秉性喜爱弈棋,经常通宵达旦不停,对弈者都困倦而寐,唯有陈庆之不睡,听到高祖召唤就马上赶到,深得高祖的喜爱和赏识。陈庆之跟随高祖东下平定建邺,逐渐升任为主书,他散去财产,招募贤能,常常考虑着为国效力。官拜奉朝请。

注释 ① 义兴：郡名。治所在今江苏宜兴。国山：县名。治所在今江苏宜兴西南。 ② 建邺：即今江苏南京。 ③ 主书：即主书令史，中书省属官，主管文书。 ④ 奉朝请：官号之一，南朝时用于安置闲散官员。

原文

　　普通中，魏徐州刺史元法僧于彭城求入内附①，以庆之为武威将军，与胡龙牙、成景俊率诸军应接。还除宣猛将军、文德主帅，仍率军二千，送豫章王综入镇徐州。魏遣安丰王元延明、临淮王元彧率众二万来拒，屯据陟□②。延明先遣其别将丘大千筑垒浔梁，观兵近境。庆之进薄其垒，一鼓便溃。后豫章王弃军奔魏，众皆溃散，诸将莫能制止，庆之乃斩关夜退，军士得全。

　　普通七年，安西将军元树出征寿春③，除庆之假节、总知军事。魏豫州刺史李宪遣其子长钧别筑两城相拒，庆之攻之，宪力屈遂降，庆之入据其城。转东宫直

翻译

　　梁武帝普通年中，北魏徐州刺史元法僧在彭城请求归附，高祖任命陈庆之为武威将军，与胡龙牙、成景俊率领各军接应。陈庆之归来后官拜宣猛将军、文德主帅，接着率领二千人马，护送豫章王萧综入徐州镇守。北魏派遣安丰王元延明、临淮王元彧率领二万人马前来抵抗，驻扎在陟□。元延明先派遣别将丘大千在浔梁筑垒，监视来军靠近边境。庆之进逼敌垒，一战便将其击溃。后来豫章王萧综抛下部队逃亡北魏，大军全部溃散，各位将领无法阻止，陈庆之于是攻破关门，连夜撤退，人马得以保全。

　　普通七年（526），安西将军元树出征寿春，任命陈庆之为假节、总知军事。北魏豫州刺史李宪派遣他的儿子李长钧另外修筑两城与陈庆之相抗衡，庆之进攻，李宪力尽而降，陈庆之入占敌城。陈庆之转任东宫直阁将军，被赐予关中侯的爵位。

阁④,赐爵关中侯。

注释　　① 彭城:郡名。治所在今江苏徐州。　② 陟□:原缺一字。　③ 寿春:县名。治所在今安徽寿县。　④ 东宫直阁:太子宫内的直阁将军。

原文

大通元年,隶领军曹仲宗伐涡阳①。魏遣征南将军常山王元昭等率马步十五万来援,前军至驼涧②,去涡阳四十里。庆之欲逆战,韦放以贼之前锋必是轻锐,与战若捷,不足为功,如其不利,沮我军势③,兵法所谓以逸待劳,不如勿击。庆之曰:"魏人远来,皆已疲倦,去我既远,必不见疑,及其未集,须挫其气,出其不意,必无不败之理。且闻虏所据营,林木甚盛,必不夜出。诸君若疑惑,庆之请独取之。"于是与麾下二百骑奔击,破其前军,魏人震恐。庆之乃还与诸将连营而进,据涡阳城,与魏军相持。自

翻译

梁武帝大通元年(527),陈庆之隶属于领军将军曹仲宗征讨涡阳。北魏派遣征南将军常山王元昭等率领马步兵十五万人赶来增援,先头部队到达驼涧,距离涡阳四十里。陈庆之想要迎战,韦放认为贼寇的先锋必定是轻装精锐部队,与之交战即使胜利了,也不能算作成功,假如战败了,会挫伤我军军威,兵法指出要以逸待劳,所以不如不出击。陈庆之说:"魏军远道而来,都已疲惫,距离我军又很遥远,必定不存戒心,趁着他们尚未集结,要打击他们的气焰,出其不意,敌军必无不败之理。而且获悉虏寇所占据的营寨,周围树木很茂盛,所以虏寇肯定不会夜间出动。诸位如果心有疑虑,庆之请求独自前去袭击。"于是率领所部二百名骑兵奔袭魏营,击败敌军先头部队,魏人非常恐慌。陈庆之于是回师与各位将领连营进发,据守涡阳城,与北魏军队相持。从春到冬,经历了数百场战斗,人马疲

春至冬，数十百战，师老气衰，魏之援兵复欲筑垒于军后，仲宗等恐腹背受敌，谋欲退师。庆之杖节军门曰④："共来至此，涉历一岁，糜费粮仗⑤，其数极多，诸军并无斗心，皆谋退缩，岂是欲立功名，直聚为抄暴耳⑥。吾闻置兵死地，乃可求生，须虏大合⑦，然后与战。审欲班师，庆之别有密敕，今日犯者，便依明诏。"仲宗壮其计，乃从之。魏人掎角作十三城⑧，庆之衔枚夜出⑨，陷其四垒，涡阳城主王纬乞降。所余九城，兵甲犹盛，乃陈其俘馘⑩，鼓噪而攻之，遂大奔溃，斩获略尽，涡水咽流⑪，降城中男女三万余口。诏以涡阳之地置西徐州⑫。众军乘胜前顿城父⑬。高祖嘉焉，赐庆之手诏曰："本非将种，又非豪家，觖望风云⑭，以至于此。可深思奇略，善克令终，开

愈，士气低落，北魏的援军又要在梁军的后方构筑堡垒，曹仲宗等人担心腹背受敌，考虑要撤军。陈庆之手持符节立在军营大门，说："大家共同出征，来到此地，已经历时一年，耗费的粮草武器，数量极大，各支部队却全无斗志，都想脱逃，这怎能算是要建功立业，只不过是聚集在一起掠夺罢了。我听说将士兵置于必死之境地，才会有奋战求生之决心，等到虏寇全部合围，然后与之决战。若确实想要撤军，庆之另有秘密敕命，今天有谁违抗的，就依明诏处置。"曹仲宗佩服他的计策，就听从了他。魏军十三座城池构成掎角之势，陈庆之衔枚夜间出击，攻陷四座城堡，涡阳城主王纬乞求投降。所剩的九城，军威依然强盛，陈庆之于是陈列被歼之敌，擂鼓呐喊着攻城，魏军终于彻底溃败，伤亡殆尽，涡水为之阻塞滞流，降服城中男女百姓三万多人。诏令用涡阳之地设置西徐州。大军乘胜向前，驻扎到城父。高祖嘉勉庆之，赐给庆之亲笔诏书说："您原本并非将门之后，也不是出身于富豪之家，因为渴望建立勋业，才有了今天的地位。希望你深思奇谋伟略，有个美好的结局，敞开朱门款待贵宾，彪炳声名流芳史册，这难道不是大丈夫吗！"

朱门而待宾,扬声名于竹帛,岂非大丈夫哉!"

注释 ① 涡(guō)阳:县名。治所在今安徽蒙城。 ② 驼涧:在今蒙城西北。 ③ 沮:败坏、沮丧。 ④ 杖节:执持符节。古代大臣出使或大将出师,皇帝授予符节,作为凭证及权力的象征。 ⑤ 糜费:浪费。 ⑥ 抄暴:掠夺。 ⑦ 须:等待。 ⑧ 掎(jǐ)角:指夹击敌人,又引申为分出一部分兵力以牵制敌人或相互支援。 ⑨ 衔枚:枚,形如筷子,两端有带,可系于颈上,古代进军袭击敌人时,常令士兵衔在口中,以防喧哗。 ⑩ 俘馘(guó):俘指俘虏,馘指从敌尸上割下来的左耳,合指被歼之敌。 ⑪ 涡水:发源于河南,流经安徽涡阳、蒙城至怀远入淮河。 ⑫ 西徐州:治所在今蒙城。 ⑬ 城父:县名。治所在今安徽亳州东南。 ⑭ 觖(jué)望:企望。

原文

大通初,魏北海王元颢以本朝大乱,自拔来降,求立为魏主。高祖纳之,以庆之为假节、飙勇将军,送元颢还北。颢于涣水即魏帝号①,授庆之使持节、镇北将军、护军、前军大都督,发自铚县②,进拔荥城③,遂至睢阳④。魏将丘大千有众七万,分筑九城以相拒。庆之攻之,自旦至申⑤,陷其三垒,大千乃降。时魏征东将

翻译

梁武帝大通初年(527),魏北海王元颢因北魏朝廷大乱,主动前来归降,请求梁朝立他为魏主。高祖接纳了他,任命陈庆之为假节、飙勇将军,护送元颢北归。元颢在涣水即魏帝称号,授予陈庆之使持节、镇北将军、护军、前军大都督,从铚县出发,进取荥城,于是到达睢阳。魏军将领丘大千有七万人马,分别修筑九座城堡以抵抗陈庆之。陈庆之攻城,从天亮一直攻到下午四五点钟,攻陷了三座城堡,大千于是投降。当时北魏征东将军济阴王元晖业率领羽林庶子二万人赶来援救梁、宋,进驻

军济阴王元晖业率羽林庶子二万人来救梁、宋⑥，进屯考城⑦，城四面萦水，守备严固。庆之命浮水筑垒，攻陷其城，生擒晖业，获租车七千八百两。仍趋大梁⑧，望旗归款⑨。颢进庆之卫将军、徐州刺史、武都公。仍率众而西。

考城，考城四周有水环绕，防备严密坚固。陈庆之命令浮水筑垒，攻陷考城，活捉元晖业，缴获租车七千八百辆。接着直奔大梁，敌军望旗而降。元颢进封陈庆之卫将军、徐州刺史、武都公。陈庆之于是率军向西进发。

注释 ① 涣水：即今浍河。 ② 铚县：在今安徽宿州西南。 ③ 荥城：在今河南商丘西南。 ④ 睢阳：县名，在今商丘南。 ⑤ 自旦至申：从天明到下午四五点钟。十五时至十七时为申时。 ⑥ 羽林庶子：羽林即羽林军，为禁卫军。由平民组成的部分称羽林庶子，由皇亲贵族子弟组成的部分称羽林宗子。 ⑦ 考城：县名，在今河南民权东北。 ⑧ 大梁：在今河南开封。 ⑨ 归款：投诚，归顺。

原文

魏左仆射杨昱、西阿王元庆、抚军将军元显恭率御仗羽林宗子庶子众凡七万，据荥阳拒颢。兵既精强，城又险固，庆之攻未能拔。魏将元天穆大军复将至，先遣其骠骑将军尔朱吐没儿领胡骑五千，骑将鲁安领夏州步骑九千①，援杨昱，又遣右

翻译

北魏左仆射杨昱、西阿王元庆、抚军将军元显恭率领御仗羽林宗子庶子共七万之众，占领荥阳抵抗元颢。魏军不仅精锐，荥阳城又险固，庆之进攻未能攻陷。北魏将领元天穆的大军又将到达，先派遣他的骠骑将军尔朱吐没儿带领五千胡骑，骑将鲁安率领夏州步兵骑兵九千，增援杨昱，又派右仆射尔朱世隆，西荆州刺史王罴率领一万骑兵，

仆射尔朱世隆、西荆州刺史王黑骑一万②，据虎牢③。天穆。吐没儿前后继至，旗鼓相望。时荥阳未拔，士众皆恐，庆之乃解鞍秣马，宣喻众曰："吾至此以来，屠城略地，实为不少；君等杀人父兄，略人子女，又为无算。天穆之众，并是仇雠④。我等才有七千，虏众三十余万，今日之事，义不图存。吾以虏骑不可争力平原，及未尽至前，须平其城垒，诸君无假狐疑，自贻屠脍⑤。"一鼓悉使登城，壮士东阳宋景休、义兴鱼天愍逾堞而入⑥，遂克之。俄而魏阵外合，庆之率骑三千背城逆战，大破之，鲁安于阵乞降，元天穆、尔朱吐没儿单骑获免，收荥阳储实，牛马谷帛不可胜计。进赴虎牢，尔朱世隆弃城走。魏主元子攸惧，奔并州⑦。其临淮王元彧、安丰王元延明率百僚，

据守虎牢关。天穆、吐没儿先后接连到达，旗鼓相互呼应。当时荥阳城没有攻下，士卒都很恐惧，陈庆之便解下马鞍，喂饱战马，晓谕大家说："我军来到这里以后，屠城夺地，实在不少；你们杀害人家的父兄，抢走人家的子女，又是不可胜计。天穆的人马，全都是我们的仇敌。我们只有七千人马，房寇有三十多万之众，今天的情形，决无偷生的可能。我认为房寇的骑兵强大，不能与他们在平原上力争，趁着他们还没有全部来到面前，必须攻克他们的城垒，各位不要犹豫不决，自己送去任人宰割。"打第一通战鼓，陈庆之就让所有人登城，东阳壮士宋景休、义兴壮士鱼天愍越过城堞而入，于是攻克城垒。不久，魏军列阵自外合围，陈庆之率领三千士卒背靠城池与之决战，大破魏军，鲁安在阵前求降，元天穆、尔朱吐没儿仅以单骑逃脱，缴获荥阳积蓄的物资，牛马谷帛不可胜数。陈庆之进军虎牢关，尔朱世隆弃城而逃。魏主元子攸恐惧，逃回并州。临淮王元彧、安丰王元延明率领所有僚属，封好仓库，备好天子车驾，恭迎元颢入洛阳宫，元颢登上前殿，更改年号，大赦天下。元颢任命陈庆之为侍中、车骑大将军、左光禄大夫，增加封邑万户。

封府库,备法驾。奉迎颢入洛阳宫⑧,御前殿,改元大赦。颢以庆之为侍中、车骑大将军、左光禄大夫,增邑万户。魏大将军上党王元天穆、王老生、李叔仁又率众四万,攻陷大梁,分遣老生、费穆兵二万,据虎牢,刁宣、刁双入梁、宋,庆之随方掩袭,并皆降款。天穆与十余骑北渡河。高祖复赐手诏称美焉。庆之麾下悉著白袍,所向披靡。先是洛阳童谣曰:"名师大将莫自牢,千兵万马避白袍。"自发铚县至于洛阳十四旬,平三十二城,四十七战,所向无前。

北魏大将军上党王元天穆、王老生、李叔仁又率四万之众,攻陷大梁,分派王老生、费穆两万士卒,据守虎牢关,刁宣、刁双进入梁、宋,陈庆之随即进袭,敌军全部投降归顺。元天穆与十几名骑兵北渡黄河。高祖又赐给陈庆之亲笔诏书予以褒扬。陈庆之的部下全都身穿白色战袍,所向无敌。先前洛阳的童谣唱道:"名师大将莫自牢,千兵万马避白袍。"从铚县出发直到抵达洛阳的一百四十天中,平定三十二座城池,经历四十七场战斗,所向无前。

注释 ① 夏州:治所在今陕西靖边东北。 ② 西荆州:即荆州,以别于东荆州,州治在今河南鲁山。 ③ 虎牢:关名。在今河南荥阳西北汜水镇。位于大伾山上,形势险要,为历代兵家必争之地。 ④ 仇雠:仇人;冤家对头。 ⑤ 屠脍(kuài):宰割。 ⑥ 东阳:郡名。治所在今浙江金华。 ⑦ 并州:治所在今山西太原西南。 ⑧ 洛阳宫:在今河南洛阳东。

原文

初，元子攸止单骑奔走，宫卫嫔侍无改于常，颢既得志，荒于酒色，乃日夜宴乐，不复视事，与安丰、临淮共立奸计，将背朝恩，绝宾贡之礼^①；直以时事未安，且资庆之之力用，外同内异，言多忌刻。庆之心知之，亦密为其计。乃说颢曰："今远来至此，未伏尚多，若人知虚实，方更连兵，而安不忘危，须预为其策。宜启天子，更请精兵，并勒诸州，有南人没此者，悉须部送。"颢欲从之，元延明说颢曰："陈庆之兵不出数千，已自难制，今增其众，宁肯复为用乎？权柄一去，动转听人，魏之宗社，于斯而灭。"颢由是致疑，稍成疏贰，虑庆之密启，乃表高祖曰："河北、河南一时已定^②，唯尔朱荣尚敢跋扈，臣与庆之自能擒讨。今州郡新服，

翻译

当初，元子攸仅以匹马逃走，宫中的侍者和嫔妃没有变动，一如既往。元颢得志以后，迷乱于酒色，日夜设宴作乐，不再料理朝政，与安丰王元延明、临淮王元彧共同密谋不轨，准备背弃梁朝，断绝宾贡的礼节；只因为时局没有安定，而且依赖陈庆之的力量，所以同面异心，言语中常含有猜忌尖刻之意。陈庆之心里明白这一切，也暗中谋划对策。陈庆之劝说元颢道："如今远道而来此地，未降伏的还很多，假如人家探清虚实，就会再次连兵而起，我们应居安思危，要早早准备对策。应当启奏天子，再求精兵，一同控制这几个州，有南方人沦落到此的，全部要安排送返。"元颢准备听从陈庆之的建议，元延明劝诱元颢说："陈庆之的人马不过几千，就已经难以控制。现在再增加给他士兵，难道他还愿为我们效力吗？大权一旦失去，一切都将听命于人，魏国的宗庙社稷，由此而倾覆。"元颢因此生疑，逐渐疏远不信任陈庆之，担心陈庆之秘密启奏高祖，就上表高祖说："河北、河南已一举平定，只有尔朱荣还敢骄横跋扈，我与庆之自己能够征服尔朱荣。如今各州郡刚刚降服，正需要安抚，不宜再

正须绥抚，不宜更复加兵，摇动百姓。"高祖遂诏众军皆停界首③。洛下南人不出一万④，羌夷十倍，军副马佛念言于庆之曰："功高不赏，震主身危⑤，二事既有，将军岂得无虑？自古以来，废昏立明，扶危定难，鲜有得终。今将军威震中原，声动河塞，屠颢据洛，则千载一时也。"庆之不从。颢前以庆之为徐州刺史，因固求之镇。颢心惮之，遂不遣。乃曰："主上以洛阳之地全相任委，忽闻舍此朝寄⑥，欲往彭城，谓君遽取富贵，不为国计，手敕频仍，恐成仆责。"庆之不敢复言。魏天柱将军尔朱荣、右仆射尔朱世隆、大都督元天穆、骠骑将军尔朱吐没儿、荣长史高欢、鲜卑、芮芮⑦，勒众号百万，挟魏主元子攸来攻颢。颢据洛阳六十五日，凡所得城，一时反叛。庆之渡河守

增派军队，动摇民心。"高祖于是诏令大军都停留在两国边界。洛下的南方人不超过一万，羌夷十倍于此，副将马佛念对陈庆之说："功勋卓著就无法加以封赏，声名盖主就将身陷危境，这两种情况都已俱备，将军您怎能不忧虑？自古以来，废弃昏君拥立明主，支撑危局平定祸患，很少能有好结果。如今将军威震中原，名传河塞，杀死元颢占据洛阳，真是千载一遇的良机。"陈庆之没有听从。元颢早先任命陈庆之为徐州刺史，又坚持要求他去镇守。现在元颢心里害怕庆之，所以不派他前往。还说："陛下将洛阳之地全权委托给你，忽然听说你要推却朝廷的委托，想去彭城，就说你想急于获取富贵，不替国家考虑，圣上的手令接连不断，恐怕会追究你的责任。"陈庆之不敢再说话。北魏天柱将军尔朱荣、右仆射尔朱世隆、大都督元天穆、骠骑将军尔朱吐没儿、尔朱荣长史高欢及鲜卑、芮芮聚集人马，号称百万，挟持魏主元子攸前来进攻元颢。元颢占据洛阳六十五天，所有获得的城市，一时间全部反叛。陈庆之渡过黄河守卫北中郎城，三天中身经十一战，敌军死伤很大。尔朱荣想要撤退，当时有个叫刘灵助的人，通晓天文星象，

北中郎城⑧,三日中十有一战,伤杀甚众。荣将退,时有刘灵助者,善天文,乃谓荣曰:"不出十日,河南大定。"荣乃缚木为筏,济自硖石⑨,与颢战于河桥,颢大败,走至临颍⑩,遇贼被擒,洛阳陷。庆之马步数千,结阵东反,荣亲自来追,值嵩高山水洪溢⑪,军人死散。庆之乃落须发为沙门⑫,间行至豫州,豫州人程道雍等潜送出汝阴⑬。至都,仍以功除右卫将军,封永兴县侯,邑一千五百户。

就对尔朱荣说:"不出十天,河南就会完全平定。"尔朱荣于是捆木为筏,从硖石渡过黄河,与元颢在河桥交战,元颢大败,逃到临颍,遭遇敌寇被俘,洛阳失陷。陈庆之马步兵几千人,列阵向东撤回,尔朱荣亲自追击,正逢嵩山山洪暴发,军人死亡离散。陈庆之于是剃掉须发化妆为僧人,从小路赶到豫州,豫州人程道雍等秘密护送他离开汝阴。到达京城后,陈庆之依然因功官拜右卫将军,封为永兴县侯,食邑一千五百户。

注释 ① 宾贡:犹宾服。归顺纳贡。 ② 河北:郡名,治所在今山西平陆西南。河南:郡名,治所在今河南洛阳东北。 ③ 界首:边界。 ④ 洛下:即洛阳。 ⑤ 功高不赏,震主身危:语出《史记·淮阴侯列传》,蒯通劝韩信说:"勇略震主者身危,而功盖天下者不赏。" ⑥ 朝寄:朝廷的委托。 ⑦ 芮芮:亦称蠕蠕(rú),即柔然。北魏少数民族,源于东胡,附属鲜卑族拓跋部。此时已迁居漠北,创立军事编制,受北魏统辖。西魏以后并入突厥。 ⑧ 北中郎城:在今河南孟州南。 ⑨ 硖石:在今河南孟津西。 ⑩ 临颍:郡名。治所在今河南临颍西北。 ⑪ 嵩高山:颍水(今颍河)发源于河南巩县南的嵩山。 ⑫ 沙门:佛教指依照戒律出家修道的人。 ⑬ 汝阴:郡名。治所在今安徽合肥。

原文

出为持节、都督缘淮诸军事、奋武将军、北兖州刺史①。会有妖贼沙门僧强自称为帝,土豪蔡伯龙起兵应之。僧强颇知幻术,更相扇惑,众至三万,攻陷北徐州,济阴太守杨起文弃城走②,钟离太守单希宝见害,使庆之讨焉。车驾幸白下临饯③,谓庆之曰:"江、淮兵劲,其锋难当,卿可以策制之,不宜决战。"庆之受命而行。曾未浃辰④,斩伯龙、僧强,传其首。

翻译

陈庆之离开首都,任持节、都督缘淮诸军事、奋武将军、北兖州刺史。恰逢有个妖贼僧人僧强自称为皇帝,地方豪强蔡伯龙起兵呼应。僧强通晓幻术,很能蛊惑人心,徒众多达三万,攻陷北徐州,济阳太守杨起文弃城逃走,钟离太守单希宝遇害。高祖派庆之讨伐,并亲临白下饯行,对陈庆之说:"江、淮间的部队很强,他们的锋锐很难抵挡,你要用计谋制服他们,不宜与之死战。"陈庆之受命出征。不到十天,杀死伯龙、僧强,并传其首级示众。

注释 ① 北兖州:治所在今江苏淮安市西。 ② 济阴:郡名。治所在今安徽濉溪东南。 ③ 白下:在今江苏南京北金川门外、幕府山南麓。 ④ 浃(jiá)辰:古代以干支纪日,称自子至亥一周十日为"浃辰"。

原文

中大通二年,除都督南北司、西豫、豫四州诸军事、南北司二州刺史①,余并如故。庆之至镇,遂围悬瓠②。破魏颍州刺史娄起、扬州刺

翻译

梁武帝中大通二年(530),陈庆之官拜都督南北司、西豫、豫四州诸军事和南北司二州刺史,原任官职依旧。陈庆之到任,就包围悬瓠,在溱水击破北魏颍州刺史娄起、扬州刺史是云宝,又

史是云宝于溱水③，又破行
台孙腾、大都督侯进、豫州
刺史尧雄、梁州刺史司马恭
于楚城④。罢义阳镇兵⑤，
停水陆转运，江湖诸州并得
休息。开田六千顷，二年之
后，仓廪充实。高祖每嘉劳
之。又表省南司州，复安陆
郡⑥，置上明郡⑦。

在楚城击破行台孙腾、大都督侯进、豫州刺史尧雄、梁州刺史司马恭。陈庆之遣散义阳郡士兵，停止水陆军需粮饷的调拨，江湖各州都得以休养生息。开垦土地六千顷，两年以后，粮仓充实。高祖经常夸奖慰劳他。陈庆之又上表请求撤销南司州，恢复安陆郡，设置上明郡。

注释　①南、北司：梁侨置南司州于今湖北安陆，北司州即司州，治所在今安徽阜阳。西豫州：治所在今河南息县。　②悬瓠：在今河南汝南。　③溱水：即今河南确山、汝南境汝河支流臻头河。　④楚城：在今河南信阳北长台关西。　⑤义阳：郡名，治所在今河南信阳。　⑥安陆：郡名，治所在今湖北安陆。　⑦上明郡：治所在今湖北枝江。

原文

大同二年，魏遣将侯景率众七万寇楚州①，刺史桓和陷没，景仍进军淮上，贻庆之书使降。敕遣湘潭侯退、右卫夏侯夔等赴援，军至黎浆②，庆之已击破景。时大寒雪，景弃辎重走，庆之收之以归。进号仁威将军。是岁，豫州饥，庆之开

翻译

梁武帝大同二年（536），北魏派遣将领侯景率领七万之众进犯楚州，刺史桓和兵败被俘，侯景接着进军淮水，致信陈庆之要他投降。高祖下令派湘潭侯萧退，右卫将军夏侯夔等赶往救援，援军到达黎浆，陈庆之已经击破侯景。当时天寒大雪，侯景丢弃辎重而逃，陈庆之缴获辎重，胜利而归。进加仁威将军的称号。那一年，豫州饥荒，陈庆之

仓赈给，多所全济。州民李昇等八百人表请树碑颂德，诏许焉。五年十月，卒，时年五十六。赠散骑常侍、左卫将军，鼓吹一部。谥曰武。敕义兴郡发五百丁会丧。

庆之性祇慎③，衣不纨绮④，不好丝竹，射不穿札⑤，马非所便，而善抚军士，能得其死力。……

开仓赈济灾民，百姓多得保全。豫州百姓李昇等八百人上表恳求为庆之立碑以表彰他的功德，高祖下诏批准。大同五年(539)十月，陈庆之去世，终年五十六岁。追赠散骑常侍、左卫将军，赐给鼓吹乐队一部。谥号为"武"。诏命义兴郡调拨五百丁壮协办丧事。

陈庆之性情谦恭谨慎，不穿丝绸衣物，不好音乐，射箭力不能穿透铠甲上的叶片，骑马也非其所擅长，但善于体恤士卒，所以能得到士卒的拼死相报。……

注释 ①楚州：治所在今河南信阳北。 ②黎浆：在今安徽寿县东南。 ③祇慎：恭敬谨慎。 ④纨绮：有花纹的丝绸织品。 ⑤札：铠甲上用皮革或金属制成的叶片。

羊 侃 传

羊侃(496—549),泰山梁甫(今山东新泰)人,梁代名将,出身官宦之家。父羊祉仕北魏为侍中。魏孝明帝后期,羊侃承父遗命,率部归梁,历徐州刺史、晋安太守、都官尚书等。侯景反叛时,羊侃的破敌策略未被采纳。侯景兵临建康,羊侃受命都督守城,在苦战中病死,城遂破。

羊侃性格豪放,体力超群,善音律。生活极其奢侈豪华。(选自卷三九)

原文

羊侃,字祖忻,泰山梁甫人①,汉南阳太守续之裔也②。祖规,宋武帝之临徐州,辟祭酒从事、大中正③。会薛安都举彭城降北④,规由是陷魏,魏授卫将军,营州刺史⑤。父祉,魏侍中,金紫光禄大夫⑥。

翻译

羊侃,字祖忻,泰山梁甫人,是汉代南阳太守羊续的后裔。祖父羊规,宋武帝刘裕亲临徐州时,聘用为祭酒从事、大中正。当时正值薛安都以彭城投降北魏,羊规因此沦落在北方,北魏授予他卫将军、营州刺史之职。父亲羊祉,官拜北魏侍中,金紫光禄大夫。

注释 ① 泰山:郡名。治所在今山东泰安东南。梁父:县名。治所在今山东新泰西。 ② 南阳:郡名。治所在今河南南阳。 ③ 祭酒从事:州之属官,主管文书等。大中正:官名。负责考察人才品德,分为九等,作为选任官吏的依据。 ④ 彭城:郡名。治所在今江苏徐州。 ⑤营州：治所在今辽宁朝阳。 ⑥金紫光禄大夫：光禄大夫为加官及礼赠之官，加金章紫绶者，称金紫光禄大夫。

原文

侃少而瑰伟，身长七尺八寸，雅爱文史，博涉书记①，尤好《左氏春秋》及《孙吴兵法》。弱冠随父在梁州立功。魏正光中，稍为别将②。时秦州羌有莫遮念生者，据州反，称帝，仍遣其弟天生率众攻陷岐州③，遂寇雍州。侃为偏将，隶萧宝夤往讨之，潜身巡堑，伺射天生，应弦即倒，其众遂溃。以功迁使持节、征东大将军、东道行台④，领泰山太守，进爵钜平侯。

翻译

羊侃自幼奇伟卓异，身高七尺八寸，非常喜爱文史著作，博览群书，尤其爱读《左氏春秋》和《孙吴兵法》。羊侃二十岁时，在梁州追随父亲，立下功勋。北魏孝明帝正光年间，羊侃逐渐升任别将。当时秦州羌人中有个叫莫遮念生的，占据秦州造反，号称皇帝，派遣他的弟弟莫遮天生率部攻陷岐州，接着又进犯雍州。羊侃当时为偏将，隶属于萧宝夤前往讨伐，他隐蔽在壕沟中，伺机箭射天生，天生应弦而毙，天生的部下于是溃散。羊侃因为战功而升任使持节、征东大将军、东道行台，兼任泰山太守，进爵为钜平侯。

注释 ①书记：即书籍。 ②别将：与主力军配合作战的军队将领称别将。③岐州：治所在今陕西凤翔东南。 ④行台：在地方代表朝廷行尚书省事的机构称行台。其长官也称行台。

原文

初，其父每有南归之志，常谓诸子曰："人生安可

翻译

当初，羊侃的父亲常常有南归的心愿，经常对儿子们讲："人生怎能长久地

久淹异域？汝等可归奉东朝①。"侃至是将举河济以成先志②。兖州刺史羊敦，侃从兄也，密知之，据州拒侃。侃乃率精兵三万袭之，弗克，仍筑十余城以守之。朝廷赏授，一与元法僧同。遣羊鸦仁，王弇率军应接，李元履运给粮仗。魏帝闻之，使授侃骠骑大将军、司徒、泰山郡公，长为兖州刺史，侃斩其使者以徇。魏人大骇，令仆射于晖率众数十万，及高欢、尔朱阳都等相继而至，围侃十余重，伤杀甚众，栅中矢尽，南军不进，乃夜溃围而出，且战且行，一日一夜乃出魏境。至渣口③，众尚万余人，马二千匹，将入南，士卒并竟夜悲歌。侃乃谢曰："卿等怀土，理不能见随，幸适去留，于此别异。"因各拜辞而去。

滞留在异族统治区？你们应当回去尊奉南朝。"羊侃到这时准备以河、济两州归顺梁朝，来了却先人的夙愿。兖州刺史羊敦，是羊侃的堂兄，侦察知晓了这一计划，遂占据兖州以拦截羊侃。羊侃于是率领三万精兵袭击兖州，未能攻克，便修筑了十几座城堡以守备羊敦。梁朝给予羊侃的赏赐和授职，与给予元法僧的完全相同。梁朝派遣羊鸦仁、王弇率军接应羊侃，李元履运送粮草兵器。魏帝获悉后，派使者授予羊侃骠骑大将军、司徒、泰山郡公，久任兖州刺史，羊侃杀掉魏帝的使者以示众。魏人大为惊惧，命令仆射于晖率领数十万人马，以及高欢、尔朱阳都等相继而到，把羊侃包围了十几层，伤亡很大。营寨内的箭用尽，南来的援军又不前进，于是羊侃就趁夜间杀出重围，边战边走，一天一夜才冲出北魏的国境。到达渣口时，还剩一万多人，二千匹马，将要踏入梁朝境内，士卒都彻夜悲歌。羊侃于是向大家道歉说："你们怀念故土，按理不能再要求你们跟随我，去留听便，就在此分别吧。"于是大家都拜别而去。

① 东朝：指南朝。 ② 河、济：指河州、济州。河州治所在今甘肃临夏。济州治所在今山东茌平西南。 ③ 渣口：在今江苏沭阳西。

原文

侃以大通三年至京师，诏授使持节、散骑常侍、都督瑕丘征讨诸军事、安北将军、徐州刺史①，并其兄默及三弟忱、给、元，皆拜为刺史。寻以侃为都督北讨诸军事，出顿日城，会陈庆之失律②，停进。其年，诏以为持节、云麾将军、青冀二州刺史③。

翻译

羊侃于梁武帝大通三年（529）到达首都建康，官拜使持节、散骑常侍、都督瑕丘征讨诸军事、安北将军、徐州刺史，他的兄长羊默以及三位弟弟羊忱、羊给、羊元也都官拜刺史。不久任命羊侃为都督北讨诸军事，出兵驻扎日城，遇到陈庆之行军不守纪律，遂停止进兵。那一年，诏命羊侃为持节、云麾将军、青冀二州刺史。

注释 ① 瑕丘：在今山东兖州。 ② 失律：行军无纪律，引申为战事失利。 ③ 青冀二州：南朝宋泰始中二州合侨置于今江苏连云港东的云台山一带。

原文

中大通四年，诏为使持节、都督瑕丘诸军事、安北将军、兖州刺史，随太尉元法僧北讨。法僧先启云："与侃有旧，愿得同行。"高祖乃召侃问方略，侃具陈进

翻译

梁武帝中大通四年（532），诏命羊侃为使持节、都督瑕丘诸军事、安北将军、兖州刺史，跟随太尉元法僧北伐。法僧在此之前启奏皇帝说："我与羊侃有旧交，希望能与他同行。"高祖就召见了羊侃，询问方略，羊侃详细陈述了进取的计策。高祖于是说："想来你愿意

取之计。高祖因曰："知卿愿与太尉同行。"侃曰："臣拔迹还朝，常思效命，然实未曾愿与法僧同行。北人虽谓臣为吴①，南人已呼臣为虏②，今与法僧同行，还是群类相逐，非止有乖素心，亦使匈奴轻汉③。"高祖曰："朝廷今者要须卿行。"乃诏以为大军司马。高祖谓侃曰："军司马废来已久，此段为卿置之。"行次官竹④，元树又于谯城丧师⑤。军罢，入为侍中。五年，封高昌县侯，邑千户。六年，出为云麾将军、晋安太守⑥。闽越俗好反乱，前后太守莫能止息，侃至讨击，斩其渠帅陈称、吴满等⑦，于是郡内肃清，莫敢犯者。顷之，征太子左卫率⑧。

与太尉同行。"羊侃回答说："我返回朝廷，常常想着希望能为国效命，但确实未曾愿意与法僧同行。北人虽然把我称为南蛮，南人也已把我呼为北虏，如今与法僧同行，依旧是同类相聚，这不仅有违我一向的心愿，也让北人轻视我们南人。"高祖说："朝廷现在一定需要你去。"于是诏命羊侃为大军司马。高祖对羊侃说："军司马之职废止已经很久了，现在为你恢复设置此职。"部队行进到官竹，元树又在谯城战败。战事结束，羊侃入朝为侍中。中大通五年(533)，羊侃封爵为高昌县侯，食邑千户。中大通六年(534)，出任云麾将军、晋安太守。闽越之地的民风好作乱，前后任太守都不能平息，羊侃到任后讨伐叛乱，杀掉了作乱的头领陈称、吴满等人，于是郡内太平安宁，没有人再敢为非作歹。不久，羊侃被征召为太子左卫率。

注释　①吴：指吴地的人。带有轻蔑之意。　②虏：南北朝时，南人对北人的蔑称。　③匈奴：我国古代北方民族之一。又称胡。散居在大漠南北，过游牧生活。此处借指北魏。　④官竹：在今河南商丘东南。　⑤谯城：在今河南夏邑。　⑥晋安:郡名,治所在今福建福州。　⑦ 渠帅:首领。　⑧ 太子左卫率:太子东宫官名。

原文

　　大同三年,车驾幸乐游苑①,侃预宴。时少府奏新造两刃矟成②,长二丈四尺,围一尺三寸,高祖因赐侃马,令试之。侃执矟上马,左右击刺,特尽其妙,高祖善之。又制《武宴诗》三十韵以示侃,侃即席应诏,高祖览曰:“吾闻仁者有勇,今见勇者有仁,可谓邹、鲁遗风③,英贤不绝。”六年,迁司徒左长史④。八年,迁都官尚书⑤。时尚书令何敬容用事⑥,与之并省,未尝游造。有宦者张僧胤候侃,侃曰:“我床非阉人所坐。”竟不前之,时论美其贞正。九年,出为使持节、壮武将军、衡州刺史⑦。

翻译

　　大同三年(537),高祖驾临乐游苑,羊侃出席御宴。当时少府启奏新造的两刃矟已经制成,长二丈四尺,粗一尺三寸,高祖于是赐给羊侃马,命令他试矟。羊侃持矟上马,左右击刺,曲尽其妙,高祖夸奖了他。高祖又创作了《武宴诗》共三十韵给羊侃看,羊侃即席应诏赋诗,高祖看了羊侃的诗说:“我听说仁的人有勇,如今见到勇的人有仁,可见邹、鲁的遗风,英雄才俊不曾断绝。”大同六年(540),羊侃升任司徒左长史。八年(542),升任都官尚书。当时尚书令何敬容当权,羊侃与他同在尚书省共事,未曾结交造访。有个叫张僧胤的宦官等候羊侃,羊侃说:“我的坐榻不是阉人坐的地方。”竟然不上前迎接,当时舆论赞美他端庄正派。大同九年(543),羊侃出任使持节、壮武将军、衡州刺史。

注释　　① 车驾:马车,皇帝外出时所乘,因而为皇帝的代称。乐游苑:南朝宋置,在今江苏南京玄武湖附近。　② 少府:官名,掌宫中御衣、宝货、珍膳等。矟

(shuò)：长矛，即槊。　③ 邹、鲁：孟子生于邹国，孔子生于鲁国，故邹、鲁为文教兴盛之地的代称。　④ 司徒左长史：司徒属官，职任颇重，号为三公辅佐。　⑤ 都官尚书：尚书省属官，领都官诸曹，主军事刑狱。　⑥ 用事：当权。　⑦ 衡州：治所在今广东英德西北洺洸。

原文

太清元年，征为侍中。会大举北伐，仍以侃为持节、冠军，监作韩山堰事，两旬堰立。侃劝元帅贞阳侯乘水攻彭城，不纳；既而魏援大至，侃频劝乘其远来可击，旦日又劝出战，并不从，侃乃率所领出顿堰上。及众军败，侃结阵徐还。

二年，复为都官尚书。侯景反，攻陷历阳①，高祖问侃讨景之策。侃曰："景反迹久见，或容豕突②，宜急据采石③，令邵陵王袭取寿春④。景进不得前，退失巢窟，乌合之众，自然瓦解。"议者谓景未敢便逼京师，遂寝其策，令侃率千余骑顿望国门。景至新林⑤，追侃入

翻译

梁武帝太清元年（547），征召羊侃为侍中。适逢梁朝大举北伐，仍然以羊侃为持节、冠军将军，监督修筑韩山堰的事宜，二十天时间韩山堰就修成了。羊侃建议元帅贞阳侯萧渊明从水路进攻彭城，贞阳侯没有采纳；不久北魏援军蜂拥而来，羊侃屡次劝告乘敌军远道而来可以出击，第二天又劝贞阳侯出战，贞阳侯一概不听，羊侃于是率领所属部队驻扎到韩山堰上。等到大军溃败，羊侃则列阵缓缓撤退。

太清二年（548），羊侃官复都官尚书。侯景反叛，攻陷历阳，高祖向羊侃征询讨平侯景的策略。羊侃回答道："侯景叛乱的迹象早已显露，有人又容忍他像野猪那样狂奔乱窜，应当立即占领采石，命令邵陵王萧纶袭取寿春。那样侯景进不能前，退又失掉了老巢，他的乌合之众，自然会瓦解。"商议的人们认为侯景不敢立即威逼首都，于是搁置了羊侃的建议，命令羊侃带领一千多骑

副宣城王都督城内诸军事。时景既卒至，百姓竞入，公私混乱，无复次第。侃乃区分防拟，皆以宗室间之。军人争入武库，自取器甲，所司不能禁，侃命斩数人，方得止。及贼逼城，众皆恟惧⑥，侃伪称得射书，云"邵陵王、西昌侯已至近路"。众乃少安。贼攻东掖门，纵火甚盛，侃亲自距抗，以水沃火，火灭，引弓射杀数人，贼乃退。加侍中、军师将军。有诏送金五千两，银万两，绢万匹，以赐战士，侃辞不受。部曲千余人，并私加赏赉⑦。

兵驻扎在望国门。侯景攻到新林，高祖召回羊侃协助宣城王都督城内诸军事。当时侯景已突然而至，百姓争相涌入城中，官民混杂，不再有秩序。羊侃于是将其区别组织，全都按照宗室分隔。军人竞相闯入武器库，自取武器盔甲，有关官吏不能禁止，羊侃命令杀掉数人，方才平息。等到贼寇威逼京城，人们都震惊惶恐，羊侃假称得到了用箭射进城的信，信上说："邵陵王萧纶、西昌侯已经来到附近。"大家才稍稍安定。贼寇攻击东掖门，纵火焚烧，火势很大，羊侃亲自抵抗，用水浇火，将火扑灭，张弓搭箭，射杀数人，贼寇才退去。朝廷加羊侃官职为侍中、军师将军。诏送五千两金，一万两银，一万匹绢，用以赏赐战士，羊侃推辞不受。对于一千多名亲兵，羊侃私下都给予奖赏。

注释 ①历阳：郡名。治所在今安徽和县。 ②豕(shǐ)突：像野猪那样奔突乱窜。豕：猪。 ③采石：在今安徽马鞍山南部。 ④寿春：县名。治所在今安徽寿县。 ⑤新林：在今江苏南京西南。 ⑥恟惧：震动恐惧。 ⑦赏赉(lài)：赏赐。

原文

贼为尖顶木驴攻城①，矢石所不能制，侃作雉尾

翻译

贼寇制造尖顶木驴攻城，箭石不能将它制服，羊侃制作雉尾炬，安上铁箭

炬②,施铁镞③,以油灌之,掷驴上焚之,俄尽。贼又东西两面起土山,以临城,城中震骇,侃命为地道,潜引其土,山不能立。贼又作登城楼车,高十余丈,欲临射城内,侃曰:"车高堑虚,彼来必倒,可卧而观之,不劳设备。"及车动果倒,众皆服焉。贼既频攻不捷,乃筑长围。朱异、张绾议欲出击之④,高祖以问侃,侃曰:"不可。贼多日攻城,既不能下,故立长围,欲引城中降者耳。今击之,出人若少,不足破贼,若多,则一旦失利,自相腾践⑤,门隘桥小,必大致挫衄⑥,此乃示弱,非骋王威也。"不从,遂使千余人出战,未及交锋,望风退走,果以争桥赴水,死者太半。

头,将油灌入,投掷到木驴上,一会儿木驴便被烧光。敌寇又从城的东西两面堆起土山,居高临下,城里极为惊惧,羊侃命令挖掘地道,在下面将土悄悄运走,使土山不能垒成。敌人又造登城楼车,高十几丈,想从高处向城内射击,羊侃说:"楼车高大而壕沟空虚,车来必定倾覆,我们可以躺着观察,无须防备。"等到楼车出动,果然翻倒,大家都敬服羊侃。敌军既频频攻城不能取胜,便修筑长围。朱异、张绾主张出击敌军,高祖以此征求羊侃的意见,羊侃说:"不能那样。贼寇攻城多日,因为不能攻克,所以构筑长围,目的是引诱城中的人投降罢了。如今出击,如果出兵少,不足以破敌,如果出兵多,那么一旦失利,自相践踏,城门窄而渡桥小,一定招致重大挫折,这样做是显示弱点,并非显耀王威。"高祖没有听从,竟派遣了一千多人出战,结果没等到交锋,梁军就望风而逃,果然因为争桥而落水,死去大半。

注释 ① 木驴:一种攻城器械。 ② 雉尾炬:以苇草做成、似燕尾的火炬。 ③ 镞:箭头。 ④ 绾:音wǎn。 ⑤ 腾践:奔驰践踏。 ⑥ 挫衄(nǜ):挫折,失败。多指作战。

原文

初，侃长子躭为景所获^①，执来城下示侃，侃谓曰："我倾宗报主，犹恨不足，岂复计此一子，幸汝早能杀之。"数日复持来，侃谓躭曰："久以汝为死，犹复在邪？吾以身许国，誓死行阵^②，终不以尔而生进退。"因引弓射之。贼感其忠义，亦不之害也。景遣仪同傅士哲呼侃与语曰："侯王远来问讯天子，何为闭距，不时进纳？尚书国家大臣，宜启朝廷。"侃曰："侯将军奔亡之后，归命国家，重镇方城^③，悬相任寄^④，何所患苦，忽致称兵？今驱乌合之卒，至王城之下，虏马饮淮，矢集帝室，岂有人臣而至于此？吾荷国重恩，当禀承庙算，以扫大逆耳，不能妄受浮说^⑤，开门揖盗。幸谢侯王，早自为所。"士哲又曰："侯王事君尽节，不为朝廷

翻译

早先，羊侃的长子羊躭被侯景俘虏，押到城下向羊侃示威，羊侃对侯景说："我以羊家宗族报效君王，尚嫌不够，怎么还会考虑这一个儿子的性命，希望你能早早杀掉他。"过了几天又押羊躭来，羊侃对羊躭说："一直以为你已经死了，怎么还活着呢？我以身许国，誓死阵前，决不会因为你而生犹豫之心。"于是张弓射他。贼寇感佩羊侃的忠义，也不加害于羊躭。侯景派仪同傅士哲呼喊羊侃与他对话说："侯王远道而来问候天子，却为何闭门抵抗，不按时让侯王晋见？尚书是国家大臣，应当启奏朝廷。"羊侃说："侯将军从北方逃亡投诚以来，归顺朝廷，国家委以重要方镇，以国命悬系相托，你有什么苦衷，突然导致举兵反叛？如今驱使乌合之众，兵临首都城下，虏马饮于秦淮之水，箭矢集射皇帝居室，哪有为人臣而到这种地步的？我身受国家大恩，理当承担国家大任，以扫平叛逆，不能错误听信虚言，开门引贼，自招祸患。希望你告诉侯王，早日为自己留一条后路。"士哲又说："侯王奉事皇帝，能克尽职责，却不被朝廷所理解，现在正要当面向皇上陈述，以铲除奸邪小人。侯王因为身在

所知，正欲面启至尊，以除奸佞。既居戎旅，故带甲来朝，何谓作逆？"侃曰："圣上临四海将五十年，聪明叡哲，无幽不照，有何奸佞而得在朝？欲饰其非，宁无诡说。且侯王亲举白刃，以向城阙⑥，事君尽节，正若是邪！"士哲无以应，乃曰："在北之日，久挹风猷⑦，每恨平生，未获披叙，愿去戎服，得一相见。"侃为之免胄，士哲瞻望久之而去。其为北人所钦慕如此。

军旅之中，所以携带武器前来朝见，怎么能叫反叛？"羊侃说："皇上君临天下将近五十年，聪明叡智，洞察幽微，哪有奸臣小人而能够身居朝廷？想要掩饰自己的歹意，何患没有诡辩借口。况且侯王亲自举兵，进犯都城，难道克尽臣节事奉皇上，就是这样的吗！"士哲无言以对，就说："在北方的时候，很早就倾慕您的风采道德，常常遗憾平生没有见面叙谈的机会，希望您能脱去军装，让我能一睹风采。"羊侃为他脱去盔甲，士哲仰望很久才离去。他被北人钦佩仰慕到了如此地步。

注释 ①鹜：音zhuó。 ②行阵：行伍。旧指军队。 ③重镇方城：重要方镇。 ④任寄：委任，托付。 ⑤浮说：虚浮不实的言谈。 ⑥城阙：都城、京城。 ⑦风猷：风采道德。

原文

后大雨，城内土山崩，贼乘之垂入，苦战不能禁，侃乃令多掷火，为火城以断其路，徐于里筑城，贼不能进。十二月，遘疾卒于台内，时年五十四。诏给东园秘器，布绢各五

翻译

后来遇上大雨，城内的土山崩塌，贼寇趁机沿城墙爬入城中，守军苦战不能阻过，羊侃便命令多多放火，造成火城以切断敌人前进的道路，又慢慢在里面筑城，敌人不得前进。十二月，羊侃患病死于台城之内，终年五十四岁。高祖下诏赐

百匹，钱三百万，赠侍中、护军将军，鼓吹一部。

侃少而雄勇，膂力绝人，所用弓至十余石[①]。尝于兖州尧庙蹋壁，直上至五寻[②]，横行得七迹，泗桥有数石人，长八尺，大十围，侃执以相击，悉皆破碎。

侃性豪侈，善音律，自造《采莲》《棹歌》两曲，甚有新致。姬妾侍列，穷极奢靡。有弹筝人陆太喜，著鹿角爪长七寸。舞人张净琬，腰围一尺六寸，时人咸推能掌中舞。又有孙荆玉，能反腰帖地，衔得席上玉簪。敕赉歌人王娥儿，东宫亦赉歌者屈偶之，并妙尽奇曲，一时无对。初赴衡州，于两艖艒起三间通梁水斋[③]，饰以珠玉，加之锦缋，盛设帷屏，陈列女乐[④]，乘潮解缆，临波置酒，缘塘傍水，观者填咽。大同中，魏使阳斐，与侃在北尝同学，有诏令侃延斐同宴。宾客三百余人，器皆金玉杂

予棺木，布与绢各五百匹，钱三百万，追赠侍中、护军将军，赐给一支鼓吹乐队。

羊侃自小英勇果敢，体力过人，所用的弓需用十多石的力量才能拉开。羊侃曾经在兖州的尧庙飞墙走壁，向上可达五寻，横行可走七步。泗桥有几个石人，长达八尺，粗有十围，羊侃将它们抓起相互撞击，石人全都被击碎。

羊侃性格豪迈奢侈，擅长音乐，亲自创作了《采莲》《棹歌》两支曲子，很有新颖独到之处。羊侃的姬妾侍立排列，都极尽奢侈华丽。有个叫陆太喜的弹筝人，戴的鹿角爪长达七寸。舞姬张净琬，腰围仅有一尺六寸，当时人都夸耀她能在掌中起舞。又有一个名叫孙荆玉的舞姬，能够反弓腰肢，触及地面，口能衔到席上的玉簪。高祖赐给歌手王娥儿，太子也赠予歌手屈偶之，她们都能尽善尽美地演唱奇妙的歌曲，当时无人可比。羊侃当初去衡州赴任，在两只小船上建造了三间屋梁相连的水斋，用珍珠美玉装饰，以华丽的织锦铺陈，摆设了很多帷帐屏风，侍立着歌伎，乘着涨潮解开缆绳，泛舟置酒，沿江两岸，观看的人阻塞了道路。大同年间，魏国的来使阳斐，与羊侃在北方时曾经一同学习，高祖诏令羊侃宴请阳斐。参加的宾

宝,奏三部女乐,至夕,侍婢百余人,俱执金花烛。侃不能饮酒,而好宾客交游,终日献酬,同其醉醒。性宽厚,有器局,尝南还至涟口,置酒,有客张孺才者,醉于船中失火,延烧七十余艘,所燔金帛不可胜数。侃闻之,都不挂意,命酒不辍。孺才惭惧,自逃匿,侃慰喻使还,待之如旧。……

客有三百多人,器皿都是黄金美玉和各种珍宝制成,三队歌伎在奏乐,到傍晚日落时分,一百多名婢女全都手执金花烛照明。羊侃不能饮酒,但喜欢宴请宾客,广泛交游,终日劝酒应酬,与大家一样地酣醉和清醒。羊侃秉性宽厚,器量很大,曾经从南方归来到达涟口,摆设酒宴,一个叫张孺才的客人,醉倒船中引起大火,连续烧掉了七十多艘船,被烧毁的金帛不可胜数。羊侃听说了,全不介意,酒宴照常不停。孺才又惭愧又害怕,自己逃跑藏匿起来,羊侃以好言劝慰让他回来,对待他一如既往。……

注释 ① 石:重量单位,一百二十斤为一石。 ② 寻:古代长度单位,八尺为一寻。 ③ 艖艀(chā fú):小船,小艇。 ④ 女乐:古代的歌伎。

王 僧 辩 传

导读

　　王僧辩(? —555)，梁将领。初仕北魏，后随父南渡，为湘东王萧绎部下，历任武宁、广平、新蔡、竟陵诸郡太守。侯景乱起，王僧辩任大都督，奉命赴援建康，刚至而城陷。后攻灭湘州刺史萧誉。太清六年(552)，王僧辩与陈霸先共同讨平侯景，收复建康，功盖天下，历任司徒、侍中、尚书令。西魏攻破江陵，杀元帝。王僧辩与陈霸先欲立元帝世子萧方智为帝，后王僧辩受北齐威胁，转而迎立萧衍侄萧渊明，以方智为太子。王僧辩反复多变，丧失支持，终为陈霸先所袭杀。(选自卷四五)

原文

　　王僧辩，字君才，右卫将军神念之子也。以天监中随父来奔。起家为湘东王国左常侍。……属侯景反，王命僧辩假节①，总督舟师一万，兼粮馈赴援。才至京都，宫城陷没②，天子蒙尘。僧辩与柳仲礼兄弟及赵伯超等，先屈膝于景，然后入朝。景悉收其军实，而厚加绥抚③。未几，遣僧辩

翻译

　　王僧辩，字君才，是右卫将军王神念的儿子。僧辩于梁武帝天监年间跟随父亲由北魏投奔梁朝，最初出仕任湘东王萧绎的国左常侍。……适值侯景反叛，湘东王命僧辩持节出征，统帅一万水军并携带粮草赶往京城救援。刚到首都，宫城已经陷落，天子受辱。僧辩与柳仲礼兄弟以及赵伯超等人，先向侯景屈膝投降，然后入朝晋见高祖。侯景将他们的军用物资全部没收，却又给予他们优厚的抚慰。不久，侯景派遣僧辩返回竟陵，僧辩于是加倍赶路，向西

归于竟陵,于是倍道兼行,西就世祖。世祖承制④,以僧辩为领军将军。

去依附世祖萧绎。世祖秉承高祖的旨意而便宜行事,任命僧辩为领军将军。

注释 ① 假节:假以符节。指古代大臣临时持节出征。 ② 宫城:围绕帝王或侯国官室院落的城垣。 ③ 绥抚:安抚。 ④ 承制:指秉承皇帝旨意而便宜行事。

原文

及荆、湘疑贰①,军师失律,世祖又命僧辩及鲍泉统军讨之,分给兵粮,克日就道。时僧辩以竟陵部下犹未尽来,意欲待集,然后上顿。谓鲍泉曰:"我与君俱受命南讨,而军容若此,计将安之?"泉曰:"既禀庙算,驱率骁勇,事等沃雪,何所多虑!"僧辩曰:"不然。君之所言,故是文士之常谈耳。河东少有武干,兵刃又强,新破军师,养锐待敌,自非精兵一万,不足以制之。我竟陵甲士,数经行阵,已遣召之,不久当及。虽期日有限,犹可重申,欲与卿共

翻译

等到荆、湘两州相互猜疑不信任,荆州军出战失利,世祖又命令王僧辩和鲍泉指挥部队去讨伐湘州,并拨给军粮,限定时日发兵。当时王僧辩因为竟陵郡部下还没有全部到齐,想等部队集结以后,然后再出兵。僧辩对鲍泉说:"我与您一同受命南征,可军容像这样不振作,有什么办法可以安全些?"鲍泉说:"我们既然担当国家重任,理当率领骁勇之士奋战,情况如同白雪一样清楚明白,有什么可以多虑的!"僧辩说:"并非如此。您的一席话,固然是文人的老生常谈罢了。河东王萧誉年轻时就有军事才能,率领的部队又很强大,最近刚打了胜仗,正养精蓄锐准备对付敌军。如果没有一万精兵,是不能将其制服的。而我竟陵郡的将士,屡经战争锻炼,我已派人前往调遣,不久应当赶到。虽然出兵的日期有限定,但还可以重新

入言之，望相佐也。"泉曰："成败之举，系此一行，迟速之宜，终当仰听。"世祖性严忌，微闻其言，以为迁延不肯去，稍已含怒。及僧辩将入，谓泉曰："我先发言，君可见系。"泉又许之。及见世祖，世祖迎问曰："卿已办乎？何日当发？"僧辩具对如向所言。世祖大怒，按剑厉声曰："卿惮行邪！"因起入内。泉震怖失色，竟不敢言。须臾，遣左右数十人收僧辩。既至，谓曰："卿拒命不行，是欲同贼，今唯有死耳。"僧辩对曰："僧辩食禄既深，忧责实重②，今日就戮，岂敢怀恨；但恨不见老母。"世祖因斫之③，中其左髀④，流血至地。僧辩闷绝，久之方苏。即送付廷尉⑤，并收其子侄，并皆系之。会岳阳王军袭江陵，人情搔扰，未知其备，世祖遣左右往狱，问计于僧辩，僧辩具

请求延缓发兵，我想与您一同入朝请求，希望能得到您的帮助。"鲍泉说："成败之举，决定于此行，出兵宜早或宜晚，最终还应当听命于皇帝。"世祖生性严厉又多疑，刚听到一点风声便认为他们拖延不肯出兵，心中已经有些愤怒。僧辩即将入朝的时候，对鲍泉说："我先陈述意见，你最好接着补充。"鲍泉又答应了他。僧辩、鲍泉晋见世祖，世祖迎面发问："你已经准备妥当了吗？什么时候可以出发？"僧辩用前面说过的话作了详细的回答。世祖非常愤怒，手按佩剑厉声说："你害怕出征吧！"接着起身进入内宫。鲍泉惊恐失色，竟然不敢吭一声。一会儿，世祖派数十名侍从逮捕了僧辩。僧辩被押到后，世祖对他说："你抗旨不出兵，这就是想通敌，今天你唯有一死而已。"僧辩回答道："我的俸禄已很丰厚，肩负的责任也实在重大，今天被杀，我岂敢心怀怨恨；只是遗憾不能再见到老母亲啦。"世祖用剑砍他，击中他的左大腿，鲜血一直流到地上。僧辩昏迷过去，很久才苏醒，又立即被送交给廷尉，僧辩的子侄也一并遭到逮捕，并全都被关进监狱。适逢岳阳王萧詧的部队攻打江陵，人心惶惶不安，不知该如何防备，世祖派亲信去狱中向僧

陈方略，登即赦为城内都督。俄而岳阳奔退，而鲍泉力不能克长沙⑥，世祖乃命僧辩代之。数泉以十罪，遣舍人罗重欢领斋仗三百人⑦，与僧辩俱发。既至，遣通泉云："罗舍人被令，送王竟陵来。"泉甚愕然，顾左右曰："得王竟陵助我经略，贼不足平。"俄而重欢赍令书先入⑧，僧辩从斋仗继进，泉方拂席，坐而待之。僧辩既入，背泉而坐，曰："鲍郎，卿有罪，令旨使我锁卿，勿以故意见待⑨。"因语重欢出令，泉即下地，锁于床侧。僧辩仍部分将帅⑩，并力攻围，遂平湘土。

辩征询策略，僧辩详细陈述了对策，当即被赦免，任命为城内都督。很快岳阳王败逃，可鲍泉又无力攻克长沙，世祖于是命令僧辩取代鲍泉。世祖列举了鲍泉十条罪状，派遣舍人罗重欢带领三百名武士，与僧辩一起出发。重欢、僧辩到后，派人通报鲍泉说："罗舍人奉命，护送王竟陵前来。"鲍泉大为惊讶，环顾左右说："能得到王竟陵帮助我运筹谋划，平定贼寇便不足担忧了。"不一会，重欢携带命令先入军帐，僧辩跟随斋仗接着进来，鲍泉正要拂拭垫席，准备落坐而迎接他们。僧辩进入军帐后，背对鲍泉而坐，说："鲍郎，你有罪，有旨命令我逮捕你，你不要用往日的友情来对待我。"接着让重欢宣读令旨，鲍泉当即离席下地，被锁在坐椅旁边。僧辩于是调遣部署将帅，合力围攻长沙，终于平定了湘州。

注释　①"及荆、湘"句：湘东王萧绎为荆州刺史，河东王萧誉为湘州刺史，二人因征兵事发生冲突，相互猜忌存二心。　②忧责：责任，重任。　③斫（zhuó）：砍，削，击。　④髀（bì）：大腿。　⑤廷尉：掌刑狱的官员。　⑥长沙：湘州之治所，在今湖南长沙。　⑦斋仗：皇帝或王公斋阁备仪仗、侍卫的武士。　⑧赍（jī）：携带。令书：指太子所下的书面命令。与皇帝诏书相别。　⑨故意：旧情。　⑩部分：部署。

原文

还复领军将军。侯景浮江西寇，军次夏首①，僧辩为大都督②，率巴州刺史淳于量、定州刺史杜龛、宜州刺史王琳、郴州刺史裴之横等③，俱赴西阳④。军次巴陵⑤，闻郢州已没，僧辩因据巴陵城。世祖乃命罗州刺史徐嗣徽、武州刺史杜崱并会僧辩于巴陵⑥。景既陷郢城，兵众益广，徒党甚锐。将进寇荆州。乃使伪仪同丁和统兵五千守江夏⑦，大将宋子仙前驱一万造巴陵，景悉凶徒水步继进，于是缘江戍逻，望风请服，贼拓逻至于隐矶⑧。僧辩悉上江渚米粮，并沉公私船于水。及贼前锋次江口，僧辩乃分命众军，乘城固守，偃旗卧鼓，安若无人。翌日，贼众济江，轻骑至城下，问："城内是谁？"答曰："是王领军。"贼曰："语王领军，事势如

翻译

王僧辩又官复领军将军。侯景乘舟向西进犯，部队停留在夏首。僧辩任大都督，率领巴州刺史淳于量、定州刺史杜龛、宜州刺史王琳、郴州刺史裴之横等，一同奔赴西阳。部队停留在巴陵，获悉郢州已经陷落，僧辩于是据守巴陵城。世祖命令罗州刺史徐嗣徽、武州刺史杜崱一同在巴陵与僧辩会合。侯景攻陷郢城后，人马更多了，士气更盛了，将要进犯荆州。侯景派伪仪同丁和统领五千士兵镇守江夏，大将宋子仙率领一万人马为先锋前往巴陵，侯景率领所有叛逆之众从水陆两路相继进发，于是沿江戍守巡逻的朝廷官兵，都望风求降，贼寇扩大巡逻到了隐矶。僧辩将江中小渚上的粮食全部运上岸，并将公私船只沉于水中。等到贼寇先锋停留在江口，僧辩才分别命令各军，依城固守，偃旗息鼓，巴陵城安静得好像没有人。第二天，贼寇大军渡江，轻骑兵临城下，问道："城内是谁？"回答说："是王领军。"贼寇说："告诉王领军，事情到了这种地步，为何不早早降服？"僧辩派人回答说："大军只是西向荆州，这座城池应当不是障碍。僧辩亲属百口落在别人的手掌之中，怎么能就投降。"敌骑离去

此,何不早降?"僧辩使人答曰:"大军但向荆州,此城自当非碍。僧辩百口在人掌握,岂得便降。"贼骑既去,俄尔又来,曰:"我王已至,王领军何为不出与王相见邪?"僧辩不答。顷之,又执王珣等至于城下,珣为书诱说城内。景帅船舰并集北寺,又分入港中,登岸治道,广设毡屋,耀军城东陇上,芟除草芿⑨,开八道向城,遣五千兔头肉薄苦攻⑩。城内同时鼓噪,矢石雨下,杀贼既多,贼乃引退,世祖又命平北将军胡僧祐率兵下援僧辩。是日,贼复攻巴陵,水步十处,鸣鼓吹唇⑪,肉薄斫上。城上放木掷火礨礧石⑫,杀伤甚多。午后贼退,乃更起长栅绕城,大列舸舰⑬,以楼船攻水城西南角;又遣人渡洲岸,引㧌柯推虾蟆车填堑⑭,引障车临城⑮,二日方止。贼又于舰上竖

不久,很快又转回来,说:"我们大王已经到达,王领军为什么不出城与大王相见呢?"僧辩没有回答。不久,贼寇又押解王珣等人来到城下,王珣写信劝诱、说服城内守军投降。侯景指挥船舰一起会集在北寺,然后分头驶入港湾中,士卒登岸筑路,广建毡屋,在城东的土山上炫耀军威,铲除杂草,开辟八条通城的道路,派遣五千人的敢死队肉搏死战,苦苦攻城。城内守军同时擂鼓呐喊,箭石如雨,杀死很多贼寇,贼寇方才后撤,世祖又命令平北将军胡僧祐率兵增援僧辩。这一天,贼寇又攻巴陵城,分为水陆十路,擂着战鼓,吹着口哨,杀上城来肉搏。城上守军放滚木、投火礨、掷磊石,贼寇伤亡很大。午后贼寇退却,又筑起长栅环绕巴陵城,大列战舰,用楼船攻击水城的西南角;又派人渡江登上洲岸,拔掉系缆绳的木桩,推虾蟆车来填平壕堑,将障车推近巴陵城,两天才停。贼寇又在船上竖起木桔槔,集聚茅草,点火,用来焚烧水栅,风势不利,火烧自身而退却。贼寇接连作战受挫,贼帅任约又被陆法和所擒,侯景于是烧毁军营,连夜逃遁,回兵至夏首。世祖记功行赏,任命僧辩为征东将军、开府仪同三司、江州刺史,封爵为长宁县公。

木桔槔⑯，聚茅置火，以烧水栅，风势不利，自焚而退。既频战挫衄⑰，贼帅任约又为陆法和所擒，景乃烧营夜遁，旋军夏首。世祖策勋行赏⑱，以僧辩为征东将军、开府仪同三司、江州刺史，封长宁县公。

注释 ① 夏首：在今湖北沙市东南。 ② 大都督：最高军事统帅。 ③ 巴州：治所在今湖南岳阳。定州：治所在今湖北麻城东北。宜州：治所在今湖北宜昌西北。 ④ 西阳：郡名。治所在今湖北黄石。 ⑤ 巴陵：郡名。治所在今湖南岳阳。 ⑥ 罗州：治所在今湖北房县西北。武州：治所在今湖南常德。崱：音zè。 ⑦ 仪同：官名。即"仪同三司"，谓议制同于三公。江夏：郡名。治所在今湖北武昌。 ⑧ 隐矶：在今湖南岳阳东北长江南岸。 ⑨ 芟（shān）：删除杂草。茙（réng）：杂草。 ⑩ 兔头：敢死之士。 ⑪ 吹唇：吹口哨。 ⑫ 爨（cuàn）：焚烧。礌（lěi）石：古代作战时从高处下投以打击敌人的石块。 ⑬ 舸舰：大战船。 ⑭ 牂（zāng）柯：船只停泊时用以系缆绳的木桩。虾蟆车：兵车名。 ⑮ 障车：攻城的战车。 ⑯ 桔槔（jié gāo）：一种利用杠杆原理制造的汲水工具。 ⑰ 挫衄：挫折、失败。 ⑱ 策勋：记功于策。

原文

于是世祖命僧辩即率巴陵诸军，沿流讨景。师次郢城，步攻鲁山。鲁山城主支化仁，景之骑将也，率其

翻译

于是世祖命令王僧辩立即率领巴陵各军，沿江而下，讨伐侯景。部队停留郢城，用步兵进攻鲁山。鲁山城主支化仁，是侯景的骑将，率领他的部下奋战，众军将他打得大败，化仁于是投降。

党力战,众军大破之,化仁乃降。僧辩仍督诸军渡江攻郢,即入罗城[1]。宋子仙蚁聚金城拒守[2],攻之未克。子仙使其党时灵护率众三千,开门出战,僧辩又大破之,生擒灵护,斩首千级。子仙众退据仓门,带江阻险,众军攻之,频战不克。景既闻鲁山已没,郢镇复失罗城,乃率余众倍道归建业。子仙等困蹙[3],计无所之,乞输郢城,身还就景。僧辩伪许之,命给船百艘,以老其意。子仙谓为信然,浮舟将发,僧辩命杜龛率精勇千人,攀堞而上[4],同时鼓噪,掩至仓门。水军主宋遥率楼船,暗江四面云合,子仙行战行走,至于白杨浦[5],乃大破之,生擒子仙送江陵。即率诸军进师九水。贼伪仪同范希荣、卢晖略尚据溢城,及僧辩军至,希荣等因挟江州刺史临城公弃

僧辩接着都督各军渡江进攻郢州,当即攻入罗城。宋子仙的部队像蚂蚁一样聚集在坚固城堡里坚守,大军没有攻克。子仙派他的同伙时灵护率领三千人,开门出战,僧辩又将其打得大败,活捉灵护,斩获首级一千。子仙的人马退守仓门,以长江为险阻,僧辩多次交战未能攻克。侯景听说鲁山已经失陷,又丢了郢城的罗城,便率领残部兼程退回建业。子仙等处境窘迫,想不出办法,就乞求让出郢城,以容他们回到侯景身边。僧辩假装答应了他,命令提供一百艘船,以麻痹子仙的意志。子仙以为当真如此,乘船将要出发,僧辩命令杜龛率领精兵一千人,攀登上堞城,同时击鼓呐喊,迅速到达仓门。水军主宋遥率领楼船,从四面八方合围,长江为之昏暗,子仙边战边退,一直到白杨浦,宋遥大败子仙,活捉子仙并押送到江陵。僧辩当即率领诸军进军九水。贼寇伪仪同范希荣、卢晖略还占据着溢城,等僧辩部队杀到,希荣等于是挟持江州刺史临城公弃城奔逃。世祖加封僧辩侍中、尚书令、征东大将军之职,赠给鼓吹乐一部。接着命令僧辩暂且顿驻江州,等到各军全部会合,看准时机再进兵。

城奔走。世祖加僧辩侍中、尚书令、征东大将军，给鼓吹一部。仍令僧辩且顿江州，须众军齐集，得时更进。

注释 ① 罗城：为加强防守，在城墙外加建的凸出形小城圈。 ② 金城：坚固的城墙。 ③ 困蹙(cù)：处境窘迫。 ④ 堞(dié)：城上如齿状的矮墙。 ⑤ 白杨浦：在今湖北武昌东。

原文

顷之，世祖命江州众军悉同大举，僧辩乃表皇帝凶问①，告于江陵。仍率大将百余人，连名劝世祖即位；将欲进军，又重奉表。虽未见从，并蒙优答②。事见本纪。

僧辩于是发自江州，直指建业，乃先命南兖州刺史侯瑱率锐卒轻舸③，袭南陵、鹊头等戍④，至即克之。先是，陈霸先率众五万，出自南江，前军五千，行至溢口。霸先倜傥多谋策，名盖僧辩，僧辩畏之。既至溢口，

翻译

不久，世祖命令江州众军全部一同大举进发，王僧辩于是公布简文帝萧纲驾崩的噩耗，并报告给江陵。接着僧辩又率领一百多名大将，连名恳求世祖即位；将要发兵，又再次上表恳求。虽然恳求没有被接受，但都受到优诏答复。事情记载在《元帝本纪》中。

王僧辩于是从江州出发，直指建业，先命令南兖州刺史侯瑱率领精兵轻舟，袭击南陵、鹊头等城镇，一到便攻克。在此之前，陈霸先率领五万之众，从南江出发，先锋五千，行进到溢口。霸先为人卓异豪爽，长于谋略，名望超过僧辩，僧辩害怕他。霸先既到溢口，就与僧辩在白茅洲会合。……于是霸先、僧辩登上高坛，歃血结盟，共同诵读

与僧辩会于白茅洲。……
于是升坛歃血,共读盟文,
皆泪下沾襟,辞色慷慨。

盟文,都泪落沾衣,言辞表情慷慨激昂。

注释　① 凶问:死讯,噩耗。　② 优答:优诏答复。　③ 瑱:音 tiàn。　④ 南陵、鹊
头:均在古宣城郡(治所在今安徽宣城)界。

原文

　　及王师次于南州,贼帅
侯子鉴等率步骑万余人于
岸挑战,又以鹋舸千艘并载
士①,两边悉八十棹,棹手皆
越人②,去来趣袭,捷过风
电。僧辩乃麾细船,皆令退
缩,悉使大舰夹泊两岸。贼
谓水军欲退,争出趋之,众
军乃棹大舰,截其归路,鼓
噪大呼,合战中江,贼悉赴
水。僧辩即督诸军沿流而
下,进军于石头之斗城③,作
连营以逼贼。贼乃横岭上
筑五城拒守,侯景自出,与
王师大战于石头城北。霸
先谓僧辩曰:"丑虏游魂④,
贯盈已稔,遘诛送死⑤,欲为

翻译

　　等到王师到达南州,贼帅侯子鉴等
率领骑兵步兵一万多人在岸上挑战,又
用一千艘鹋舸,都装载着士兵,每条鹋
舸的两边都有八十支桨,划船的都是越
人,来去迅疾,快过疾风闪电。王僧辩
指挥小船,全部向后退缩,让所有大船
停泊在两岸。贼寇以为水军要后退,于
是争相出动追击,众军这才划动大船,
截断贼寇的退路,擂鼓呐喊,在江中会
战,贼寇都跳入水中。僧辩当即都督各
军顺流而下,进军到石头城的斗城,修
筑连营以逼迫贼寇。贼寇于是在山岭
上建造连横五座城堡拒守,侯景亲自出
战,与王师在石头城北大战。陈霸先对
王僧辩说:"丑恶的贼寇已经恶贯满盈,
只欠被诛杀,想要决一死战,我众敌寡,
应当分散敌军势力。"霸先当即调遣二
千名强弓手攻击敌人西面的两座城堡,

一决，我众贼寡，宜分其势。"即遣强弩二千张攻贼西面两城，仍使结阵以当贼，僧辩在后麾军而进，复大破之。卢晖略闻景战败，以石头城降，僧辩引军入据之。景之退也，北走朱方⑥，于是景散兵走告僧辩，僧辩令众将入据台城。其夜，军人采梠失火，烧太极殿及东西堂等。时军人卤掠京邑，剥剔士庶⑦，民为其执缚者，衵衣不免⑧。尽驱逼居民以求购赎，自石头至于东城，缘淮号叫之声，震响京邑，于是百姓失望。

接着又结阵以抵抗贼寇，僧辩在后指挥部队前进，再次大破侯景。卢晖略得悉侯景战败，便以石头城投降，僧辩领兵进占石头城。侯景败退的时候，向北面的朱方逃窜，当时侯景溃散的士兵报告僧辩，僧辩命令众将入据台城。那一夜，军人拆取屋檐引起失火，烧毁了太极殿以及东西堂等。当时军人在首都抢劫，掠夺士族与平民，百姓遭他们拘捕捆缚的，有的人仅穿着内衣。他们竭力迫害居民，以求得获取赎金，从石头城一直到东城，沿着秦淮河的哭叫之声，震动首都，于是百姓都对官军失望。

注释 ① 鸼䑠(diāo liǎo)：船名。 ② 越人：今江浙一带人。 ③ 斗城：小城。 ④ 游魂：指斥敌寇之词。意谓不能久存。 ⑤ 逋(bū)：拖欠。 ⑥ 朱方：在今江苏丹徒。 ⑦ 剥剔(tī)：劫掠。 ⑧ 衵(nì)衣：内衣，贴身衣。

原文

僧辩命侯瑱、裴之横率精甲五千，东入讨景。僧辩收贼党王伟等二十余人，送于江陵。伪行台赵伯超自吴松江降于侯瑱①，瑱时送

翻译

王僧辩命令侯瑱、裴之横率领五千精锐，东进讨伐侯景。僧辩逮捕了贼党王伟等二十多人，押送去江陵。伪行台赵伯超在吴松江向侯瑱投降，侯瑱立时将他解送给僧辩，僧辩对伯超说："赵

至僧辩,僧辩谓伯超曰:"赵公,卿荷国重恩,遂复同逆。今日之事,将欲何如?"因命送江陵。伯超既出,僧辩顾坐客曰:"朝廷昔唯知有赵伯超耳,岂识王僧辩?社稷既倾②,为我所复,人之兴废,亦复何常?"宾客皆前称叹功德。僧辩瞿然③,乃谬答曰:"此乃圣上之威德,群帅之用命④。老夫虽滥居戎首,何力之有焉?"于是逆寇悉平,京都克定。

公,你身受国家重恩,竟然又与逆贼一起叛乱。今天的情况,该将如何处理呢?"接着命令送往江陵。伯超被押出后,僧辩环顾宾客说:"朝廷过去只知有赵伯超而已,哪里认识我王僧辩?国家即将倾覆,是被我所恢复,人的兴衰荣辱,又有什么常理?"宾客都上前赞叹他的功德。僧辩吃惊地望着大家,接着假意回答道:"这是因为圣上的威德,各位将领的效力。我这个老头子虽然位居军事首脑,又有什么能力呢?"到这时贼寇全部被扫平,首都安宁。

注释　① 行台:在地方代表朝廷行尚书省事的机构称行台,其长官也称行台。吴松江:又名松江,即今江苏太湖尾闾吴淞江。　② 社稷:国家的代称。③ 瞿(jù)然:惊顾貌。　④ 用命:听命,效力。

原文

世祖即帝位,以僧辩功,进授镇卫将军、司徒①,加班剑二十人②,改封永宁郡公,食邑五千户,侍中、尚书令、鼓吹并如故。

翻译

世祖登上帝位,因为王僧辩有功劳,授予他镇卫将军、司徒,又增加仪仗二十人,改封为永宁郡公,食邑五千户,侍中、尚书令、鼓吹全都依然如旧。

注释 ① 司徒：三公之一，南朝时为虚衔，不与朝政。 ② 班剑：饰有花纹的木剑。仪仗的代称。

原文

是后湘州贼陆纳等攻破衡州刺史丁道贵于渌口①，尽收其军实；李洪雅又自零陵率众出空灵滩②，称助讨纳。朝廷未达其心，深以为虑，乃遣中书舍人罗重欢征僧辩上就骠骑将军宜丰侯循南征。僧辩因督杜崱等众军，发于建业，师次巴陵，诏僧辩为都督东上诸军事，霸先为都督西上诸军事。先时霸先让都督于僧辩，僧辩不受，故世祖分为东西都督，而俱南讨焉。时纳等下据车轮③，夹岸为城，前断水势，士卒骁猛，皆百战之余，僧辩惮之，不敢轻进，于是稍作连城以逼贼。贼见不敢交锋，并怀懈息。僧辩因其无备，命诸军水步攻之，亲执旗鼓，以诫进止。

翻译

这以后湘州贼寇陆纳等在渌口击败衡州刺史丁道贵，缴获了他全部军事物资；李洪雅又从零陵率部出空灵滩，声称协助讨伐陆纳。朝廷不能洞悉李洪雅的真实意图，所以对他很不放心，于是派遣中书舍人罗重欢征召僧辩跟随骠骑将军宜丰侯萧循南征。王僧辩于是都督杜崱等部，从建业出发，到达巴陵，世祖诏令僧辩为都督东上诸军事，霸先为都督西上诸军事。早先霸先将都督之职让给僧辩，僧辩没有接受，所以世祖分为东西都督，命令他们一同南征。当时陆纳等占据车轮地方，对岸筑城，控制了水道，士兵凶悍勇猛，都身经百战，僧辩害怕他们，不敢贸然前进，于是慢慢建造连城以逼近贼寇。贼寇见僧辩不敢交战，心里都松懈散漫了。僧辩趁其不备，命令各军水陆进攻，僧辩亲自执掌旗鼓，以告诫部队的进退。于是各军争相出击，大战于车轮，与骠骑将军萧循合力苦战，攻陷了两座城池。贼寇大败，退保长沙，把居民驱赶进长沙城拒守。僧辩跟踪追击，命令修于是诸军竞出，大战于车轮，与骠骑循并力苦攻，陷其二城。贼大败，步走归保长沙，驱逼居民，入城拒守。僧辩追蹑，乃命筑垒围之，悉令诸军广建围栅，僧辩出坐垒上而自临视。贼望识僧辩，知不设备，贼党吴藏、李贤明等乃率锐卒千人，开门掩出，蒙楯直进④，径趋僧辩。时杜崱、杜龛并侍左右，带甲卫者止百余人，因下遣人与贼交战。李贤明乘铠马，从者十骑，大呼冲突，僧辩尚据胡床⑤，不为之动，于是指挥勇敢，遂获贤明，因即斩之。贼乃退归城内。初，陆纳阻兵内逆，以王琳为辞，云"朝廷若放王琳，纳等自当降伏"。于时众军并进，未之许也。而武陵王拥众上流⑥，内外骇惧，世祖乃遣琳和解之。至是湘州平。僧辩旋于江陵，因被诏会众军西讨，督舟师二万，舆驾

筑堡垒包围长沙，命令所有部队广建围栅，僧辩坐在陇上，亲临视察。贼寇远望认出僧辩，知道他没有防备，吴藏、李贤明等于是率领精锐一千人，打开城门突然出击，举着盾牌，径直扑向僧辩。当时杜崱、杜龛一同侍卫在僧辩左右，身披盔甲的卫士仅一百多人，僧辩派人下山与贼交战。李贤明骑着铠马，带领十名骑兵，呼喊着冲杀过来，僧辩依然坐在胡床上，不为所动，指挥勇士出击，于是抓获了贤明，当即杀死了他。贼寇才退回城内。当初，陆纳拥兵图谋反叛，以王琳为借口，说："朝廷如果释放王琳，陆纳肯归顺降服。"此时大军齐进，没有接受陆纳的条件。但是武陵王萧纪在上游拥有重兵，朝廷内外十分惊怕，世祖便释放王琳与陆纳和解。到这时湘州平定。僧辩凯旋至江陵，接着接受诏令会合各军西征，都督二万水军，世祖离开天居寺亲自为僧辩饯行。很快武陵王萧纪大败，僧辩从枝江回师江陵，不久去镇守建业。

出天居寺饯行⑦。俄而武陵败绩，僧辩自枝江班师于江陵⑧，旋镇建业。

注释 ① 渌口：在今湖南株洲南渌水入湘江口处。 ② 零陵：郡名。治所在今湖南零陵。空灵滩：在今湖南株洲南湘江畔。 ③ 车轮：在今湖南长沙湘江南岸。 ④ 楯：藤牌。 ⑤ 胡床：一种可以折叠的轻便坐具，行军床。 ⑥ 武陵王：名萧纪，高祖萧衍第八子。 ⑦ 天居寺：在今湖北江陵城内。 ⑧ 枝江：县名，在今湖北枝江西南。

原文

是月，居少时，复回江陵。齐主高洋遣郭元建率众二万，大列舟舰于合肥，将谋袭建业，又遣其大将邢景远、步大汗萨、东方老等率众继之。时陈霸先镇建康，既闻此事，驰报江陵，世祖即诏僧辩次于姑孰，即留镇焉。先命豫州刺史侯瑱率精甲三千人筑垒于东关，以拒北寇，征吴郡太守张彪、吴兴太守裴之横会瑱于关，因与北军战，大败之，僧辩率众军振旅于建业。……

顷之，丁母太夫人忧，

翻译

这个月，王僧辩在建业逗留不久，又回到江陵。北齐文宣帝高洋派郭元建率领二万人马，在合肥集结大量船舰，图谋袭击建业，又派遣他的大将邢景远、步大汗萨、东方老等率领大批部队接踵而来。当时霸先镇守建康，一获悉这个消息，迅速报告江陵，世祖立即诏令僧辩驻扎到姑孰，并镇守在那里。僧辩先命豫州刺史侯瑱率领三千精兵在东关修筑堡垒，以抵抗北军的进犯，调遣吴郡太守张彪、吴兴太守裴之横与侯瑱在东关会合，于是与北军交战，大败北军，僧辩率领大军凯旋至建业。……

不久，王僧辩遭遇母亲之丧，世祖派遣侍中谒者监护丧事，谥为贞敬太夫世祖遣侍中谒者监护丧事①，策谥曰贞敬太夫人。夫人姓魏氏。神念以天监初董率徒众据东关②，退保合肥濡湖西，因娶以为室，生僧辩。性甚安和，善于绥接，家门内外，莫不怀之。初，僧辩下狱，夫人流泪徒行，将入谢罪，世祖不与相见。时贞惠世子有宠于世祖③，军国大事多关领焉。夫人诣阁，自陈无训，涕泗呜咽，众并怜之。及僧辩免出，夫人深相责励，辞色俱严。云："人之事君，惟须忠烈，非但保祐当世，亦乃庆流子孙④。"及僧辩克复旧京⑤，功盖天下，夫人恒自谦损，不以富贵骄物。朝野咸共称之，谓为明哲妇人也。及既薨殒⑥，甚见愍悼⑦。且以僧辩勋业隆重，故丧礼加焉。灵柩将归建康，又遣谒者至舟渚吊祭。……

人。夫人姓魏。王神念在天监初带领部属占据东关，又退保合肥濡湖西，于是娶魏氏为妻，生下僧辩。夫人性情十分安详平和，善于接人待物，家庭内外，没有人不怀念她。当初，僧辩下狱，夫人流泪步行，准备入宫谢罪，世祖不与她相见。当时贞惠世子萧方诸受宠于世祖，军国大事多由他主持。夫人前往贞惠世子官邸，自述训子无方，涕泪俱下，大家都可怜她。等到僧辩被赦免放出，夫人对他严加责备，声色俱厉。夫人说："人臣事奉君主，必须忠诚刚烈，不仅要保祐当世之人，也要让福泽流传给子孙。"等到王僧辩收复建康，功勋压倒一世，夫人总是谦虚退让，不因为富贵而盛气凌人。朝廷内外都称赞她，称她为明智的妇人。夫人去世后，深受哀悼。又因为僧辩功勋卓著，所以丧礼超过了规格。灵柩将要迎回建康，世祖又派谒者前往停船的小渚边祭奠。……

注释 ① 侍中谒者：官名。掌引见臣下，传达使命。 ② 董率：督率。 ③ 贞惠世子：即萧方诸，世祖萧绎第二子。皇帝或诸侯的嫡长子称世子。 ④ 庆：福泽。 ⑤ 旧京：指建康。世祖于江陵即位，即以此为都，故以建康为旧京。 ⑥ 薨（hōng）殒：去世。 ⑦ 愍（mǐn）悼：哀悼；哀怜。

原文

其年十月，西魏相宇文黑泰遣兵及岳阳王众合五万①，将袭江陵，世祖遣主书李膺征僧辩于建业，为大都督、荆州刺史。别敕僧辩云："黑泰背盟，忽便举斧。国家猛将，多在下流，荆陕之众，悉非劲勇。公宜率貔虎②，星言就路③，倍道兼行，赴倒悬也④。"僧辩因命豫州刺史侯瑱等为前军，兖州刺史杜僧明等为后军。处分既毕，乃谓膺云："泰兵骁猛，难与争锐，众军若集，吾便直指汉江，截其后路。凡千里馈粮，尚有饥色，况贼越数千里者乎？此孙膑克庞涓时也⑤。"俄而京城陷没，宫车晏驾⑥。及敬帝初

翻译

那一年（554）十月，西魏宰相宇文黑泰调遣部队与岳阳王萧詧的人马合计五万，准备袭击江陵，世祖派主书李膺到建业召王僧辩，任命他为大都督、荆州刺史。世祖特别告诫僧辩说："黑泰背弃盟约，突然就举兵进犯。国家的猛将大多在长江下游，荆陕之地的部队都不是精锐。你应当率领勇武之师，星夜上道，兼程赶路，来解救困苦危难。"僧辩于是命令豫州刺史侯瑱等为先锋，兖州刺史杜僧明等为后续部队。安排部署完毕，僧辩就对李膺说："黑泰的士兵骁勇凶猛，难以与他们争强，敌人各部如果会集，我就直指汉江，切断他的退路。大凡从千里之外运粮，士兵尚且面有饥色，何况贼寇远行了数千里呢？这正是孙膑打败庞涓的时机。"很快京城陷落，世祖驾崩。等到敬帝萧方智刚刚即位，僧辩因参与拥立敬帝的功劳，被进封为骠骑大将军、中书监、都督中外诸军事、录尚书，与陈霸先商讨进攻西魏。

即梁主位,僧辩预树立之功,承制进骠骑大将军、中书监、都督中外诸军事、录尚书⑦,与陈霸先参谋讨伐。

注释 ①岳阳王:即萧詧。 ②貔(pí)虎:貔与虎皆为猛兽,故用以喻勇士。 ③星言:披着星星。 ④倒悬:头向下脚向上地被倒挂,比喻处境极困苦危急。 ⑤"此孙膑"句:孙、庞分别为战国齐军师和魏将,二人尝同学兵法。魏惠王二十八年(前342)魏攻韩,次年齐救韩,采用孙膑策略,诱使庞涓兼程追击,在马陵(今河南范县西南)中伏大败,自刭而死。 ⑥晏驾:古代称帝王死亡的讳辞。 ⑦骠骑大将军:将军名号,位同三公。中书监:中书省长官,与中书令职务相当而位次略高。掌握机要,地位显贵。录尚书:官名。魏、晋、南北朝时,凡掌重权的大臣每带此名号。独揽大权,无所不总。

原文

时齐主高洋又欲纳贞阳侯渊明以为梁嗣。……

贞阳承齐遣送,将届寿阳。贞阳前后频与僧辩书,论还国继统之意①,僧辩不纳。及贞阳、高涣至于东关,散骑常侍裴之横率众拒战,败绩,僧辩因遂谋纳贞阳,仍定君臣之礼。……

贞阳既践伪位,仍授僧辩大司马②,领太子太傅、扬

翻译

当时齐主高洋又想立贞阳侯萧渊明为梁朝皇帝。……

贞阳侯依靠北齐的遣送,将要到达寿阳。贞阳侯先后多次致信王僧辩,商讨回国继承帝位的意图,僧辩没有接受。等到贞阳侯萧渊明和高涣抵达东关,散骑常侍裴之横率领大军抵抗,大败,僧辩于是图谋迎立贞阳侯,接着两人确定了君臣之礼。……

贞阳侯登上帝位后,接着封王僧辩为大司马,任太子太傅、扬州牧,其余一切如旧。陈霸先当时为司空、南徐州刺

州牧③，余悉如故。陈霸先时为司空、南徐州刺史，恶其翻覆④，与诸将议，因自京口举兵十万⑤，水陆俱至，袭于建康。于是水军到，僧辩常处于石头城，是日正视事，军人已逾城北而入，南门又驰白有兵来。僧辩与其子颁遽走出阁⑥，左右心腹尚数十人。众军悉至，僧辩计无所出，乃据南门楼乞命拜请。霸先因命纵火焚之，方共颁下就执。霸先曰："我有何辜？公欲与齐师赐讨。"又曰："何意全无防备？"僧辩曰："委公北门，何谓无备？"尔夜斩之。……

史，憎恶僧辩的反复多变，与众将商议，于是从京口发兵十万，水陆并进，攻袭建康。当时水军到达，僧辩经常在石头城，这一天正在处理公务，军人已经从城北攀墙而入，南门又飞报有士兵攻来。僧辩与他的儿子王颁匆忙逃出官邸，左右还有数十名心腹。大军全部来到，僧辩无计可施，便据守南门楼乞求饶命。霸先于是命令纵火焚烧南门楼，僧辩才与王颁下楼就擒。霸先说："我有何罪？你要与北齐军队讨伐我。"又说："为什么全无防备？"僧辩说："将北方门户托付给你，怎么叫没有防备？"陈霸先当天夜里杀死了僧辩。……

注释 ① 继统：继承统治之位。 ② 大司马：官名。位在三公之上，为荣宠之官。③ 太子太傅：辅导太子的官。扬州牧：扬州的军政长官。 ④ 翻覆：反复，变化。⑤ 京口：在今江苏镇江。凭山临江，为长江下游军事镇和首都建康的北方门户。⑥ 颁：音 wěi。

范　缜　传

导读

范缜(约 450—约 510),是齐梁间杰出的唯物主义思想家和无神论者。出身寒微,少年时曾跟随名儒刘瓛学习,勤奋刻苦,博通经学儒术。范缜性格质朴坦率,不慕富贵。

齐梁之际,佛教炽盛。范缜于齐竟陵王萧子良西邸以落花为喻,说明富贵贫贱的偶然和因果报应的无稽。他著《神灭论》,驳难佛教神学以及其他鬼神信仰,引起社会震动。范缜以不能"卖官取论"拒绝过萧子良的劝诱(见《南史·范缜传》);天监六年(507),梁武帝召集王公朝贵及僧正六十余人反驳《神灭论》,范缜仍不为所屈,表现了可贵的坚持真理的精神。

《神灭论》是中国哲学史及无神论史上的一篇重要文献,思想深刻,议论风生。因篇幅较长,这里仅节取其一二,略窥其精义与风采。(选自卷四八)

原文

范缜,字子真,南乡舞阴人也①,晋安北将军汪六世孙。祖璩之②,中书郎③。父濛,早卒。

翻译

范缜,字子真,南乡舞阴人,是晋安北将军范汪的六世孙。祖父范璩之,官至宋中书郎。父亲范濛,早死。

注释　①舞阴:县名。故城在今河南泌阳西北。　②璩:音 qú。　③中书郎:官名。即中书侍郎。是中书监、令的副职,参与朝政。

原文

　　缜少孤贫，事母孝谨。年未弱冠，闻沛国刘瓛聚众讲说①，始往从之，卓越不群而勤学，瓛甚奇之，亲为之冠，在瓛门下积年，去来归家，恒芒屩布衣②，徒行于路。瓛门多车马贵游，缜在其门，聊无耻愧。既长，博通经术，尤精"三礼"③。性质直。好危言高论，不为士友所安；唯与外弟萧琛相善，琛名曰口辩④，每服缜简诣。

翻译

　　范缜年轻时孤苦贫困，侍奉寡母孝顺而恭谨。二十岁以前，听说沛国学者刘瓛聚众讲学，开始前往追随他学习。范缜为人超拔与众不同，又勤奋好学，刘瓛特别看重他，亲自为他行加冠礼。范缜在刘瓛门下多年，往返家中，始终草鞋布衣，徒步行走。刘瓛门下大多为骑马乘车的贵族子弟，范缜生活在刘瓛门下，丝毫也不觉得羞耻惭愧。成年后，范缜博通经学儒术，尤其精于"三礼"。范缜性情耿直坦率，喜欢发表惊人的宏论，使朋友们常感不安；只与表弟萧琛相友好，萧琛以口才出众、能言善辩而闻名，却每每服膺范缜的言简意赅。

注释　　① 沛国：郡名。治所在今安徽濉溪西北。瓛：音 huán。　② 芒屩(juē)：草鞋。　③ 三礼：儒家经典《仪礼》《周礼》《礼记》三书的合称。　④ 口辩：口才出众，能言善辩。

原文

　　起家齐宁蛮主簿①，累迁尚书殿中郎②。永明年中，与魏氏和亲，岁通聘好③，特简才学之士④，从为行人⑤，缜

翻译

　　范缜最初出仕齐宁蛮主簿，后累经升迁为尚书殿中郎。齐武帝永明年间，齐与北魏关系和睦，每年都遣使问候致意，特别挑选才学之士作为使者。范缜与堂弟范云、萧琛、琅邪颜幼明、河东裴

及从弟云、萧琛、琅邪颜幼明、河东裴昭明相继将命⑥，皆著名邻国。于时竟陵王子良盛招宾客，缜亦预焉。建武中，迁领军长史⑦。出为宜都太守⑧，母忧去职。归居于南州⑨。义军至，缜墨经来迎⑩。高祖与缜有西邸之旧，见之甚悦。及建康城平，以缜为晋安太守⑪，在郡清约，资公禄而已。视事四年⑫，征为尚书左丞⑬。缜去还，虽亲戚无所遗⑭，唯饷前尚书令王亮⑮。缜仕齐时，与亮同台为郎，旧相友，至是亮被摈弃在家。缜自迎王师，志在权轴⑯，既而所怀未满，亦常怏怏⑰，故私相亲结，以矫时云。后竟坐亮徙广州⑱，语在亮传。

昭明相继领命出使，全都扬名于北魏。当时竟陵王萧子良广招宾客，范缜也在其中。齐明帝建武年间，范缜转任领军长史，后离开首都出任宜都太守，因母亲去世离职，回来住在南州。梁军抵达南州，范缜身披丧服迎接。高祖与范缜在萧子良西邸时即有旧交，见到他非常愉快。等到都城建康平定，任命范缜为晋安太守。范缜在任上清廉节俭，只依靠俸禄生活。任职四年后，征聘为尚书左丞。范缜离京城或还京城，即使是亲戚也无所馈赠，却唯独接济原齐尚书令王亮。范缜在齐为官时，与王亮同在尚书省任职，过去是老朋友，如今王亮却遭到排斥，闲居在家。范缜亲自迎候梁军，志向在于位居权力中枢，最终因期望未获满足，也常常感到不满，所以与王亮私自亲近交结，以此来矫正时风世习。最后竟因为王亮的原因被流放到广州，这件事已写在王亮传中。

注释　①宁蛮：府名，治所在今湖北襄阳东。　②尚书殿中郎：官名。掌殿内兵马、仓库等。　③聘好：问候致意。　④简：同“柬”，选择。　⑤行人：使者的通称。　⑥琅邪：郡名，治所在今山东临沂西。河东：郡名，治所在今山西永济西南蒲州镇。将命：奉命。　⑦领军长史：太守属官，辅佐太守，掌一郡兵马。　⑧宜都：郡名，治所在今湖北宜都。　⑨南州：东晋南朝时以姑孰（今安徽当涂）为南州。　⑩墨经

(dié)：丧服。绖，指丧服中的麻带。　⑪ 晋安：郡名，治所在今福建福州。　⑫ 视事：就职治事。　⑬ 尚书左丞：尚书省重要官员，职掌文书章表奏事等。　⑭ 遗(wèi)：赠予。　⑮ 尚书令：尚书省最高长官。　⑯ 权轴：权力中枢。　⑰ 怏怏(yàng)：因不满而感到不快。　⑱ 广州：治所在今广东广州。

原文

　　初，缜在齐世，尝侍竟陵王子良。子良精信释教，而缜盛称无佛。子良问曰："君不信因果，世间何得有富贵，何得有贱贫？"缜答曰："人之生譬如一树花，同发一枝，俱开一蒂，随风而堕，自有拂帘幌坠于茵席之上①，自有关篱墙落于粪溷之侧②。坠茵席者，殿下是也；落粪溷者，下官是也。贵贱虽复殊途，因果竟在何处？"子良不能屈，深怪之。缜退论其理，著《神灭论》曰：

翻译

　　当初，范缜在萧齐时代，曾经做过竟陵王萧子良的宾客。子良真诚地信仰佛教，可范缜却竭力宣讲佛不存在。子良问道："您不相信因果报应，那为什么世上有贫富之分、贵贱之别？"范缜回答说："人生在世犹如一棵树上的花，开放在同一树枝之上，都开一蒂，随风飘落，有的因帘幌拂动而落在茵席之上，有的被篱墙阻隔而坠于粪坑之旁。落在茵席上的，就像殿下您；坠于粪坑旁的，好比下官我。贵贱虽然不同，但因果报应究竟表现在哪里？"子良不能使范缜屈服，深以为怪。范缜回来进一步论述自己的理论，著《神灭论》认为：

注释　　① 茵席：褥垫。　② 粪溷(hùn)：厕所。

原文

　　"……神即形也，形即神也，是以形存则神存，形

翻译

　　"……精神离不开形体，形体也离不开精神，所以形体存在精神就存在，

谢则神灭也。……

"形者神之质，神者形之用，是则形称其质，神言其用，形之与神，不得相异也。……

"神之于质，犹利之于刀，形之于用，犹刀之于利，利之名非刀也，刀之名非利也。然而舍利无刀，舍刀无利，未闻刀没而利存，岂容形亡而神在？……"

此论出，朝野喧哗，子良集僧难之而不能屈[①]。

缜在南累年，追还京。既至，以为中书郎、国子博士[②]，卒官。文集十卷。

形体消亡精神也就消亡了。……

"形体是精神所依托的物质实体，精神则是形体的功能，因此形体代表它的客观存在，精神代表它的实际效用，形体与精神，是不可分割的。……

"精神之于形体，好比刀的锋利存在于刀刃；形体之于功能，好比刀刃孕含着锋利。锋利的名称并非刀刃，刀刃的名称也并非锋利。但是离开了锋利就无所谓刀刃，离开了刀刃也就无锋利可言。从来没听说过刀刃不存在而锋利还存在，哪里会有形体消亡了而精神还存在？……"

这种理论流传开来，朝野议论纷纷，子良召集僧人诘难范缜但不能将他驳倒。

范缜在南方多年，后被召回京城。一到京城，便任命他为中书郎、国子博士，死于任上。有文集十卷。

注释　① 难(nàn)：诘难。　② 国子博士：国子学的教授官。国子为封建王朝的教育管理机构和最高学府。

何 逊 传

导读

何逊(？—518？)，东海郯(今山东郯城)人，梁文学家，宋天文学家何承天曾孙。幼聪慧，八岁时即能赋诗，其文才深得文坛耆宿的赏识，范云与之结为忘年交。官至尚书水部郎，世称"何水部"。诗与阴铿齐名，世号"阴何"；文与刘孝绰齐名，世称"何刘"。杜甫盛赞何逊之学，并在《解闷十二首》自称"颇学阴何苦用心"。(选自卷四九)

原文

何逊，字仲言，东海郯人也①。曾祖承天，宋御史中丞②。祖翼，员外郎③。父询，齐太尉中兵参军。

翻译

何逊，字仲言，东海郯人。曾祖何承天，任宋御史中丞。祖父何翼，为员外郎。父亲何询，任齐太尉中兵参军。

注释 ① 东海：郡名。治所在今山东郯城北。郯(tán)：县名。治所在今山东郯城北。 ② 御史中丞：御史台长官，执掌监察执法，威权颇重。 ③ 员外郎：即员外散骑侍郎，为皇帝近侍官之一。

原文

逊八岁能赋诗，弱冠州举秀才①，南乡范云见其对策②，大相称赏，因结忘年交

翻译

何逊八岁便能赋诗，二十岁时被州府举荐为秀才，南乡范云读了他写的对策，大为赞赏，与他结下忘年深交。从

好。自是一文一咏,云辄嗟赏,谓所亲曰:"顷观文人,质则过儒,丽则伤俗;其能含清浊,中今古,见之何生矣。"沈约亦爱其文,尝谓逊曰:"吾每读卿诗,一日三复,犹不能已。"其为名流所称如此。

此以后,对何逊的每一篇诗文,范云总是欣赏赞叹,他向亲近的人说:"我考察当今的文人,有的过分朴实而显得拘泥呆板,有的刻意藻饰又犯了俗气的毛病;能够谐调清浊,融通古今的,只体现在何逊身上。"沈约也喜爱何逊的文章,曾对何逊说:"我每次诵读卿的诗作,一日反复咀嚼,仍然不忍释手。"何逊受到文坛名流的赞誉就是这样。

注释 ① 秀才:汉以来为举荐科目之一。南北朝时最重此科。 ② 南乡:郡名,治所在今河南淅川西南。对策:应荐举、科举的人对答皇帝有关政治、经义的策问叫"对策"。

原文

天监中,起家奉朝请,迁中卫建安王水曹行参军,兼记室①。王爱文学之士,日与游宴,及迁江州,逊犹掌书记②。还为安西安成王参军事,兼尚书水部郎③,母忧去职。服阕,除仁威庐陵王记室,复随府江州,未几卒。东海王僧孺集其文为八卷。

翻译

天监年间,何逊最初出仕任奉朝请,后升任中卫建安王水曹行参军,兼任记室。建安王喜爱文学之士,天天与他们游玩宴乐,等建安王迁到江州,何逊仍然掌书记。回京后任安西安成王参军事,兼尚书水部郎,因母亲去世辞去官职。服丧期满,官拜仁威庐陵王萧续的记室,又跟随王府转到江州,不久去世。东海王僧孺将他的诗文结集成八卷。

注释 ① 记室：掌章表书记文檄的官员。 ② 书记：掌书牍记录的官员。 ③ 水部郎：掌有关水道政令的官员，属尚书省。

原文

初，逊文章与刘孝绰并见重于世，世谓之"何刘"。世祖著论论之云："诗多而能者沈约，少而能者谢朓、何逊。"

翻译

当初，何逊的文章与刘孝绰的文章都受到世人推重，称他们为"何刘"。世祖萧绎著文评论道："诗作多而又好的是沈约，诗作少而又精的是谢朓、何逊。"

刘 峻 传

导读

刘峻(462—521),字孝标,梁文学家、哲学家。幼年为北魏所掳,颠沛流离,历尽艰辛。后被人赎回,读书勤奋刻苦。南归后,嗜书有逾既往,广求异书,被人称为"书淫"。刘峻博通群书,文藻出众。入梁,奉命编纂《类苑》。梁武帝招揽文学之士,刘峻因不肯随俗浮沉而不见用,著《辩命论》以寄怀。在东阳紫岩山讲学,从学的人很多。

刘峻曾为《世说新语》作注,引证丰富,为后世所重。(选自卷五〇)

原文

刘峻,字孝标,平原平原人^①。父斑,宋始兴内史^②。

翻译

刘峻,字孝标,是平原郡平原县人。父亲刘斑,为宋始兴内史。

注释

① 平原平原:平原郡平原县,治所在今山东平原西南。 ② 始兴:郡名。治所在今广东始兴。内史:官名。负责政务。

原文

峻生期月,母携还乡里。宋泰始初,青州陷魏^①,峻年八岁,为人所略至中山^②,中山富人刘实愍峻,以束帛赎之^③,教以书学。魏

翻译

刘峻出生满月后,母亲带他返回家乡。宋明帝泰始年初,青州陷落于北魏,刘峻当时八岁,被人劫掠到中山,中山的富人刘实怜悯刘峻,用五匹帛将他赎出,教他学习典籍。魏人听说他在江南有亲属,再次把他迁移到桑干。刘峻

人闻其江南有戚属,更徙之桑干④。峻好学,家贫,寄人庑下,自课读书,常燎麻炬,从夕达旦,时或昏睡,爇其发⑤,既觉复读,终夜不寐,其精力如此。齐永明中,从桑干得还,自谓所见不博,更求异书,闻京师有者,必往祈借,清河崔慰祖谓之"书淫"⑥。时竟陵王子良博招学士,峻因人求为子良国职,吏部尚书徐孝嗣抑而不许,用为南海王侍郎⑦,不就。至明帝时,萧遥欣为豫州,为府刑狱,礼遇甚厚。遥欣寻卒,久之不调。天监初,召入西省,与学士贺踪典校秘书。峻兄孝庆,时为青州刺史,峻请假省之,坐私载禁物,为有司所奏,免官。安成王秀好峻学,及迁荆州,引为户曹参军⑧,给其书籍,使抄录事类,名曰《类苑》,未及成,复以疾去,因游东阳紫岩山⑨,筑室居焉。

喜好学习,因家中贫困而寄人篱下,自己督促自己读书,经常燃麻为灯,通宵达旦,有时沉睡过去,烧着了头发,惊醒后又继续读书,通宵不睡,他的精神与毅力如此坚强。齐武帝永明年间,刘峻从桑干返回故乡,他认为自己见识不广,就更广泛地涉猎不寻常的书籍,听说京城有拥有这类书的人,必定前往求借,清河人崔慰祖称他是"嗜书成癖的人"。当时竟陵王萧子良广招有学之士,刘峻托人请求萧子良推荐自己出任朝官,遭到吏部尚书徐孝嗣的压制和反对,被任命为南海王侍郎,刘峻没有上任。到齐明帝时,萧遥欣任豫州刺史,刘峻主持府中刑狱事务,受到很优厚的待遇。不久萧遥欣去世,刘峻长久不得升迁。梁武帝天监初年,刘峻被征召进中书省,与学士贺踪一起校勘不公开的书籍。刘峻的兄长刘孝庆,当时任青州刺史,刘峻请假去探望他,犯下私自运载违禁物品之罪,被有关部门告发,被罢免了官职。安成王萧秀喜欢刘峻的学问,他升任荆州刺史后,引荐刘峻为户曹参军,提供给他书籍,让他按事分类进行抄录,书名叫《类苑》,没等到完成,刘峻又因疾病离去,于是游历东阳紫岩山,在那里建房居住下来。撰写了《山栖志》,文笔非常优美。

为《山栖志》，其文甚美。

注释　① 青州：治所在今山东青州。　② 中山：郡名，治所在今河北定州。 ③ 束帛：帛为丝织品的总称。五匹帛为一束。　④ 桑干：郡名，治所在今山西山阳 东南。　⑤ 爇（ruò）：点燃。　⑥ 清河：郡名，治所在今山东临清东北。 ⑦ 南海王：即萧大临，太宗萧纲子。侍郎：蕃王国属官。　⑧ 户曹参军：官名，掌民 户等。　⑨ 紫岩山：在今浙江兰溪东。

原文

　　高祖招文学之士，有高才者，多被引进，擢以不次。峻率性而动，不能随众沉浮，高祖颇嫌之，故不任用。峻乃著《辨命论》以寄其怀。……

　　峻又尝为《自序》，其略曰："余自比冯敬通①，而有同之者三，异之者四。何则？敬通雄才冠世，志刚金石；余虽不及之，而节亮慷慨，此一同也。敬通值中兴明君，而终不试用；余逢命世英主，亦摈斥当年，此二同也。敬通有忌妻，至于身操井臼；余有悍室，亦令家

翻译

　　高祖招纳文学之士，有突出才能的人，大多受到推荐，不按常规加以提拔。刘峻放纵性情，不能与众人一样从俗，高祖很讨厌他，所以不予任用。刘峻于是撰写了《辨命论》以寄托自己的情怀。……

　　刘峻又曾经写了《自序》，它的大意是："我将自己与冯敬通相比，与他相同的有三点，与他不同的有四点。有些什么同异呢？冯敬通雄才大略举世无双，意志坚如金石；我虽然比不上他，但也是高风亮节，意气慷慨，这是第一点相同处。冯敬通遇上了光武帝刘秀那样的中兴明君，但最终没有得以施展才能；我碰着了高祖萧衍这样的盖世君主，也被排斥不用，这是第二点相同处。冯敬通家有好妒的妻子，落到自己要亲自操持家务；我有

道辗轲，此三同也。敬通当更始之世，手握兵符，跃马食肉；余自少迄长，戚戚无欢，此一异也。敬通有一子仲文，官成名立；余祸同伯道②，永无血胤，此二异也。敬通膂力方刚，老而益壮；余有犬马之疾③，溘死无时④，此三异也。敬通虽芝残蕙焚，终填沟壑，而为名贤所慕，其风流郁烈芬芳，久而弥盛；余声尘寂漠，世不吾知，魂魄一去，将同秋草，此四异也。所以自力为叙，遗之好事云。"

凶蛮的老婆，也让家境坎坷多艰，这是第三点相同处。冯敬通身逢刘玄更始时代，手握兵权，飞马吃肉；我从小到大，郁郁无欢，这是第一点不同处。冯敬通有个儿子仲文，功成名就；我遭遇到与邓伯道一样的灾难，永远没有传宗接代的子孙，这是第二点不同处。冯敬通体魄强健，老当益壮；我有疾病在身，可能会突然死去，这是第三点不同处。冯敬通虽然像香草一样凋零，最终被埋葬在沟壑之中，但他受到名人贤士的仰慕，他的风韵芳香浓烈，时间越久，芬芳越浓郁；我却声名寂寥，不被世人所知，一旦魂魄逝去，将会像秋草一样枯萎，这是第四点不同处。因此我尽自己的力量将我自己叙述出来，留给喜欢多事的人。"

注释 ①冯敬通：东汉初人冯衍，字敬通。冯衍很自负，但得不到刘秀的信任与重用。 ②伯道：西晋邓攸的字。邓攸无后代。 ③犬马之疾：对自己病的谦称。 ④溘（kè）：忽然。

原文

峻居东阳，吴、会人士多从其学。普通二年，卒，时年六十。门人谥曰玄靖先生。

翻译

刘峻身居东阳，吴郡、会稽的人大多追随他学习。普通二年（521），刘峻去世，终年六十岁。门下弟子给他加以玄靖先生的谥号。

陶 弘 景 传

导读

　　陶弘景(456—536)是齐梁时期的道教思想家、医药学家。少年时曾得葛洪《神仙传》,潜心研读,遂生发养生修道之志。读书破万卷,"一事不知,以为深耻"(见《南史·隐逸·陶弘景传》)。善琴棋书画,好著述,兼通阴阳五行、天文历算、地理山川、医学药学以及炼丹养生等等,学问广博。曾经跟随道教学者孙游岳学习,后隐居于句容茅山修道,创立道教茅山派。自号"华阳隐居"。性爱山水,遍游名山,寻访仙药,每遇佳景,流连忘返。与梁武帝萧衍有旧谊,深受器重,虽然隐居山中,但朝廷大事多向他咨询,时人称为"山中宰相"(同上)。曾自誓受佛教的五大戒。梁武帝大同二年(536)卒,谥"贞白先生"。(选自卷五一)

原文

　　陶弘景,字通明,丹阳秣陵人也。初,母梦青龙自怀而出,并见两天人手执香炉来至其所,已而有娠,遂产弘景。幼有异操。年十岁,得葛洪《神仙传》[①],昼夜研寻,便有养生之志。谓人曰:"仰青云,睹白日,不觉为远矣。"及长,身长七尺四

翻译

　　陶弘景,字通明,丹阳秣陵人。当初,陶弘景的母亲梦见青龙从怀中飞出,同时看见两位天人手拿香炉到她住的地方,不久便怀孕了,于是生下弘景。弘景小时候就有特异的操行。十岁时,他得到葛洪的《神仙传》,日夜研读探求,于是萌生了探寻养生之法的志向,他对人说:"仰望青天,看着太阳,不觉得距离很遥远了。"成年后,身高七尺四寸,神态仪表明朗清秀,眉目舒展有神,

寸,神仪明秀,朗目疏眉,细形长耳。读书万余卷。善琴棋、工草隶。未弱冠,齐高帝作相,引为诸王侍读②,除奉朝请③。虽在朱门④,闭影不交外物,唯以披阅为务。朝仪故事⑤,多取决焉。永明十年,上表辞禄,诏许之,赐以束帛。及发,公卿祖之于征虏亭⑥,供帐甚盛,车马填咽⑦,咸云宋、齐已来,未有斯事。朝野荣之。

身材瘦削,双耳很大。读书万余卷。擅长弈棋抚琴,工于草、隶书法。未满二十岁时,齐高帝萧道成为宰相,引荐弘景为诸王侍读,官拜奉朝请。弘景虽然身在官府豪门,却闭门不出,断绝交游,专以读书为务。朝廷礼仪和典章制度,多取决于弘景。齐武帝永明十年(492),陶弘景上表辞职,武帝下诏准许,并赐给他许多绸缎。临别,公卿们在征虏亭为他饯行,场面盛大,车马阻塞了道路。人们都说自从宋、齐以来,没有过如此隆重的送行。朝廷内外都认为这是光荣的事。

注释 ① 葛洪:东晋道教理论家、医学家、炼丹术家。自号抱朴子。著有《神仙传》,共十卷,今存。 ② 侍读:官名。职务是为诸王讲学。 ③ 奉朝请:本为贵族、官僚定期朝见皇帝的称谓。南朝时,为安置闲散官员的官位。 ④ 朱门:古代王侯贵族的住宅大门漆成红色以示尊贵,故以"朱门"为贵族宅邸的代称。 ⑤ 故事:旧日的典章制度。 ⑥ 祖:设宴饯行。征虏亭:东晋时建,在今江苏南京长江边。 ⑦ 咽(yè):阻塞。

原文

于是止于句容之句曲山①。恒曰:"此山下是第八洞宫②,名金坛华阳之天,周回一百五十里。昔汉有咸阳三茅君得道,来掌此山,

翻译

当时陶弘景居住在句容的句曲山。他常说:"这山下是神仙居住的第八洞宫,名叫金坛华阳之天,方圆一百五十里。过去汉代有咸阳三茅君修炼得道后,来主管此山,所以称它为茅山。"于

故谓之茅山。"乃中山立馆，自号华阳隐居。始从东阳孙游岳受符图经法③。遍历名山，寻访仙药。每经洞谷，必坐卧其间，吟咏盘桓④，不能已已。时沈约为东阳郡守，高其志节，累书要之⑤，不至。

是陶弘景就在山中修建馆舍，自称为"华阳隐居"。弘景起初跟随东阳的孙游岳学习符图经法。他遍游名山，访仙求药。每经深洞幽谷，必定于其间坐卧流连，吟咏徘徊，不舍离去。当时沈约为东阳郡太守，认为他的志向节操高尚，一再写信邀请他，弘景始终没有前去。

注释　①句容：县名，今属江苏镇江。句曲山：即茅山，在江苏句容东。　②洞宫：道教谓神仙所居之处。　③东阳：郡名。治所在今浙江金华。　④盘桓：徘徊，逗留。　⑤要（yāo）：同"邀"。

原文

　　弘景为人，圆通谦谨，出处冥会①，心如明镜，遇物便了，言无烦舛②，有亦辄觉。建武中，齐宜都王铿为明帝所害，其夜，弘景梦铿告别，因访其幽冥中事③，多说秘异；因著《梦记》焉。

翻译

　　陶弘景为人处世灵通随和，谨慎谦逊，无论出仕还是隐居，都应付自如，心如明镜，对事物一接触就很清楚明白，言谈简洁无差错，有错也能立即发觉。建武年中，齐宜都王萧铿被齐明帝萧鸾杀害，那天夜晚，弘景梦见萧铿前来诀别，就趁机探访了阴曹地府的情形，所听说的都很诡秘奇异，弘景因而撰写了《梦记》。

注释　①出处：出仕与隐退。冥会：自然契合。　②舛（chuǎn）：错乱。　③幽冥：地府，阴间。

原文

永元初，更筑三层楼，弘景处其上，弟子居其中，宾客至其下，与物遂绝，唯一家僮得侍其旁。特爱松风，每闻其响，欣然为乐。有时独游泉石，望见者以为仙人。

性好著述，尚奇异，顾惜光景，老而弥笃。尤明阴阳五行①、风角星算②、山川地理、方图产物、医术本草③。著《帝代年历》，又尝造浑天象，云："修道所须，非止史官是用。"

翻译

齐东昏侯永元初年（499），陶弘景又修建了三层楼，弘景居上，弟子居中，宾客来则住底层，从此与外界断绝来往，仅有一家僮在身边侍候。弘景特别爱听松林中的风声，每每听见风吹松响，都欣然以此为乐。有时独自漫游于泉石之间，看见的人以为他是神仙。

陶弘景秉性喜欢著述，崇尚奇异诡怪，珍惜光阴，年老时更加如此。尤其通晓阴阳五行、风角星算、山川地理、方图物产、医术本草。著有《帝代年历》，又曾制造浑天象，他说："这是修道所必需的，不仅仅是史官使用它。"

注释 ① 阴阳五行：古代以阴阳代表和解释事物的相互对立与消长变化。五行指水、火、木、金、土五种物质，以此说明万物的起源及多样性的统一。 ② 风角：根据对风的观察以卜吉凶的一种迷信术数。星算：天文历算。 ③ 本草：中药的统称。

原文

义师平建康，闻议禅代①，弘景援引图谶②，数处皆成"梁"字，令弟子进之。高祖既早与之游，及即位

翻译

梁军平定建康，陶弘景听人议论禅位之事，就引用图谶，结果多处都构成"梁"字，于是命令弟子进呈高祖。高祖和弘景早有旧交，等到高祖即位后，对他的恩宠礼遇更加深厚，书信往来不

后,恩礼逾笃,书问不绝,冠盖相望。

断,前来探望他的达官贵人络绎不断。

注释 ① 禅:以帝位让人叫禅。 ② 图谶(chèn):作为吉凶的符验或征兆的隐语或预言。

原文

天监四年,移居积金东涧。善辟谷导引之法①,年逾八十而有壮容。深慕张良之为人②,云"古贤莫比"。曾梦佛授其菩提记③,名为胜力菩萨。乃诣鄮县阿育王塔自誓④,受五大戒⑤。后太宗临南徐州⑥,钦其风素,召至后堂,与谈论数日而去,太宗甚敬异之。大通初,令献二刀于高祖,其一名善胜,一名威胜,并为佳宝。

翻译

梁武帝天监四年(505),弘景移居到积金东涧。他精通辟谷导引等养生之法,年过八旬却依然葆有壮年人的容貌。弘景非常仰慕张良的为人,说:"古来的贤人,无人能与他相比。"曾经梦见佛授给他菩提的标志,名字叫胜力菩萨。于是就到鄮县的阿育王塔起誓,受了佛门的五戒。后来梁太宗萧纲出任南徐州刺史,钦佩他的风韵与本色,把他请到后堂,与他谈论了好几天方才让他离去,太宗异常敬重他。大通初年(527),弘景派弟子将两把刀献给高祖,一柄叫"善胜",一柄叫"威胜",都是珍宝。

注释 ① 辟谷:即不食五谷,为道家的一种修炼方法。导引:道家的一种强身祛病的养生方法。 ② 张良:字子房。祖先五世为韩国相。秦灭韩后,图谋复韩报秦仇,结交刺客,于博浪沙(在今河南原阳)狙击秦始皇未中。逃至下邳(在今江苏宿迁),遇黄石公,得《太公兵法》。后辅佐刘邦,为其重要谋士。 ③ 菩提:佛教名词。即"正觉",指明辨善恶、觉悟真理。 ④ 鄮(mào)县:治所在今浙江宁波市鄞(yín)州区。　⑤五大戒：佛教居家男女教徒应终生恪守的五项戒条，即不杀生，不偷盗，不邪淫，不妄语，不饮酒。　⑥南徐州：治所在今江苏镇江。

原文

大同二年，卒，时年八十一。颜色不变，屈申如恒。诏赠中散大夫，谥曰贞白先生，仍遣舍人监护丧事①。弘景遗令薄葬，弟子遵而行之。

翻译

梁武帝大同二年(536)，陶弘景死，终年八十一岁。遗体颜色不变，屈伸犹如生前。武帝下诏追赠他为中散大夫，谥号为"贞白先生"，又派舍人监护丧事。弘景遗嘱要求薄葬，弟子们遵照执行。

注释　①舍人：官名，掌起草诏令。因其参与机密，故权力较重。

侯 景 传

导读

　　侯景(503—552),北朝东魏将领。初为戍兵,从尔朱荣镇压葛荣起义。在东魏时,职位通显,拥兵专制河南。高欢死,与高澄发生矛盾,投降西魏,转而附梁,受封河南王。太清二年(548),侯景被高澄击败,逃亡寿春。侯景闻梁高祖欲与东魏媾和,于是勾结高祖之侄萧正德,起兵叛梁,终于攻陷台城,困死高祖,立萧纲为帝。侯景纵兵掳掠,台城宫殿被焚毁殆尽,多年积聚的图书文物全被烧毁。建康城内,人口死亡过半。昔日繁华绮丽的都城建康,经过这一场浩劫而化为一片废墟。侯景西征萧绎失败,逃回建康,自立为帝,改国号为汉。公元552年,梁将王僧辩、陈霸先大败侯景于建康,侯景在乘船入海北逃途中,为部下所杀。

　　经过三年的侯景之乱,梁朝已名存实亡。公元557年,陈霸先代梁称帝,建立陈朝。(选自卷五六)

原文

　　侯景,字万景,朔方人①,或云雁门人②。少而不羁,见惮乡里。及长,骁勇有膂力,善骑射。以选为北镇戍兵,稍立功效。魏孝昌元年,有怀朔镇兵鲜于修礼③,于定州作乱④,攻没郡

翻译

　　侯景,字万景,朔方人,一说是雁门人。年轻时就放荡不羁,被家乡百姓惧怕。长大后,勇猛有体力,善于骑马射箭,以此被选为北镇的戍卒,渐渐立下功劳。北魏明帝孝昌元年(525),怀朔镇有个叫鲜于修礼的士兵,在定州叛乱,攻占郡县;柔玄镇又有个叫吐斤洛

县；又有柔玄镇兵吐斤洛周⑤，率其党与，复寇幽、冀⑥，与修礼相合，众十余万。后修礼见杀，部下溃散，怀朔镇将葛荣因收集之，攻杀吐斤洛周，尽有其众，谓之"葛贼"。四年，魏明帝殂⑦，其后胡氏临朝，天柱将军尔朱荣自晋阳入弑胡氏⑧，并诛其亲属。景始以私众见荣，荣甚奇景，即委以军事。会葛贼南逼，荣自讨，命景先驱，至河内击大破之⑨，生擒葛荣，以功擢为定州刺史、大行台，封濮阳郡公。景自是威名遂著。

周的士兵，率领他的同伙，再次进犯幽州、冀州，与修礼相会合，人马有十多万。后来修礼被杀，部下溃散，怀朔镇将领葛荣趁机收罗他们，攻杀吐斤洛周，拥有了他的全部人马，被称为"葛贼"。四年(528)，北魏明帝元诩驾崩，皇后胡氏临朝，天柱将军尔朱荣自晋阳入洛阳杀死胡氏，并杀掉她的亲属。侯景这才带领亲兵见尔朱荣，尔朱荣非常赏识侯景，当即将军事委托给他。恰逢葛荣向南进逼，尔朱荣亲自讨伐，命令侯景先行，到河内大破葛荣军，活捉葛荣，因为战功侯景被提拔为定州刺史、大行台，封濮阳郡公。侯景从此威名卓著。

注释 ① 朔方：郡名，治所在今陕西子长东南。 ② 雁门：郡名，治所在今山西代县西南。 ③ 怀朔镇：北魏六镇之一，在今内蒙古固阳。 ④ 定州：治所在今河北定州。 ⑤ 柔玄镇：北魏六镇之一，在今内蒙古尚义西。 ⑥ 幽州：治所在今北京西南。冀州：治所在今河北冀州。 ⑦ 殂(cú)：死亡。 ⑧ 晋阳：县名，治所在今山西太原西南。 ⑨ 河内：郡名，治所在今河南沁阳。

原文

顷之，齐神武帝为魏相①，又入洛诛尔朱氏，景复

翻译

不久，高欢(后被北齐追尊为神武帝)出任北魏宰相，又入洛阳杀尔朱荣，

以众降之，仍为神武所用。景性残忍酷虐，驭军严整；然破掠所得财宝，皆班赐将士②，故咸为之用，所向多捷。总揽兵权，与神武相亚。魏以为司徒、南道行台，拥众十万，专制河南③。及神武疾笃，谓子澄曰："侯景狡猾多计，反覆难知，我死后，必不为汝用。"乃为书召景。景知之，虑及于祸，太清元年，乃遣其行台郎中丁和来上表请降。……丁和既至，高祖召群臣廷议，尚书仆射谢举及百辟等议④，皆云纳侯景非宜，高祖不从是议而纳景。

侯景又带领部属投降高欢，于是为高欢所重用。侯景性情残忍暴虐，带兵严厉；然而破敌抢劫所获得的财宝，全部分赐给将士，所以将士都为他效命，所战多能取胜。侯景总揽兵权，可与高欢相抗衡。北魏任命侯景为司徒、南道行台，他拥十万之众，独自控制河南。高欢病情严重时，对儿子高澄说："侯景为人狡猾多计谋，反覆难于掌握，我死以后，他肯定不会为你效命。"于是致书召侯景进京。侯景知晓实情，担心灾祸临头，梁武帝太清元年(547)，派遣他的行台郎中丁和到梁朝来上表请求归降。……丁和到后，梁高祖萧衍召集群臣当朝商议，尚书仆射谢举以及大臣们商议，都说接纳侯景不妥，高祖没有听取这个意见而接纳了侯景。

注释　①齐神武帝：即高欢(496—547)。掌魏兵权，称大丞相，执魏政十六年。死后，其子高洋代东魏称齐帝，追尊为神武帝。　②班赐：颁赐，分赏。　③河南：郡名，治所在今河南洛阳东北。　④百辟：泛指朝中百官。

原文

　　及齐神武卒，其子澄嗣，是为文襄帝。高祖乃下诏封景河南王、大将军、使

翻译

　　等到高欢驾崩，他的儿子高澄继位，这就是后被北齐追尊的文襄帝。梁高祖于是下诏封侯景为河南王、大将

持节、董督河南南北诸军事、大行台,承制辄行,如邓禹故事①,给鼓吹一部。齐文襄遣大将军慕容绍宗围景于长社②,景请西魏为援,西魏遣其五城王元庆等率兵救之,绍宗乃退。景复请兵于司州刺史羊鸦仁,鸦仁遣长史邓鸿率兵至汝水③,元庆军又夜遁。于是据悬瓠、项城④,求遣刺史以镇之。诏以羊鸦仁为豫、司二州刺史,移镇悬瓠;西阳太守羊思建为殷州刺史⑤,镇项城。……

军、使持节、都督河南南北诸军事、大行台,秉承皇帝旨意可便宜行事,依照邓禹的成例,赐给鼓吹乐一部。高澄派遣大将军慕容绍宗把侯景围困在长社,侯景向西魏请求援兵,西魏派五城王元庆等率兵援救侯景,绍宗才撤退。侯景又向司州刺史羊鸦仁请求救兵,鸦仁派长史邓鸿率兵到达汝水,元庆军再次乘夜逃走。羊鸦仁于是占据悬瓠、项城,请求派刺史来镇守。梁朝廷诏令羊鸦仁为豫、司二州刺史,转镇悬瓠;西阳太守羊思建为殷州刺史,镇守项城。……

注释 ① 邓禹:东汉新野人,字仲华。幼游学长安,与刘秀亲善。后追随刘秀,运筹帷幄。刘秀称帝,邓禹拜为大司徒、封酂侯。天下既定,论功邓禹居第一,封为高密侯。故事:成例。 ② 长社:县名,治所在今河南许昌。 ③ 汝水:源出河南鲁山,流经宝丰、襄城、郾城、上蔡、汝南,而注入淮河。 ④ 悬瓠:即今河南汝南。东晋、南北朝时为南北军事要地,置重兵戍守于此。项城:在今河南项城南。 ⑤ 西阳:郡名,治所在今湖北黄冈东。殷州:治所在今河南沈丘。

原文

　　十二月,景率军围谯城不下①,退攻城父②,拔之。

翻译

　　十二月,侯景率军围攻谯城,未能攻克,退而进攻城父,占领了它。侯景又遣其行台左丞王伟、左民郎中王则诣阙献策,求诸元子弟立为魏主,辅以北伐,许之。诏遣太子舍人元贞为咸阳王,须渡江,许即伪位,乘舆副御以资给之③。

又派遣行台左丞王伟、左民郎中王则前往朝廷献策,请求以元氏子弟立为魏主,协助北伐,朝廷同意这一建议。朝廷下诏派遣太子舍人元贞为咸阳王,必须渡过长江,才同意即位,用备用的天子车驾送给他。

注释 ① 谯城:在今安徽亳州。 ② 城父:在今安徽亳州东南。 ③ 乘舆:帝王所用的车舆。

原文

齐文襄又遣慕容绍宗追景,景退入涡阳①,马尚有数千匹,甲卒数万人,车万余两,相持于涡北。景军食尽,士卒并北人,不乐南渡,其将暴显等各率所部降于绍宗。景军溃散,乃与腹心数骑自峡石济淮②,稍收散卒,得马步八百人,奔寿春③,监州韦黯纳之④。景启求贬削,优诏不许,仍以为豫州牧,本官如故。

翻译

高澄又派慕容绍宗追击侯景,侯景退入涡阳,当时尚存数千匹战马,数万名士兵,一万多辆战车,在涡阳北与绍宗相持。侯景部队的军粮耗尽,士卒都是北方人,不愿意南渡,他的部将暴显等人各自率领所部向绍宗投降。侯景部队溃散,于是侯景与数名心腹从峡石渡过淮水,渐渐收集散兵,得到马步兵八百人,奔亡到寿春,监州韦黯收容了他。侯景请求贬官削职,梁朝优诏不同意,依然任命他为豫州牧,原任的官职不变。

注释 ① 涡阳:在今安徽蒙城。 ② 峡石:在今安徽淮南西。 ③ 寿春:在今安徽寿县。 ④ 监州:州府的属官,处理政务,握有实权。

原文

景既据寿春，遂怀反叛，属城居民，悉召募为军士，辄停责市估及田租①，百姓子女悉以配将卒。又启求锦万匹，为军人袍，领军朱异议，以御府锦署止充颁赏远近②，不容以供边城戎服，请送青布以给之。景得布，悉用为袍衫，因尚青色。又以台所给仗，多不能精，启请东冶锻工③，欲更营造，敕并给之。景自涡阳败后，多所征求，朝廷含弘，未尝拒绝。

翻译

侯景占据寿春后，即心怀叛乱之意，所辖县邑的居民，全部召募为士兵，又停止征收市估和田租，百姓的子女全部许配给将士。侯景又上表请求拨给一万匹织锦，作军人的战袍，领军朱异认为，因御府锦署只用于赏赐左右，不能供给边城将士作军服，请求送青布给侯景。侯景得到青布，全部用于制作袍衫，因此崇尚青色。侯景又认为政府拨给的兵器，大多不够精良，请求东冶的锻工，想要重新营造，高祖下令全部满足他。侯景自从涡阳战败之后，提出过许多要求，朝廷包容博厚，从未加以拒绝。

注释　①责：索取。市估：对入市交易的商品按其值抽税百分之四，称为市估。②御府：帝王的府库。　③东冶：即今福建福州。

原文

先是，豫州刺史贞阳侯渊明督众军围彭城①，兵败没于魏，至是，遣使还述魏人请追前好。二年二月，高祖又与魏连和。景闻之惧，驰启固谏，高祖不从。尔后

翻译

在此之前，豫州刺史贞阳侯萧渊明都督大军包围彭城，战败被魏俘虏，到这时，派遣使者归来陈述魏人请求重修旧好。太清二年（548）二月，高祖又与魏连和。侯景闻知此事非常害怕，急忙派人向朝廷竭力劝阻，高祖不同意。此后侯景的上表奏议很骄横，言语不恭。

表疏跋扈，言辞不逊。鄱阳王范镇合肥，及司州刺史羊鸦仁俱累启称景有异志，领军朱异曰："侯景数百叛虏，何能为役！"并抑不奏闻，而逾加赏赐，所以奸谋益果。又知临贺王正德怨望朝廷，密令要结，正德许为内启。八月，景遂发兵反，攻马头、木栅，执太守刘神茂、戍主曹璆等。于是诏合州刺史鄱阳王范为南道都督[2]，北徐州刺史封山侯正表为北道都督，司州刺史柳仲礼为西道都督，通直散骑常侍裴之高为东道都督，同讨景，济自历阳；又令开府仪同三司、丹阳尹、邵陵王纶持节，董督众军。

鄱阳王萧范当时镇守在合肥，与司州刺史羊鸦仁都一再报告侯景有叛乱的意图，领军朱异说："侯景那几百名叛虏，怎能制造事端！"一并扣压奏书，没有报告高祖，却增加了给侯景的赏赐，因此侯景叛乱的阴谋更加坚决。侯景又得知临贺王萧正德对朝廷心怀不满，秘密与他勾结，正德答应作为内应。八月，侯景终于起兵叛乱，进攻马头、木栅，拘捕太守刘神茂、戍主曹璆等人。高祖于是诏令合州刺史鄱阳王萧范为南道都督，北徐州刺史封山侯萧正表为北道都督，司州刺史柳仲礼为西道都督，通直散骑常侍裴之高为东道都督，共同讨伐侯景，从历阳渡江；又令开府仪同三司、丹阳尹、邵陵王萧纶持节总督各军。

注释　① 彭城：即今江苏徐州。　② 合州：治所在今安徽合肥西。

原文

十月，景留其中军王显贵守寿春城，出军伪向合肥，遂袭谯州，助防董绍先开城降之。执刺史丰城侯

翻译

十月，侯景留中军王显贵守寿春城，佯装向合肥出兵，却偷袭谯州，助防董绍先开城投降侯景。抓获刺史丰城侯萧泰。高祖获悉，派遣太子家令王质

泰。高祖闻之,遣太子家令王质率兵三千巡江遏防。景进攻历阳,历阳太守庄铁遣弟均率数百人夜斫景营,不克,均战没,铁又降之。萧正德先遣大船数十艘,伪称载荻,实装济景。景至京口①,将渡,虑王质为梗,俄而质无故退,景闻之尚未信也,乃密遣觇之。谓使者曰:"质若审退,可折江东树枝为验。"觇人如言而返,景大喜曰:"吾事办矣。"乃自采石济,马数百匹,兵千人,京师不之觉。景即分袭姑孰②,执淮南太守文成侯宁③,遂至慈湖④。于是诏以扬州刺史宣城王大器为都督城内诸军事,都官尚书羊侃为军师将军以副焉;南浦侯推守东府城,西丰公大春守石头城,轻车长史谢禧守白下。

率领三千士兵沿江驻防。侯景进攻历阳,历阳太守庄铁派弟弟庄均率领几百人夜袭侯景军营,没有成功,庄均战死,庄铁又投降侯景。萧正德先派数十艘大船,诈称运的是芦荻,实际是装载货物接济侯景。侯景到达京口,将要渡江,担心王质阻截,不久王质无故撤退,侯景获悉还不相信,于是秘密派人侦察。侯景对使者说:"王质如果确实撤退了,可折江南的树枝作为凭证。"侦察人员按照侯景的吩咐归来,侯景极为高兴地说:"我的事业成功了。"于是从采石渡江,有数百匹战马,一千名士兵,首都没有觉察。侯景立即分兵袭击姑孰,抓获淮南太守文成侯萧宁,顺利到达慈湖。此时高祖诏令扬州刺史宣城王萧大器为都督城内诸军事,都官尚书羊侃为军师将军,协助萧大器;南浦侯萧推守东府城,西丰公大春守石头城,轻车长史谢禧守白下。

注释　　①京口：即今江苏镇江。　②姑孰：今安徽当涂。　③淮南：郡名。治所在今安徽当涂。　④慈湖：在今安徽马鞍山东北长江南岸。

原文

　　既而景至朱雀航①，萧正德先屯丹阳郡，至是，率所部与景合。建康令庾信率兵千余人屯航北，见景至航，命彻航，始除一舸，遂弃军走南塘②，游军复闭航渡景。皇太子以所乘马授王质，配精兵三千，使援庾信。质至领军府，与贼遇，未阵便奔走，景乘胜至阙下③。西丰公大春弃石头城走，景遣其仪同于子悦据之。谢禧亦弃白下城走。景于是百道攻城，持火炬烧大司马、东西华诸门。城中仓卒，未有其备，乃凿门楼，下水沃火，久之方灭。贼又斫东掖门将开，羊侃凿门扇，刺杀数人，贼乃退。又登东宫墙，射城内，至夜，太宗募人出烧东宫，东宫台殿遂

翻译

　　不久侯景到达朱雀航，萧正德先驻扎在丹阳郡，至此，率领所部与侯景会合。建康令庾信率领一千多人驻守航北，见到侯景到达浮桥，便命令拆除浮桥，刚刚拆掉一只船，就离开部队逃往南塘，侯景的游击部队又修通浮桥让侯景渡过。皇太子萧纲把坐骑授予王质，配备给他三千精兵，让他增援庾信。王质到达领军府，与贼寇遭遇，没有列阵就逃跑了，侯景乘胜攻到宫阙之下。西丰公萧大春放弃石头城逃走，侯景派仪同于子悦占领了它。谢禧也放弃白下城逃走。侯景于是从各路攻城，用火炬烧大司马、东西华各门。城中仓猝没有防备，便凿通门楼，浇水灭火，很久火才熄灭。贼寇又砍东掖门，即将打开，羊侃凿通门扇，刺杀数人，贼寇才退却。贼寇又登上东宫围墙，向城内放箭，到夜间，太宗萧纲召集人出城烧东宫，东宫的台阁宫殿被焚毁一空。侯景又火烧城西的马厩、士林馆、太府寺。第二天，侯景又制造数百木驴攻城，城上掷石头砸它们，被击中的木驴都被砸碎。

尽。景又烧城西马厩、士林馆、太府寺。明日，景又作木驴数百攻城④，城上飞石掷之，所值皆碎破。景苦攻不克，伤损甚多，乃止攻，筑长围以绝内外，启求诛中领军朱异、太子右卫率陆验、兼少府卿徐驎、制局监周石珍等。城内亦射赏格出外⑤："有能斩景首，授以景位，并钱一亿万，布绢各万匹，女乐二部。"

侯景苦战不能攻克，伤亡损失很大，于是停止攻城，构筑长围以断绝内外的联络，上书要求杀中领军朱异、太子右卫率陆验、兼少府卿徐驎、制局监周石珍等人。城内也将悬赏的标价射出城外："有能斩侯景首级的，授予侯景的官职，及一亿万钱，布与绢各一万匹，二队歌伎。"

原文

十一月，景立萧正德为帝，即伪位于仪贤堂，改年曰正平。初，童谣有"正平"之言，故立号以应之。景自为相国、天柱将军，正德以女妻之。

景又攻东府城，设百尺楼车，钩城堞尽落，城遂陷。

翻译

十一月，侯景立萧正德为帝，在仪贤堂非法即位，改年号叫正平。当初，童谣有"正平"的说法，所以用正平为年号以应验。侯景自命为相国、天柱将军，萧正德将女儿嫁给了他。

侯景再攻东府城，设置百尺高的楼车，将城上的矮墙全部钩落，东府城于是陷落。侯景派仪同卢晖略率领数千景使其仪同卢晖略率数千人，持长刀夹城门，悉驱城内文武裸身而出，贼交兵杀之，死者二千余人。南浦侯推是日遇害。景使正德子见理、仪同卢晖略守东府城。

景又于城东西各起一土山以临城内，城内亦作两山以应之，王公以下皆负土。初，景至，便望克定京师，号令甚明，不犯百姓；既攻城不下，人心离阻，又恐援军总集，众必溃散，乃纵兵杀掠，交尸塞路，富室豪家，恣意裒剥①，子女妻妾，悉入军营。及筑土山，不限贵贱，昼夜不息，乱加殴棰，疲羸者因杀之以填山，号哭之声，响动天地。百姓不敢藏隐，并出从之，旬日之间，众至数万。

人，手执长刀站立在城门两侧，将城内的文武百官全部裸体驱赶出城，贼寇从两旁将他们砍杀，死者达二千多人。南浦侯萧推在这一天遇害。侯景派萧正德的儿子萧见理、仪同卢晖略守卫东府城。

侯景又在城的东西两侧各堆起一座土山以居高临城，城内也堆起两座土山来对垒，王公以下的各种人都背土垒山。当初，侯景指望一到便能平定首都，所以号令非常严明，不危害百姓；后来久攻不下，人心涣散，又害怕援军汇聚，大军必定溃散，于是纵兵杀人抢劫，尸体交相横陈，堵塞道路，富豪之家，被任意劫掠，子女妻妾，全部被充入军营。等到筑土山的时候，无论贵贱，都昼夜不停，被随意殴打，疲惫病弱的人就被杀掉来填山，哀嚎痛哭之声，震天动地。百姓不敢躲藏，都出动跟随，十几天之间，人数多达几万。

注释　① 裒（póu）剥：掠夺。

原文

景仪同范桃棒密遣使送款乞降，会事泄见杀。至是，邵陵王纶率西丰公大春、新淦公大成、永安侯确、超武将军南安乡侯骏、前谯州刺史赵伯超、武州刺史萧弄璋、步兵校尉尹思合等①，马步三万，发自京口，直据钟山②。景党大骇，具船舟咸欲逃散，分遣万余人距纶，纶击大破之，斩首千余级。旦日，景复陈兵覆舟山北③，纶亦列阵以待之。景不进，相持。会日暮，景引军还，南安侯骏率数十骑挑之，景回军与战，骏退。时赵伯超陈于玄武湖北，见骏急，不赴，乃率军前走，众军因乱，遂败绩。纶奔京口。贼尽获辎重器甲，斩首数百级，生俘千余人，获西丰公大春、纶司马庄丘惠达、直阁将军胡子约、广陵令霍俊等，来送城下徇之，逼云"已

翻译

侯景的仪同范桃棒秘密派遣使者向朝廷表示诚意，乞求投降，恰巧事情泄露而被杀。到这时，邵陵王萧纶率领西丰公萧大春、新淦公萧大成、永安侯萧确、超武将军南安乡侯萧骏、前谯州刺史赵伯超、武州刺史萧弄璋、步兵校尉尹思合等，马步兵三万人，从京口出发，迅速占领钟山。侯景的党徒极为惊骇，准备船只都要逃跑，分兵一万多人抵抗萧纶，萧纶出击，大破敌军，斩首一千多级。第二天，侯景又在覆舟山北陈兵，萧纶也列阵以迎候侯景。侯景不出击，两军相持。到天晚，侯景带兵撤回，南安侯萧骏带领几十名骑兵向侯景挑战，侯景回军与之交战，萧骏退却。当时赵伯超在玄武湖北列阵，见到萧骏情况危急，不派人赴援，竟带兵先逃，大军因而混乱，于是大败。萧纶奔逃到京口。贼寇缴获了所有武器装备，斩首数百级，生擒一千多人，俘获西丰公萧大春、萧纶的司马庄丘惠达、直阁将军胡子约、广陵令霍俊等，将他们押送到城下示众，逼迫他们说："已经擒获了邵陵王。"唯有霍俊说："邵陵王小小失利，已经全军回到京口，城中只要坚守，援军很快就到。"贼寇用刀殴击他，霍俊言辞

擒邵陵王"。俊独云"王小小失利,已全军还京口,城中但坚守,援军寻至"。贼以刀殴之,俊言辞颜色如旧,景义而释之。

是日,鄱阳世子嗣、裴之高至后渚,结营于蔡洲④。景分军屯南岸。

面色都一如往常,侯景因为他忠义而释放了他。

这一天,鄱阳王的嫡长子萧嗣、裴之高到达后渚,在蔡洲安营。侯景分兵驻扎南岸。

注释 ① 武州:治所在今江苏睢宁西北。步兵校尉:五校尉之一。掌京城的卫戍部队。 ② 钟山:即今江苏南京中山门外紫金山。 ③ 覆舟山:在今江苏南京城区东北。 ④ 蔡洲:在今江苏南京西南。原为长江中沙洲,今已成为陆地。

原文

十二月,景造诸攻具及飞楼、橦车、登城车、钩堞车、阶道车、火车①,并高数丈,一车至二十轮,陈于阙前,百道攻城并用焉。以火车焚城东南隅大楼,贼因火势以攻城,城上纵火,悉焚其攻具,贼乃退。又筑土山以逼城,城内作地道以引其土山,贼又不能立。焚其攻具,还入于栅。材官将军宋嶷降贼,因为立计,引玄武

翻译

十二月,侯景制造各种攻城器械以及飞楼、橦车、登城车、钩堞车、阶道车、火车,都有几丈高,一辆车多达二十只轮子,排列在宫阙之前,从各路攻城都用它们。用火车焚烧城东南角的大楼,贼寇趁着火势攻城,城上放火,烧毁了贼寇所有进攻器具,贼寇才退却。贼寇又垒筑土山以临城,城内挖地道掏空土山,贼寇不能把土山垒成,就烧毁了进攻器具,退入围栅。材官将军宋嶷投降贼寇,于是向侯景献计,引玄武湖水灌台城,城外的水升高数尺,宫前的御街全部变成了洪波。侯景又火烧南岸的

湖水灌台城，城外水起数尺，阙前御街并为洪波矣。又烧南岸民居营寺，莫不咸尽。

民居、营房、寺庙，全部被焚毁一空。

注释 ① 飞楼、橦车、登城车、钩蝶车、阶道车、火车：均为古代攻城器械。

原文

司州刺史柳仲礼、衡州刺史韦粲、南陵太守陈文彻、宣猛将军李孝钦等，皆来赴援。鄱阳世子嗣、裴之高又济江。仲礼营朱雀航南，裴之高营南苑，韦粲营青塘，陈文彻、李孝钦屯丹阳郡，鄱阳世子嗣营小航南，并缘淮造栅。及晓，景方觉，及登禅灵寺门楼望之，见韦粲营垒未合，先渡兵击之。粲拒战败绩，景斩粲首徇于城下。柳仲礼闻粲败，不遑贯甲，与数十骑驰赴之，遇贼交战，斩首数百，投水死者千余人。仲礼深入，马陷泥，亦被重创。

翻译

司州刺史柳仲礼、衡州刺史韦粲、南陵太守陈文彻、宣猛将军李孝钦等，都赶来赴援。鄱阳王嫡长子萧嗣、裴之高又渡江。柳仲礼安营于朱雀航之南，裴之高安营于南苑，韦粲安营于青塘，陈文彻、李孝钦驻扎丹阳郡，鄱阳王嫡长子萧嗣安营于小航南，都沿秦淮水营造栅栏。等到天亮，侯景才发觉，于是登上禅灵寺的门楼眺望，发现韦粲的营垒尚未修好，先派兵渡河袭击。韦粲抵抗，大败，侯景割下韦粲的首级到城下示众。柳仲礼听说韦粲战败，来不及穿盔甲，就与数十名骑兵奔赴援救，遭遇贼寇交战，杀死数百名敌人，投水而死的有一千多人。柳仲礼深入敌群，战马陷入泥沼，也被重创。从此以后贼寇不敢渡河。

邵陵王萧纶与临城公萧大连等从东路会集到南岸，荆州刺史湘东王萧绎自是贼不敢济岸。

邵陵王纶与临城公大连等自东道集于南岸,荆州刺史湘东王绎遣世子方等、兼司马吴晔、天门太守樊文皎下赴京师①,营于湘子岸前,高州刺史李迁仕、前司州刺史羊鸦仁又率兵继至②。既而鄱阳世子嗣、永安侯确、羊鸦仁、李迁仕、樊文皎率众渡淮,攻贼东府城前栅,破之,遂结营于青溪水东③。景遣其仪同宋子仙顿南平王第,缘水西立栅相拒。景食稍尽,至是米斛数十万④,人相食者十五六。

派遣嫡长子萧方等、兼司马吴晔、天门太守樊文皎顺江而下奔赴京师,在湘子岸前安营,高州刺史李迁仕、前司州刺史羊鸦仁又率兵相继赶到。不久,鄱阳王嫡长子萧嗣、永安侯萧确、羊鸦仁、李迁仕、樊文皎率部渡过秦淮水,进攻贼寇东府城前的围栅,攻破了它,于是在青溪水东安营。侯景派遣仪同宋子仙屯驻南平王的宅邸,沿着秦淮水西侧立起栅栏相对抗。侯景的军粮渐渐吃尽,到这时一斛米卖到数十万钱,人吃人的达十分之五六。

注释 ① 天门:郡名。治所在今湖南石门。 ② 高州:治所在今江西崇仁西南。③ 青溪:三国吴赤乌四年(241)在建业城东凿东渠,称为青溪。六朝时为首都漕运要通。溪上置栅,为防守要地。 ④ 斛(hú):古代容量单位,十斗为一斛。

原文

初,援兵至北岸,百姓扶老携幼以候王师,才得过淮,便竞剥掠,贼党有欲自拔者,闻之咸止。贼之始

翻译

当初,援军到达北岸,百姓扶老携幼迎候王师,王师刚刚渡过秦淮水,便竞相抢劫掠夺,贼党中有想弃暗投明的,听说这种情况都打消了念头。贼寇

至,城中才得固守,平荡之事,期望援军;既而四方云合,众号百万,连营相持,已月余日,城中疾疫,死者太半。

景自岁首以来乞和,朝廷未之许,至是事急乃听焉。请割江右四州之地,并求宣城王大器出送,然后解围济江;仍许遣其仪同于子悦、左丞王伟入城为质。中领军傅岐议,以宣城王嫡嗣之重,不容许之。乃请石城公大款出送,诏许焉。遂于西华门外设坛,遣尚书仆射王克、兼侍中上甲乡侯韶、兼散骑常侍萧瑳与于子悦、王伟等,登坛共盟。左卫将军柳津出西华门下,景出其栅门,与津遥相对,刑牲歃血。

南兖州刺史南康嗣王会理、前青冀二州刺史湘潭侯退、西昌侯世子或率众三万,至于马邛州①。景虑北

刚到之时,城中仅能固守,平定叛乱的大业,期望于援军;不久援军四面云集,号称有百万之众,连营与侯景相持,已有一个多月,城中疾病流行,死亡的人超过了一半。

侯景从年初以来就乞求和解,朝廷没有答应他,到如今事态危急才接受。侯景要求割让江北四州的地盘给他,并要求宣城王萧大器出送,然后才解围渡回江北;侯景答应派遣仪同于子悦、左丞王伟入城为人质。中领军傅岐认为,以宣城王嫡子这样尊贵的身份出送,是不能答应的。于是请求用石城公萧大款出送,高祖下诏同意。于是在西华门外设坛,派尚书仆射王克、兼侍中上甲乡侯萧韶、兼散骑常侍萧瑳与于子悦、王伟等人,登坛共同盟誓。左卫将军柳津撤出西华门,侯景从其栅门撤出,与柳津遥遥相对,屠杀牲口,歃血为盟。

南兖州刺史南康嗣王萧会理、前青冀二州刺史湘潭侯萧退、西昌侯嫡长子萧或率领三万之众,抵达马邛州。侯景担心北军从白下而上,断绝他渡江的道路,要求将部队全部集结到南岸,朝廷敕命派遣北军进驻江潭苑。侯景上表声称:"永安侯、赵威方一再隔着栅栏辱骂我,说'天子即使与你结盟,我终当要

军自白下而上,断其江路,请悉勒聚南岸,敕乃遣北军进江潭苑。景启称"永安侯、赵威方频隔栅见诟臣,云'天子自与汝盟,我终当逐汝'。乞召入城,即当进发"。敕并召之。景又启云:"西岸信至,高澄已得寿春、钟离,便无处安足,权借广陵、谯州,须征得寿春、钟离,即以奉还朝廷。"

驱逐你'。请求将他们召入城中,我理当立即出发。"朝廷敕命将他一并召入城中。侯景又启奏说:"北岸有信来,高澄已经占据寿春、钟离,我已无处立足,请暂且借给我广陵、谯州,等到我夺回寿春、钟离,立即把广陵、谯州奉还朝廷。"

注释　① 马邛州:在今江苏南京西北。

原文

　　初,彭城刘邈说景曰:"大将军顿兵已久,攻城不拔,今援众云集,未易而破;如闻军粮不支一月,运漕路绝,野无所掠,婴儿掌上,信在于今。未若乞和,全师而返,此计之上者。"景然其言,故请和。后知援军号令不一,终无勤王之效①;又闻城中死疾转多,必当有应之

翻译

　　早先,彭城刘邈劝说侯景:"大将军屯兵已经很久,攻城未获成功,如今援兵云集,不易击破;假如听说我军粮草不足支持一月,水路运输被切断,野外无物可抢,像掌中婴儿那样虚弱,确实就是如今的状况。不如求和,全军退却,这是上策。"侯景同意他的话,所以请和。后来发现援军指挥不统一,最终并无拯救帝王的用意;又听说城中死于疾病的人增多,必定会有响应自己的人。侯景的谋臣王伟又劝说他道:"大

者。景谋臣王伟又说曰："王以人臣举兵背叛，围守宫阙，已盈十旬，逼辱妃主，凌秽宗庙，今日持此，何处容身，愿王且观其变。"景然之……

王做为臣属而举兵反叛，围困宫廷，已满百日，凌辱嫔妃人主，践踏宗庙，今天犯了这样的事，到哪里容身，希望大王暂且静观变化。"侯景认为很对……

注释 ① 勤王：出兵救援王朝叫勤王。

原文

三月朔旦^①，城内以景违盟，举烽鼓噪，于是羊鸦仁、柳敬礼、鄱阳世子嗣进军于东府城北。栅垒未立，为景将宋子仙所袭，败绩，赴淮死者数千人。贼送首级于阙下。

景又遣于子悦至，更请和。遣御史中丞沈浚至景所，景无去意，浚固责之。景大怒，即决石阙前水，百道攻城，昼夜不息，城遂陷。于是悉卤掠乘舆服玩、后宫嫔姜，收王侯朝士送永福省，撤二宫侍卫。使王伟守

翻译

三月一日天明，城内因为侯景违背盟约，点燃烽火，擂鼓呐喊，于是羊鸦仁、柳敬礼、鄱阳王嫡长子萧嗣进军抵达东府城北。栅栏堡垒尚未建成，便受到侯景大将宋子仙的袭击，大败，跳秦淮水而淹死的有几千人。贼寇将首级送到宫阙之下。

侯景又派于子悦赴朝廷，再次请和。朝廷派御史中丞沈浚去侯景所在地，侯景没有离去的意向，沈浚严厉地斥责他。侯景大怒，立即决开石阙前的水，从各路攻城，昼夜不停，台城终于陷落。于是贼寇都去抢掠皇帝车驾、服饰玩赏、后宫嫔妃，逮捕王侯大臣送到永福省，撤掉两宫的侍卫。侯景派王伟守武德殿，于子悦屯兵于太极东堂，假托

武德殿，于子悦屯太极东堂，矫诏大赦天下，自为大都督、督中外诸军事、录尚书，其侍中、使持节、大丞相、王如故。初，城中积尸不暇埋瘗②，又有已死而未敛，或将死而未绝，景悉聚而烧之，臭气闻十余里。尚书外兵郎鲍正疾笃，贼曳出焚之，宛转火中，久而方绝。于是援兵并散。……

君命，下诏大赦天下，并自任大都督、督中外诸军事、录尚书，他原任的侍中、使持节、大丞相、河南王之职不变。当初，城中堆积的尸体来不及掩埋，还有的已经死亡但没有被收敛，有的即将死去但还没有咽气，侯景将他们全堆在一起加以焚烧，臭气飘出十几里。尚书外兵郎鲍正重病在身，贼寇将他拖出焚烧，鲍正在火中扭曲翻滚，很久才毙命。于是援兵全都四散离去。……

注释　① 朔：阴历的每月初一。　② 瘗(yì)：埋葬。

原文

　　景遣董绍先率兵袭广陵，南兖州刺史南康嗣王会理以城降之。景以绍先为南兖州刺史。

　　初，北兖州刺史定襄侯祇与湘潭侯退，及前潼州刺史郭凤同起兵①，将赴援，至是，凤谋以淮阴应景②，祇等力不能制，并奔于魏。景以萧弄璋为北兖州刺史，州民

翻译

　　侯景派董绍先率兵袭击广陵，南兖州刺史南康嗣王萧会理以广陵城投降。侯景任命绍先为南兖州刺史。

　　当初，北兖州刺史定襄侯萧祇与湘潭侯萧退，以及前潼州刺史郭凤共同起兵，准备奔赴救援，至此，郭凤阴谋用淮阴响应侯景，萧祇等无力制止，都投奔北魏。侯景任命萧弄璋为北兖州刺史，北兖州居民起兵抵抗，侯景派厢公丘子英、直阁将军羊海率军前往救援，羊海杀子英，率领他的部队投降北魏，北魏

发兵拒之，景遣厢公丘子英、直阁将军羊海率众赴援③，海斩子英，率其军降于魏，魏遂据其淮阴。

于是占据淮阴。

注释　① 潼州：治所在今安徽灵璧东北。　② 淮阴：郡名，治所在今江苏淮安西南。　③ 厢公：侯景对其亲信封加的官号。

原文

景又遣仪同于子悦、张大黑率兵入吴，吴郡太守袁君正迎降，子悦等既至，破掠吴中①，多自调发，逼掠子女，毒虐百姓，吴人莫不怨愤，于是各立城栅拒守。

是月，景移屯西州②，遣仪同任约为南道行台，镇姑孰。

翻译

侯景又派仪同于子悦、张大黑率兵进入吴地，吴郡太守袁君正投降。子悦等到达以后，在吴中大肆抢劫，常常擅自以征收兵粮，威逼掳掠子女，荼毒百姓，吴人无不怨恨，于是各自修起围墙和栅栏以抵抗防守。

这一月，侯景移驻西州，派遣仪同任约为南道行台，镇守姑孰。

注释　① 吴中：泛指今太湖流域一带。　② 西州：在今江苏南京。

原文

五月，高祖崩于文德殿。初，台城既陷，景先遣王伟、陈庆入谒高祖，高祖曰："景今安在？卿可召

翻译

五月，高祖在文德殿驾崩。当初，台城被攻陷后，侯景先派王伟、陈庆入宫谒见高祖，高祖说："侯景现在在何处？你去把他召来。"当时高祖端坐文

来。"时高祖坐文德殿,景乃入朝,以甲士五百人自卫,带剑升殿。拜讫,高祖问曰:"卿在戎日久,无乃为劳?"景默然。又问:"卿何州人,而敢至此乎?"景又不能对,从者代对。及出,谓厢公王僧贵曰:"吾常据鞍对敌,矢刃交下,而意气安缓,了无怖心。今日见萧公,使人自慑,岂非天威难犯?吾不可再见之。"高祖虽外迹已屈,而意犹忿愤,时有事奏闻,多所谴却。景深敬惮,亦不敢逼。景遣军人直殿省内,高祖问制局监周石珍曰:"是何物人?"对曰:"丞相。"高祖乃谬曰:"何物丞相?"对曰:"是侯丞相。"高祖怒曰:"是名景,何谓丞相!"是后,每所征求,多不称旨①,至于御膳亦被裁抑,遂忧愤感疾而崩。

德殿,侯景入朝,用五百名武士自卫,带着佩剑登上文德殿。叩拜之后,高祖问道:"你长期征战,难道不疲劳吗?"侯景默然无语。高祖又问:"你是哪州人,却敢来到这里?"侯景又不能回复,随从代为回答。出朝后,侯景对厢公王僧贵说:"我经常骑马对敌,面对箭矢刀刃齐下,情绪却安详和缓,一点都没有恐惧之心。今天见到萧公,令人自然慑服,难道不是因为天子的威严难以冒犯?我不能再次见他。"高祖虽然外表已经屈服,但内心依然忿怒,常常有事奏请,大多被他推却。侯景极其敬畏高祖,也不敢逼迫他。侯景派军人到宫中执勤,高祖问制局监周石珍:"是什么人?"回答说:"是丞相。"高祖便假意问道:"是什么丞相?"回答说:"是侯丞相。"高祖气愤地说:"那人的名字是景,怎么叫丞相!"从此以后,高祖所有的要求大多不能得到满足,甚至膳食也被裁减限制,终于忧愤染病而驾崩。

注释　① 称旨：符合皇帝旨意。

原文

　　景乃密不发丧，权殡于昭阳殿，自外文武咸莫知之。二十余日，升梓宫于太极前殿，迎皇太子即皇帝位。于是矫诏赦北人为奴婢者，冀收其力用焉。……

　　（大宝元年）景又矫诏自进位为相国，封泰山等二十郡为汉王。……

　　景又矫诏曰："……相国可加宇宙大将军、都督六合诸军事，余悉如故。"以诏文呈太宗，太宗惊曰："将军乃有宇宙之号乎！"

　　齐遣其将辛术围阳平①，景行台郭元建率兵赴援，术退。

　　徐文盛入贝矶②，任约率水军逆战，文盛大破之，仍进军大举口③。

翻译

　　侯景竟然密不发丧，暂且将灵柩停放在昭阳殿，在外的文武百官都不知晓。二十多天后，将灵柩安置到太极前殿，迎皇太子萧纲即皇帝位。于是假托君命，赦免北方为奴婢的人，希望收他们的心而加以使用。……

　　（大宝元年[550]），侯景又假托君命，自行升官为相国，封泰山等二十个郡为汉王。……

　　侯景又假托君命下诏说："……相国可加宇宙大将军、都督六合诸军事的称号，其余的全部一如往常。"侯景将诏文进呈太宗，太宗惊奇地说："将军竟有宇宙的称号！"

　　北齐派遣将领辛术围困阳平，侯景的行台郭元建率兵赶往救援，辛术撤退。

　　徐文盛进入贝矶，任约率领水军迎战，文盛大破任约，接着进军大举口。

注释 ① 阳平:郡名,治所在江苏盱眙东北。 ② 贝矶:在今湖北鄂州西北长江南岸。 ③ 大举口:举水入长江之口,在今湖北鄂州。

原文

时景屯于皖口^①,京师虚弱,南康王会理及北兖州司马成钦等将袭之。建安侯贲知其谋,以告景,景遣收会理与其弟祈阳侯通理、柳敬礼、成钦等,并害之。

十二月,景矫诏封贲为竟陵王,赏发南康之谋也。……

翻译

当时侯景驻扎在皖口,首都空虚,南康王萧会理和北兖州司马成钦等人准备袭击首都。建安侯萧贲获悉这一阴谋,将它报告侯景,侯景派人拘捕萧会理和他的弟弟祈阳侯萧通理、柳敬礼、成钦等人,全部杀害。

十二月,侯景假托君命,封萧贲为竟陵王,以奖赏他揭发南康王阴谋的功劳。……

注释 ① 皖口:皖水入长江之口,在今安徽安庆西南。

原文

(二年正月)世祖遣巴州刺史王珣等率众下武昌助徐文盛。任约以西台益兵,告急于景。三月,景自率众二万,西上援约。四月,景次西阳,徐文盛率水军邀战,大破之。景访知郢州无备,兵少,又遣宋子仙率轻骑三百袭陷之,执刺史

翻译

(大宝二年[551])正月,世祖萧绎派遣巴州刺史王珣等率大军东下武昌帮助徐文盛。任约因为西台增加兵力,向侯景告急。三月,侯景亲自率领二万之众,西上救援任约。四月,侯景到达西阳,徐文盛率水军迎击,大败侯景。侯景侦察到郢州没有防备,兵力稀少,又派宋子仙率领三百轻骑偷袭攻陷郢州,拘捕刺史萧方诸、行事鲍泉,停获所

方诸、行事鲍泉，尽获武昌军人家口。徐文盛等闻之，大溃，奔归江陵，景乘胜西上。

初，世祖遣领军王僧辩率众东下代徐文盛，军次巴陵，会景至，僧辩因坚壁拒之。景设长围，筑土山，昼夜攻击，不克。军中疾疫，死伤太半。世祖遣平北将军胡僧祐率兵二千人救巴陵，景闻，遣任约以精卒数千逆击僧祐，僧祐与居士陆法和退据赤亭以待之①，约至与战，大破之，生擒约。景闻之，夜遁。以丁和为郢州刺史，留宋子仙、时灵护等助和守，以张化仁、阎洪庆守鲁山城，景还京师。王僧辩乃率众东下，次汉口，攻鲁山及郢城，皆陷之。自是众军所至皆捷。

景乃废太宗，幽于永福省。作诏草成，逼太宗写之，至"先皇念神器之重②，

有武昌军人的家属。徐文盛等人获悉此事，彻底溃败，逃回江陵，侯景乘胜西上。

开始，世祖派领军王僧辩率军东下取代徐文盛，部队驻扎巴陵，正遇上侯景抵达，僧辩就坚守壁垒以抵抗。侯景修筑长围，堆垒土山，昼夜攻击，不能攻克。侯景军中疾病流行，死伤大半。世祖派遣平北将军胡僧祐率领二千士卒救援巴陵，侯景得知，派任约用数千精兵迎击僧祐，僧祐与居士陆法和退守赤亭以等候任约，任约一到便与之交战，将其打得大败，活捉任约。侯景得知败讯，趁夜逃走。任命丁和为郢州刺史，留宋子仙、时灵护等协助丁和防守，用张化仁、阎洪庆守鲁山城，侯景回师首都。王僧辩于是率领大军东下，到达汉口，进攻鲁山城和郢城，全部攻陷。从此以后大军所战皆捷。

侯景于是废黜太宗，将他幽禁在永福省。起草成诏书的初稿，侯景逼迫太宗抄写，当太宗抄写到"先皇考虑帝位的庄重，思谋国家的坚固"时，感叹啜泣，无法控制。这一天，侯景迎豫章王萧栋即皇帝位，登上太极前殿，大赦天下，改年号为天正元年。有旋风从永福省吹来，吹折刮倒了所有旌旗仪仗，见到的人无不惊骇。

思社稷之固"，歔欷呜咽，不能自止。是日，景迎豫章王栋即皇帝位，升太极前殿，大赦天下，改元为天正元年。有回风自永福省③，吹其文物皆倒折④，见者莫不惊骇。

注释　①居士：未做官的士人。赤亭：在今湖南华容南。　②神器：帝位，政权。③回风：旋风。　④文物：指车服旌旗仪仗之物。

原文

　　初，景既平京邑，便有篡夺之志，以四方须定，且未自立；既巴陵失律，江、郢丧师，猛将外歼，雄心内沮，便欲伪僭大号①，遂其奸心。其谋臣王伟云"自古移鼎②，必须废立"，故景从之。其太尉郭元建闻之，自秦郡驰还③，谏景曰："四方之师所以不至者，政为二宫万福；若遂行弑逆，结怨海内，事几一去，虽悔无及。"王伟固执不从。……

翻译

　　当初，侯景平定首都之后，就有篡夺帝位的野心，因为四方尚需荡平，所以暂且没有自立为帝；巴陵战败之后，在江、郢两州损兵折将，雄心受到挫折，就想篡取帝位，满足自己的奸邪之心。侯景的谋臣王伟说"自古改朝换代，都必须废旧君立新主"，所以侯景听从他。侯景的太尉郭元建获悉此事，从秦郡赶回，劝阻侯景说："四方援军不来的原因，正是因为皇帝、皇太子安全在位；假如实行叛逆诛杀皇室，结怨于天下，事业机缘一旦失去，即使后悔也来不及了。"王伟固执不听从。……

注释 ① 大号:国号,帝号。 ② 移鼎:迁移九鼎,喻改朝换代。 ③ 秦郡:治所在今江苏六合北。

原文

景以哀太子妃赐郭元建,元建曰:"岂有皇太子妃而降为人妾?"竟不与相见。

十月壬寅夜,景遣其卫尉彭俊、王修纂奉酒于太宗曰:"丞相以陛下处忧既久,故令臣等奉进一觞。"太宗知其将弑。乃大酺饮酒,既醉还寝,修纂以帊盛土加于腹①,因崩焉。敛用法服②,以薄棺密瘗于城北酒库。

初,太宗久见幽絷,朝士莫得接觐,虑祸将及,常不自安;惟舍人殷不害后稍得入,太宗指所居殿谓之曰:"庞涓当死此下。"又曰:"吾昨夜梦吞土,卿试为思之。"不害曰:"昔重耳馈块③,卒反晋国,陛下所梦,将符是乎。"太宗曰:"傥幽冥有征,冀斯言不妄耳。"至

翻译

侯景用哀太子萧大器之妃赐给郭元建,元建说:"哪里有皇太子妃却降为人妾的?"始终不与哀太子妃相见。

十月壬寅这一天夜间,侯景派遣他的卫尉彭俊、王修纂进酒给太宗说:"丞相因为陛下长久处于忧患之中,所以命令臣等进献一觞酒。"太宗知道他们将杀死自己,于是尽情饮酒,醉后归去安寝,王修纂用口袋装土压在太宗腹上,太宗因而毙命。用法衣收敛了太宗的遗体,用薄棺秘密将太宗埋葬在城北的酒库中。

当初,太宗长久被幽禁,大臣不能朝见,担心灾难即将降临,常常感到不安;惟有舍人殷不害后来渐渐能够入见,太宗指着所住的宫殿对殷不害说:"庞涓应当就死在这宫墙之下。"又说:"我昨夜梦见自己吞土,你试着为我解释它。"不害说:"过去重耳被馈赠泥土,最终返回晋国,陛下所梦的情形,将是符合这种情况吧。"太宗说:"假若梦境有应验,希望这话不是荒诞的。"到这时太宗被杀,确实是被土压死的。……

是见弑，实以土焉。……

① 帊(pà)：布袋，口袋。 ② 法服：僧、道所穿的法衣。 ③ 重耳：春秋晋国献公之子，献公立幼子为嗣，重耳流亡十九年。流亡途中被人送以泥土。泥土象征社稷。后重耳果然归国继位，是为晋文公，为春秋五霸之一。

原文

　　景又矫萧栋诏，禅位于己。……改元为太始元年。……

　　十二月，谢答仁、李庆等至建德①，攻元颢、李占栅，大破之，执颢、占送景。景截其手足徇之，经日乃死。

翻译

　　侯景又假传萧栋诏书，将帝位禅让给自己。……更改年号为太始元年。……

　　十二月，谢答仁、李庆等到达建德，进攻元颢、李占的栅栏，大败元、李，抓获元颢、李占送给侯景。侯景斩断他们的手脚以示众，过了一天才死。

① 建德：在今浙江建德东北。

原文

　　景二年正月朔，临轩朝会①。景自巴丘挫衄，军兵略尽，恐齐人乘衅与西师掎角，乃遣郭元建率步军趣小岘，侯子鉴率舟师向濡须②，曜兵肥水，以示武威。子鉴至合肥，攻罗城，克之。郭元

翻译

　　太始二年(552)正月初一，侯景临轩接受臣属朝见。侯景自从巴丘战败，兵力损失殆尽，担心北齐人趁机与萧绎部队构成掎角之势，于是派遣郭元建率领步兵前往小岘，侯子鉴率领水军开往濡须，在肥水上炫耀武力，以显示军事威力。子鉴到达合肥，进攻罗城，攻陷

建、侯子鉴俄闻王师既近,烧合肥百姓邑居,引军退。子鉴保姑孰,元建还广陵。

了它。郭元建、侯子鉴不久听说王师已经开近,便焚烧合肥百姓的住房,带兵撤退。子鉴守卫姑孰,元建回师广陵。

注释 ① 临轩:皇帝不坐正殿而至殿前叫临轩。朝会:诸侯或臣属朝见君主。② 濡须:源出今安徽巢湖市西巢湖,东南流入长江。是江、淮间交通要道,魏晋南北朝时为兵争要地。

原文

时谢答仁攻刘神茂,神茂别将王晔、丽通并据外营降答仁。刘归义、尹思合等惧,各弃城走。神茂孤危,复降答仁。

王僧辩军至芜湖,芜湖城主宵遁。景遣史安和、宋长贵等率兵二千,助子鉴守姑孰。……三月,景往姑孰,巡视垒栅,又诫子鉴曰:"西人善水战,不可与争锋;往年任约败绩,良为此也。若得马步一交,必当可破,汝但坚壁以观其变。"子鉴乃舍舟登岸,闭营不出。僧辩等遂停军十余日,贼党大

翻译

当时谢答仁进攻刘神茂,神茂的别将王晔、丽通都以外层营垒投降答仁。刘归义、尹思合等人畏惧,各自弃城而逃。神茂孤立危急,又投降答仁。

王僧辩的部队到达芜湖,芜湖城主连夜逃走。侯景派遣史安和、宋长贵等率领二千士卒,帮助侯子鉴守卫姑孰。……三月,侯景前往姑孰,视察堡垒围栅,又告诫子鉴说:"王僧辩的部队善于水战,不可与他们争强斗胜;当年任约大败,确实是因为这个原因。如果骑兵步兵能够交战,必定可以破敌,你只需坚守壁垒以观敌情变化。"子鉴于是弃船上岸,闭营不出。僧辩等果然十多天按兵不动,贼寇非常欣喜,报告侯景说:"王僧辩部队惧怕我军的强大,肯定想要逃跑,如果不出去,将会失去良机。"侯景命令子鉴为水战做准备。子

喜,告景曰:"西师惧吾之强,必欲遁逸,不击,将失之。"景复命子鉴为水战之备。子鉴乃率步骑万余人渡洲,并引水军俱进,僧辩逆击,大破之,子鉴仅以身免。景闻子鉴败,大惧涕下,覆面引衾以卧,良久方起,叹曰:"误杀乃公!"

僧辩进军次张公洲①。景以卢晖略守石头,纥奚斤守捍国城。悉逼百姓及军士家累入台城内。僧辩焚景水栅,入淮,至禅灵寺渚,景大惊,乃缘淮立栅,自石头至朱雀航。僧辩及诸将遂于石头城西步上连营立栅,至于落星墩②。景大恐,自率侯子鉴、于庆、史安和、王僧贵等,于石头东北立栅拒守。使王伟、索超世、吕季略守台城,宋长贵守延祚寺。遣掘王僧辩父墓,剖棺焚尸。王僧辩等进营于石头城北,景列阵挑战。僧辩

鉴于是率领步兵骑兵一万多人渡上沙洲,同时指挥水军一同进发,僧辩迎击,大败子鉴,子鉴只有自身幸免于难。侯景获悉子鉴战败,极为恐惧,流下了眼泪,拉过被子覆面而卧,很久才起身,叹息道:"贻误了我的大事!"

王僧辩进军驻扎到张公洲。侯景让卢晖略守石头城,纥奚斤守捍国城。侯景把百姓以及军人家属全部驱赶进台城内。僧辩焚烧侯景的水上栅栏,进入秦淮水,到达禅灵寺洲,侯景极为惊惧,于是沿着秦淮水设置水栅,从石头城一直设到朱雀航。僧辩以及各位将领于是从石头城西面登上修建连营设立围栅,一直到落星墩。侯景非常恐惧,亲自率领侯子鉴、于庆、史安和、王僧贵等,在石头城东北设立栅栏以拒守。侯景派王伟、索超世、吕季略守台城,宋长贵守延祚寺。侯景派人掘开王僧辩父亲的坟墓,破开棺材,焚毁尸体。王僧辩等进军安营在石头城北,侯景列好阵脚来挑战。僧辩率领大军奋勇出击,大破侯景。侯子鉴、史安和、王僧贵各自弃栅而逃。卢晖略、纥奚斤都以所守之城投降。

率众军奋击,大破之。侯子鉴、史安和、王僧贵各弃栅走。卢晖略、纥奚斤并以城降。

注释 ① 张公洲:在今湖北武昌南。 ② 落星墩:在今南京市北长江南岸。

原文

景既退败,不入宫,敛其散兵,屯于阙下,遂将逃窜。王伟揽辔谏曰:"自古岂有叛天子!今宫中卫士,尚足一战,宁可便走,弃此欲何所之?"景曰:"我在北打贺拔胜,破葛荣,扬名河、朔,与高王一种人。今来南渡大江,取台城如反掌,打邵陵王于北山,破柳仲礼于南岸,皆乃所亲见。今日之事,恐是天亡。乃好守城,我当复一决耳。"仰观石阙,逡巡叹息久之。乃以皮囊盛二子挂马鞍,与其仪同田迁、范希荣等百余骑东奔。王伟委台城窜逸。侯子鉴

翻译

侯景败退后,没有入宫,收集溃散的士卒,驻扎在宫阙之下,准备逃窜。王伟挽住马鞭劝阻说:"自古哪有反叛的皇帝!如今宫中的卫士,还足以一战,怎么能就这样逃走,放弃这里要往哪里去?"侯景说:"我在北方打击贺拔胜,击败葛荣,扬名于河、朔,与高欢是同一类的人。后来南来渡过长江,攻取台城易如反掌,在北山打败邵陵王,在南岸击破柳仲礼,这都是你亲眼所见。今天的情形,大概是天要灭我。你好好守城,我要再次与敌决一胜负。"侯景仰望石阙,长时间徘徊叹息。于是用皮口袋装两个儿子,挂在马鞍上,和仪同田迁、范希荣等一百多骑兵向东逃亡。王伟放弃台城逃窜。侯子鉴等逃向广陵。

王僧辩派侯瑱率军追击侯景。侯景到达晋陵,劫持太守徐永向东逃往吴

等奔广陵。

王僧辩遣侯瑱率军追景。景至晋陵^①，劫太守徐永东奔吴郡，进次嘉兴^②，赵伯超据钱塘拒之。景退还吴郡，达松江^③，而侯瑱军掩至，景众未阵，皆举幡乞降。景不能制，乃与腹心数十人单舸走，推堕二子于水，自沪渎入海^④。至壶豆洲^⑤，前太子舍人羊鲲杀之，送尸于王僧辩。传首西台。曝尸于建康市，百姓争取屠脍啖食，焚骨扬灰。曾罹其祸者，乃以灰和酒饮之。及景首至江陵，世祖命枭之于市，然后煮而漆之，付武库^⑥。

郡，进驻嘉兴，赵伯超占据钱塘抵抗侯景。侯景退回吴郡，到达松江，而侯瑱的部队迅速杀到，侯景的人马尚未列阵，都举旗求降。侯景不能制止，于是与几十名心腹乘一条船逃跑，将两个儿子推落水中，从沪渎入海。到达壶豆洲，前太子舍人羊鲲杀死侯景，将尸体送给王僧辩。侯景的首级被传送到西台，尸体被抛在建康闹市示众，百姓争相宰割吞食，焚烧尸体，抛洒骨灰。曾经遭受侯景残害的人，又用骨灰掺和着酒而饮。等到侯景的首级传到江陵，世祖命令将首级高悬在集市上，然后烹煮涂漆，交付给武库。

注释 ①晋陵：郡名，治所在今江苏常州。②嘉兴：在今浙江嘉兴南。③松江：即今江苏太湖尾闾吴淞江。④沪渎：今上海西旧青浦附近古吴淞江。⑤壶豆洲：相当今江苏南通一带。本长江口沙洲，后并入北岸大陆。⑥武库：储藏武器的仓库。

原文

景长不满七尺，而眉目

翻译

侯景身高不足七尺，但眉眼疏朗俊

疏秀。性猜忍，好杀戮。刑人或先斩手足，割舌劓鼻①，经日方死。曾于石头立大春碓②，有犯法者，皆捣杀之，其惨虐如此。自篡立后，时着白纱帽，而尚披青袍，或以牙梳插髻③。床上常设胡床及筌蹄④，著靴垂脚坐。或匹马游戏于宫内，及华林园弹射乌鸟⑤，谋臣王伟不许轻出，于是郁怏，更成失志。所居殿常有鸺鹠鸟鸣⑥，景恶之，每使人穷山野讨捕焉。普通中，童谣曰："青丝白马寿阳来。"后景果乘白马，兵皆青衣。所乘马，每战将胜，辄踯躅嘶鸣，意气骏逸；其奔衄，必低头不前。……

秀。性情猜忌残忍，喜欢杀戮。加刑于人有时先斩断他的手脚，割掉他的鼻舌，经过一天才死。曾经在石头城竖起大春具，有犯法的人，全都捣杀处死，他残酷暴虐到了如此地步。侯景自从篡位登基以后，常常头戴白纱帽，又喜欢穿青色袍衫，有时用象牙梳子插在发髻上。床上经常摆设着胡床以及筌蹄，侯景穿靴垂脚而坐。有时侯景匹马在宫中游玩，有时在华林园射乌鸦。谋臣王伟不让侯景随意出宫，于是心中抑郁不乐，又变得失志情状。侯景所住宫殿常常有猫头鹰悲鸣，侯景厌恶它们，经常派人穷山遍野地捕捉。普通年间，童谣说："青丝白马寿阳来。"以后侯景果然骑着白马，士卒都穿青衣。侯景所骑的马，每次战斗即将取胜时，总是踏步悲鸣，神色飘逸洒脱；它遭遇溃败，必定低头不前。……

注释 ①劓(yì)：割鼻。 ②春碓：春具。 ③牙梳：象牙梳子。髻(jì)：挽束在头顶的头发。 ④筌蹄：南朝贵族、士大夫讲经说法时所执之具，大约为拂尘之类。 ⑤乌鸟：乌鸦之属。 ⑥鸺鹠(xiū liú)：猫头鹰。

原文

王伟，陈留人①，少有才

翻译

王伟，陈留人，从小便有才学，侯景

学,景之表、启、书、檄,皆其所制。景既得志,规摹篡夺,皆伟之谋。及囚送江陵,烹于市。百姓有遭其毒者,并割炙食之。

的表、启、书、檄,全都是他所撰写。侯景得志以后,筹划篡位夺权,全是王伟的计谋。等到王伟被囚送到江陵,在集市上被烹煮。曾经遭受王伟毒害的百姓,都割煮他的肉吃。

注释 ① 陈留:郡名,治所在今河南开封东南。

陈书

赵 益 译注

周勋初 审阅

导　言

　　陈朝是中国历史上较为短暂的王朝之一，从公元 557 年陈武帝陈霸先代梁自立到公元 589 年隋军灭陈，共经五帝，凡三十三年。记载陈朝历史的官修正史《陈书》，篇幅也较少，计三十六卷，其中"本纪"六卷，"列传"三十卷。

　　《陈书》是唐初修成的。唐贞观三年（629）设立史馆修撰隋以前各朝史书，集公私之力，最后撰成八部，即后世所谓"唐八史"，《陈书》为其中的一部。据《旧唐书·令狐德棻传》记载，武德中唐高祖已诏命修撰魏、周、隋、梁、齐、陈六史，至贞观三年，"太宗复敕修撰，乃令德棻与秘书郎岑文本修周史，中书舍人李百药修齐史，著作郎姚思廉修梁、陈史，秘书监魏徵修隋史，与尚书左仆射房玄龄总监诸代史"。至贞观十年（636），"尚书左仆射房玄龄、侍中魏徵上梁、陈、齐、周、隋五代史，诏藏于秘阁"。……在此之前，姚思廉之父姚察曾著《梁书帝纪》七卷、《陈书》二卷。据《陈书·姚察传》："察所撰《梁》《陈》史虽未毕功，隋文帝开皇之时，遣内史舍人虞世基索本，且进上，今在内殿。《梁》《陈》二史本多是察之所撰，其中序论及纪、传有所阙者，临亡之时，仍以体例诫约子思廉，博访撰续，思廉涕泣奉行。"思廉受命续撰后，乃采"谢昊等诸家梁史续成父书，并推究陈事，删益傅绰、顾野王所修旧史，撰成《梁书》五十卷、《陈书》三十卷。魏徵虽裁其总论，其编次笔削，皆思廉之功也"（《旧唐书·姚思廉传》）。实际上，姚思廉在贞观二年（628）就开始编撰了，所以刘知幾说《陈书》是思廉"凭其旧籍，加以新录，弥历九载，方始毕功"（《史通·外篇·古今正史第二》）。由此可见，《陈书》虽有姚察的旧稿在前,魏徵又任监修之责,也加入了一些文字(《本纪》与《皇后列传》总论),但主要还是由姚思廉完成的。

　　具体地说,唐初编撰《陈书》时的材料来源有二:一是当时已编撰成书的陈史以及陈朝起居注等史料,如顾野王的《陈书》三卷、傅缚的《陈书》三卷、陆琼的《陈书》四十二卷、陈《永定起居注》八卷、陈《天嘉起居注》二十三卷、陈《天康光大起居注》十卷、陈《太建起居注》五十六卷、陈《至德起居注》四卷;二是姚察的旧稿以及姚思廉在隋代开始续写的部分草稿。宋曾巩《陈书校序》说:“思廉父察,梁、陈之史官也,录二代之事未就而陈亡。……察之将死,属思廉以继其业。唐兴,武德五年,高祖以自魏以来二百余岁,世统数更,史事放逸,乃诏撰次,而思廉遂受诏为《陈书》,久之犹不就。贞观三年,遂诏论撰于秘书内省,十年正月壬子始上之。观察等之为此书,历三世,传父子,更数十岁,而后乃成,盖其艰难如此。”所以说《陈书》编撰的时间不止九年,姚氏父子对《陈书》的撰成传世,无疑是很有功的。尽管由于其时战事频仍,时局混乱,史料搜集保存不易,因此其书仍有不少错误与杂乱的地方,但姚氏父子在纂修此书时,作出了很大的努力,因而仍然取得了可观的成绩。

　　姚氏父子原籍江左,陈亡后迁居关中,据《南史·姚僧垣传》(《陈书》作“姚僧坦”,应依《周书》《南史》作姚僧垣)载,姚察父僧垣本以医术见赏,属于庶族阶层。姚察少时学习勤苦,夜以继日,年十二,便能属文,梁末任原乡县令、著作佐郎,参与修史。陈后主时任吏部尚书。陈亡入隋,官至太子内舍人、秘书丞,是一位著名的史学家。姚思廉历仕陈、隋、唐三朝。陈朝时为扬州主簿,入隋为汉王府参军、河间郡司法书佐,后为代王杨侑(即隋恭帝)侍读;贞观初迁著作郎、弘文馆学士,乃著名的十八学士之一。史家评论他说:“笃学寡欲,受汉史于家尊,果执明义,临大节而不可夺。及笔削成书,箴规翊圣,言其命世,亦当仁乎!”(《旧唐书·姚思廉传》)对其史学上的成就作了较高的评价。

　　纵观姚氏父子的一生经历,可以看出他们史学思想的源流轨迹。姚氏父子出身于庶族阶级,历仕数朝,一直担任文学之职。在陈亡以后被迫北上依附于关陇世族,因而表现出一种较消沉的情绪。虽然姚思廉作为"藩邸之旧"而"深被礼遇"(同上),但姚氏父子叙及南朝旧事时,仍然摆脱不了没落的情绪。不过,他们毕竟与门阀世族有所不同,在思想上也有革新图强的一面,比如在撰写中尽管多所隐讳,但又能委婉其词,透露事实,表达自己的看法;虽有崇古之处,但无薄今之词。这在入唐以后的姚思廉身上表现得尤其明显。

　　《陈书》撰成后藏于秘阁,传之甚少,至宋嘉祐七年(1062)诏天下藏书家悉上唐前八史异本,《陈书》始得校勘刊布,广为流行。后被列为"二十四史"中的一种。

　　陈朝只有三十三年,在南朝诸朝中疆域最小,在政治、军事、经济、文化上均无特殊建树。就史籍著述而言,在唐初公私修撰的前代八史中,《陈书》亦算不上上乘之作。但尽管如此,由于记载陈朝历史的早期著作大部分亡佚,《陈书》自然也就成了研究陈史的重要资料,因此自有其不容忽视的价值。

　　历来的史家之所以经常把梁、陈二史并称,除了两书同为姚氏父子所撰,它们也有着一些共同的特点。《陈书》的特色首先在于其叙述的简洁精练,凡无须铺张敷陈者,记载均甚简明扼要,所谓"叙事之简严完善,则李延寿亦不能过"(赵翼《陔余丛考》卷七)。更为难得的是,六朝文风争尚骈俪,一直延续到唐初,各种著述的行文均受其影响,而姚察、姚思廉父子却崇尚散文,开始对六朝文风作变革,《梁》《陈》二史全用熟练的古文撰写。清赵翼说:"世但知六朝之后古文自唐韩昌黎始,而岂知姚察父子已振于陈末唐初也哉。"(《廿二史札记》卷九)《梁》《陈》书"劲气锐笔,曲折明畅,一洗六朝芜冗之习,《南史》虽称简净,然不能增损一字也"(同上)。评价十分公允。在本书所选的篇目中就可以明显地看出，《陈书》的行文乃是十分明畅流利的古文，《高祖本纪》《侯安都传》《袁宪传》《萧摩诃传》等都是非常出色的篇章。

《陈书》的另一特色是体例谨严、编次得宜，在这一点上可以说超过了《梁书》。《四库总目提要》曰："今读其列传，体例秩然，出于一手，不似《梁书》之参差。"可见《陈书》在撰写体例上自有独到之处。《梁》《陈》二书均继承了《汉书》以来的"类叙"之法，《陈书》在此基础上对"列传"的编排更为严谨，更有伦序，较好地体现出古代国史的传统。

《陈书》最后完成于大统一的唐朝，加之又有杰出的政治家魏徵的参与，因此唐初的进步史观在其中得到了一定的体现。比如《陈书》中改变了南北朝时期南方诬称北方诸朝为"索虏"的陋习，代之而称国号，对魏、齐、周诸帝也皆称谥号，反映出唐代开国以后民族政策的开明。唐代设馆修史，是唐代开国君主认识到"以史为鉴"方能长治久安而采取的一项措施，而作为一位伟大政治家的魏徵，撰写的史论更能借史论今，表现出敬民畏民的可贵思想。他在《陈书》中撰写的《陈本纪·总论》，和他的谏议风格一致，言简意赅，发人深省。

当然，《陈书》在表达方面的缺陷也很明显。最主要的，就是避讳太多。其中原因，一是姚氏父子本身经历所致，二是《陈书》多承前代国史旧稿，不可避免地沿袭了"书美讳恶"的笔法。《陈书》多避讳，不仅表现在对那些篡夺皇位、骨肉相残的丑行"避而不书"上，如高祖篡梁杀梁敬帝、世祖夺嫡杀衡阳王陈昌以及高宗逼取皇位杀始兴王陈伯茂等事，还表现在讳过隐恶，多所掩饰，最明显的例子莫过于对后主的态度。姚氏父子对后主的丑行多方遮掩，把陈亡的过错全推到后主宠幸的"狎客"身上。其序兴亡，也充满了阴阳五行、图谶灾异的思想，与魏徵重人事、轻天命的进步观点相较，真有天壤之别。

与之相联系的，是记叙中多浮词溢美。姚思廉为其父姚察作传有修饰之处，尚不足论，而《陈书》为虞寄、虞荔兄弟作佳传，暴露出了姚氏父子沿袭了为亲友溢美这一修史的通病。因为姚氏父子本与虞氏兄弟在陈朝共事，又与虞荔的儿子虞世基、虞世南同仕隋朝，入唐后，姚思廉与虞世南同列十八学士，关系亲密，遂作溢美过当之词，这就难免为后人所诟病了。

姚氏父子本身的经历，决定了他们与陈朝统治者有着不能割舍的联系，《陈书》总共三十六卷，而"本纪"及皇后、王子、宗室"列传"就占了十一卷，使《陈书》几乎成了陈氏家传。另外，《陈书》虽称简洁，但也记载了不少空洞无物的诏令奏疏等芜词，这也是它的缺点之一。

《陈书》原书三十六卷，计《高祖本纪》二卷、《世祖本纪》一卷、《废帝本纪》一卷、《宣帝本纪》一卷、《后主本纪》一卷、《皇后列传》一卷、《王子列传》三卷、《宗室列传》一卷、《诸臣列传》二十二卷、《孝行列传》一卷、《儒林列传》一卷、《文学列传》一卷，其中诸臣列传有二卷移在最末，收有陈一代的"叛臣"熊昙朗、周迪、留异、陈宝应以及始兴王叔陵、新安王伯固，算是一种特殊的类传。同《梁书》一样，《陈书》亦无"志"，这是因为贞观十年（636）修成的梁、陈、齐、周、隋五代史本合为一部书，称为《五代史》（魏史因有魏收、魏澹所撰《魏书》，后不再修撰），显庆四年（659），李延寿又以私家身份撰成《南北史》后，才把前修的《五代史》二百七十七卷改成五种单行本，其中《十志》不能分，便放在《隋书》里，称为《五代史志》。因此读者如要了解陈代的典章制度，还必须阅读《隋书》的"十志"。

我们考虑到《陈书》本身的特点和读者的要求，本书的选目按照以下原则进行：一是以政治、军事为主，注重历史事实，兼及其他；二是注重历史记述的可读性和故事性。据此选出了十一篇，计"帝王本纪"二篇，"列传"九篇。陈朝一代史实，若约略言之，大约可概括成高祖建国、世祖靖乱、高宗开边以及后主亡国四端，选目中的《高祖本纪》《周文育传》《侯安都传》主要反映前二者的史实；《吴明彻传》及《徐陵传》主要反映高宗北伐的史实。《陈书》对后主的荒淫虽有掩饰，但在《张贵妃传》《毛喜传》《江总传》《萧摩诃传》中也有所反映，因此酌予选入。《陈书》

较为侧重皇室事迹,但记载多非紧要之事,惟《始兴王叔陵传》一篇记叙了陈朝宫廷斗争的内幕,揭示出陈宗室王侯的残暴凶虐,颇值一读,故而也予选入。被选入的篇目大都文字叙述性较强,有一定的艺术性。

需要说明的是,陈朝的文化没有重大发展,文学也多承齐、梁余绪,加之《陈书》关于"文学""儒林"的记载较为简略,本丛书的《南史》又对此有所侧重,因此本书在这方面不作重点。

本书的注释力求简明扼要,着重于生僻词语、典故和专有名词(如职官名、地名、器物名、年代)等的理解。为了读者阅读的方便,职官的注释略去了历史沿革,只注出该历史时期各官名的性质、职掌、品秩等。某些含义复杂的职官,则略加以相关知识的说明。《陈书》地名涉及南北朝数代,名称、治所、沿革均很复杂。注释时根据下列细则:(一)南北朝时地方行政分州、郡、县三级,注释时一般先注出"州名""郡名""县名",以指明大致范围。(二)一般只注治所在今某地,但如同名异治,或治所屡经迁移者,或当时设,不久即废者,则加注本地为何时代所置,以示区分;南北同名异治,也附注说明;侨置,注出何时代所置。

书中出现的人名一般不注,只对个别关系到文义理解者加以注释。

本书译文采用直译的方法,力求准确、流畅,通俗易懂,并尽可能保持原文简洁明快的特色。

本书的选目、注释、翻译都是在郁贤皓教授的指导下进行的,书稿完成后,又承郁先生全部校阅一遍,纠正了不少错误和疏漏,良师嘉教,至深铭感。同事武秀成、于白二兄,于六朝典章制度多有心得,本书的写作也得到了他们许多有益的帮助,在此一并表示衷心的感谢。

由于时间仓促,加之作者水平有限,书中一定存在着不少舛误不当之处,恳请专家读者不吝指正。

赵　益

高　祖　本　纪

导读

　　陈武帝陈霸先(庙号高祖)是陈朝的开国皇帝,自称是汉代名士陈寔之后,但实际上出身很低下,据李延寿的《南史》记载,武帝早先在乡里为里司,后至建康任油库吏,都是很卑微的小官。《陈书》的作者对此讳而未言。陈霸先初被梁新喻侯萧暎赏识,任中直兵参军,因镇压少数民族有功,累官至西江督护、高要太守。在讨平侯景之乱中,实力逐步壮大,与王僧辩成为掌握军权的两个重要人物。公元555年,他又袭杀王僧辩并击败北齐的进攻,受封陈王。公元557年代梁自立,建立陈朝,但在位仅两年即死去。

　　陈霸先长于谋略,明达果断,在讨平侯景、抗击北齐时都很有成就,在位期间,南朝的经济文化也稍有恢复和发展。本篇在史料取舍上较为得当,叙述简洁明快,特别是记平定侯景之乱后到建立陈朝前的一段史实,有十分生动翔实的描写,保存了很多梁末到陈初社会动乱的重要史料。(选自卷一、二)

原文

　　高祖武皇帝讳霸先①,字兴国,小字法生②,吴兴长城下若里人③,汉太丘长陈寔之后也④。世居颍川⑤。寔玄孙准,晋太尉⑥。准生

翻译

　　高祖武皇帝名陈霸先,字兴国,小名法生,是吴兴郡长城县下若里人,东汉太丘县长陈寔的后代。世代都居住在颍川郡。陈寔的玄孙陈准,晋时任太尉。陈准生陈匡,陈匡生陈达,晋永嘉

匡，匡生达，永嘉南迁⑦，为丞相掾⑧，历太子洗马⑨，出为长城令⑩，悦其山水，遂家焉。尝谓所亲曰："此地山川秀丽，当有王者兴，二百年后，我子孙必钟斯运。"达生康，复为丞相掾，咸和中土断⑪，故为长城人。康生盱眙太守英⑫，英生尚书郎公弼⑬，公弼生步兵校尉鼎⑭，鼎生散骑侍郎高⑮，高生怀安令咏⑯，咏生安成太守猛，猛生太常卿道巨⑰，道巨生皇考文赞⑱。

年间晋室南渡时，任丞相的属官，历任太子洗马。陈达出任长城县令时，因喜欢那里的山川景致，便在那里安了家。陈达曾对亲近的人说："这个地方山川秀丽，当会有帝王出现，两百年后，我的子孙必会应得此运。"陈达生子陈康，也任丞相属官，晋咸和年间实行土断，因此成为长城县人。陈康生盱眙太守陈英，陈英生尚书郎陈公弼，陈公弼生步兵校尉陈鼎，陈鼎生散骑侍郎陈高，陈高生怀安令陈咏，陈咏生安成太守陈猛，陈猛生太常卿陈道巨，陈道巨生高祖的父亲陈文赞。

注释 ① 高祖武皇帝：古代帝王死后在太庙立室奉祀，并被追尊以某祖、某宗的称号，叫作庙号。又根据其生前事迹评定一个称号，叫作谥号。陈霸先庙号高祖，谥曰武，故称高祖武皇帝。 ② 小字：小名。 ③ 吴兴：郡名，治所在今浙江吴兴。长城：县名，治所在今浙江长兴东。下若里：地名。南北朝时地方行政区划分州、郡、县三级，县下有乡、里。 ④ 太丘：县名，治所在今河南省永城西北，西晋时废。长：官名，一县之长官。秦汉时县万户以上称令，不及万户者称长。陈寔(shí)：东汉时人，字仲弓，桓帝时为太丘长，灵帝时大将军窦武辟为掾属，以平正闻名乡里。 ⑤ 颍川：郡名，治所在今河南许昌。 ⑥ 太尉：秦汉时为全国军事首脑，与丞相、御史大夫并称，东汉时与司徒、司空并称三公。汉以后渐成为军事重臣的加官荣衔。 ⑦ 永嘉：晋怀帝司马炽年号(307—312)。永嘉南迁，指永嘉年间晋室南渡以及司马睿在江南建立东晋。 ⑧ 丞相掾(yuàn)：丞相的属官。丞相，官名，秦代以后为综理全国政务的最高官职。两汉以后名称、权限、人员不一。掾：本为佐助之义，后通称副官佐吏为掾。 ⑨ 太子洗（xiǎn）马：官名，汉时为太子的侍从官，魏晋南北朝时沿置，兼掌图书。 ⑩ 令：即县令。 ⑪ 咸和：东晋成帝司马衍年号（326—334）。土断：不论本地人或外地侨居之人，户口统一编在所居郡县，纳税服役，废除用北方地名侨置在南方的郡县，称为土断。开始于东晋咸和年间，为东晋王朝针对北方南渡人士，使他们成为政府编民、负担赋役的一种特殊方式。 ⑫ 盱眙（xū yí）：县名，治所在今江苏盱眙东北。太守：官名，为一郡之最高长官。 ⑬ 尚书郎：魏晋时，尚书省各曹有侍郎、郎中等官，通称为尚书郎。 ⑭ 步兵校尉：武官名。晋时为中央军五校尉之一，掌宿卫兵。 ⑮ 散骑侍郎：官名。属门下省，位在散骑常侍之下，魏晋时散骑常侍、侍郎与侍中、黄门侍郎共平尚书奏事。下有通直、员外之目。 ⑯ 怀安：县名。三国吴分宛陵县置，治所在今安徽宁国东南。 ⑰ 太常卿：官名。为九卿之一，掌礼乐郊庙社稷事宜。 ⑱ 皇考：对亡父的尊称。

原文

高祖以梁天监二年癸未岁生①。少倜傥有大志，不治生产。既长，读兵书，多武艺，明达果断，为当时所推服。身长七尺五寸，日角龙颜②，垂手过膝。尝游义兴③，馆于许氏，夜梦天开数丈，有四人朱衣捧日而至，令高祖开口纳焉，及觉，腹中犹热，高祖心独负之。

翻译

高祖出生在梁天监二年（503）癸未岁。小的时候豪爽洒脱而志向高远，不治谋生之资。长大以后，读军事书籍，具备很多武艺，英明练达，处事果断，为当时的人所称道佩服。高祖身高七尺五寸，额骨中央隆起，形状如日，眉骨圆起而突出，两手下垂能过膝盖。高祖曾到义兴游玩，就宿于许氏的馆舍，夜里梦见天裂开数丈，有四个穿着红色衣服的人捧着太阳来到面前，叫高祖张开口吞下去，等到一觉醒来，肚子里还热乎乎的，高祖心里很为此自负。

注释 ① 天监:梁武帝萧衍年号(502—519)。癸未:古代用干支纪日,又用以纪年月,以十天干顺次配十二地支,六十年重复一次。天监二年岁次癸未,故云。② 日角:旧时称帝王之相,额骨中央隆起,形状如日。龙颜:眉骨圆起。 ③ 义兴:郡名,治所在今江苏宜兴。

原文

大同初①,新喻侯萧暎为吴兴太守②,甚重高祖,尝目高祖谓僚佐曰:"此人方将远大。"及暎为广州刺史③,高祖为中直兵参军④,随府之镇。暎令高祖招集士马,众至千人,仍命高祖监宋隆郡⑤。所部安、化二县元不宾⑥,高祖讨平之。寻监西江督护⑦、高要郡守⑧。先是,武林侯萧谘为交州刺史⑨,以衰刻失众心⑩,土人李贲连结数州豪杰同时反⑪,台遣高州刺史孙冏⑫、新州刺史卢子雄将兵击之⑬,冏等不时进,皆于广州伏诛。子雄弟子略与冏子侄及其主帅杜天合、杜

翻译

梁大同初年(535),新喻侯萧暎任吴兴太守,很看重高祖,曾经看着高祖对下属们说:"此人将有很远大的前程。"后来当萧暎任广州刺史时,高祖任他的中直兵参军,随萧暎军府赴镇广州。萧暎命令高祖召集兵士马匹,人数达到千人,并命令高祖掌管宋隆郡。所管辖地区中的崇化、南安两县原先不来归顺,高祖率军征伐讨平。不久高祖又监管西江督护、高要郡太守。在此以前,武林侯萧谘任交州刺史,因为聚敛财物而失民心,当地人李贲联合了好几个州的豪杰之士同时造反,朝廷派遣高州刺史孙冏、新州刺史卢子雄率兵征伐,孙冏等人因为没有按时出兵,在广州一并被处死。卢子雄的弟弟卢子略与孙冏的儿子侄子以及他们的主帅杜天合、杜僧明共同举兵叛乱,捉住了南江督护沈颎,向广州进攻,不分昼夜全力攻打,广州境内惊恐万状。高祖率领精锐部

僧明共举兵，执南江督护沈颙⑭，进寇广州，昼夜苦攻，州中震恐。高祖率精兵三千，卷甲兼行以救之，频战屡捷，天合中流矢死，贼众大溃，僧明遂降。梁武帝深叹异焉，授直阁将军⑮，封新安子，邑三百户⑯，仍遣画工图高祖容貌而观之。……

队三千人，把甲衣卷裹起来加倍赶路以赴援解救，屡战屡捷，杜天合身中流箭身亡，叛乱的贼兵大为溃败，杜僧明于是投降。梁武帝对高祖的功绩深为惊叹，授高祖为直阁将军，封新安子爵，食邑三百户，并且让画工画出高祖的容貌用以观看。……

注释 ① 大同：梁武帝萧衍年号（535—545）。 ② 新喻侯：南朝梁的爵号，有王及五等爵公、侯、伯、子、男六等，同一爵号，有郡、县之分。新喻，封地名。 ③ 广州：治所在今广东广州。刺史：官名，州之长官，南北朝时要州刺史多由都督兼任。 ④ 中直兵参军：官名，参军即参谋军事的简称，晋以后凡诸王及将军开府者皆置参军，始为正式官名，有单称的，有冠以职名的。梁时皇弟皇子之庶子府中直兵参军列班秩第七。南朝梁分官职班秩为十八班，以班多者为上。 ⑤ 宋隆郡：治所在今广东高要东南。 ⑥ 安、化二县：似指梁宋隆郡崇化、南安二县。崇化县，治所在今广东高要东南境；南安县，治所当在今广东境内。 ⑦ 西江督护：官名，南朝时在广州别置西江督护及南江督护，主管军事，但职权颇卑。 ⑧ 高要郡：治所在今广东高要。 ⑨ 交州：治所在今越南北宁仙游东。 ⑩ 裒（póu）刻：聚敛，搜括财物。 ⑪ 李贲（bēn）：先祖本为中原人，汉末避居南土，七世后遂为南人。公元544年率众起义，自称南越帝，建元"天德"，国号"万春"，后为屈獠土人所杀。 ⑫ 台：台省，指梁中央政府，南朝台省和宫殿所在地叫台城。高州：南朝梁置，治所在今广东阳江西。冏：音 jiǒng。 ⑬ 新州：治所在今广东新兴。 ⑭ 南江督护：见前西江督护注。颙：音 yǐ。 ⑮ 直阁将军：武官名，全名称朱衣直阁将军，以一方军政长官担任。梁时列第十班。 ⑯ 邑：食邑，封地。

其年冬,萧暎卒。明年,高祖送丧还都,至大庾岭①,会有诏高祖为交州司马②,领武平太守③,与刺史杨暕南讨。高祖益招勇敢,器械精利。暕喜曰:"能克贼者,必陈司武也。"委以经略。高祖与众军发自番禺④。是时萧勃为定州刺史⑤,于西江相会,勃知军士惮远役,阴购诱之,因诡说暕。暕集诸将问计,高祖对曰:"交阯叛换⑥,罪由宗室⑦,遂使僭乱数州,弥历年稔⑧。定州复欲昧利目前,不顾大计。节下奉辞伐罪⑨,故当生死以之,岂可畏惮宗室,轻于国宪?今若夺人沮众,何必交州讨贼?问罪之师,即回有所指矣。"于是勒兵鼓行而进。十一年六月,军至交州,贲众数万于苏历江口立城栅以拒官军⑩。暕推高祖为前锋,所

这一年冬天,萧暎去世。第二年,高祖送丧回京都,走到大庾岭,正值有诏书命高祖为交州司马,兼领武平太守,与刺史杨暕南下讨伐。高祖大量地招募勇敢之士,兵器装备也很精良。杨暕高兴地说:"能够剿灭叛贼的人,必定是陈霸先司武。"授予他具体筹划的权限。高祖与其他各军从番禺出发。这时萧勃任定州刺史,和高祖在西江会合,萧勃知道兵士都怕到远方去服役,私下里使用恩惠引诱他们,然后又以此骗说杨暕留下来。杨暕召集诸将商量对策,高祖回答道:"交阯的叛贼蛮横跋扈,这是某些皇亲国戚的过错,于是使得叛乱波及数州,历时有年。而定州刺史又为得到眼前利益,不顾大计。将军您奉命讨伐叛乱,就应该不顾生死来承担,岂可畏惧皇族而不以国家的法令为意?要是现在败坏丧失了部队,何必要到交州去讨伐叛贼?这样一支平叛问罪的军队,不如回去算了。"于是杨暕率军击鼓前进。十一年(545)六月,部队抵达交州,李贲数万人马在苏历江口筑起有栅栏的城寨以抵拒官军。杨暕推举高祖为前锋,高祖攻城拔栅,所向披

向摧陷，贲走典彻湖[11]，于屈獠界立寨[12]，大造船舰，充塞湖中，众军惮之，顿湖口不敢进。高祖谓诸将曰："我师已老，将士疲劳，历岁相持，恐非良计。且孤军无援，人人心腹，若一战不捷，岂望生全。今藉其屡奔，人情未固，夷獠乌合[13]，易为摧殄[14]，正当共出百死，决力取之，无故停留，时事去矣。"诸将皆默然，莫有应者。是夜江水暴起七丈，注湖中，奔流迅激。高祖勒所部兵，乘流先进，众军鼓噪俱前，贼众大溃，贲窜入屈獠洞中[15]，屈獠斩贲，传首京师。是岁太清元年也[16]。

靡，李贲逃到典彻湖，在屈獠的地界上建立营寨，大量制造船舰，布满在湖上，各支官军很畏惧，停顿在湖口不敢前进。高祖对诸将说："我军锐气已衰竭，将士们很疲劳，长时间的相持，恐怕不是良策。而且我们孤军无援，人人心里都已知道，要是不能一战获胜，怎还能够指望生还。现在乘其屡屡奔逃，人心不稳，叛贼与獠人乌合之际，容易摧毁消灭，正应当同心协力战胜死亡危难，坚决攻取叛军的时候，无故停顿不前，就失去了天赐的战机了。"诸将听后都默然无声，没有人答话。这天夜里江水暴涨七尺高，注入典彻湖中，水势奔流迅猛，高祖率领所部人马，顺着激流先行前进，其他部队呼喊着一起向前，叛贼大为溃乱，李贲逃到屈獠洞，屈獠人将其斩首，把首级传送到京师。这一年是太清元年(547)。

注释 ① 大庾岭：为五岭之一，在今江西大庾、广东南雄之间。 ② 司马：南朝时为军府之官，在将军之下，综理军务，参与军事谋划。 ③ 武平：郡名，治所在今越南永富永福东南平州。领：兼任较低级的职务。 ④ 番禺：县名，治所在今广东广州。 ⑤ 定州：治所在今湖北麻城东北。此处疑指南定州，治所在广西桂平。 ⑥ 交阯：即交趾郡，治所在今越南河内西北。叛换：跋扈、蛮横。 ⑦ 宗室：皇族。 ⑧ 稔(rěn)：谷物成熟，古代谷物一年一熟，因称年为稔。 ⑨ 节下：敬称。秦汉以来称皇帝为陛下，称皇太子及诸王为殿下，称将领为节下，后来于使臣或地方疆吏亦称节下。 ⑩苏历江:江名,在今越南境内。 ⑪典彻湖:湖名,在今越南境内。 ⑫屈獠(liáo)界:大致在今越南永福安朗境内,是当时僚人的居住地。 ⑬夷獠:夷,古代对中原以外异族的蔑称。獠,古时对南部仡佬族的蔑称。夷獠,指李贲的造反队伍与当地仡佬族人。 ⑭殄(tiǎn):灭绝。 ⑮屈獠洞:在今越南兴化境内。洞:古时称南方少数民族聚居的地方为洞。 ⑯太清:梁武帝年号(547—549)。

原文

贲兄天宝遁入九真,与劫帅李绍隆收余兵二万,杀德州刺史陈文戒①,进围爱州②,高祖仍率众讨平之。除振远将军③、西江督护、高要太守,督七郡诸军事。

翻译

李贲的哥哥李天宝逃脱到九真郡,与叛军主帅李绍隆收罗残兵二万人,杀掉了德州刺史陈文戒,进兵围攻爱州,高祖又率众将其讨平。被授为振远将军、西江督护、高要太守、督七郡诸军事。

注释 ①德州:治所在今越南义安荣市。 ②爱州:治所在今越南清化北的马江南岸。 ③振远:梁时将军戎号,列第十三班。梁朝共置一百二十五号将军,分为二十四班,以班多者为上。

原文

二年冬,侯景寇京师,高祖将率军赴援,广州刺史元景仲阴有异志,将图高祖。高祖知其计,与成州刺史王怀明①、行台选郎殷外臣等密议戒严②。三年七

翻译

(太清)二年(548)冬天,侯景寇犯京师,高祖将要领兵赴援,广州刺史元景仲暗地里有不轨之志,将要图谋高祖。高祖知悉了他的计谋,与成州刺史王怀明、行台选郎殷外臣等秘密计划采取戒严措施。(太清)三年(549)七月,

月,集义兵于南海③,驰檄以讨景仲。景仲穷蹙,缢于阁下,高祖迎萧勃镇广州。是时临贺内史欧阳頠监衡州④,兰裕、兰京礼扇诱始兴等十郡⑤,共举兵攻頠,頠请援于勃。勃令高祖率众救之,悉擒裕等,仍监始兴郡。

在南海郡集结义兵,飞传檄文,讨伐元景仲。元景仲走投无路,自缢于府中台阁下,高祖迎接萧勃出镇广州。这时候临贺内史欧阳頠代掌衡州,兰裕、兰京礼挑拨引诱始兴等十郡,共同举兵攻打欧阳頠,欧阳頠向萧勃求援。萧勃命令高祖率众前往解救,将兰裕等人全部擒获,并命高祖代掌始兴郡。

注释 ① 成州:治所在今广东封开东南贺江口。 ② 行台选郎:行台辟署的郎官。在地方代表朝廷行尚书省事或因军事征伐而设置的机构称行台。戒严:战时或其他非常情况下采取的严密防备措施。 ③ 义兵:正义之师。南海:郡名,治所在今广东广州。 ④ 临贺:郡名,治所在今广西贺州东南贺街。頠:音 wěi。衡州:梁置,治所在今广东英德西北洭(hán)洸。陈改为西衡州。 ⑤ 始兴:郡名,治所在广东韶关。

原文

十一月,高祖遣杜僧明、胡颖将二千人顿于岭上①,并厚结始兴豪杰同谋义举,侯安都、张偲等率千余人来附,萧勃闻之,遣钟休悦说高祖曰:"侯景骁雄,天下无敌,前者援军十万,士马精强,然而莫敢当锋,遂令羯贼得志②,君以区区

翻译

(太清三年[549])十一月,高祖派遣杜僧明、胡颖率二千人驻扎在大庚岭上,并友好结交始兴郡的豪杰之士共同策划讨伐侯景的义举,侯安都、张偲等率千余人归附高祖。萧勃听说后,派遣钟休悦游说高祖道:"侯景是骁勇的英雄,天下无人能敌,前番援军有十万人,兵强马壮,然而都不敢与之对面交战,使得这些羯贼如此猖狂,您以区区不多

之众，将何所之？如闻岭北王侯又皆鼎沸，河东、桂阳相次屠戮，邵陵、开建亲寻干戈③，李迁仕托身当阳，便夺马仗，以君疏外，讵可暗投④？未若且住始兴，遥张声势，保此太山⑤，自求多福。"高祖泣谓休悦曰："仆本庸虚⑥，蒙国成就。往闻侯景渡江，即欲赴援，遭值元、兰，梗我中道。今京都覆没，主上蒙尘，君辱臣死，谁敢爱命！君侯体则皇枝⑦，任重方岳⑧，不能摧锋万里，雪此冤痛，见遣一军，犹贤乎已⑨，乃降后旨，使人慨然，仆行计决矣，凭为披述。"乃遣使间道往江陵⑩，禀承军期节度。时蔡路养起兵据南康⑪，勃遣腹心谭世远为曲江令⑫，与路养相结，同遏义军。大宝元年正月⑬，高祖发自始兴，次大庾岭。路养出军顿南野⑭，依山水立四城以拒高祖。高

之人马，将会有什么作为呢？又比如我听说岭北的王侯们纷乱扰动，河东王、桂阳王互相屠戮，邵陵王、开建王同室操戈，李迁仕因为逃到当阳寻求庇护，便被夺去了官职与仪仗，以您这样的外人，怎可明珠暗投？不如就暂且留在始兴，远远地虚张声势，以保守这一重地，自己为自己找条好路。"高祖流着泪对钟休悦说："我本是一个庸人，承蒙国家造就。早先听说侯景渡江南侵时，就想赴援，却遭到元、兰等人阻碍我的进程。现在京师被陷，皇上蒙受灾难，君主受辱，臣子该死，谁又敢爱惜自己的生命！刺史阁下是皇室枝叶的身份，担负的又是一方长官的重任，却不能驰骋万里摧锋杀贼，以雪此仇冤，如今若能派遣一支部队，犹胜于止而不前，刺史阁下又怎能降下那种旨意，真让人叹息。我讨贼的决心已下，任您怎么说也没用。"高祖于是派遣使者从小路前往江陵，愿受湘东王在军事行动上的调度。这时蔡路养起兵占据了南康，萧勃派出自己的心腹谭世远任曲江县令，与蔡路养相勾结，共同遏制义军。大宝元年（550）正月，高祖从始兴发兵，驻扎在大庾岭。蔡路养出兵驻扎在南野，依傍其地的山

祖与战,大破之,路养脱身窜走,高祖进顿南康。湘东王承制授高祖员外散骑常侍⑮、持节⑯、明威将军⑰、交州刺史,改封南野县伯。

水地势构筑了四个城堡以抵拒高祖。高祖与他交战,把他打得大败,蔡路养脱身逃走,高祖进驻南康。湘东王萧绎承制授高祖员外散骑常侍、持节、明威将军、交州刺史,改封为南野县伯。

注释 ① 岭:即大庾岭。 ② 羯(jié):古匈奴别族。这里指侯景之众。 ③ "河东"句:指太清二年(548),侯景围台城后,邵陵王萧纶、湘东王萧绎、河东王萧誉、桂阳王萧慥等先后率兵入援,人数多达三十万,但皆无斗志,只是相互抄掠而已,致使台城终被侯景攻陷。 ④ 讵(jù):岂。 ⑤ 太山:即泰山,此处借指重要之地。 ⑥ 庸虚:庸,言身无所能;虚,言胸中无所有。自谦之词。 ⑦ 君侯:古时称列侯为君侯,后转为对尊者的敬称。皇枝:皇室支脉。 ⑧ 方岳:四方之岳,后因以称地方长官。 ⑨ 犹贤乎已:语出孔子《论语·阳货篇》,原文为:"饱食终日,无所用心,难矣哉! 不有博奕者乎? 为之,犹贤乎已。"意思是说,做总比闲着好。已,是不作为的意思。 ⑩ 江陵:县名,今属湖北省。 ⑪ 南康:郡名,梁时治所在今江西赣州东北。 ⑫ 曲江:县名,治所在今广东省韶关市南武水西岸。 ⑬ 大宝:梁简文帝萧纲年号。 ⑭ 南野:县名,治所在今江西南康市西南章江南岸。 ⑮ 湘东王:名萧绎,梁武帝第七子,后为梁元帝。承制:禀承皇帝旨意,在非常情况下,由王侯代掌权命,亦称承制。员外散骑常侍:三国魏置散骑常侍,在皇帝左右规谏过失,以备顾问,晋以后属散骑省,增加员额,称员外散骑常侍或通直散骑常侍,往往与闻要政。梁时员外散骑常侍无员,往往为虚衔,属集书省,列第十班。 ⑯ 持节:古使臣出使,必须持符节以为凭证,魏晋以后以持节为官名,有使持节、持节、假持节等,权力大小有别,皆为刺史总军戎者。 ⑰ 明威:梁时将军戎号,列第十三班。

原文

六月,高祖修崎头古

翻译

大宝元年(550)六月,高祖修筑崎

城①，徙居焉。高州刺史李迁仕据大皋②，遣主帅杜平房率千人入灨石③、鱼梁④，高祖命周文育将兵击走之，迁仕奔宁都⑤。承制授高祖通直散骑常侍、使持节、信威将军⑥、豫州刺史⑦，领豫章内史⑧，改封长城县侯。寻授散骑常侍⑨、使持节、都督六郡诸军事⑩、军师将军⑪、南江州刺史⑫，余如故。时宁都人刘蔼等资迁仕舟舰兵仗，将袭南康，高祖遣杜僧明等率二万人据白口⑬，筑城以御之，迁仕亦立城以相对。二年三月，僧明等攻拔其城，生擒迁仕送南康，高祖斩之。承制命高祖进兵定江州⑭，仍授江州刺史，余如故。

头古城，移居到那里。高州刺史李迁仕占据了大皋，派遣主帅杜平房率千人进入灨石、鱼梁，高祖命周文育率部将其击退，李迁仕逃往宁都。湘东王萧绎承制授高祖通直散骑常侍、使持节、信威将军、豫州刺史，兼任豫章内史，改封为长城县侯。不久又授高祖为散骑常侍、使持节、都督六郡诸军事、军师将军、南江州刺史，其他官职照旧。这时宁都人刘蔼等人资助李迁仕战舰人马兵器，将要袭击南康，高祖派杜僧明等率领二万人马据守白口，构筑城堡抵御，李迁仕也建起城堡相对抗。（大宝）二年（551）三月，杜僧明等攻破其城堡，生擒李迁仕送到南康，高祖将他斩首。湘东王萧绎承制命高祖进军攻取江州，并授高祖为江州刺史，其他官职不变。

注释 ① 崎头：城名，在今江西大余东北。 ② 大皋（gāo）：城名，在今江西吉安西南。 ③ 灨石：地名，在今江西万安一带。 ④ 鱼梁：城名，在今江西万安南。 ⑤ 宁都：县名，治所在今江西宁都北。 ⑥ 信威：梁时将军戎号，列第十六班。 ⑦ 豫州：治所在今安徽寿县。 ⑧ 豫章：郡名，治所在今江西南昌。内史：此指郡国负责政务之官。 ⑨ 散骑常侍：梁时属集书省，列十二班。 ⑩ 都督：统领军事长官或领兵将帅称都督,亦指地方最高长官。　⑪ 军师:梁时将军戎号,列十九班。
⑫ 南江州:治所在今江西奉新西。　⑬ 白口:城名,在今江西泰和南。　⑭ 江州:
治所在今江西九江。

原文

六月,高祖发自南康。南康灨石旧有二十四滩①,滩多巨石,行旅者以为难。高祖之发也,水暴起数丈,三百里间巨石皆没。进军顿西昌②。……是时承制遣征东将军王僧辩督众军讨侯景③。八月,僧辩军次溢城④,高祖率杜僧明等众军及南川豪帅合三万人将会焉⑤。时西军乏食,高祖先贮军粮五十万石,至是分三十万以资之。仍顿巴丘⑥。会侯景废简文帝⑦,立豫章嗣王栋⑧,高祖遣兼长史沈衮奉表于江陵劝进⑨。十一月,承制授高祖使持节、都督会稽东阳新安临海永嘉五郡诸军事⑩、平东将军⑪、东扬州刺史⑫,领会稽太守、

翻译

(大宝)二年(551)六月,高祖从南康出发。南康灨石附近的赣江上旧有二十四滩,其中有很多巨石,过往的行旅之人都畏为难事。高祖出发的时候,江水暴涨数丈,三百里之间巨石皆没入水中。部队进驻西昌。……此时湘东王萧绎承制派遣征东将军王僧辩总督众军讨伐侯景。八月,王僧辩部队进驻溢城,高祖率杜僧明等众军以及南川的地方豪强共三万人将前往会合。当时王僧辩的西路军缺少粮食,高祖早先存贮有五十万石军粮,这时候便分出三十万石资助王僧辩,并驻扎在巴丘。这时正值侯景废掉了简文帝萧纲,立豫章嗣王萧栋为帝,高祖派遣兼任长史的沈衮到江陵上表劝湘东王萧绎称帝。十一月,湘东王萧绎承制授高祖使持节、都督会稽东阳新安临海永嘉五郡诸军事、平东将军、扬州刺史,并兼任会稽太守、豫章内史,其余官职照旧。(大宝)三年(552)正月,高祖率兵士三万人、强弩五

豫章内史，余并如故，三年正月，高祖率甲士三万人、强弩五千张⑬、舟舰二千乘，发自豫章。二月，次桑落洲⑭，遣中记室参军江元礼以事表江陵⑮，承制加高祖鼓吹一部⑯。是时僧辩已发湓城，会高祖于白茅湾⑰，乃登岸结坛⑱，刑牲盟约。进军次芜湖⑲，侯景城主张黑弃城走。三月，高祖与诸军进克姑熟⑳，仍次蔡洲㉑。侯景登石头城观望形势㉒，意甚不悦，谓左右曰："此军上有紫气，不易可当。"乃以舣舸贮石沉塞淮口㉓，缘淮作城，自石头迄青溪十余里中㉔，楼雉相接㉕。诸将未有所决，僧辩遣杜崱问计于高祖，高祖曰："前柳仲礼数十万兵隔水而坐，韦粲之在青溪，竟不渡岸，贼乃登高望之，表里俱尽，肆其凶虐，覆我王师。今围石头，须渡北岸。诸将若不能当锋，请

千张、战舰二千乘从豫章出发。二月，进驻桑落洲，派遣中记室参军江元礼把此事上表报告江陵，湘东王萧绎承制加赐高祖鼓吹乐队一部。这时王僧辩已从湓城出发，与高祖会合于白茅湾，双方登岸建坛，杀牛羊等牺牲缔结盟约。官军进驻芜湖，侯景派驻的城主张黑弃城而逃。三月，高祖与诸军进而攻克姑熟，并驻扎在蔡洲。侯景登上石头城遥观形势，心里很不高兴，对左右的人说："这支部队的上方有紫气，不容易对付。"于是便用短而深的船满装石头沉到秦淮河口下，沿着秦淮河砌建城墙，自石头城至青溪的十余里中，楼堡城墙相连结。官军诸将都不能决策，王僧辩派遣杜崱向高祖询问计策，高祖说："前番柳仲礼数十万兵马隔河而陈，韦粲在青溪竟不渡到彼岸，贼兵于是能登高望之，表里情势一览无余，因而逞其凶虐，败覆我王室之师。现在我们围住石头城，必须渡到北岸。诸将如不能为前锋，我请求当先开往建立营栅。"高祖当即在石头城西的横陇上筑起栅栏，众军相继入城。贼兵担心到西州城的路被隔断，也在东北的果林建成五座城堡用以控制大路。侯景率领士兵万余人，铁

先往立栅。"高祖即于石头城西横陇筑栅,众军次连入城,直出东北。贼恐西州路断[26],亦于东北果林作五城以遏大路。景率众万余人、铁骑八百余匹,结阵而进。高祖曰:"军志有之,善用兵者,如常山之蛇,首尾相应。今我师既众,贼徒甚寡,应分贼兵势,以弱制强,何故聚其锋锐,令必死于我?"乃命诸将分处置兵。贼直冲王僧志,僧志小缩,高祖遣徐度领弩手二千横截其后,贼乃却。高祖与王琳、杜龛等以铁骑悉力乘之,贼退据其栅。景仪同卢辉略开石头北门来降[27]。荡主戴冕[28]、曹宣等攻拔果林一城,众军又克其四城。贼复还,殊死战,又尽夺所得城栅。高祖大怒,亲率攻之,士卒腾栅而入,贼复散走。景与百余骑弃矟执刀[29],左右冲阵,阵不动,景众大溃,逐北

骑八百余匹,结成阵势向前攻来。高祖说:"军书上说,善于用兵的方法要像常山之蛇一样,首尾能够呼应。现在我方兵马既多,贼兵很少,就应该分散其兵势,以弱制强,怎么能聚起他们的锋芒,一定要令其必为我方消灭呢?"于是便命令诸将分散开来布置兵马。贼兵直冲王僧志部,王僧志稍有退却,高祖派遣徐度带领弓弩手二千人从后面横向射杀过去,贼兵方才退却。高祖与王琳、杜龛等用铁甲骑兵乘势追杀,贼兵退守到营栅中。侯景部下仪同卢辉略打开石头城北门前来投降。荡主戴冕、曹宣等攻取了果林五城中的一个,其他部队又攻克了其他四城。贼兵再次攻回,拼命死战,把官军所得的城堡又全部夺了回去。高祖大怒,亲自率兵进攻,士兵们翻过栅栏进入营寨,贼兵四散奔逃。侯景与百余骑兵弃长矛执短刀,从左、右两面冲击官军军阵,阵势不为所动,侯景兵马于是大为溃乱,往北退至西明门。侯景来到城墙下,不敢进入台城,派心腹之人取出他的两个儿子后逃走。高祖率兵马开赴广陵呼应其他部队,这时正值侯景部将郭元建逃奔到北齐,高祖收编了他的部众三千人而后胜利返回。王僧辩表启高祖镇守京口。

至西明门㉚。景至阙下㉛，不敢入台，遣腹心取其二子而遁。高祖率众出广陵应接㉜，会景将郭元建奔齐，高祖纳其部曲三千人而还㉝。僧辩启高祖镇京口㉞。

注释 ① 赣石二十四滩：在今江西省万安、赣县之间赣江中。 ② 西昌：县名，治所在今江西泰和西。 ③ 征东：梁时将军戎号，列二十三班。 ④ 湓（pén）城：一名湓口城，南朝时曾为江州治所，在今江西九江。 ⑤ 南川：指今江西赣江流域一带。 ⑥ 巴丘：一名巴陵，又名天岳山，在今湖南岳阳西南部。 ⑦ 简文帝：侯景攻占建康后，梁武帝被其节制，不久饿死。太子萧纲继位，是为简文帝。简文帝亦在侯景控制之中，大宝二年（551）八月，侯景逼简文帝禅位于豫章嗣王萧栋，废简文帝为晋安王，不久又将他杀害。 ⑧ 豫章嗣王栋：名萧栋，昭明太子嫡长孙。嗣王：继承王位的嫡长子。 ⑨ 长史：官名。南北朝时刺史幕府设长史，为州最高官佐，多兼任首郡太守。劝进：劝驻江陵的湘东王萧绎即皇帝位。衮：音gǔn。 ⑩ 会稽：郡名，治所在今浙江绍兴。东阳：郡名，治所在今浙江金华。新安：郡名，治所在今浙江淳安西北。临海：郡名，治所在今浙江临海。永嘉：郡名，治所在今浙江温州。 ⑪ 平东：梁时将军戎号，为四平将军之一，列二十班。 ⑫ 东扬州：治所在今浙江绍兴。 ⑬ 弩（nǔ）：用机括发箭的弓。 ⑭ 桑落洲：在今江西九江东北长江中。 ⑮ 中记室参军：官名。诸王及军府所置僚属。 ⑯ 鼓吹：乐名。主要乐器有鼓、钲、箫、笳，古时用以赐有功之臣。 ⑰ 白茅湾：地名，在今江西九江东北，东近桑落洲。 ⑱ 坛：平地上用土筑起的高台，以作祭场。 ⑲ 芜湖：县名，治所在今安徽芜湖。 ⑳ 姑熟：今安徽当涂，梁时为淮南郡治所。 ㉑ 蔡洲：原长江中沙洲，今已全部变作陆地，在今江苏南京西南。 ㉒ 石头城：在今江苏南京西部。 ㉓ 舣艒（chā bū）：短而深的船。淮：即秦淮河，在今江苏省南京市。 ㉔ 青溪：三国吴时在建业（今江苏南京）城东凿东渠，称为青溪，今仅存入秦淮河的一段。　㉕堞(zhì)：计算城墙面积的单位，引申为城墙。　㉖西州：指西州城，在今江苏南京朝天宫西望仙桥一带。　㉗仪同：官名，即仪同三司，仪制同于三公之意。魏晋以后，将军之开府置官属者称开府仪同三司，至南北朝末，遂以仪同三司为一种官号，并置开府仪同大将军、仪同大将军。　㉘荡主：别帅、副将。　㉙矟(shuò)：长矛，即矟。　㉚西明门：建康城门之一。　㉛阙：天子所居之宫殿。　㉜广陵：今江苏扬州。　㉝部曲：南朝豪门大族的私人部队称部曲。　㉞京口：今江苏镇江，南朝梁时南徐州治所。

原文

五月，齐遣辛术围严超达于秦郡①，高祖命徐度领兵助其固守。齐众七万，填堑，起土山，穿地道，攻之甚急。高祖乃自率万人解其围，纵兵四面击齐军，弓弩乱发，齐平秦王中流矢死，斩首数百级，齐人收兵而退。高祖振旅南归，遣记室参军刘本仁献捷于江陵。

七月，广陵侨民朱盛②、张象潜结兵袭齐刺史温仲邕，遣使来告，高祖率众济江以应之。会齐人来聘，求割广陵之地，王僧辩许焉，仍报高祖，高祖于是引兵还南徐州，江北人随军

翻译

五月，北齐派遣辛术在秦郡包围了严超达，高祖命令徐度领兵帮助他固守。北齐兵有七万，填掉护城的沟堑，垒土山，挖地道，攻势很猛。高祖于是亲率万人前往解围，指挥兵马从四面攻击北齐军队，弓箭乱发，北齐平秦王身中流箭而死，北齐兵数百人被斩首，北齐于是收兵退去。高祖整顿兵马南归，派记室参军刘车仁向江陵报捷。

七月，广陵侨民朱盛、张象暗中集结袭击北齐刺史温仲邕，派使节前来告知，高祖率领部队渡过长江去接应。这时北齐派使节来访，要求梁朝割让广陵地区，王僧辩答应了，并报知高祖，高祖于是带领部队返回南徐州，江北百姓随高祖南归的有数万人。湘东王承制授高祖使持节、散骑常侍、都督南徐州诸军事、征北大将军、开府仪同三司、南徐

而南者万余口。承制授高祖使持节、散骑常侍、都督南徐州诸军事、征北大将军③、开府仪同三司④、南徐州刺史，余并如故。及王僧辩率众征陆纳于湘州⑤，承制命高祖代镇扬州⑥。十一月，湘东王即位于江陵，改大宝三年为承圣元年⑦。湘州平，高祖旋镇京口。三年三月，进高祖位司空⑧，余如故。

州刺史，其他官职一并照旧。当王僧辩率兵到湘州征讨陆纳时，湘东王承制命高祖代镇扬州。十一月，湘东王萧绎在江陵即皇帝位，改大宝三年为承圣元年(552)。湘州的叛乱平定后，高祖又返回京口镇守。(承圣)三年(554)三月，高祖被升为司空，其他官职不变。

注释　① 秦郡：治所在今江苏六合北。　② 侨民：东晋南北朝时流亡江南的北方人。　③ 征北大将军：征北，梁时将军戎号，为四征将军之一，列二十三班。凡将军加大者，秩阶通进一级。　④ 开府仪同三司：见"仪同"注。梁时诸将军开府仪同三司列十七班。　⑤ 湘州：治所在今湖南长沙。　⑥ 扬州：治所在今江苏南京。　⑦ 承圣：梁元帝萧绎年号(552—555)。　⑧ 司空：三公之一。南朝时为重臣加官荣衔，无专门权限。

原文

　　十一月，西魏攻陷江陵，高祖与王僧辩等进启江州，请晋安王以太宰承制①，又遣长史谢哲奉笺劝进。十二月，晋安王至自寻阳②，

翻译

　　十一月，西魏攻陷了江陵，高祖与王僧辩等进奏江州，请晋安王萧方智以太宰的身份禀承皇帝旨意行事，又派长史谢哲进奏劝晋安王即皇帝位。十二月，晋安王从寻阳来，入居朝堂主持国

入居朝堂,给高祖班剑二十人③。四年五月,齐送贞阳侯深明还主社稷④,王僧辩纳之。即位,改元曰天成⑤,以晋安王为皇太子。初,齐之请纳贞阳也,高祖以为不可,遣使诣僧辩苦争之,往返数四,僧辩竟不从。高祖居常愤叹,密谓所亲曰:"武皇虽磐石之宗⑥,远布四海,至于克雪仇耻,宁济艰难,唯孝元而已⑦,功业茂盛,前代未闻。我与王公俱受重寄,语未绝音,声犹在耳,岂期一旦便有异图。嗣主高祖之孙。元皇之子,海内属目,天下宅心,竟有何辜,坐致废黜,远求夷狄,假立非次,观其此情,亦可知矣。"乃密具袍数千领,及锦彩金银,以为赏赐之具。九月壬寅,高祖召徐度、侯安都、周文育等谋之,仍部列将士,分赏金帛,水陆俱进。是夜发南徐州讨王僧辩⑧。甲

政,颁给高祖佩带班剑的二十人仪仗。(承圣)四年(555)五月,北齐送贞阳侯萧深明返回梁朝为社稷之主,王僧辩接纳了他,于是萧深明即位,改元为"天成",而以晋安王为皇太子。当初,北齐要求接纳贞阳侯萧深明,高祖就认为不可以,派遣使节去见王僧辩苦苦争求,往返数次,王僧辩竟不听从。高祖平时常常为此愤怒感叹,私下里对亲近的人说:"武皇帝尽管是一位磐石之帝,声威远布四海,但说到报仇雪恨,安度艰难,还只有孝元皇帝能够做到,他的功业巨大而众多,是前代所不曾有的。我与王公都受到孝元帝的深切托付,话音未绝,声犹在耳,哪知道才一会功夫便就有了不轨的图谋。继承王位的晋安王是高祖之孙,元皇之子,海内注目,天下归心,有什么罪过,竟被废黜,远远地去求夷狄,非法迎立不具有正常继承次序的人,看到此情此景,也可以知道这种做法是不对的了。"于是秘密地准备了战袍数千件,以及锦织彩衣和金银等,以作为赏赐用品。九月壬寅日,高祖召集徐度、侯安都、周文育等人商量谋划这件事,并部署将领士兵,分别赏赐金银衣物,从水陆两路同时进军。这天夜

辰,高祖步军至石头前,遣勇士自城北逾入。时僧辩方视事⑨,外白有兵。俄而兵自内出,僧辩遽走⑩,与其第三子颁相遇,俱出阁,左右尚数十人,苦战。高祖大兵寻至,僧辩众寡不敌,走登城南门楼,高祖因风纵火,僧辩穷迫,乃就擒。是夜缢僧辩及颁。景午⑪,贞阳侯逊位⑫,百僚奉晋安王上表劝进。十月己酉,晋安王即位,改承圣四年为绍泰元年⑬。壬子,诏授高祖侍中⑭、大都督中外诸军事⑮、车骑将军⑯、扬南徐二州刺史,持节、司空、班剑、鼓吹并如故。仍诏高祖甲仗百人,出入殿省。

里从南徐州出发讨伐王僧辩。甲辰日,高祖的步军到达石头城前,派遣勇敢之士从城北翻墙而入。当时王僧辩正在处理事务,外面报告有兵进犯。不一会兵士从城里杀出,王僧辩急忙逃走,与其弟弟的第三个儿子王颁相遇,一同逃出台阁,身边尚有十几个人,拼命苦战。高祖的大批兵马不久杀到,王僧辩的人寡不敌众,跑到城南门楼并登上门楼,高祖乘着风势纵火焚烧,王僧辩穷途末路,遂被抓获。这天夜里高祖派人缢杀王僧辩及王颁。丙午日,贞阳侯萧深明逊位,百官上表尊奉晋安王萧方智即皇帝位。十月己酉日,晋安王即位,改承圣四年为绍泰元年(555)。壬子日,皇帝下诏授高祖侍中、大都督中外诸军事、车骑将军、扬南徐二州刺史,持节、司空的官职、班剑、鼓吹的待遇不变。又下诏授高祖授戴甲的仪仗百人,可以出入殿堂与台阁。

注释　①晋安王:梁元帝萧绎第九子,名萧方智。梁元帝江陵败亡后被西魏军所杀,晋安王时为江州刺史。太宰:古代三师之一,南朝又为上公,职位极高但无实权。　②寻阳:郡名,治所在今江西省九江市。　③班剑:饰有花纹的木剑,以为仪仗。　④贞阳侯:本名萧渊明,梁武帝的侄子。唐人因避高祖李渊讳,改萧渊明为萧深明。社稷:国家的代称。　⑤天成:萧渊明年号(555)。　⑥武皇:梁武帝。磐(pán)石:大石。　⑦孝元:指梁元帝。　⑧南徐州:治所在今江苏镇江。　⑨视事:谓正在处理事务。 ⑩ 遽(jù):勿忙、急。 ⑪ 景午:丙午。景:即"丙"字,《陈书》修于唐朝,唐人因避唐高祖李渊父李昞讳,改丙为景字。 ⑫ 逊位:退位。 ⑬ 绍泰:梁敬帝萧方智年号(555—556)。 ⑭ 侍中:官名,为门下省长官,多参与机要。梁时列官品十二班。 ⑮ 大都督中外诸军事:最高军事统帅。 ⑯ 车骑:梁时将军戎号,为将军最高一级之一,列二十四班。

原文

　　震州刺史杜龛据吴兴①。与义兴太守韦载同举兵反。高祖命周文育率众攻载于义兴,龛遣其从弟北叟将兵拒战,北叟败归义兴。辛未,高祖表自东讨,留高州刺史侯安都、石州刺史杜棱宿卫台省②。甲戌,军至义兴。景子,拔其水栅。秦州刺史徐嗣徽据其城以入齐,又要南豫州刺史任约共举兵应龛、载③,齐人资其兵食。嗣徽等以京师空虚,率精兵五千奄至阙下,侯安都领骁勇五百人出战,嗣徽等退据石头。丁丑,载及北叟来降,高祖抚而释之。以嗣徽寇逼,卷甲

翻译

　　震州刺史杜龛占据了吴兴郡,与义兴太守韦载同时举兵造反。高祖命周文育率众于义兴攻打韦载,杜龛派他的堂弟杜北叟率兵抵御,被打败后退归义兴。辛未日,高祖上表请求亲自东讨,留下高州刺史侯安都、石州刺史杜棱守卫台省。甲戌日,部队到达义兴。丙子日,攻陷叛贼的水上营栅。秦州刺史徐嗣徽以所据城池投降了北齐,并联合了南豫州刺史任约共同举兵接应杜龛、韦载,北齐资助给他们兵器粮食。徐嗣徽等乘京师空虚,率领精兵五千人突然杀至城阙之下,侯安都带领五百骁勇的兵士出战,徐嗣徽等退据石头城。丁丑日,韦载与杜北叟前来投降,高祖安抚并释放了他们。因为徐嗣徽的寇犯,高祖收兵返回京城,命令周文育进军讨伐杜龛。十一月己卯日,北齐派遣五千兵士渡江占据了姑孰。高祖命令合州刺

还都，命周文育进讨杜龛，十一月己卯，齐遣兵五千济渡据姑熟。高祖命合州刺史徐度于冶城寺立栅④，南抵淮渚。齐又遣安州刺史翟子崇⑤、楚州刺史刘仕荣⑥、淮州刺史柳达摩领兵万人⑦，于胡墅渡米粟三万石马千匹⑧，入于石头。癸未，高祖遣侯安都领水军夜袭胡墅，烧齐船千余艘，周铁武率舟师断齐运输，擒其北徐州刺史张领州⑨，获运舫米数千石。仍遣韦载于大航筑城⑩，使杜棱据守。齐人又于仓门水南立二栅以拒官军。甲辰，嗣徽等攻冶城栅，高祖领铁骑精甲，出自西明门袭击之，贼众大溃。嗣徽留柳达摩等守城，自率亲属腹心，往南州采石⑪，以迎齐援。十二月癸丑，高祖遣侯安都领舟师，袭嗣徽家口于秦州，俘获数百人。官军连舰充塞淮口，

史徐度在冶城寺建起围栅，往南一直延伸到秦淮河口。北齐又派安州刺史翟子崇、楚州刺史刘仕荣、淮州刺史柳达摩带领一万士兵，从胡墅运输三万石米粟及一千匹马渡江进入石头城。癸未日，高祖派遣侯安都率领水军夜袭胡墅，烧毁北齐船只千余艘，周铁武率水军又切断了北齐的运输，俘虏了北徐州刺史张领州，获取了运输船中的数千石粮食。高祖并又派遣韦载在大航建筑城堡，命杜棱据守。北齐人又在仓门外的河水南边建立了两个围栅以抵御官军。甲辰日，徐嗣徽等攻打冶城寺的围栅。高祖率领佩穿甲胄的骑步兵，从西明门杀出，贼兵大为溃乱。徐嗣徽留下柳达摩等人守城，自己带着亲属心腹，逃往南徐州的采石，以迎接北齐的援兵。十二月癸丑日，高祖派遣侯安都率领水军，前往秦州袭击徐嗣徽的家属，俘获了数百人。官军的船舰相互连接，充塞在秦淮河口，切断了贼兵的水路。在此之前，太白星从十一月丙戌日起消失不见，乙卯日又出现在东方。丙辰日，高祖命令全体部队分布士兵，朝着冶城寺修筑浮桥渡兵过河，攻陷了河水南边的两个围栅。柳达摩等渡过秦淮

断贼水路。先是太白自十一月景戌不见[12]，乙卯出于东方。景辰，高祖尽命众军分部甲卒，对冶城立航渡兵[13]，攻其水南二栅。柳达摩等渡淮置阵，高祖督兵疾战，纵火烧栅，烟尘张天，贼溃，争舟相排挤，溺死者以千数。时百姓夹淮观战，呼声震天地。军士乘胜，无不一当百，尽收其船舰，贼军慑气[14]。是日嗣徽、约等领齐兵水步万余人，还据石头，高祖遣兵往江宁[15]，据要险以断贼路。贼水步不敢进，顿江宁浦口[16]，高祖遣侯安都领水军袭破之，嗣徽等乘单舸脱走[17]，尽收其军资器械。己未，官军四面攻城，自辰讫酉[18]，得其东北小城，及夜兵不解。庚申，达摩遣使侯子钦、刘仕荣等诣高祖请和，高祖许之，乃于城门外刑牲盟约，其将士部曲一无所问，恣其南

河布置阵势，高祖督率士兵急战，纵火焚烧围栅，烟尘冲天，贼兵溃败，争相上船时互相排挤，有数千人被溺死。当时百姓们在秦淮河两岸观战，欢呼声震动天地。军士们乘胜击杀，无不以一当百，缴获了全部船舰，贼兵为之魂飞胆丧。这一天徐嗣徽、任约等带领北齐水步兵万余人，返回占据了石头城，高祖派遣兵马开赴江宁，占据险要之地以切断贼兵的退路。贼兵的水、陆军都不敢前进，停留在江宁浦口，高祖派遣侯安都率水军袭击并攻破了他们，徐嗣徽等人只乘单船逃脱，官军又缴获了其全部军用物资和器械。己未日，官军从四面攻打石头城，从上午辰时一直到下午酉时，攻下了东北面的一座小城，到了夜里依旧不撤兵。庚申日，柳达摩派遣使节侯子钦、刘仕荣等诣见高祖请求和解，高祖答应了，于是在城门外宰杀牺牲缔结盟约，对其所有的将士及部众概不过问，任凭其返回北方或留在南方。辛酉日，高祖从石头城南门出来，排列数万兵马，送北齐返回北方的兵士。……

北⑲。辛酉,高祖出石头南门,陈兵数万,送齐人归北者。……

注释 ①震州:治所在今浙江湖州。 ②石州:治所在今广西藤县东北浔江南、北流江东岸。台省:指朝廷政府机关。 ③要(yāo):相约。南豫州:治所在今安徽合肥。 ④合州:南朝梁太清元年(547)改南豫州置,治所在今安徽合肥西。冶城寺:寺庙名,在今江苏南京朝天宫一带。 ⑤安州:治所在今安徽定远南。 ⑥楚州:治所在今河南信阳北长台关西。 ⑦淮州:治所在今河南息县北。 ⑧胡墅:地名,在今江苏南京北长江北岸。 ⑨北徐州:治所在今安徽凤阳东北。 ⑩大航:即朱雀航,在今江苏南京镇淮桥东,跨秦淮河上。 ⑪南州:今安徽当涂。采石:即采石山,在今安徽马鞍山南江边。 ⑫太白:星名,即金星。古代五行学说中太白主杀伐之事。 ⑬航:连船而成的浮桥。 ⑭慑(shè)气:因恐惧而屏息。 ⑮江宁:县名,治所在今江苏南京江宁。 ⑯浦口:地名,在今江苏南京境内。 ⑰舸(gě):大船。 ⑱自辰讫酉:从上午九时至夜七时。古代用十二地支记时,自子至亥,依次表示一天二十四小时的时间。 ⑲恣(zì):听任,任凭。

原文

三月戊戌,齐遣水军仪同萧轨、厍狄伏连、尧难宗、东方老、侍中裴英起①、东广州刺史独孤辟恶②、洛州刺史李希光③并任约、徐嗣徽等,率众十万出栅口④,向梁山⑤,帐内荡主黄丛逆击,败

翻译

(绍泰二年[556])三月戊戌日,北齐派水军仪同萧轨、厍狄伏连、尧难宗、东方老、侍中裴英起,东广州刺史独孤辟恶、洛州刺史李希光,会同任约、徐嗣徽等,率领十万兵马从栅口出发,向梁山进军,高祖手下的帐内荡主黄丛率兵迎击,打败了他们,烧毁了其前锋部队的船舰,北齐军停住部队据守芜湖。高

之,烧其前军船舰,齐顿军保芜湖。高祖遣定州刺史沈泰、吴郡太守裴忌就侯安都,共据梁山以御之。……

祖派遣定州刺史沈泰、吴郡太守裴忌去会合侯安都,共同凭据梁山抵御北齐的进攻。……

注释 ① 侍中:北齐侍中为门下省长官。 ② 东广州:北朝齐以南兖州改名,治所在今江苏扬州西北蜀岗上。独孤:复姓。 ③ 洛州:北魏改司州置,治所在今河南洛阳东北。 ④ 栅口:在今安徽无为东南,即古栅水入长江之口。 ⑤ 梁山:在今安徽和县南长江西岸。

原文

四月丁巳,高祖诣梁山军巡抚。五月甲申,齐兵发自芜湖,景申,至秣陵故治①。高祖遣周文育屯方山②,徐度顿马牧③,杜棱顿大航南。己亥,高祖率宗室王侯及朝臣将帅,于大司马门外白兽阙下刑牲告天,以齐人背约,发言慷慨,涕泗交流④,同盟皆莫能仰视,士卒观者益奋。辛丑,齐军于秣陵故县跨淮立桥栅,引渡兵马。其夜至方山。侯安都、周文育、徐度等各引还京师。

翻译

四月丁巳日,高祖到梁山视察驻守部队。五月甲申日,北齐援兵从芜湖出发,丙申日,到达秣陵故治所在地。高祖派遣周文育驻扎方山,徐度驻扎马牧,杜棱驻扎大航南面。己亥日,高祖率领皇室王侯及朝廷中的大臣将帅,在大司马门外白兽阙下宰杀牺牲敬告苍天,因北齐人背弃盟约,高祖讲话时激昂慷慨,声泪俱下,参加盟誓的人都不忍仰视,观礼的士兵们更为振奋。辛丑日,北齐军在旧时秣陵县的地方横跨秦淮河建起了一座桥式围栅,以此渡过兵马。这天夜里抵达方山。侯安都、周文育、徐度等各带领部队返归京城。癸卯日,北齐兵从方山进至儿塘,其游击骑兵出现在台城癸卯，齐兵自方山进及儿塘⑤，游骑至台。周文育、侯安都顿白土岗，旗鼓相望，都邑震骇。高祖潜撤精卒三千配沈泰，渡江袭齐行台赵彦深于瓜步⑥，获舟舰百余艘，陈粟万斛⑦。尔日天子总羽林禁兵⑧，顿于长乐寺。六月甲辰，齐兵潜至钟山龙尾⑨。丁未，进至莫府山⑩。高祖遣钱明领水军出江乘⑪，要击齐人粮运，尽获其船米，齐军于是大馁，杀马驴而食之。庚戌，齐军逾钟山，高祖众军分顿乐游苑东及覆舟山北⑫，断其冲要。壬子，齐军至玄武湖西北莫府山南⑬，将据北郊坛。众军自覆舟东移，顿郊坛北，与齐人相对。其夜大雨震电，暴风拔木，平地水丈余，齐军昼夜坐立泥中，悬罂以爨⑭，而台中及潮沟北水退路燥，官军每得番易⑮。甲寅，少霁⑯，高祖命众军秣马

之下。周文育、侯安都驻扎在白土岗，与北齐军旗鼓相望，都城中为之震骇。高祖暗中撤下三千精兵配给沈泰，渡过长江在瓜步袭击北齐的行台赵彦深，缴获战船百余艘，陈米一万斛。这一天梁敬帝统领中央羽林禁军，驻扎在长乐寺。六月甲辰日，北齐兵秘密到达钟山龙尾。丁未日，进至莫府山。高祖派遣钱明率领水军从江乘出发，截击北齐兵的粮食运输，缴获了全部船只和军粮，北齐部队因而非常饥馁，被迫杀马、驴而食。庚戌日，北齐军越过钟山，高祖所率众军分别驻扎在乐游苑东及覆舟山北，切断了北齐军的要道。壬子日，北齐军抵达玄武湖西北莫府山南，将要占据北郊坛。官军各部队从覆舟山向东移动，驻扎在北郊坛北面，与北齐军相对峙。这一天夜里雷雨交加，暴风把树木都连根拔起，平地积水有一丈余高，北齐军昼夜困坐泥水中，悬挂炊具烧火做饭，而台城中以及潮沟北面积水已退，路面比较干燥，官军经常能够得到替换。甲寅日，天气稍稍转晴后，高祖命令众军喂饱马匹尽早用饭，将近天明的时候开始发动攻击。乙卯日早晨，高祖亲自率领手下的士兵从莫府山南出发，吴明彻、沈泰等部队首尾

蓐食^⑰，迟明攻之^⑱。乙卯旦，自率帐内麾下出莫府山南，吴明彻、沈泰等众军首尾齐举，纵兵大战，侯安都自白下引兵横出其后^⑲，齐师大溃，斩获数千人，相蹂藉而死者不可胜计，生执徐嗣徽及其弟嗣宗，斩之以徇^⑳。追奔至于临沂^㉑。其江乘、摄山^㉒、钟山等诸军相次克捷，虏萧轨、东方老、王敬宝、李希光、裴英起等将帅凡四十六人。其军士得窜至江者，缚获筏以济，中江而溺，流尸至京口，翳水弥岸^㉓。丁巳，众军出南州，烧贼舟舰。己未，斩刘归义、徐嗣彦、傅野猪于建康市^㉔。是日解严。庚申，萧轨、东方老、王敬宝、李希光、裴英起皆伏诛、高祖表解南徐州以授侯安都。……

齐发，摆开部队大战，侯安都从白下带兵出现在北齐兵背后，北齐军大为溃乱，数千人被斩杀俘虏，相互踩死的人不可胜数，官军生擒徐嗣徽及其弟徐嗣宗，将他们斩首示众。官军一直追杀到临沂。江乘、摄山、钟山等方面的部队也相继获胜，俘虏了萧轨、东方老、王敬宝、李希光、裴英起等将帅共四十六人。北齐有的军士逃窜到江边，绑起获筏渡江，到江水中间被淹死，尸体一直漂到京口，江面岸边到处都是。丁巳日，官军又从南州出发，烧毁了北齐兵的船只。己未日，在建康市集上将刘归义、徐嗣徽、傅野猪斩首。这一天解除了戒严。庚申日，萧轨、东方老、王敬宝、李希光、裴英起也被诛杀。高祖上表皇帝将南徐州授给侯安都。……

注释　①秣陵：秦始置，故治在今江苏江宁秣陵。　②方山：即今江苏江宁东南方山。　③马牧：地名。　④涕泗：眼泪和鼻涕。　⑤儿塘：地名，在今江苏江宁东南。 ⑥ 瓜步:山名,即今江苏六合东南瓜埠山。古时南临大江,为军事要地。
⑦ 斛(hú):古量器名,也为容量单位。 ⑧ 羽林:皇帝卫军的名称。禁军:皇帝亲
兵。 ⑨ 钟山龙尾:钟山即今江苏南京中山门外紫金山,地势险要,古称"钟山龙
蟠","龙尾"指山脉东南端。 ⑩ 莫府山:即幕府山,在今江苏南京北长江边。
⑪ 江乘:县名,治所在今江苏句容北。 ⑫ 乐游苑:皇家园林,南朝宋置,在今江苏
南京玄武湖侧。覆舟山:一名龙舟山,玄武山,在今江苏南京城区东北。 ⑬ 玄武
湖:在今江苏南京北钟山与长江之间,规模较今天大。 ⑭ 鬲(lì):古代炊器。爨
(cuàn):烧火煮饭。 ⑮ 番易:轮流替换。 ⑯ 霁(jì):雨后或雪后转晴。
⑰ 蓐(rù)食:早晨未起在寝席上进食。蓐:草席。 ⑱ 迟(zhí)明:将近天明的时候。
⑲ 白下:即白下城,在今江苏南京北金川门外,幕府山南麓。 ⑳ 徇(xùn):向众宣
示。 ㉑ 临沂:县名,东晋侨置,治所在今江苏南京东北栖霞山西。 ㉒ 摄山:即栖
霞山,在今江苏南京东北。 ㉓ 翳(yì):遮蔽。 ㉔ 建康:今江苏南京。市:城市中
商业买卖集中之地。

原文

二月庚午,萧勃举兵,自广州渡岭,顿南康,遣其将欧阳頠、傅泰及其子孜为前军,至于豫章,分屯要险,南江州刺史余孝顷起兵应勃,高祖命周文育、侯安都率众讨平之。

八月甲午,进高祖位太傅①,加黄钺②,剑履上殿③,入朝不趋④,赞拜不名⑤,并给羽葆鼓吹一部⑥,

翻译

(太平二年[557])二月庚午日,萧勃起兵叛乱,从广州进发渡过大庾岭,驻扎在南康,派遣其部将欧阳頠、傅泰及其儿子萧孜为前锋,一直开赴到豫章郡,分别屯守险要之地,南江州刺史余孝顷起兵响应萧勃,高祖命周文育、侯安都率兵将他们讨平。

八月甲午日,升高祖为太傅,加授黄钺并剑履上殿、入朝不趋、赞拜不名的待遇,又颁赐羽葆鼓吹乐队一部,其侍中、都督、录尚书事、镇卫大将军、扬州牧、义兴郡公的官职及班剑、甲仗、油

其侍中、都督、录尚书⑦、镇卫大将军⑧、扬州牧、义兴郡公、班剑、甲仗、油幢皂轮车并如故⑨。景申，加高祖前后部羽葆鼓吹。

幢皂轮的待遇一概照旧。丙申日，加赐高祖前后部羽葆鼓吹乐队。

注释 ① 太傅：三师之一，南北朝时为上公之一，位在三公之上，多以他官兼领，为优待大臣之荣衔。 ② 黄钺(yuè)：黄金为饰之钺，为帝王专用之仪仗，有时亦赐给权重之大臣，以示荣宠。 ③ 剑履上殿：和"入朝不趋、赞拜不名"一样，是古时帝王赐给亲信大臣的一种特殊礼遇。"剑履上殿"指受赐者可以佩剑穿履朝见皇帝。 ④ 入朝不趋：受赐者谒见皇帝时可缓步而进。 ⑤ 赞拜不名：指受赐臣子朝见皇帝时，司仪官宣读行礼时免唱本名及殿中版位之次。 ⑥ 羽葆：以鸟羽为饰的仪仗。 ⑦ 录尚书：官名，即录尚书事，录为总领之意，南北朝时凡掌重权的大臣每带此号，统揽大权，实为真宰相，但在南朝后期，职权渐虚。 ⑧ 镇卫大将军：梁朝时将军最高一级，列二十四班。 ⑨ 油幢皂轮车：一种帷幕涂油，轮子黑色的车驾。

原文

是时，湘州刺史王琳拥兵不应命，高祖遣周文育、侯安都率众讨之。……

十月戊辰，进高祖爵为王，以扬州之会稽、临海、永嘉、建安①，南徐州之晋陵②、信义③，江州之寻阳、豫章、安成④、庐陵⑤并前为

翻译

这时，湘州刺史王琳拥兵自据不听受命令，高祖派遣周文育、侯安都率兵讨伐。……

十月戊辰日，进高祖爵位为王，以扬州的会稽、临海、永嘉、建安郡，南徐州的晋陵、信义郡，江州的寻阳、豫章、安成、庐陵郡加上高祖以前受封的二十个郡，加封为陈国。……

二十郡,益封陈国。……

注释 ① 建安:郡名,治所在今福建建瓯。 ② 晋陵:郡名,治所在今江苏常州。
③ 信义:郡名,治所在今江苏昆山西。 ④ 安成:郡名,治所在今江西安福东南。
⑤ 庐陵:郡名,治所在今江西吉水东北。

原文

　　辛未,梁帝禅位于
陈①。……

翻译

　　辛未日,梁敬帝萧方智禅位于陈。
……

注释 ① 禅位:即禅让,以帝位让给别人。相传古代社会有天子让位于贤者的
事,如尧禅舜,舜禅禹。但后世许多谋权篡位者往往采用这种方式以为装饰,实际
上是强行逼取帝位。

原文

　　永定元年冬十月乙
亥①,高祖即皇帝位于南
郊。……

　　庚辰,诏出佛牙于杜姥
宅,集四部设无遮大会②,高
祖亲出阙前礼拜。……

翻译

　　永定元年(557)冬十月乙亥日,高
祖即皇帝位于南郊。……

　　庚辰日,下诏取出杜姥家中的佛
牙,召集佛家四部众开设无遮大会,高
祖亲自到殿堂前礼拜。……

注释 ① 永定:陈武帝陈霸先年号(557—559)。 ② 四部:即四部众,指比丘、比
丘尼、优婆塞、优婆夷,亦即僧、尼、善男、善女。无遮大会:佛教举行的一种以布施
为中心的法会,每五年举行一次。

原文

是月，西讨都督周文育、侯安都于郢州败绩①，囚于王琳。……

翻译

就在这个月，西讨都督周文育、侯安都在郢州兵败，被王琳俘虏。……

注释 ① 郢（yǐng）州：南朝宋置，治所在今湖北省武汉市武昌。

原文

二月壬申，南豫州刺史沈泰奔于齐。辛卯，诏车骑将军①、司空侯瑱总督水步众军以遏齐寇②。……

翻译

（永定二年[558]）二月壬申日，南豫州刺史沈泰逃奔北齐。辛卯日，下诏命车骑将军、司空侯瑱总督水、步各路兵马抵御北齐敌寇。……

注释 ① 车骑：陈时将军戎号，为第一品。陈因梁制，亦拟有将军戎号，自一品至九品，凡二百三十七号，以品高者为贵。 ② 司空：古代三公之一，南朝时为优待大臣的荣衔，并无实际职掌。

原文

六月己巳，诏司空侯瑱、领军将军徐度率舟师为前军①，以讨王琳。……

八月景寅，以广梁郡为陈留郡②。辛未，诏临川王蒨西讨③，以舟师五万发自京师，舆驾幸冶城寺亲送焉。前开府仪同三司、南豫

翻译

六月己巳日，下诏命司空侯瑱、领军将军徐度率领水军为前锋部队，以讨伐王琳。……

八月丙寅日，改置广梁郡为陈留郡。辛未日，下诏命令临川王陈蒨西讨王琳，率五万水军从京师出发，高祖亲自到冶城寺送行。前开府仪同三司、南豫州刺史周文育，前镇北将军、南徐州

州刺史周文育,前镇北将军、南徐州刺史、新除开府仪同三司侯安都等于王琳所逃归,自劾廷尉,即日引见,并宥之。戊寅,诏复文育等本官。……

刺史、新授开府仪同三司侯安都等人从王琳处脱逃归来,他们到廷尉处自我检举罪过,廷尉当日就带他们诣见高祖,高祖全部赦免了他们。戊寅日,下诏恢复周文育等人原来的官职。……

注释 ① 领军:官名,南北朝时领军、中领军为统领禁军之职,陈时列第三品。② 广梁郡:南朝梁置,治所在今安徽广德。 ③ 临川王蒨(qiàn):名陈蒨,陈武帝兄始兴王陈道谈长子,永定三年(559)继位,是为陈文帝。

原文

冬十月庚午,遣镇南将军①、开府仪同三司周文育都督众军出豫章,讨余孝劢②。乙亥,舆驾幸庄严寺,发《金光明经》题③。丁酉,以仁威将军④、高州刺史黄法氍为开府仪同三司⑤,进号镇南将军。甲寅,太极殿成,匠各给复⑥。……

翻译

冬十月庚午日,派遣镇南将军、开府仪同三司周文育都督各路兵马从豫章郡出发,讨伐余孝劢。乙亥日,高祖驾幸庄严寺,主持阐发《金光明经》的题意。丁酉日,任命仁威将军、高州刺史黄法氍为开府仪同三司,进戎号为镇南将军。甲寅日,太极殿告竣,工匠全被免除徭役。……

注释 ① 镇南:陈时将军戎号,为八镇将军之一,列第二品。 ② 劢:音 mài。③《金光明经》:佛经名,最早由北凉昙无谶译出。 ④ 仁威:陈时将军戎号,为五威将军之一,列第四品。 ⑤ 氍:音 qú。 ⑥ 给复:免除徭役。

原文

六月戊子,仪同侯安都败众爱等于左里①,获琳从弟袭、主帅羊晫等三十余人,众爱遁走,庚寅,庐山民斩之,传首京师。甲午,众师凯归。……丁酉,高祖不豫②,遣兼太宰③、尚书左仆射王通以疾告太庙④,兼太宰、中书令谢哲告大社⑤、南北郊。辛丑,高祖疾小瘳⑥。故司空周文育之枢至自建昌⑦。壬寅,高祖素服哭于东堂,哀甚。癸卯,高祖临讯狱讼。是夜,荧惑在天尊⑧。高祖疾又甚。景午,崩于璿玑殿,时年五十七,遗诏追临川王蒨入纂⑨。甲寅,大行皇帝迁殡于太极殿西阶⑩。

翻译

(永定三年[559])六月戊子日,仪同侯安都在左里打败了常众爱等人,俘虏了王琳的堂弟王袭及其主帅羊晫等三十余人,常众爱逃走,庚寅日,庐山百姓将他斩杀,把首级传送到京师。甲午日,众军凯旋。……丁酉日,高祖病重,派遣兼太宰、尚书左仆射王通以高祖生病祈告太庙,兼太宰、中书令谢哲祈告大社和南北郊坛。辛丑日,高祖的病稍有好转。已故司空周文育的灵柩从建昌运到京师。壬寅日,高祖穿着素服在东堂祭哭周文育,非常哀痛。癸卯日,高祖亲自审讯讼案。这一天夜里,火星出现在北极星附近。高祖的病又加重。丙午日,驾崩于璿玑殿,当时五十七岁。有遗诏命临川王陈蒨继承皇位。甲寅日,已故皇帝移殡于太极殿西阶。

注释 ①左里:即左里城,在今江西都昌西北。 ②不豫:天子有病的讳称。 ③太宰:三师之一,南北朝时地位极高,但无实际职掌,一般为优待重臣的荣衔。 ④尚书左仆射:官名,南朝时尚书省有左右仆射,为尚书省副长官,佐尚书令分领诸曹。太庙:天子的祖庙。 ⑤中书令:中书省长官。南北朝时中书省设监、令各一人,已逐渐演化成清闲无权的荣衔,起草诏令之权已多归中书侍郎。大社:即社

稷,古代祭祀土神谷神的地方。 ⑥ 瘳(chōu):病愈。 ⑦ 建昌:县名,治所在今江
西永修西北艾城。 ⑧ 荧惑:火星。天尊:太一所在,即北极星附近。 ⑨ 纂:继
承。 ⑩ 大行:一去不返。旧时因讳言皇帝死亡,故用大行作比喻。

原文

秋八月甲午,群臣上谥
曰武皇帝,庙号高祖。景
申,葬万安陵。

高祖智以绥物,武以宁
乱,英谋独运,人皆莫及,故
能征伐四克,静难夷凶①。
至升大麓之日②,居阿衡之
任③,恒崇宽政,爱育为本。
有须发调军储,皆出于事不
可息。加以俭素自率,常膳
不过数品,私飨曲宴④,皆瓦
器蚌盘,肴核庶羞,裁令充
足而已,不为虚费。初平侯
景,及立绍泰⑤,子女玉帛,
皆班将士。其充闱房者,衣
不重彩,饰无金翠,哥钟女
乐⑥,不列于前。及乎践
祚⑦,弥厉恭俭。故隆功茂
德,光有天下焉。……

翻译

秋八月甲午日,群臣上谥号为“武
皇帝”,庙号“高祖”。丙申日,安葬在万
安陵。

高祖的智慧足以安物,武艺足以平
乱,独具英明的谋略,人人都比不上他,
所以能够征战讨伐无往不胜,消除灾难
平灭凶虐。待到入居总领之位,担负起
主持国政的重任时,一直崇尚为政宽
大,以爱护养育百姓为本。有需要调配
军事储备进行军事行动的,都是出于非
如此则事情无法平息的缘故。兼以自
作节俭朴素的表率,平常的膳食不过数
种,私人及宫中宴会,陈设的都是瓦器
蚌盘,鱼肉果物等美味,只要充足也就
可以了,不做铺张浪费之事。从当初平
定侯景到扶立梁敬帝,所缴获的敌军家
属以及金玉布帛,全都颁赐给将士。高
祖后宫里的姬妾,不穿重彩的衣服,没
有金银翠玉的首饰,自己也不设置歌钟
女乐。到了即皇帝位后,更加厉行恭谨
俭朴。所以功德丰伟茂盛,拥有了广大
的天下。……

注释 ① 静难：靖难。 ② 大麓：此指总领之位，领录天子之事。 ③ 阿衡：商代贤相伊尹的尊号，此处指主持国政。 ④ 飨(xiǎng)：大宴宾客。 ⑤ 绍泰：此指梁敬帝。 ⑥ 哥：同"歌"。歌钟，即编钟，古代打击乐器名。 ⑦ 践祚：皇帝登位。

后 主 本 纪

导读

陈后主陈叔宝，公元582—589年在位，是中国历史上以昏庸荒淫著称的帝王之一。他耽于酒色，纵欲豪侈，日日与妃嫔狎客游宴赋诗，以此为乐。又不恤政事，征取无极，滥施刑罚，以至于怨声载道，众叛亲离，国家终为隋朝所灭。其所制艳曲《玉树后庭花》，成为后世亡国的象征。

《陈书》作者姚氏父子出于个人识见等原因，在记叙中多有忌讳，对后主的荒淫大都略而不言，因此本文中没有保存什么有价值的史料，惟魏徵在本篇篇末中的评语，对后主的荒淫无道进行了公正的批评，反映出他进步的史识，言简意赅，发人深省。（选自卷六）

原文

后主讳叔宝，字元秀，小字黄奴，高宗嫡长子也①。梁承圣二年十一月戊寅生于江陵。明年，江陵陷，高宗迁关右②，留后主于穰城③。天嘉三年④，归京师，立为安成王世子⑤。天康元年⑥，授宁远将军⑦，置佐史⑧。光大二年⑨，为太子中庶子⑩，寻迁侍中，余如

翻译

后主名叔宝，字元秀，小名黄奴，是高宗的嫡长子。梁承圣二年（553）十一月戊寅日生于江陵。第二年，江陵被攻陷，高宗迁居关右，留后主在穰城。天嘉三年（562），高宗回到京师，立后主为安成王世子。天康元年（566），后主被授为宁远将军，自辟佐僚属吏。光大二年（568），为太子中庶子，不久转任侍中，其他官职如故。太建元年（569）正月甲午日，立为皇太子。

故。太建元年正月甲午⑪，
立为皇太子。

注释 ① 高宗：陈宣帝陈顼。 ② 关右：即关西，古时泛指故函谷关或今潼关以西地区。 ③ 穰城：在今湖北南漳东北。"明年"句：指梁承圣二年(553)十一月西魏攻陷江陵，杀梁元帝萧绎，时陈顼在江陵为中书侍郎，被执，至天嘉三年(562)始返。 ④ 天嘉：陈文帝陈蒨年号(560—566)。 ⑤ 安成王：陈宣帝陈顼为文帝陈蒨弟，永定三年(559)文帝即位后封陈顼为安成王。世子：帝王及诸侯正妻所生的长子，有第一世袭权。 ⑥ 天康：陈文帝陈蒨年号(566)。 ⑦ 宁远：陈时将军戎号，为五远将军之一，列第五品。 ⑧ 置佐史：谓自行辟署属官。南朝制度，皇弟皇子府可置师，长史、司马、从事中郎、谘议参军等官员。 ⑨ 光大：陈废帝陈伯宗年号(567—568)。 ⑩ 太子中庶子：官名，太子官中属官，掌负玺及前后部护驾，陈时列第五品。 ⑪ 太建：陈宣帝陈顼年号(569—582)。

原文

十四年正月甲寅，高宗崩①。乙卯，始兴王叔陵作逆②，伏诛。丁巳，太子即皇帝位于太极前殿。……

秋七月辛未，大赦天下。是月，江水色赤如血，自京师至于荆州。

八月癸未夜，天有声如风水相击。乙酉夜亦之。景戌③，以使持节、都督缘江诸军事、安西将军鲁广达为

翻译

（太建）十四年(582)正月甲寅日，高宗驾崩。乙卯日，始兴王叔陵作乱，被正法。丁巳日，太子即皇帝位于太极前殿。……

秋七月辛未日，大赦天下。就在这个月，长江江水的颜色变得像血一样红，从京师一直延伸到荆州。

八月癸未日夜里，天空中有一种如风水相击的声音发出。乙酉日夜里也同样如此。丙戌日，任命使持节、都督缘江诸军事、安西将军鲁广达为安左将军。

安左将军④。

九月景午,设无碍大会于太极殿⑤,舍身及乘舆御服⑥,大赦天下。……

九月丙午日,在太极殿设无碍大会,并亲为舍身及施舍乘舆御服,大赦天下。……

注释 ① 崩:古代称皇帝逝世曰崩。 ② 始兴王叔陵:名陈叔陵,陈宣帝陈顼子,陈后主弟。 ③ 景戌:即"丙戌"。 ④ 安西、安左:陈时将军戎号,均为八安将军之一,列第三品。 ⑤ 无碍大会:即无遮大会。 ⑥ 舍身:佛教徒或为弘法,或为布施,自加苦行,称为舍身。六朝时此风最盛。

原文

二年春正月丁卯,分遣大使巡省风俗①。……

十一月景寅,大赦天下。壬申,盘盘国遣使献方物②。戊寅,百济国遣使献方物③。……

翻译

(至德)二年(584)春正月丁卯日,分派大使巡察省视各地风俗。……

十一月丙寅日,大赦天下。壬申日,盘盘国派使节进贡地方特产。戊寅日,百济国派使节进贡地方特产。……

注释 ① 大使:官名,帝王临时派遣的特使。 ② 盘盘国:东南亚古国名,故地大致在今泰国南部,自南朝时起即与中国友好往来。方物:土产。 ③ 百济国:古国名,故地在朝鲜半岛西南部。

原文

(至德三年[585])三月辛酉,前丰州刺史章大宝举兵反①。

翻译

(至德三年[585])三月辛酉日,前丰州刺史章大宝举兵造反。

夏四月庚戌日,丰州义军首领陈景

夏四月庚戌,丰州义军主陈景详斩大宝,传首京师。……

是岁,萧岿死②,子琮代立③。……

详斩章大宝,把首级传送到京师。……

这一年,萧岿死,其子萧琮代之而立。……

① 丰州:南朝陈置,治所在今福建福州。 ② 萧岿:后梁明帝。公元 554 年,西魏伐梁,攻陷江陵,杀梁元帝萧绎,立其侄萧詧为梁帝,使居江陵东城,改元大定,史称后梁。后梁小朝廷实是西魏及后来北周的附庸,不为独立政权。后梁明帝萧岿为萧詧的儿子,公元 562 年即位。詧,音 chá。 ③ 琮:即萧琮,后梁明帝萧岿子,公元 586 年至 587 年在位。

原文

(至德四年)夏五月丁巳,立皇子庄为会稽王。

秋九月甲午,舆驾幸玄武湖,肆舻舰阅武①,宴群臣赋诗。……

冬十月癸亥,尚书仆射江总为尚书令②,吏部尚书谢伷为尚书仆射③。……

翻译

(至德四年[586])夏五月丁巳日,立皇子陈庄为会稽王。

秋九月甲午日,后主驾幸玄武湖,陈列战舰,检阅军队;宴请群臣,创作诗歌。……

冬十月癸亥日,任命尚书仆射江总为尚书令,吏部尚书谢伷为尚书仆射。……

① 舻:船。 ② 尚书仆射:尚书省副长官,与各尚书分领诸曹,设左右仆射二人,尚书令阙时以左仆射为主。陈时列第二品。尚书令:尚书省长官,南朝后期。在录尚书事权力削弱以至废除之时,尚书令、仆射的权力有所扩大,成为实际上的宰相。 ③ 吏部尚书:尚书省六尚书之一。南朝时尚书省设

吏部、祠部(与右仆射通职,不常置)、五兵、左民、度支、都官六尚书,与一令(尚书令)二仆射(左右仆射)共称"八座";吏部尚书领吏部、删定、三公、比部四曹,陈时列第三品。

原文

（祯明元年）九月乙亥，以骠骑将军①、开府仪同三司豫章王叔英为骠骑大将军。庚寅，萧琮所署尚书令、太傅安平王萧岩②，中军将军③、荆州刺史义兴王萧瓛，遣其都官尚书沈君公④，诣荆州刺史陈纪请降。辛卯，岩等率文武男女十万余口济江。甲午，大赦天下。……

翻译

（祯明元年[587]）九月乙亥日，任命骠骑将军、开府仪同三司、豫章王陈叔英为骠骑大将军。庚寅日，萧琮所任命的尚书令、太傅、安平王萧岩，中军将军、荆州刺史、义兴王萧瓛，派遣他们的都官尚书沈君公，前去求见荆州刺史陈纪请求投降。辛卯日，萧岩等人率文武百官男女百姓十万余人渡江南来。甲午日，大赦天下。……

注释 ① 骠骑：陈时将军戎号，列第一品。 ② 太傅：三师之一。 ③ 中军：后梁将军戎号。 ④ 都官尚书：南朝时尚书省六尚书之一，领都官、水部、库部、功论四曹。陈时列第三品。

原文

（祯明二年）六月戊戌，扶南国遣使献方物①。庚子，废皇太子胤为吴兴王，立军师将军②、扬州刺史始

翻译

（祯明二年[588]）六月戊戌日，扶南国派遣使节进献地方特产。庚子日，废皇太子陈胤为吴兴王，立军师将军、扬州刺史、始安王陈深为皇太子。……

安王深为皇太子。……

冬十月己亥，立皇子蕃为吴郡王。辛丑，以度支尚书③、领大著作姚察为吏部尚书④。己酉，舆驾幸莫府山，大校猎⑤。

十一月……是月隋遣晋王广众军来伐⑥，自巴、蜀、沔、汉下流至广陵⑦，数十道俱入⑧，缘江镇戍，相继奏闻。时新除湘州刺史施文庆⑨、中书舍人沈客卿掌机密用事⑩，并抑而不言，故无备御。

冬十月己亥日，立皇子陈蕃为吴郡王。辛丑日，任命度支尚书、领大著作姚察为吏部尚书。己酉日，到莫府山围猎。

十一月丁卯日……这个月，隋朝派遣晋王杨广率众军前来讨伐，自巴水、蜀水、沔水、汉水入长江顺流而下至广陵，从几十个方向攻入，沿江的各处守卫，相继奏报。这时候新任湘州刺史施文庆、中书舍人沈客卿在机要部门当权，一概压下不报，因而后主事先全无所知。

注释 ①扶南国：南海古国名，盛时据有湄公、湄南二河下游地区，后为真腊所灭。 ②军师：陈时将军戎号，列第四品。 ③度支尚书：南朝时尚书省六尚书之一，领度支、金部、仓部、起部四曹。陈时列第三品。 ④大著作：即秘书著作郎，号称大著作，为秘书省属官，陈时列第六品。 ⑤校猎：设围栏围猎野兽。 ⑥隋：朝代名(581—618)。杨坚(隋文帝)建立，废周灭陈，统一全国，凡经三帝三十八年。晋王广：名杨广，后为隋炀帝。 ⑦巴、蜀、沔、汉：皆水名。巴，巴水，即今湖北东部长江支流巴河；蜀，蜀水，在今江西省遂川县北，注入赣江；沔(miǎn)，沔水，出陕西略阳，西南入汉水；汉，汉水，即今汉江，长江最大支流，流经陕西南部、湖北西北部和中部。 ⑧数十道俱入：指公元588年，隋大举伐陈，晋王杨广出六合、秦王杨俊出襄阳、清河公杨素出永安、荆州刺史刘仁恩出江陵、蕲州刺史王世积出蕲春、吴州总管贺若弼出广陵、青州总管弘农燕荣出东海，共有兵五十一万八千，东接沧海，西拒巴、蜀,旌旗舟楫,横亘数千里。道:路径、方向。 ⑨ 湘州:治所在今湖南长沙。
⑩ 中书舍人:即中书通事舍人,属中书省,原先入直阁内,后多以他官兼领。机密:
机要部门。用事:执政、当权。

三年春正月乙丑朔,雾气四塞。是日,隋总管贺若弼自北道广陵济京口①,总管韩擒虎趋横江②,济采石,自南道将会弼军。景寅,采石戍主徐子建驰启告变。丁卯,召公卿入议军旅。戊辰,内外戒严,以骠骑将军萧摩诃、护军将军樊毅③、中领军鲁广达并为都督,遣南豫州刺史樊猛帅舟师出白下④,散骑常侍皋文奏将兵镇南豫州。庚午,贺若弼攻陷南徐州。辛未,韩擒虎又陷南豫州,文奏败还。至是隋军南北道并进。后主遣骠骑大将军、司徒豫章王叔英屯朝堂⑤,萧摩诃屯乐游苑,樊毅屯耆阇寺,鲁广达屯白土岗⑥,忠武将军孔范

(祯明)三年(589)春正月乙丑初一,雾气充塞四方。这一天,隋总管贺若弼自北面的广陵渡江至京口,总管韩擒虎奔赴横江,从那里渡江至采石,将从南面会合贺若弼的部队。丙寅日,采石守军首领徐子建迅速传送文书报告这一事变。丁卯日,后主召集公卿大臣商议军情。戊辰日,内外采取戒严措施,任命骠骑将军萧摩诃、护军将军樊毅、中领军鲁广达同为都督,派遣南豫州刺史樊猛率领水军进至白下,命散骑常侍皋文奏率兵镇守南豫州。庚午日,贺若弼攻陷南徐州。辛未日,韩擒虎又攻陷南豫州,皋文奏兵败退回,至此隋军南北方面齐头并进。后主派遣骠骑大将军、司徒、豫章王陈叔英驻守朝廷机关、萧摩诃屯守乐游苑、樊毅顿守耆阇寺、鲁广达顿守白土岗、忠武将军孔范屯守宝田寺。己卯日,镇东大将军任忠从吴兴赶来赴援,并驻守在朱雀门。辛巳日,贺若弼进而占据钟山,驻扎在

屯宝田寺⑦。己卯，镇东大将军任忠自吴兴入赴⑧，仍屯朱雀门⑨。辛巳，贺若弼进据钟山，顿白土岗之东南。甲申，后主遣众军与弼合战，众军败绩。弼乘胜至乐游苑，鲁广达犹督散兵力战，不能拒。弼进攻宫城，烧北掖门⑩。是时韩擒虎率众自新林至于石子岗⑪，任忠出降于擒虎，仍引擒虎经朱雀航趣宫城，自南掖门而入。于是城内文武百司皆遁出⑫，唯尚书仆射袁宪在殿内。尚书令江总、吏部尚书姚察、度支尚书袁权、前度支尚书王瑳、侍中王宽居省中。后主闻兵至，从宫人十余出后堂景阳殿，将自投于井，袁宪侍侧，苦谏不从，后阁舍人夏侯公韵又以身蔽井⑬，后主与争久之，方得入焉。及夜，为隋军所执。景戌，晋王广入据京城。

白土岗的东南。甲申日，后主派遣众军与贺若弼会战，陈朝众军被打败，贺若弼乘胜前进至乐游苑，鲁广达正督促一些散兵奋死力战，但终不能抗拒。贺若弼进而攻打宫城，放火烧北掖门。这时韩擒虎率兵马从新林前进至石子岗，任忠向韩擒虎投降，并还带领韩擒虎经朱雀航开赴宫城，从南掖门杀入。此时城内的文武百官均已出城逃跑，唯有尚书仆射袁宪尚留在殿堂内，尚书令江总、吏部尚书姚察、度支尚书袁权、前度支尚书王瑳、侍中王宽还留在尚书省中。后主听说隋兵已杀到，带着十余个宫人从后堂景阳殿逃出，将要自投于井中，这时袁宪在他身边，苦苦规劝，后主不听，后阁舍人夏侯公韵又以自己的身体挡住井口，后主与他争执了许久，方才得以入井。到了夜里，被隋军所俘虏。丙寅日，晋王杨广进据陈京城建康。

注释 ① 总管:督军之官,亦即地方军政长官。隋在各州设总管,镇守一方者,谓之某州总管;出任征讨者,则谓某道行军总管。 ② 横江:即横江浦,在安徽和县东南长江边,对岸为江南之采石矶,为重要渡口。 ③ 护军:官名,南北朝时设护军将军或中护军,掌军职选用,亦与领军将军或中领军同掌中央军队,为重要的军事长官之一。 ④ 南豫州:陈时治所在今安徽当涂。 ⑤ 司徒:古代三公之一,南北朝时职位虽高,但无实际权限。朝堂:百官治事之所。 ⑥ 白土岗:在今江苏南京东。 ⑦ 忠武:陈时将军戎号,列第四品。 ⑧ 镇东:陈时将军戎号,为八镇将军之一,列第二品。将军加大者,通进一阶。 ⑨ 朱雀门:陈都城建邺(今江苏南京)南面城门。 ⑩ 掖门:官殿正门两旁的边门。 ⑪ 新林:即今江苏南京西南西善桥,当时为交通要地。石子岗:在今江苏南京南。 ⑫ 百司:朝廷大臣、王公以下百官的总称。 ⑬ 后阁舍人:官名,陈时设有殿中舍人,在九品之外,后阁舍人为殿中舍人之一。

原文

三月己巳,后主与王公百司发自建邺,入于长安①。隋仁寿四年十一月壬子②,薨于洛阳③,时年五十二。追赠大将军、封长城县公,谥曰炀,葬河南洛阳之芒山④。

翻译

三月己巳日,后主与王公百官等从建邺出发,被解入长安。隋仁寿四年(604)十一月壬子,死于洛阳,当时为五十二岁。隋追赠其为大将军,封为长城县公,谥号为"炀",葬于河南洛阳的芒山。

注释 ① 长安:故城在今陕西西安西北,时为隋朝都城。 ② 仁寿:隋文帝杨坚年号(601—604)。 ③ 薨(hōng):古代称诸侯之死。洛阳:故城在今河南洛阳。 ④ 芒山:在今河南洛阳。

原文

史臣侍中郑国公魏徵曰①……后主生深宫之中，长妇人之手②，既属邦国珍瘁③，不知稼穑艰难④。初惧阽危⑤，屡有哀矜之诏⑥，后稍安集⑦，复扇淫侈之风⑧。宾礼诸公⑨，唯寄情于文酒，昵近群小⑩，皆委之以衡轴⑪。谋谟所及⑫，遂无骨鲠之臣⑬，权要所在，莫匪侵渔之吏⑭。政刑日紊，尸素盈朝⑮，耽荒为长夜之饮，嬖宠同艳妻之孽⑯，危亡弗恤⑰，上下相蒙，众叛亲离，临机不寤⑱，自投于井，冀以苟生，视其以此求全⑲，抑亦民斯下矣。

翻译

史臣侍中郑国公魏徵说……后主在深宫中出生，于妇人的手中长大，既适逢国家的困苦之际，却并不知人民生活的艰难。起初还惧怕危亡之祸，屡有哀怜的诏书发布，后来稍稍安定，便煽动起淫逸奢侈的风气。把那些狎客待以上宾，惟在诗文酒杯中寻求寄托，亲近那些小人，全都委以机要重任。因而出谋划策的人中，便没有刚直不阿的大臣，重要的职位上，无非都是些贪婪的官吏。政事刑法日益紊乱，居位食禄而无所事事之人遍于朝中，后主还沉溺于长夜之饮，宠幸妖艳的女色，不忧虑国家危亡，上下互相欺瞒，最后众叛亲离，直到危机临头也没能觉悟，自己投于井中，想要苟且偷生，看他以此希求保全自身的做法，真可谓连普通百姓都不如。

注释　①史臣曰：来源于司马迁《史记》的"太史公曰"，后代修史遂有"史臣曰"，也有"论、赞"。魏徵：字玄成，唐贞观时名相，以直谏著称于史。唐太宗先引为太子东宫詹事主簿，拜谏议大夫，后历任给事中、尚书右丞，封巨鹿县男，又除秘书监、参与朝政（即宰相）、侍中，进位左光禄大夫，进爵郑国公。唐贞观中修梁、陈、北齐、北周、隋五代史，魏徵总领其事，主修《隋书》并裁定梁、陈二史总论。　②"后主"句：此句意谓后主在安逸的环境下长大，没有艰难困苦的生活经历。　③属：适值。邦国：国家。珍瘁：困病，困苦。　④不知稼穑艰难：谓不知民生艰苦。稼穑（sè）：种谷曰稼,收获曰穑,泛指农业劳动。 ⑤ 阽(diàn)危:危险。 ⑥ 哀矜:怜悯。 ⑦ 安集:安定。集,同"辑",和顺。 ⑧ 扇:同"煽",煽动。 ⑨ 宾礼:以贵宾之礼相待,指帝王礼贤下士。诸公:和下文中"群小"同指成天与后主游于后庭,被称为"狎客"的仆射江总、都官尚书孔范、散骑常侍王瑳等十余人。 ⑩ 昵(nì)近:亲近。群小:众小人。 ⑪ 衡轴:本指观测天体仪器上可以旋转的横管,此比喻中枢要职。 ⑫ 谋谟(mó):谋划,筹策。 ⑬ 骨鲠(gěng):比喻刚直、刚劲。 ⑭ 侵渔:盗窃,侵夺财物。 ⑮ 尸素:尸位素餐,居位食禄而不问事之人。 ⑯ 嬖(bì)宠:宠幸。孽(niè):妖孽。 ⑰ 恤(xù):忧虑。 ⑱ 寤:同"悟",觉悟。 ⑲ 求全:祈求保全自己。

原文

遐观列辟①,纂武嗣兴,其始也皆欲齐明日月,合德天地,高视五帝②,俯协三王③,然而靡不有初,克终盖寡④,其故何哉? 并以中庸之才⑤,怀可移之性,口存于仁义,心怵于嗜欲⑥。仁义利物而道远,嗜欲遂性而便身⑦。便身不可久违,道远难以固志。佞谄之伦⑧,承颜候色,因其所好,以悦导之,若下坂以走丸⑨,譬顺流而决壅⑩。非夫感灵辰象,降生明德,孰能遗其所乐,而以百姓为心哉? 此所以成、康、文、景千载而罕遇⑪,

翻译

远观历代君主,继承帝业,当初的目标都是想要与日月齐明,并天地同德,高处向五帝看齐,低处同三王并列,然而却都是有好的开始,却很少能够坚持到最后,这是什么原因呢? 他们都是中等的平常人,怀有游移不定的品性,口头保存着仁义,心里却常被欲望所诱惑。仁义利于万物但遥远不可易致,嗜欲却合于天性而适宜自身。适宜于自身所以不能长久摒弃,大道遥远所以难以坚持。奸佞谄谀之徒,察颜观色,顺其所好,以其所喜欢来诱导他们,正像在下坡上滚动圆球,如顺流冲破阻塞一样势所必然。若不是受天地万象的感悟,神灵降下美德,谁能够舍弃嗜好,而以百姓为心呢? 这就是为什么周成王、周康王、汉文帝、汉景帝千年而罕见,夏桀、商纣、周癸、辛、幽、厉靡代而不有^⑫，毒被宗社^⑬，身婴戮辱^⑭，为天下笑，可不痛乎！古人有言，亡国之主，多有才艺，考之梁、陈及隋，信非虚论。然则不崇教义之本，偏尚淫丽之文，徒长浇伪之风^⑮，无救乱亡之祸矣。……

幽王、周厉王无代而不有的原因，其流毒遗害国家，自身也遭受屠戮羞辱，为天下人所耻笑，这难道不令人痛心吗！古人曾经说过，亡国的君主，大都具有很多才艺，考察梁、陈及隋朝，可证此语真不是凭空之论。那么，不崇尚教义这个根本，偏偏崇好淫逸靡丽的诗文，只能滋长浅薄浮伪的风气，而终不能挽救危亡的灾祸。……

注释 ① 逖观：远观。辟：君主。 ② 五帝：中国古史有五帝，其说不一，一般指黄帝、颛顼、帝喾、尧、舜。 ③ 三王：指夏禹、商汤、周文王，分别为夏、商、周的开国贤王。 ④ 靡不有初，克终盖寡：语出《诗·大雅·荡》，原作"靡不有初，鲜克有终"。靡，无。鲜，少。克，能。 ⑤ 中庸：平常的。 ⑥ 怵（chù）：被诱惑而动心。 ⑦ 便身：有利于自身。 ⑧ 佞谄：奸巧谄谀。 ⑨ 阪（bǎn）：山坡。丸：圆球形的小物体。 ⑩ 壅：阻塞。 ⑪ 成：周成王；康：周康王；文：汉文帝；景：汉景帝。成、康、文、景之时，天下安宁，刑措不用，向称治世。 ⑫ 癸：即夏帝桀，名履癸；辛：即商纣王，名辛；幽：周幽王；厉：周厉王。癸、辛、幽、厉都是历史上的暴君。靡：无。 ⑬ 宗社：宗庙和社稷，用作国家的代称。 ⑭ 婴：遭受。 ⑮ 浇伪：浮薄虚伪。

张 贵 妃 传

导读

　　张贵妃名叫张丽华，是陈后主最宠爱的妃子，她不但人长得很美，且工于心计，在陪后主宴游作乐时，能收买人心，巩固自身的地位。她还利用后主的昏庸，勾结一些宦官与大臣，从事买卖官爵和制造冤狱的勾当。但是，若把陈朝亡国的主要责任推到她的头上，那也是不公正的。张贵妃的下场很惨，京城陷落后被杨广下令处斩，成为封建王朝的牺牲品。

　　本篇篇末魏徵的评语，较为详实地记载了后主昏淫无道的史实，反映出陈朝末期纲纪紊乱、国势日衰的实际状况。（选自卷七）

原文

　　后主张贵妃名丽华，兵家女也。家贫，父兄以织席为事①。后主为太子，以选入宫。是时龚贵嫔为良娣②，贵妃年十岁，为之给使③，后主见而说焉④，因得幸，遂有娠⑤，生太子深。后主即位，拜为贵妃。性聪惠，甚被宠遇。后主每引贵妃与宾客游宴，贵妃荐诸宫

翻译

　　后主张贵妃名丽华，是当兵之家的女儿。家里很穷，父亲兄弟以编织草席为职业。后主为太子时，被选入宫。当时龚贵嫔为良娣，贵妃年纪十岁，给她当使役，后主一见贵妃就喜欢她，因而得到宠幸，就怀了孕，生下了太子陈深。后主即位后，拜她为贵妃。贵妃天性很聪明，很受后主的宠爱。每当后主带着贵妃与诸宾客游玩宴饮时，贵妃都推荐宫女参与，后宫的人都很感戴她，竞相

女预焉，后宫等咸德之，竞言贵妃之善，由是爱倾后宫。又好厌魅之术⑥，假鬼道以惑后主⑦，置淫祀于宫中⑧，聚诸妖巫使之鼓舞⑨，因参访外事，人间有一言一事，妃必先知之，以白后主，由是益重妃，内外宗族，多被引用。及隋军陷台城，妃与后主俱入于井，隋军出之，晋王广命斩贵妃，榜于青溪中桥⑩。

讲她的好处，因为这个原因，后主对贵妃的宠爱，后宫没有一个人能够比得上。贵妃又喜好一种迷惑他人的巫术，借这种邪门鬼道来迷惑后主，并在宫中安置旁门左道的祭祀，召集许多妖人巫师叫他们合着音乐跳舞，乘此机会向这些人询问访察外面发生的事情，社会上有一言一事，贵妃都必定能首先知道，把它报告给后主，因此后主更加看重贵妃，她的家族中人大多被提拔任用。当隋朝军队攻陷台城时，贵妃与后主一起投入井中，隋军把他们拉出来，晋王杨广命令杀了贵妃，在青溪中桥贴出告示宣布此事。

注释　①事：职业。　②良娣：太子姬妾的称号。　③给使：服侍，供人役使。　④说：同"悦"，喜欢。　⑤娠：怀孕。　⑥厌魅：古代巫术迷信中祈祷鬼神以诅咒或迷惑他人之术。　⑦假：借。鬼道：鬼神邪说。　⑧淫祀：指不合传统礼制的祭祀，亦指旁门左道之祭祀。　⑨妖巫：装神弄鬼代人禳祈者。鼓舞：合乐而舞。　⑩榜：告示。

原文

　　史臣侍中郑国公魏徵考览记书①，参详故老②，云后主初即位，以始兴王叔陵之乱③，被伤卧于承香阁下，时诸姬并不得进，唯张贵妃

翻译

　　史臣侍中郑国公魏徵考订查阅记事文书、访问年老而有阅历的人获知，当后主刚刚即位的时候，因始兴王陈叔陵作乱，受了伤躺在承香阁里休养，当时诸嫔妃都不得进入，只有张贵妃在旁

侍焉。而柳太后犹居柏梁殿④，即皇后之正殿也。后主沈皇后素无宠，不得侍疾，别居求贤殿。至德二年⑤，乃于光照殿前起临春、结绮、望仙三阁。阁高数丈，并数十间，其窗牖、壁带⑥、悬楣⑦、栏槛之类，并以沉檀香木为之⑧，又饰以金玉，间以珠翠，外施珠帘，内有宝床⑨、宝帐⑩，其服玩之属⑪，瑰奇珍丽，近古所未有。每微风暂至，香闻数里，朝日初照，光映后庭。其下积石为山，引水为池，植以奇树，杂以花药。后主自居临春阁，张贵妃居结绮阁，龚、孔二贵嫔居望仙阁，并复道交相往来⑫。又有王、李二美人⑬，张、薛二淑媛⑭、袁昭仪⑮、何婕妤⑯、江修容等七人⑰，并有宠，递代以游其上。以宫人有文学者袁大舍等为女学士。后主每引宾客对贵妃等游

服侍。而那时柳太后还住在皇后的正殿柏梁殿。后主的沈皇后一向不受宠爱，不得在旁侍候，另外居住在求贤殿。至德二年(584)，后主便在光照殿前建起了临春、结绮、望仙三阁。每阁高数丈，都有几十个房间，阁中的窗户、壁带、悬楣、栏干等，全都用沉香木檀香木做成，又用金玉杂以珠翠装饰，外面挂着珠帘，里面设有宝床、宝帐，其中服用赏玩的东西，珍奇瑰丽的宝贝，都是近古所没有的。每当微风吹过，香气飘闻数里之遥，早上太阳初照时，光彩映照后庭。阁下面堆石成山，引水为池，种植奇异的树木，还间杂花草。后主自己住在临春阁，张贵妃住在结绮阁，龚、孔二贵嫔住望仙阁，其间并建有复道交相往来。同时还有王、李二美人，张、薛二淑媛、袁昭仪、何婕妤、江修容等七人，都很受后主的宠爱，相互交替来往于其上。后主以颇有文学才能的宫人袁大舍等为女学士。每当后主带着宾客同贵妃等人游玩宴集时，便命诸贵人及女学士与狎客们共赋新诗，相互赠答，并采用其中特别艳丽的诗篇作为曲词，谱以新的曲调，选出千百个有容貌的宫人演习歌唱，分组迭相而进，以此为乐。其曲有《玉树后庭花》《临春乐》等，主要

宴,则使诸贵人及女学士与狎客共赋新诗[18],互相赠答,采其尤艳丽者以为曲词,被以新声,选宫女有容色者以千百数,合习而哥之[19],分部迭进,持以相乐。其曲有《玉树后庭花》《临春乐》等,大指所归,皆美张贵妃、孔贵嫔之容色也。其略曰:"璧月夜夜满,琼树朝朝新。"而张贵妃发长七尺,鬓黑如漆[20],其光可鉴。特聪惠,有神采,进止闲暇,容色端丽。每瞻视盼睐[21],光采溢目,照映左右。常于阁上靓妆,临于轩槛,宫中遥望,飘若神仙。才辩强记,善候人主颜色。是时,后主怠于政事,百司启奏,并因宦者蔡脱儿、李善度进请,后主置张贵妃于膝上共决之。李、蔡所不能记者,贵妃并为条疏,无所遗脱。由是益加宠异,冠绝后庭。而后宫之家,不遵法度,有挂于理

的意思都是赞美张、孔美丽的容貌。其中有句子说:"璧月夜夜满,琼树朝朝新。"张贵妃的头发长七尺,像漆一样墨黑,光亮照人。人特别聪明,很有神采,无论进退举止,还是闲暇静处,面容都非常端庄美丽。每当她顾盼看视时,眼睛里光彩溢动,照映左右。张贵妃常常装扮得非常美丽站在阁上,倚着栏干,宫中远远望去,飘飘乎宛如神仙一般。贵妃富有才气,很善辩,记忆力非常强,特别善于观察皇帝的脸色而揣知其心意。那时,后主对政务很懈怠,百官的启奏,全由宦官蔡脱儿、李善度拿进来请示,后主把张贵妃放在膝上,两人共同处理决定。李、蔡所不能处理的部分,贵妃就为他们归纳梳理一一陈述出来,一点都没有遗漏。因此后主对她更加宠幸,为后庭之冠。而后宫宫人的家属,有不遵守法令而触犯刑律的,但只要去哀求贵妃,贵妃就命令李、蔡二人先在后主面前启奏此事,然后自己从容地为这些人说情。大臣如有不服从的,贵妃也因此在后主面前进谗言,后主对她所说的无不听从。于是张贵妃、孔贵嫔的威势气焰嚣张,达于四方,执政的大臣也望风而从。宦官与奸佞之徒,内外勾结,互相提携引进,贿赂公开进行,赏罚无常,国家的纲纪因此错乱不堪了。

者^㉒，但求哀于贵妃，贵妃则令李、蔡先启其事，而后从容为言之。大臣有不从者，亦因而谮之^㉓，所言无不听。于是张、孔之势，薰灼四方^㉔，大臣执政，亦从风而靡^㉕。阉宦便佞之徒^㉖，内外交结，转相引进，贿赂公行^㉗，赏罚无常，纲纪瞀乱矣^㉘。

注释 ① 记书：记事文书。 ② 故老：年高而多阅历之人。 ③ 始兴王叔陵：名陈叔陵，后主弟。 ④ 柳太后：陈宣帝陈顼皇后，后主母。 ⑤ 至德：陈后主陈叔宝年号(583—586)。 ⑥ 壁带：壁中露出的像带一样的横木。 ⑦ 悬楣：门楣。 ⑧ 沉檀：沉香与檀香，皆为香木。 ⑨ 宝床：珍宝装饰之床。 ⑩ 宝帐：华美的帐子。 ⑪ 服玩：服用与玩赏的物品。 ⑫ 复道：楼阁之间架空相连并有上下两重通道的天桥。 ⑬ 美人：古时帝王妃嫔称号。 ⑭ 淑媛：为九嫔之一，帝王妃嫔的称号。 ⑮ 昭仪：九嫔之一。 ⑯ 婕妤：帝王妃嫔的称号。 ⑰ 修容：九嫔之一。 ⑱ 贵人：帝王妃嫔的称号。狎客：指亲近并常共嬉游饮宴之人。 ⑲ 哥：同"歌"。 ⑳ 鬒(zhěn)：黑发。 ㉑ 盼：看视。睐：旁视。 ㉒ 理：刑狱。 ㉓ 谮(zèn)：说人的坏话，进谗言。 ㉔ 薰灼：气焰逼人。 ㉕ 靡：倒下。 ㉖ 便佞：阿谀逢迎。 ㉗ 公行：公然行动。 ㉘ 瞀(mào)乱：错乱。

周 文 育 传

周文育是陈朝的开国元勋之一,在陈武帝部下参加了讨伐侯景及平定内乱的多次战斗,立下了很大的功劳,很为武帝陈霸先所宠信。武帝永定三年(559)五月,在讨伐余孝顷余众的战斗中,由于过分相信别人而被害。本篇对武帝时历次重要战役都有很详细的记述,文字也很生动。(选自卷八)

原文

周文育,字景德,义兴阳羡人也①。少孤贫,本居新安寿昌县②,姓项氏,名猛奴。年十一,能反覆游水中数里,跳高五六尺,与群儿聚戏,众莫能及。义兴人周荟为寿昌浦口戍主,见而奇之,因召与语。文育对曰:"母老家贫,兄姊并长大,困于赋役。"荟哀之,乃随文育至家,就其母请文育养为己子,母遂与之。及荟秩满③,与文育还都,见于太子詹事

翻译

周文育,字景德,是义兴郡阳羡县人。他小的时候父亲就去世了,家里很穷;本来住在新安郡寿昌县,原姓项,名叫猛奴。周文育年纪十一岁时,能够在水中往复游好几里,跳五六尺高,和众多孩童一起玩耍,大家都比不上他。义兴人周荟为寿昌县浦口的戍卫首领,见到周文育深以为奇,因而把他召来说话。周文育回答道:"我的母亲年老,家里又穷,哥哥姐姐都已长大,为赋税劳役所累。"周荟对此很同情,便随文育到家里,向他母亲请求将文育收养为自己的义子,周母就把文育交给了他。等到

周舍④,请制名字,舍因为立名文育,字景德。命兄子弘让教之书计⑤。弘让善隶书⑥,写蔡邕《劝学》及古诗以遗文育⑦,文育不之省也,谓弘让曰:"谁能学此?取富贵但有大槊耳。"弘让壮之,教之骑射,文育大悦。

周荟官期任满,与文育一起返回京城,去见太子詹事周舍,请他为文育取名字,周舍便为他取名为文育,字景德。周荟又叫哥哥的儿子周弘让教他书法及筹算。周弘让擅长写隶书,写了蔡邕的《劝学》及古代诗歌送给文育,文育对这些不能理解,对弘让说:"谁耐烦学这些东西?获取富贵只要有使用大槊的本领就行了。"周弘让认为他很有雄心壮志,便教他骑马射箭,文育非常高兴。

注释　①阳羡:县名,属义兴郡,治所在今江苏宜兴南荆溪南岸。　②新安:郡名,治所在今浙江淳安西北。寿昌县:属新安郡,治所在今浙江建德西南。　③秩满:官期任满。　④太子詹事:官名,为太子官中属官之长,掌太子家事。　⑤书计:文字与筹算。六艺中六书九算之学。　⑥隶书:书体名,由小篆简化而来的一种字体。　⑦蔡邕(yōng):公元132—192年在世,东汉时人,字伯喈。少博学,好辞章,精音律,并工书画,后人辑有《蔡中郎集》。《劝学》:蔡邕所撰的一篇鼓励人学习的文章,已佚,后人辑有其章句,见严可均《全上古三代秦汉三国六朝文》。

原文

司州刺史陈庆之与荟同郡①,素相善,启荟为前军军主。庆之使荟将五百人往新蔡悬瓠②,慰劳白水蛮③,蛮谋执荟以入魏,事觉,荟与文育拒之。时贼徒

翻译

司州刺史陈庆之与周荟是同郡人,关系一向很好,启请周荟为前军军主。陈庆之派周荟带领五百人到新蔡郡悬瓠城,去慰劳白水的蛮人,这些蛮人谋划捉住周荟投奔到东魏去,事情被发觉,周荟与周文育率兵抗拒。当时贼兵

甚盛,一日之中战数十合,文育前锋陷阵,勇冠军中。荟于阵战死,文育驰取其尸,贼不敢逼。及夕,各引去。文育身被九创,创愈,辞请还葬,庆之壮其节,厚加赗遗而遣之④。

很多气焰很盛,一天之中双方战斗数十回合,文育在前面冲锋陷阵,勇猛为全军之冠。周荟在阵前战死,文育骑马疾驰去取他的尸体,贼兵不敢逼近他。到了傍晚,双方各自收兵返回。文育身上九处受伤,伤愈后,请求送周荟灵柩回去安葬,陈庆之非常赞赏他的节操,给了很多送葬之物派他而去。

注释 ① 司州:南朝宋置,治所在今河南信阳。 ② 新蔡:郡名,治所在今河南新蔡。悬瓠:即悬瓠城,今河南汝阳,南北朝时为南北军事要地。 ③ 白水:地名。蛮:南北朝时南方少数民族之一,北接淮汝,南极江汉,均有分布。 ④ 赗(fèng)遗:给丧家的送葬之物。

原文

葬讫,会卢安兴为南江督护,启文育同行。累征俚獠①,所在有功,除南海令②。安兴死后,文育与杜僧明攻广州③,为高祖所败,高祖赦之,语在《僧明传》。

翻译

安葬完毕后,正好卢安兴任南江督护,启请周文育同往。累次征伐俚人、獠人,文育每次都有功劳,被授为南海县令。卢安兴死后,文育与杜僧明攻打广州,被高祖击败,高祖赦免了他们,这段事情记载在《杜僧明传》里。

注释 ① 俚(lǐ)獠:俚,即俚人,亦称俚子,今黎族的前身。南朝时散布在湘广诸州,有时亦通称为蛮。 ② 南海:县名,南朝时置南海郡,治所在今广东广州。③ 杜僧明:字弘照,始为梁南江督护卢安兴部属,后因卢安兴子卢子雄等被梁武帝敕杀,遂与卢子略、周文育起兵反梁,被陈高祖陈霸先降服,在征伐交趾李贲及讨平侯景中战功卓著,后病卒。

原文

后监州王劢以文育为长流①，深被委任②。劢被代，文育欲与劢俱下，至大庾岭，诣卜者③，卜者曰："君北下不过作令长，南人则为公侯。"文育曰："足钱便可，谁望公侯！"卜人又曰："君须臾当暴得银至二千两，若不见信，以此为验。"其夕，宿逆旅④，有贾人求与文育博⑤，文育胜之，得银二千两。旦日辞劢⑥，劢问其故，文育以告，劢乃遣之。高祖在高要，闻其还也，大喜，遣人迎之，厚加赏赐，分麾下配焉⑦。

翻译

后来代管州事的王劢任命周文育为长流参军，文育很为他所信任。王劢被替代后，文育想和他一起离开，走到大庾岭，去见一位占卜的人，占卜的人说："您往北走将来不过是县令、县长而已，而往南走则能成为公侯。"文育说："只要有富足的钱财就行了，谁指望成为公侯！"占卜的人又说："您片刻之间就一下子会有二千两银子，您若不相信我，请以此作为验证。"那天晚上，文育住在一家客舍里，有一位商人请求与文育赌钱，文育获胜，赢了二千两银子。第二天便去辞别王劢，王劢问他原因，文育把这件事告诉了他，王劢便遣放他走了。高祖在高要郡，听说文育返回，非常高兴，派人去迎接他，重重地给予赏赐，分配在自己手下调用。

注释 ① 监：掌管、主管。长流：即长流参军，官名，参军之一，晋宋以后为军府及三公的属官。 ② 委任：信任。 ③ 卜者：从事为他人占卜算命职业的人。 ④ 逆旅：客舍。 ⑤ 贾（gǔ）人：商人。博：赌博。 ⑥ 旦日：明天，第二天。 ⑦ 麾下：部下。

原文

高祖之讨侯景，文育与

翻译

高祖讨伐侯景的时候，周文育与杜

杜僧明为前军,克兰裕,援欧阳頠,皆有功。高祖破蔡路养于南野,文育为路养所围,四面数重,矢石雨下,所乘马死,文育右手搏战,左手解鞍,溃围而出,因与杜僧明等相得,并力复进,遂大败之,高祖乃表文育为府司马①。

僧明为前军,攻克兰裕,援救欧阳頠,都有功劳。高祖在南野攻击蔡路养时,文育被蔡路养包围了起来,四面围了好几重,箭矢投石像下雨一样击来,文育所乘坐的战马被击死,文育右手与人搏击,左手解开马鞍,逃出重围,因而与杜僧明等相会合,又共同再往前攻,于是把蔡路养打得大败。高祖就上表请文育为军府司马。

注释 ① 府司马:王府及军府属官。

原文

李迁仕之据大皋,遣其将杜平虏入赣石鱼梁作城①,高祖命文育击之,平虏弃城走,文育据其城。迁仕闻平虏败,留老弱于大皋,悉选精兵自将,以攻文育,其锋甚锐,军人惮之。文育与战,迁仕稍却,相持未解,会高祖遣杜僧明来援,别破迁仕水军,迁仕众溃,不敢过大皋,直走新淦②。梁元帝授文育假节③、雄信将

翻译

李迁仕占据大皋的时候,派他的部将杜平虏进入赣石鱼梁地区建筑城堡,高祖命令文育攻打他们,杜平虏弃城而逃,文育占据了他的城堡。李迁仕得知杜平虏失败了,便把老弱残兵留在大皋,挑出全部精兵由自己率领,来攻文育,其来势很锐猛,士兵们都很害怕。文育与他交战,李迁仕稍稍退却,双方相持不下,正好高祖派杜僧明前来增援,另外击破李迁仕的水军,李迁仕兵马因而溃败,不敢从大皋经过,而是径直逃往新淦县。梁元帝授文育假节、雄信将军,义州刺史。李迁仕又和刘孝尚

军④、义州刺史⑤。迁仕又与刘孝尚谋拒义军，高祖遣文育与侯安都、杜僧明、徐度、杜棱筑城于白口拒之⑥。文育频出与战，遂擒迁仕。

谋划抵抗官军，高祖派遣文育与侯安都、杜僧明、徐度、杜棱在白口筑城堡抵御。文育屡屡出城迎战，终于擒获了李迁仕。

注释 ① 鱼梁：在今江西万安南。 ② 新淦(gàn)：县名，治所在今江西清江樟树。 ③ 梁元帝：名萧绎。 ④ 雄信：梁时将军戎号，列第九班。 ⑤ 义州：南朝梁置，不久废除，治所在今河南商城西。 ⑥ 白口：在今江西和县南赣江畔。

原文

高祖发自南康，遣文育将兵五千，开通江路。侯景将王伯丑据豫章，文育击走之，遂据其城。累前后功，除游骑将军①、员外散骑常侍，封东迁县侯，邑五百户。

翻译

高祖从南康出发，派周文育率五千人，打通长江水路。侯景的将领王伯丑占据豫章郡，文育把他击跑，于是占据了该城。累计前后的功劳，周文育被授为游骑将军、员外散骑常侍，封为东迁县侯，食邑五百户。

注释 ① 游骑将军：武官名，为南朝时中央禁军六将军之一，梁时列第十班。

原文

高祖军至白茅湾①，命文育与杜僧明常为军锋，平南陵②、鹊头诸城③。及至

翻译

高祖率军至白茅湾，命周文育与杜僧明常任部队的前锋，平定了南陵、鹊头等城池。到达姑熟时，与侯景的将领

姑熟，与景将侯子鉴战，破之。景平，授通直散骑常侍，改封南移县侯，邑一千户，拜信义太守④。累迁南丹阳兰陵晋陵太守⑤、智武将军⑥、散骑常侍。

侯子鉴交战，打败了他。侯景被平定后，授文育为通直散骑常侍，改封为南移县侯，食邑一千户，授官为信义郡太守。多次升迁转任南丹阳、兰陵、晋陵太守、智武将军、散骑常侍。

注释 ①白茅湾：在今江西九江东北。 ②南陵：县名，南朝梁置，今属安徽。 ③鹊头：地名，在今安徽铜陵西南。 ④信义：郡名，治所在今江苏常熟西北。 ⑤南丹阳：郡名，南朝梁末置，陈废，治所在今江苏江宁小丹阳。兰陵：郡名，南朝侨置，治所在今江苏武进西北。晋陵：郡名，治所在今江苏常州。 ⑥智武：梁时将军戎号，列第十五班。

原文

高祖诛王僧辩，命文育督众军会世祖于吴兴①，围杜龛，克之。又济江袭会稽太守张彪，得其郡城。及世祖为彪所袭，文育时顿城北香岩寺，世祖夜往趋之，因共立栅。顷之②，彪又来攻，文育悉力苦战，彪不能克，遂破平彪。

翻译

高祖诛杀王僧辩后，命令文育统率众军在吴兴郡与陈蒨会合，包围杜龛，并攻克了他。又渡过钱塘江袭击会稽太守张彪，获得其郡城。当世祖被张彪袭击时，文育正驻守在城北的香岩寺，世祖在夜里前往与他会合，共同建起围栅。不久，张彪又来进攻，文育奋力苦战，使张彪不能得逞，进而打败平定了张彪。

注释 ①世祖：陈文帝祖陈蒨。 ②顷之：短时间，不久。

原文

高祖以侯瑱拥据江州①，命文育讨之，仍除都督南豫州诸军事、武威将军②、南豫州刺史，率兵袭溢城。未克，徐嗣徽引齐寇渡江据芜湖，诏征文育还京。嗣徽等列舰于青墩③，至于七矶④，以断文育归路。及夕，文育鼓噪而发，嗣徽等不能制。至旦，反攻嗣徽，嗣徽骁将鲍砰独以小舰殿军，文育乘单舴艋与战⑤，跳入舰，斩砰，仍牵其舰而还。贼众大骇，因留船芜湖，自丹阳步上⑥。时高祖拒嗣徽于白城⑦，适与文育大会⑧。将战，风急，高祖曰："兵不逆风。"文育曰："事急矣，当决之，何用古法！"抽槊上马，驰而进，众军从之，风亦寻转，杀伤数百人。嗣徽等移营莫府山，文育徙顿对之。频战功最，加平西将军⑨，进爵寿昌县公，并给鼓吹一部。

翻译

高祖因为侯瑱拥兵占据了江州，命文育前去讨伐，并任命他为都督南豫州诸军事、武威将军、南豫州刺史，率兵马袭击溢城。还未攻克时，徐嗣徽带领着北齐部队渡江占据了芜湖，朝廷下诏命文育返回京城。徐嗣徽等在青墩排布战舰，一直延伸到七矶，以切断文育的退路。等到傍晚，文育率军击鼓呐喊而进，徐嗣徽等不能阻止。天亮后，文育反攻徐嗣徽，徐嗣徽手下的猛将鲍砰独自乘一条小船殿后，文育乘一条舴艋小船与之交战，跳到对方船中，斩杀了鲍砰，并拖拽他的战船返回。贼兵十分惊恐，把战船丢弃在芜湖，从丹阳步行而上。当时高祖正在白城抵御徐嗣徽，正好得与文育会合。将要出战时，风刮得很猛，高祖道："部队不能逆风而进。"文育说："事情紧急，应当立即决断，怎可袭用古法！"抽出长矛骑上战马，急驰而进，众军跟随着他，风不久也转了向，杀死杀伤敌军数百人。徐嗣徽等转移到莫府山，文育也迁营驻守在其对面。文育屡屡战斗功劳最大，加官平西将军，进爵号为寿昌县公，并赐给鼓吹乐队一部。

注释 ① 瑱:音 tiàn。江州:梁时治所在今江西九江。 ② 武威:梁时将军戎号,列十二班。 ③ 青墩:在今安徽芜湖南。 ④ 七矶:在今安徽芜湖西北。 ⑤ 舴(zé)艋:小船。 ⑥ 丹阳:郡名,治所在今江苏南京。 ⑦ 白城:即白下城,在今江苏南京北金川门外,幕府山南麓。 ⑧ 大会:谓大规模地会合。 ⑨ 平西:梁时将军戎号,列二十班。

原文

广州刺史萧勃举兵逾岭,诏文育督众军讨之。时新吴洞主余孝顷举兵应勃①,遣其弟孝劢守郡城,自出豫章,据于石头②。勃使其子孜将兵与孝顷相会,又遣其别将欧阳頠顿军苦竹滩③,傅泰据墌口城④,以拒官军。官军船少,孝顷有舴艋三百艘、舰百余乘在上牢⑤,文育遣军主焦僧度⑥、羊柬潜军袭之,悉取而归,仍于豫章立栅。时官军食尽,并欲退还,文育不许。乃使人间行遗周迪书⑦,约为兄弟,并陈利害。迪得书甚喜,许馈粮饷。于是文育分遣老小乘故船舫⑧,沿流

翻译

广州刺史萧勃带兵越过大庾岭,诏命文育统率众军前往讨伐。这时新吴郡洞主余孝顷举兵响应萧勃,派遣他的弟弟余孝劢守郡城,自己从豫章出发,占据了石头渚。萧勃命他的儿子萧孜率兵与余孝顷会合,又派他的别将欧阳頠率部驻守苦竹滩,傅泰据守墌口城,以抵抗官军。官军船只很少,而余孝顷在上牢有舴艋三百艘,战舰百余乘,文育派遣军主焦僧度、羊柬秘密偷袭,缴获其全部船只而归,于是在豫章郡建起围栅。当时官军的粮食已吃完了,都想返回,文育不允许。派人从小道上前去给周迪送信,约他结为兄弟,并陈述利害关系。周迪得到书信后很高兴,答应赠送军粮。于是文育另外派出老弱兵乘坐原船,顺流而下,并烧毁在豫章建起的围栅,伪装退兵。余孝顷望见后,

俱下，烧豫章郡所立栅，伪退。孝顷望之，大喜，因不设备。文育由间道兼行，信宿达芊韶⑨。芊韶上流则欧阳頠、萧勃，下流则傅泰、余孝顷，文育据其中间，筑城缮士⑩，贼徒大骇。欧阳頠乃退入泥溪⑪，作城自守。文育遣严威将军周铁武与长史陆山才袭頠⑫，擒之。于是盛陈兵甲，与頠乘舟而宴，以巡傅泰城下，因而攻泰，克之。萧勃在南康闻之，众皆股栗⑬，莫能自固。其将谭世远斩勃欲降，为人所害。世远军主夏侯明彻持勃首以降。萧孜、余孝顷犹据石头，高祖遣侯安都助文育攻之，孜降文育，孝顷退走新吴，广州平，文育还顿豫章。以功授镇南将军⑭、开府仪同三司、都督江广衡交等州诸军事、江州刺史。

非常高兴，因而不设防备。文育从小道上加倍赶路，两三天里到达芊韶。芊韶的上游是欧阳頠、萧勃，下游则是傅泰、余孝顷，文育占据其中间，筑城并宴请战士，贼兵大为惊骇。欧阳頠便退入泥溪，建城自守。文育派遣严威将军周铁武和长史陆山才袭击欧阳頠，俘虏了他。于是文育聚列部队，和欧阳頠乘船聚饮，巡游在傅泰的城下，进而攻打傅泰，攻克了他。萧勃在南康得知后，所有的人都害怕得两腿发抖，不能克制。其部将谭世远杀了萧勃想要投降，却被人谋害。谭世远的军主夏侯明彻带着萧勃的首级投降官军。萧孜、余孝顷还占据着石头渚，高祖派侯安都帮助文育攻打，萧孜投降了文育，余孝顷退守到新吴郡，广州被平定，文育返归驻守豫章郡。以所建功勋被授为镇南将军、开府仪同三司、都督江广衡交等州诸军事、江州刺史。

注释 ① 新吴：县名，治所在今江西奉新西。洞主：南北朝时南方土著首领。② 石头：即石头渚，在今江西南昌西北赣江西岸。 ③ 苦竹滩：在今江西丰城西南赣江东岸。 ④ 塴口城：在今江西南昌西南。 ⑤ 上牢：地名。 ⑥ 军主：武官名，军中将领。 ⑦ 周迪：临川人，侯景之乱时，起兵讨侯景，陈朝建立后，又助陈讨伐。后被激反，拥兵藏于山谷，陈文帝时被杀。 ⑧ 舫：船。 ⑨ 信宿：两三日。芊(qiān)韶：芊韶城，在今江西丰城东北赣江东岸。 ⑩ 飨(xiǎng)：用酒食款待。⑪ 泥溪：泥溪城，在今江西新干西南。 ⑫ 严威：梁时将军戎号，列十六班。周铁武：即周铁虎。 ⑬ 股栗：两腿发抖，形容恐惧之状。 ⑭ 镇南：梁时将军戎号，列二十二班。

原文

　　王琳拥据上流，诏命侯安都为西道都督，文育为南道都督，同会武昌①。与王琳战于沌口②，为琳所执，后得逃归，语在《安都传》。寻授使持节、散骑常侍、镇南将军、开府仪同三司，寿昌县公，给鼓吹一部。

翻译

　　王琳占据着长江上游，高祖下诏命令侯安都为西路都督，文育为南路都督，共同在武昌会合。与王琳在沌口交战，被王琳俘虏，后来得以逃归，这段事情记载在《安都传》里。不久授官为使持节、散骑常侍、镇南将军、开府仪同三司，封为寿昌县公，赏给鼓吹乐队一部。

注释 ① 武昌：郡名，治所在今湖北鄂州。 ② 沌口：在今湖北省武汉市汉阳西南，即古沌水入长江之口。

原文

　　及周迪破余孝顷，孝顷子公飏①、弟孝劢犹据旧栅，

翻译

　　待周迪攻破余孝顷，余孝顷的儿子余公飏、弟弟余孝劢还占据着旧有的围

扇动南土^②,高祖复遣文育及周迪、黄法氍等讨之。豫章内史熊昙朗亦率军来会^③,众且万人。文育遣吴明彻为水军,配周迪运粮,自率众军入象牙江^④,城于金口^⑤。公飏领五百人伪降,谋执文育,事觉,文育囚之,送于京师,以其部曲分隶众军。乃舍舟为步军,进据三陂^⑥。王琳遣将曹庆帅兵二千人以救孝劢,庆分遣主帅常众爱与文育相拒,自率所领径攻周迪、吴明彻军。迪等败绩,文育退据金口。熊昙朗因其失利,谋害文育,以应众爱。文育监军孙白象颇知其事^⑦,劝令先之。文育曰:"不可,我旧兵少,客军多,若取昙朗,人人惊惧,亡立至矣,不如推心以抚之。"初,周迪之败也,弃船走,莫知所在,及得迪书,文育喜,赍示昙朗^⑧,昙朗害之于座,时年五十一。

栅,在南方鼓动叛乱,高祖再派周文育以及周迪、黄法氍等前去讨伐。豫章内史熊昙朗也率部队前来会同作战,人数将近万人。文育派吴明彻率水军,配合周迪运输粮食,自己率领众部队进入象牙江,在金口筑城。余公飏率领五百人诈降,计划捉住文育,事情被发觉,文育把他囚禁起来,送到京师,把他的部众分隶各部队中。又舍弃了船舰成为步兵,进而占据了三陂。王琳派遣部将曹庆率二千人援救余孝劢,曹庆另外派遣主帅常众爱与文育交战,自己率所领人马直攻周迪、吴明彻的部队。周迪等被打败,文育退守金口。熊昙朗因为自己作战失利,计划谋害文育,以响应常众爱。文育的监军孙白象大致知道了这件事,劝说文育在他之前先下手。文育说:"不可以这样做,我的旧部人数很少,大多数是新来的客军,若解决熊昙朗,大家都会惊恐惧怕,失败就会马上到来,不如以我的推心至诚来安抚他。"在此之前,周迪兵败时,弃船逃走,不知下落。等接到周迪的书信,文育很高兴,拿去给熊昙朗看,熊昙朗在座席上害死了文育,当时年纪为五十一岁。高祖得知后,当日便举丧哀悼,追赠他为侍中、司空,谥号为"忠愍"。

高祖闻之，即日举哀，赠侍中、司空、谥曰忠愍⑨。

注释 ①飏：音 yáng。 ②扇动：怂恿，鼓动。 ③内史：官名，魏晋南北朝时郡中掌民政的长官称内史，职如太守。 ④象牙江：即象牙潭，在今江西新建西南，章江西曲处。 ⑤金口：在今江西金溪西北。 ⑥三陂(bēi)：确址不详，疑在今江西临川北境。 ⑦监军：官名，监察行军之事，唐以前仅为临时派遣。 ⑧赍(jī)：付予，送予。 ⑨愍：音 mǐn。

原文

初，文育之据三陂，有流星坠地，其声如雷，地陷方一丈，中有碎炭数斗。又军市中忽闻小儿啼①，一市并惊，听之在土下，军人掘得棺长三尺，文育恶之。俄而迪败，文育见杀。天嘉二年②，有诏配享高祖庙庭③。子宝安嗣。文育本族兄景曜，因文育官至新安太守。

翻译

当初，周文育占据三陂时，天上有流星坠地，发出像雷一样的声音，地陷进去方一丈有余，其中有碎炭好几斗。同时军营的道路上忽然听到有小孩子的啼哭声，周围都被惊动，听起来是在地下发出的，军士发掘出三尺长的棺材，文育很讨厌这件事。不久周迪兵败，文育被杀。天嘉二年(561)，皇帝有诏令让周文育以功臣配享高祖庙。其子周宝安继嗣爵位。文育的本族族兄项景曜，因为文育的关系，官做到新安太守。

注释 ①军市：军营中的市场。 ②天嘉：陈文帝陈蒨年号(560—565)。 ③配享：配食，附祀，以功臣附祭于祖庙。庙庭：宗庙。

侯 安 都 传

　　侯安都是陈朝的著名将领,他不仅在武帝时平侯景、诛王僧辩以及平定萧梁残余势力中立下了汗马功劳,而且为文帝陈蒨(庙号世祖)得以即位出了大力,因而恃功自傲,纵行肆志,甚至不把皇帝放在眼里,这无疑是文帝所不能容忍的,最后终于找了个借口将他处死。从侯安都的经历中,可以看出六朝时军阀之间成则为王、败则为寇的倾轧情形。

　　本篇史实材料丰富,记叙简洁明快,细节描写也非常生动。(选自卷八)

|

　　侯安都,字成师,始兴曲江人也①。世为郡著姓②。父文捍,少仕州郡,以忠谨称③,安都贵后,官至光禄大夫④、始兴内史,秩中二千石。

　　侯安都,字成师,是始兴郡曲江县人。世代都是郡中的豪门大姓。父亲侯文捍,年轻时在州郡里做官,以忠诚谨慎著称,儿子安都显贵以后,他做到光禄大夫、始兴内史,秩俸为中二千石。

　① 曲江:县名,治所在今广东韶关。　② 著姓:豪门大族。　③ 忠谨:忠诚谨慎。　④ 光禄大夫:魏晋南北朝时属光禄卿,不常设,为优待大臣终老养病的散官,无专门职掌。陈时列第三品。

原文

安都工隶书，能鼓琴，涉猎书传①，为五言诗，亦颇清靡②，兼善骑射，为邑里雄豪。梁始兴内史萧子范辟为主簿③。侯景之乱，招集兵甲，至三千人。高祖入援京邑，安都引兵从高祖，攻蔡路养，破李迁仕，克平侯景，并力战有功。元帝授猛烈将军④、通直散骑常侍、富川县子，邑三百户。随高祖镇京口，除兰陵太守。高祖谋袭王僧辩，诸将莫有知者，唯与安都定计，仍使安都率水军自京口趋石头⑤，高祖自率马步从江乘罗落会之⑥。安都至石头北，弃舟登岸，僧辩弗之觉也。石头城北接岗阜，雉堞不甚危峻⑦，安都被甲带长刀，军人捧之投于女垣内⑧，众随而入，进逼僧辩卧室。高祖大军亦至，与僧辩战于听事前，安都自内阁出，腹背击

翻译

侯安都很善于写隶书，能弹琴，广泛地阅览著作典籍，创作的五言诗也非常清新华丽，兼能骑马射箭，是乡里中的勇猛豪杰。梁朝始兴内史萧子范征辟他为主簿。侯景之乱时，安都招集兵马，人数达三千人。高祖入援京城，安都率兵跟从高祖，攻打蔡路养，击破李迁仕，克平侯景，都奋力战斗建有功勋。梁元帝授他为猛烈将军、通直散骑常侍，爵号富川县子，食邑三百户。跟随高祖镇守京口，授官兰陵太守。高祖计划袭击王僧辩，手下诸将领没有一个知道这件事的，高祖只和安都共同定下计策，并叫安都率水军从京口开赴石头城，高祖自己率马军和步军从江乘县罗落桥前往会合。安都到达石头城北，弃船登岸，王僧辩没有察觉。石头城北连山岗土阜，城墙不太高险，安都穿甲带长刀，军人把他捧高投入女墙内。众士兵跟随而入，进逼到王僧辩的卧室中。高祖大军也同时杀到，与王僧辩战于厅堂之前，安都从内阁中杀出，腹背夹击，于是抓获了王僧辩。

之,遂擒僧辩。

注释　①书传:著作、典籍。　②清靡:清新华丽。　③主簿:官名,南北朝时为州郡及统兵开府之大臣幕府中的重要僚属,参与机要,总理府事。　④猛烈:梁时将军戎号,梁时列第十班。　⑤石头:石头城。　⑥罗落:罗落桥,在今江苏南京东北长江南岸。　⑦雉堞(dié):泛指城墙。　⑧女垣:即女墙,城墙上的矮墙。

原文

　　绍泰元年①,以功授使持节、散骑常侍、都督南徐州诸军事、仁威将军②,南徐州刺史。高祖东讨杜龛,安都留台居守。徐嗣徽、任约等引齐寇入据石头,游骑至于阙下。安都闭门偃旗帜③,示之以弱,令城中曰:"登陴看贼者斩④。"及夕,贼收军还石头,安都夜令士卒密营御敌之具。将旦,贼骑又至,安都率甲士三百人,开东西掖门与战,大败之,贼乃退还石头,不敢复逼台城。及高祖至,以安都为水军,于中流断贼粮运。又袭秦郡,破嗣徽栅,收其家口

翻译

　　绍泰元年(555),侯安都以战功被授为使持节、散骑常侍、都督南徐州诸军事、仁威将军、南徐州刺史。高祖东进讨伐杜龛,安都留守台阁。徐嗣徽、任约等带领北齐敌寇占据了石头城,其游动的骑兵到达了台城的城下。安都紧闭城门,放倒旗帜,表示软弱,并下令给城中的人说:"登城墙看贼兵者斩。"到了晚上,贼兵收军退还石头城,安都在夜里命令士兵秘密地准备抗敌的武器装备。快要天亮时,贼军的骑兵又至,安都率领披甲戴盔的士兵三百人,打开东西掖门与之交战,把他们打得大败,贼兵于是退守石头城,不敢再进逼台城。等到高祖来到,命安都率领水军,于长江中间切断贼兵的粮食运输。又去袭击秦郡,攻破徐嗣徽的营栅,俘获了他的家属以及马驴和辎重物资。

并马驴辎重。得嗣徽所弹琵琶及所养鹰，遣信饷之曰："昨至弟住处得此，今以相还。"嗣徽等见之大惧，寻而请和，高祖听其还北。及嗣徽等济江，齐之余军犹据采石，守备甚严，又遣安都攻之，多所俘获。

并得到了徐嗣徽所弹的琵琶和所养的鹰，派人送信并附还这些东西给他说："昨天到您弟弟的住处得到这些东西，今天特地以此相还。"徐嗣徽等见到后十分惊惧，不久便请求和解，高祖听凭他回到北方。等到徐嗣徽等渡江时，北齐的余军还占据着采石，防守十分严备，高祖又命安都攻打，俘获了很多人。

注释 ① 绍泰：梁敬帝萧方智年号(555)。 ② 仁威：梁时将军戎号，列十六班。 ③ 偃(yǎn)：倒下。 ④ 陴(pí)：城墙上的女墙。

原文

明年春，诏安都率兵镇梁山，以备齐。徐嗣徽等复入丹阳①，至湖熟②，高祖追安都还，率马步拒之于高桥③。又战于耕坛南④，安都率十二骑，突其阵，破之，生擒齐仪同乞伏无劳。又刺齐将东方老坠马，会贼骑至，救老获免。贼北渡蒋山⑤，安都又与齐将王敬宝战于龙尾，使从弟晓⑥、军主张纂前犯其阵。晓被枪坠马，张纂

翻译

第二年春天，有诏命侯安都率兵镇守梁山，以防备北齐。徐嗣徽等再次攻入丹阳郡，到达湖熟，高祖把安都叫回，命他率马军和步军在高桥御敌。又在耕坛南与敌交战，安都率十二名骑兵，突入其阵，击破了敌军，活捉了北齐仪同乞伏无劳。又将北齐将领东方老从马上刺落下地来，适逢贼军骑兵赶到，东方老才被救获免。贼兵从北面渡江至蒋山，安都又与北齐将王敬宝在钟山龙尾交战，命令其堂弟侯晓、军主张纂前去进攻敌阵。侯晓被枪刺伤堕马，张纂为此阵亡。安都骑马急驰去救侯晓，

死之。安都驰往救晓，斩其骑士十一人，因取纂尸而还，齐军不敢逼。高祖与齐军战于莫府山，命安都领步骑千余人，自白下横击其后，齐军大败。安都又率所部追至摄山，俘获首虏，不可胜计。以功进爵为侯，增邑五百户，给鼓吹一部。又进号平南将军⑦，改封西江县公。

斩杀敌军骑兵十一人，取回张纂的尸体，北齐兵不敢进逼。高祖与北齐军战于幕府山，命令安都率领步兵和骑兵千余人，从白下横向袭击敌军背后，北齐军大为溃败。安都又率所部人马追至摄山，获得的敌军首级和俘虏，不可胜数。因为功劳而进爵号为侯，增加食邑五百户，赐给鼓吹乐队一部。又进戎号为平南将军，改封为西江县公。

注释 ①丹阳：郡名。 ②湖熟：县名，治所在今江苏江宁东南湖熟。 ③高桥：即今江苏南京东高桥。 ④耕坛：祭坛名。 ⑤蒋山：即今江苏南京中山门外钟山。 ⑥从弟：堂弟。 ⑦平南：梁时将军戎号，列二十班。

原文

仍都督水军出豫章，助豫州刺史周文育讨萧勃。安都未至，文育已斩勃，并擒其将欧阳颁、傅泰等。唯余孝顷与勃子孜犹据豫章之石头①，作两城，孝顷与孜各据其一，又多设船舰，夹水而阵。安都至，乃衔枚夜烧其舰②。文育率水军，安

翻译

侯安都又统率水军抵豫章，帮助豫州刺史周文育讨伐萧勃。安都还未到达，文育已斩杀萧勃，并俘虏了其部将欧阳颁、傅泰等人。只有余孝顷与萧勃的儿子萧孜还占据着豫章郡的石头渚，建造了两座城堡，余孝顷与萧孜各据其一，又设置了很多战船，停在两岸结成阵势。安都到达后，便命士兵横衔木条于口中，在夜里悄悄地前去烧毁了他们的战船。周文育率水军，安都率步兵与

都领步骑,登岸结阵。孝顷俄断后路,安都乃令军士多伐松木,竖栅,列营渐进,频战屡克,孜乃降。孝顷奔归新吴,请入子为质,许之。师还,以功进号镇北将军③,加开府仪同三司。

骑兵,登岸结成阵势。余孝顷不久切断了官军的后路,安都便令军士砍伐了很多松木,竖起栅栏,排列成军营渐渐推进,屡战屡克,萧孜于是投降。余孝顷逃归到新吴郡,请求送他的儿子来为人质,被允许。部队返回后,安都以战功进戎号为镇北将军,加官开府仪同三司。

注释 ① 石头:即石头渚。 ② 衔枚:横衔木条于口中,以防喧哗或叫喊。 ③ 镇北:梁时将军戎号,列二十二班。

原文

仍率众会于武昌,与周文育西讨王琳。将发,王公已下饯于新林,安都跃马渡桥,人马俱堕水中,又坐艑内坠于橹井,时以为不祥。至武昌,琳将樊猛弃城走。文育亦自豫章至。时两将俱行,不相统摄①,因部下交争,稍不平。军至郢州,琳将潘纯陀于城中遥射官军②,安都怒,进军围之,未能克。而王琳至于弇口③,安都乃释郢州,悉众往沌口

翻译

安都又率人马到武昌会合周文育,共同向西讨伐王琳。将出发时,朝廷中王公以下的人都在新林给他饯行,安都跃马过桥,人和马都跌进了水里,又在船中掉到船橹的橹井里,当时人都认为是不祥之兆。到达武昌后,王琳的将领樊猛弃城而逃,周文育也从豫章赶到。当时侯、周两将共同进军,不相统领,因部下发生争端,渐渐有些不平之气。部队到达郢州,王琳的将领潘纯陀在城中远远地向官军射箭,安都很恼火,进军包围,但未能攻克。而王琳却到达了弇口,安都于是放弃郢州,率全部兵马开往沌口以抵御,因遇到大风不能前进。

以御之，遇风不得进。琳据东岸，官军据西岸，相持数日，乃合战，安都等败绩。安都与周文育、徐敬成并为琳所囚。琳总以一长锁系之，置于艒下，令所亲宦者王子晋掌视之。琳下至溢城白水浦④，安都等甘言许厚赂子晋⑤。子晋乃伪以小船依艒而钓，夜载安都、文育、敬成上岸，入深草中，步投官军。还都自劾⑥，诏并赦之，复其官爵。

王琳占据东岸，官军占据西岸，互相对峙有好几天才接触交战，安都等被打败。安都与周文育、徐敬成皆被王琳俘虏。王琳总用一条长锁链捆住他们，关在船的底部，命令其亲信宦官王子晋看管。王琳沿江进至溢城的白水浦，安都等人以甜言蜜语许诺王子晋将给他很多财物。王子晋便假装乘一条小船在安都等所在的大船边钓鱼，夜里载安都、周文育、徐敬成上岸，进入深草丛中，步行投奔官军。回到京城后他们自我检举罪过，皇帝下诏一概赦免，并恢复了他们的官爵。

注释 ① 统摄：统领。 ② 陁：音 yǐ。 ③ 弇(yǎn)口：在今湖北武昌西，即弇水入长江之口。 ④ 白水浦：在今江西九江西。 ⑤ 赂(lù)：赠送财物。 ⑥ 自劾(hé)：自己检举自己的罪责。

原文

　　寻为丹阳尹①，出为都督南豫州诸军事、镇西将军②、南豫州刺史。令继周文育攻余孝劢及王琳将曹庆、常众爱等。安都自宫亭湖出松门③，蹑众爱后④。文

翻译

　　安都不久任丹阳尹，又出任都督南豫州诸军事、镇西将军、南豫州刺史。命令他继周文育攻打余孝顷以及王琳的将领曹庆、常众爱等。安都从宫亭湖经过松门，追踪于常众爱之后。周文育被熊昙朗谋害后，安都返回取出大战船正值王琳部将周炅、周协往南返归，与

育为熊昙朗所害，安都回取大舰，值琳将周炅⑤、周协南归，与战，破之，生擒炅、协。孝劢弟孝猷率部下四千家欲就王琳，遇炅、协败，乃诣安都降。安都又进军于禽奇洲⑥，破曹庆、常众爱等，焚其船舰。众爱奔于庐山⑦，为村人所杀，余众悉平。

之交战，攻破了他们，活捉了周炅、周协。余孝劢的弟弟余孝猷率部下四千家族想要依附王琳，正好遇到周炅、周协失败，于是便到安都处投降。安都又进军至禽奇洲，攻破曹庆、常众爱等，烧毁其船只战舰。常众爱逃奔到庐山，为乡村中人所杀，其余部全被平定。

注释 ① 丹阳尹：南北朝时，郡置太守，京师所在郡则置尹，为都城的行政长官。陈时丹阳郡治所在都城建邺（今江苏南京），丹阳尹列第五品。 ② 镇西：陈时将军戎号，列第二品。 ③ 宫亭湖：即彭蠡湖的别名。《括地志》："彭蠡湖在今江州寻阳县东南五十里。"隋代因湖接鄱阳山，故又名鄱阳湖。松门：松门山，在今江西省永修县东北修水入鄱阳湖口南岸。 ④ 蹑（niè）：追踪。 ⑤ 炅：音 jiǒng。 ⑥ 禽奇洲：地名，当在江西境内，具体地址不详。 ⑦ 庐山：在今江西九江南。

原文

还军至南皖①，而高祖崩，安都随世祖还朝②，仍与群臣定议，翼奉世祖③。时世祖谦让弗敢当，太后又以衡阳王故④，未肯下令，群臣犹豫不能决。安都曰："今四方未定，何暇及远，临川王有功天下⑤，须共立之。

翻译

安都撤还部队至南皖时，高祖驾崩，安都随世祖返回朝廷，并与群臣定下决议，辅佐拥戴世祖即位。当时世祖谦让不敢承受，太后又以衡阳王的原因，不肯下令，群臣犹豫不能决定。安都说："现在四方未定，哪有时间到远方去奉迎，临川王对国家有功，应该共同立他为帝。今天的事，谁后答应就处斩今日之事,后应者斩。"便按剑上殿,白太后出玺⑥,又手解世祖发,推就丧次。世祖即位,迁司空,仍为都督南徐州诸军事、征北将军⑦、南徐州刺史,给扶⑧。

谁。"就手握剑柄走上大殿,命令太后取出玉玺,又用手解开世祖的头发,把他推到守丧的位置。世祖即皇帝位后,升安都为司空,仍兼任都督南徐州诸军事、征北将军、南徐州刺史,并给予他很多赏赐。

注释 ① 南皖:即南皖口,今安徽安庆南皖水入长江之口。 ② 世祖:陈文帝陈蒨庙号。 ③ 翼奉:辅佐,拥戴。 ④ 衡阳王:即衡阳献王陈昌,陈武帝第六子,荆州陷落时,与陈宣帝俱被北周拘留。高祖驾崩后乃得还,天嘉元年(560)二月陈昌发自安陆,从鲁山渡江,被侯安都杀害。 ⑤ 临川王:即陈文帝陈蒨。 ⑥ 玺:皇帝之印。 ⑦ 征北:陈时将军戎号,列第二品。 ⑧ 给扶:给予扶助。

原文

王琳下至栅口,大军出顿芜湖,时侯瑱为大都督,而指麾经略①,多出安都。天嘉元年,增邑千户。及王琳败走入齐,安都进军溢城,讨琳余党,所向皆下。

翻译

王琳顺流而下至栅口,官军进驻芜湖,当时侯瑱为大都督,但指挥筹划,大多出自安都。天嘉元年,增加食邑至千户。待王琳兵败逃窜到北齐时,安都进军至溢城,讨伐王琳的余党,所向披靡无不攻克。

注释 ① 指麾:即"指挥",发令调遣。

原文

仍别奉中旨①,迎衡阳献王昌。初,昌之将入也,

翻译

安都又另外奉皇帝诏命,迎接衡阳献王陈昌。在此之前,陈昌将要入京

致书于世祖，辞甚不逊，世祖不怿，乃召安都从容而言曰："太子将至，须别求一蕃，吾其老焉。"安都对曰："自古岂有被代天子？臣愚不敢奉诏。"因请自迎昌，昌济汉而薨。以功进爵清远郡公，邑四千户。自是威名甚重，群臣无出其右。

安都父文捍，为始兴内史，卒于官。世祖征安都还京师，为发丧。寻起复本官②，赠其父散骑常侍、金紫光禄大夫③，拜其母为清远国太夫人。仍迎还都，母固求停乡里，上乃下诏，改桂阳之汝城县为卢阳郡④，分衡州之始兴、安远二郡⑤，合三郡为东衡州⑥，以安都从弟晓为刺史，安都第三子祕年九岁，上以为始兴内史，并令在乡侍养。其年，改封安都桂阳郡公。

时，致信世祖，言辞很不恭敬，世祖很不高兴，便召见安都从容地对他说："太子将要来了，我需要另求一个藩国，以便我在那儿终老。"安都回答道："自古以来哪有被替代的天子？臣愚昧不敢奉命。"于是请求自己去迎接陈昌，陈昌在渡汉水时死去。安都因为有功进爵为清远郡公，食邑四千户，从此声威很大，大臣中没有一个人能超过他的。

安都的父亲侯文捍，任始兴内史，死于任上。世祖召安都返回京师，为他发丧。不久恢复他原来的官职，追赠他的父亲为散骑常侍、金紫光禄大夫，又授他的母亲为清远国太夫人。安都并迎母亲返回京都，其母坚持要在家乡留下来，皇上便下诏，改桂阳郡之汝城县为卢阳郡，又分出衡州的始兴、安远两郡，合这三郡为东衡州，任命安都的堂弟侯晓为刺史，安都第三子侯祕年纪九岁，皇上任他为始兴内史，并命他在家乡奉养。这一年，改封安都为桂阳郡公。

注释 ①中旨:帝王的意旨。 ②起复:官吏有丧,服未满而复起用,称起复。 ③金紫光禄大夫:散官名,魏晋南北朝时属光禄卿,与左右光禄大夫相同,不常设员,无专门职掌,为优待大臣的加衔。陈时列第三品。 ④桂阳:郡名,治所在今湖南郴州。汝城县:治所在今湖南汝城西南。卢阳郡:陈天嘉元年(560)置,治所在今湖南汝城西南。 ⑤安远:郡名,治所在今广东南雄东北。 ⑥东衡州:治所在今广东韶关南。

原文

王琳败后,周兵入据巴、湘①,安都奉诏西讨。及留异拥据东阳②,又奉诏东讨。异本谓台军由钱塘江而上③,安都乃步由会稽之诸暨④,出于永康⑤。异大恐,奔桃枝岭⑥,处岭谷间,于岩口竖栅,以拒王师。安都作连城攻异,躬自接战,为流矢所中,血流至踝⑦,安都乘舆麾军,容止不变。因其山垄之势,迮而为堰⑧。天嘉三年夏⑨,潦⑩,水涨满,安都引船入堰,起楼舰与异城等⑪,放拍碎其楼雉⑫。异与第二子忠臣脱身奔晋安⑬,安都虏其妻子,尽

翻译

王琳兵败后,北周兵马进据了巴州、湘州,安都奉诏命向西讨伐。到留异占据东阳时,又奉诏向东讨伐。留异本来以为朝廷军队由钱塘江而上,安都却由陆路从会稽的诸暨进发,出现在永康。留异大为惊恐,逃奔到桃枝岭,藏在山谷之间,在山岩口建起栅栏以抵御官军。安都建起相互连接的城堡攻打留异,亲自在阵前战斗,被流箭射中,血一直流到脚踝处,安都乘战车指挥部队,脸色举止不变。就着那里的山谷地势,官军很快之间建起围堰,天嘉三年的夏天,雨水成涝,堰中涨满大水,安都开船进入围堰,耸起舰楼和留异的城墙一样高,用木拍击碎其城上的城楼城雉。留异与他的二儿子留忠臣脱身逃奔晋安,安都俘虏了他的妻子儿女,缴获了全部人马及装备,整顿部队返归。因为功劳加官侍中、征北大将军,增食

收其人马甲仗，振旅而归。以功加侍中、征北大将军，增邑并前五千户，仍还本镇。其年，吏民诣阙表请立碑，颂美安都功绩，诏许之。

邑并加上原来的共为五千户，仍旧返回原来镇守的地方。这一年，地方的官吏百姓到京城上表请求为安都立碑，赞颂他的功绩，皇帝下诏允许。

注释 ①巴、湘：巴，巴州，治所在今湖南岳阳；湘，湘州。 ②东阳：郡名，治所在今浙江金华。 ③谓：以为。 ④诸暨：县名，今属浙江省。 ⑤永康：县名，三国吴始置，今属浙江。 ⑥桃枝岭：在今浙江金华、永康之间。 ⑦踝（huái）：小腿与脚的交接部分。 ⑧迮（zé）而：仓促。堰：横截河、谷中，用以挡水并能溜流的建筑物。 ⑨天嘉：陈文帝陈蒨年号（560—565）。 ⑩潦（lào）：同"涝"，雨水过多。 ⑪楼舰：有叠层的大船。 ⑫楼雉：城楼、城雉，亦泛指城墙。 ⑬晋安：郡名，治所在今福建福州。

原文

自王琳平后，安都勋庸转大①，又自以功安社稷，渐用骄矜②，数招聚文武之士，或射驭驰骋，或命以诗赋，第其高下，以差次赏赐之。文士则褚玠、马枢、阴铿、张正见、徐伯阳、刘删、祖孙登，武士则萧摩诃、裴子烈等，并为之宾客，斋内动至千人③。部下将帅，多不遵法度，检问收摄④，则奔归安都。世祖

翻译

自王琳被平定后，安都的功勋显得很大，又自以为安定国家皆是他的功劳，渐渐地变得骄傲自负起来，经常招集文武之士聚会，或射箭驰马，或命他们写诗作赋，排列出他们的高下，以其等级班次分别赏赐。文士有褚玠、马枢、阴铿、张正见、徐伯阳、刘删、祖孙登，武士则有萧摩诃、裴子烈等人，都是安都的座上宾客，其屋舍中动辄有近千人。手下的将领，大多不遵守法纪，查问管束他们时，则逃奔到安都那里。世

性严察⑤，深衔之⑥。安都弗之改，日益骄横。每有表启，封讫，有事未尽，乃开封自书之，云又启某事。及侍宴酒酣，或箕踞倾倚⑦。尝陪乐游禊饮⑧，乃白帝曰："何如作临川王时？"帝不应。安都再三言之，帝曰："此虽天命，抑亦明公之力。"宴讫，又启便借供帐水饰⑨，将载妻妾于御堂欢会，世祖虽许其请，甚不怿。明日，安都坐于御坐，宾客居群臣位，称觞上寿⑩。初，重云殿灾，安都率将士带甲入殿，帝甚恶之，自是阴为之备。又周迪之反，朝望当使安都讨之⑪，帝乃使吴明彻讨迪，又频遣台使案问安都部下⑫，检括亡叛⑬，安都内不自安。三年冬，遣其别驾周弘实自托于舍人蔡景历⑭，并问省中事。景历录其状具奏之，希旨称安都谋反⑮。世祖虑其不受制，明

祖性格很严厉明察，十分恼怒这件事。安都却不改正，愈来愈骄横。每当上表启时，已经封好了，若有事情还没有讲尽，便打开封口自行书写，说又启奏某事。在侍从皇帝的宴会上酒酣时，有时骄傲地岔开双腿倾斜倚靠。曾有一次在乐游苑陪皇帝修禊宴饮，便对皇上说："现在比您做临川王时如何？"皇上没有回答。安都反复说了好几遍，皇上说道："这虽是天命，但也有赖于您的大力扶佐。"宴会结束后，又乘便启奏皇上借出帷帐和水饰，要和妻妾在御堂欢会，世祖虽答应了他的请求，但很不高兴。第二天，安都坐在皇帝的御座上，宾客们站在群臣的位置上，举杯祝他长寿。在此之前，重云殿发生灾祸，安都带领全副武装的士兵进入殿内，皇上很憎恨这件事，自此以后暗地里开始提防安都。又当周迪造反时，朝廷中有声望的大臣认为应当派安都讨伐，皇上却命令吴明彻前去讨伐周迪，并屡屡派遣朝廷使者盘问安都的部下，检查逃亡反叛的人，安都内心很不安。天嘉三年冬天，安都派遣他的别驾周弘实托请舍人蔡景历，打听尚书省中的事。蔡景历记录下这件事并启奏给皇帝，迎合皇帝的

年春,乃除安都为都督江吴二州诸军事⑯、征南大将军⑰、江州刺史。自京口还都,部伍入于石头,世祖引安都宴于嘉德殿,又集其部下将帅会于尚书朝堂⑱,于坐收安都,因于嘉德西省,又收其将帅,尽夺马仗而释之。因出舍人蔡景历表以示于朝。……明日,于西省赐死,时年四十四。寻有诏,宥其妻子、家口⑲,葬以士礼,丧事所须,务加资给。

意旨说安都要谋反。世祖顾虑他不受制服,第二年春,就任命他为都督江吴二州诸军事、征南大将军、江州刺史。从京口返回京都,部队进入石头城,世祖引安都到嘉德殿宴请他,又把他手下的将帅们集中到尚书省朝堂里,在座位上逮捕了安都,关押在嘉德殿西省中,又逮捕了他的将帅们,剥夺了他们的官爵仪仗后释放了他们。于是出示舍人蔡景历的表奏公布于朝廷。……第二天,安都在西省被赐死,当时年纪为四十四岁。不久有诏令,赦免其妻子儿女及家属,并以士大夫的礼仪安葬他,丧事所需的费用,完全由朝廷供给。

注释 ①勋庸:功勋。 ②骄矜:骄傲自负。 ③斋:屋舍。 ④检问:查问。收摄:犹管束。 ⑤严察:严厉明察。 ⑥衔:怨恨。 ⑦箕踞:坐时两腿伸直岔开,形似簸箕,是一种轻慢之态。倾倚:倚靠。 ⑧乐游:即乐游苑,见《高祖本纪》注。禊(xì)饮:临水修禊,宴饮行乐。古代民俗,于三月上旬巳日(后为三月三日),于水滨洗濯,祓除不祥,清去宿垢,称为禊;携饮食在野宴饮,称为禊饮。 ⑨供帐:供设帷帐。水饰:游船上用水力机械操纵的各色木偶。 ⑩称觞(shāng):举杯祝酒。 ⑪朝望:朝中有声望的大臣。 ⑫台使:此指朝廷派出的特命官员,有一定的特殊权力。 ⑬检括:检查,清查。 ⑭别驾:官名,魏晋南北朝时诸州皆置别驾,为刺史属官,处理总务,职权颇重。舍人:此即指中书舍人。 ⑮希旨:迎合皇上的意旨。 ⑯江吴二州:江州与吴州。江州治所在今江西九江;吴州治所在今江苏吴中。 ⑰征南:陈时将军戎号,列第二品。凡将军加大者,通进一阶。 ⑱尚书朝堂:尚书省的办公之地。 ⑲宥(yòu):赦罪,宽恕。

原文

初，高祖在京城，尝与诸将宴，杜僧明、周文育、侯安都为寿，各称功伐①。高祖曰："卿等悉良将也，而并有所短。杜公志大而识暗②，狎于下而骄于尊③，矜其功不收其拙。周侯交不择人，而推心过差，居危履险，猜防不设。侯郎傲诞而无厌④，轻佻而肆志⑤，并非全身之道。"卒皆如其言。

翻译

当初，高祖在京城时，曾经与诸将在一起宴饮，杜僧明，周文育、侯安都祝寿，各自称道自己的功绩。高祖说："你们都是良将，但都各有缺点。杜公志向很大但见识很差，对下级很亲近而对尊者很骄傲，夸耀自己的功劳而不收敛自己的愚拙。周侯交朋友不选择人，而且和别人推心置腹太过分，在危险的关头，一点都不设防备。侯郎傲慢放纵贪得无厌，既轻浮而又肆无忌惮，都不是保全自身之道。"最后都应验了高祖的话。

注释　①功伐：功劳，功绩。　②识暗：识见不明。　③狎（xiá）：亲近，亲热。④傲（ào）诞：傲慢放纵。　⑤轻佻：不沉着，不稳重。

原文

安都长子敦，年十二，为员外散骑侍郎，天嘉二年堕马卒，追谥桂阳国愍世子。太建三年，高宗追封安都为陈集县侯，邑五百户，子亶为嗣①。

安都从弟晓，累从安都征讨有功，官至员外散骑常

翻译

安都的长子侯敦，十二岁时，任员外散骑侍郎，天嘉二年（562）从马上堕下而死，追谥为桂阳国愍世子。太建三年（571），高宗追封安都为陈集县侯，食邑五百户，儿子侯亶为继嗣者。

安都的堂弟侯晓，长期跟从安都征讨建有功勋，官职做到员外散骑常侍、明威将军、东衡州刺史，爵位为怀化县侯，食邑五百户。天嘉三年（562）去世，

侍、明威将军②、东衡州刺
史,怀化县侯,邑五百户。
天嘉三年卒,年四十一。

年纪四十一岁。

注释　① 亶:音 dǎn。　② 明威:陈时将军戎号,列第五品。

吴 明 彻 传

导读

　　吴明彻早先为周文育、侯安都的部将,曾随同他们参加了讨伐杜龛、王琳的战斗,文帝时总督众军讨伐周迪,并有功勋。宣帝(庙号高宗)太建四年(572)官至侍中、镇前将军。宣帝陈项时的重大事件,是北伐攻取淮南,得而复失,以至于全失淮南之地,导致江东地区失去屏障,陈政权岌岌可危。吴明彻即是这一事件的当事者。公元 573 年,吴明彻被任命为都督北讨诸军事,统军十万北伐,相继攻克不少地方,进而攻下寿阳,取得很大胜利。但没有乘胜前进。而北周却乘陈军牵制北齐之机坐收渔利,灭掉北齐,统一了中原。公元 578 年宣帝再派吴明彻北伐彭、兖,陈军大败,吴明彻被俘。北周军乘势南下,尽取淮南之地。本篇以较多的笔墨记载了这一历史事件。(选自卷九)

原文

　　吴明彻,字通昭,秦郡人也。祖景安,齐南谯太守①。父树,梁右军将军②。明彻幼孤,性至孝,年十四,感坟茔未备③,家贫无以取给,乃勤力耕种。时天下亢旱,苗稼燋枯④,明彻哀愤,每之田中,号泣,仰天自诉。

翻译

　　吴明彻,字通昭,是秦郡人。祖父吴景安,在齐朝任南谯郡太守。父亲吴树,是梁朝的右军将军。明彻幼年时就成了孤儿,品性非常孝顺,十四岁时,有感于祖宗坟墓没有齐备,而家里很穷无法取得修墓的钱财,于是勤奋耕种。当时天下大旱,庄稼苗都枯萎了,明彻既悲哀又愤怒,每次到田中时,放声大哭,居数日,有自田还者,云苗已更生,明彻疑之,谓为绐己⑤,及往田所,竟如其言。秋而大获,足充葬用。时有伊氏者,善占墓⑥,谓其兄曰:"君葬之日,必有乘白马逐鹿者来经坟所,此是最小孝子大贵之征。"至时果有此应,明彻即树之最小子也。

对着苍天诉说自己的痛苦。在家里待了几天后,有人从田里返回,说庄稼苗又活了,明彻很怀疑,认为是欺骗自己,等到往田中一看,竟然真像那人所说的一样。到了秋天收获很多,足够充当安葬的费用。当时有一位姓尹的人,善于察看墓地风水,曾对明彻的哥哥说:"您安葬的时候,一定会有一位骑着白马逐鹿的人经过坟墓所在地,这是年纪最小的孝子大贵的征兆。"到了后来果然应验了这件事,明彻就是吴树最小的儿子。

注释 ① 南谯:郡名,东晋中侨置,治所在今安徽巢县东南。 ② 右军将军:官名,魏晋南北朝置中军及左右前后军各将军,但非常设,亦非实际领兵之官。梁时右军将军列第九班。 ③ 茔(yíng):墓地。 ④ 燋(jiāo):同"焦"。 ⑤ 绐(dài):欺骗。 ⑥ 占墓:察看墓地的风水以选择营葬之地。

原文

起家梁东宫直后①。及侯景寇京师,天下大乱,明彻有粟麦三千余斛②,而邻里饥馁,乃白诸兄曰:"当今草窃③,人不图久,奈何有此而不与乡家共之?"于是计口平分,同其丰俭,群盗闻

翻译

吴明彻开始做的官是梁朝的东宫直后。当侯景进犯京城时,天下大乱,明彻拥有三千多斛小米和麦子,而乡里邻居都缺粮受饥,于是他对哥哥们说:"当今坏人乘机,人们都不图长久,为什么我们有这些粮食而不与乡亲们分享呢?"于是按人口平均分配,使自己和大家贫富一样,许多盗贼听说后都避开了,有赖于

而避焉,赖以存者甚众。

明彻此举而活下来的人很多。

注释 ① 起家:出仕担任的第一任官职。东宫直后:太子属官。东宫,太子所居官殿,梁陈时东宫直前、东宫直阁、东宫直殿主帅等为其属官。 ② 粟:小米。斛(hú):古代容量单位,梁陈时十斗为一斛。 ③ 草窃:指乘机掠夺。

原文

及高祖镇京口,深相要结①,明彻乃诣高祖,高祖为之降阶,执手即席,与论当世之务。明彻亦微涉书史经传②,就汝南周弘正学天文③、孤虚④、遁甲⑤,略通其妙,颇以英雄自许,高祖深奇之。

翻译

待高祖镇守京口时,对吴明彻深相结纳,于是明彻去见高祖,高祖为此特地走下台阶来迎接,拉着明彻的手在席上就坐,和他谈论当世的事务。明彻也稍微涉猎了一些经传历史等典籍,曾就汝南人周弘正学习天文、孤虚、遁甲,粗略掌握了其中的奥妙,颇以英雄自诩,高祖认为他非常奇特。

注释 ① 要结:邀约,结交。 ② 书史经传:泛指著作、典籍。 ③ 天文:此谓据日月星辰等天体的分布运行以及风雨霜雪等气候现象,以预卜吉凶。 ④ 孤虚:古时占卜推算日时之法。天干为日,地支为辰,日辰不全为孤虚。占卜时得孤虚,主事不成。在古代战事中多有运用。 ⑤ 遁甲:古代术数之一种,盛于南北朝。其法以十天干分为三奇六仪,分置九官,而以甲统之,视其加临吉凶,以为趋避,故称遁甲。

原文

承圣三年①,授戎昭将军②、安州刺史。绍泰初③,随周文育讨杜龛、张彪等。东道平,授使持节、散骑常

翻译

承圣三年(554),吴明彻被授为戎昭将军、安州刺史。绍泰初年(555),跟随周文育讨伐杜龛、张彪等人。东路被平定后,被授为使持节、散骑常侍、安东

侍、安东将军④、南兖州刺史⑤，封安吴县侯。高祖受禅，拜安南将军⑥，仍与侯安都、周文育将兵讨王琳。及众军败没，明彻自拔还京。世祖即位，诏以本官加右卫将军⑦。王琳败，授都督武沅二州诸军事⑧、安西将军⑨、武州刺史，余并如故。周遣大将军贺若敦率马步万余人奄至武陵⑩，明彻众寡不敌，引军巴陵⑪，仍破周别军于双林⑫。

将军、南兖州刺史，封为安吴县侯。高祖受禅即帝位后，授他为安南将军，仍和侯安都、周文育率兵讨伐王琳。当各部队失败覆没后，明彻自率所部返回京城。世祖即位后，下诏给明彻以原官再加右卫将军。王琳被打败后，授明彻为都督武沅二州诸军事、安西将军、武州刺史，其他官职一并照旧。北周派遣大将军贺若敦率骑、步兵一万余人突然杀至武陵郡，明彻军寡不敌众，退军到巴陵郡，并在双林攻破了北周的另一支军队。

注释　①承圣：梁简文帝萧纲年号(552—555)。　②戎昭：按此处原文疑误。梁朝无此将军戎号，"戎昭"为陈时将军戎号，列第八品。　③绍泰：梁敬帝萧方智年号(556—557)。　④安东：梁时将军戎号，列二十一班。　⑤南兖州：治所在今江苏省扬州市西北蜀岗上。　⑥安南：陈时将军戎号，列第三品。　⑦右卫将军：武官名，魏晋南北朝时设有领军、护军、左右卫、骁骑、游骑六将军，分率中央六军。梁右卫将军列十二班。　⑧武州：南朝梁置，治所在今湖南常德。沅州：治所在今湖南沅陵东南。　⑨安西：梁时将军戎号，列二十一班。　⑩武陵：郡名，治所在今湖南常德。　⑪巴陵：郡名，治所在今湖南岳阳。　⑫双林：地名，具体地点不详。

原文

天嘉三年①，授安西将军。及周迪反临川，诏以明

翻译

天嘉三年(562)，吴明彻被授为安西将军。当周迪在临川叛乱时，朝廷下

彻为安南将军②、江州刺史，领豫章太守，总督众军，以讨迪。明彻雅性刚直，统内不甚和，世祖闻之，遣安成王顼慰晓明彻③，令以本号还朝。寻授镇前将军④。

诏命明彻为安南将军、江州刺史，兼领豫章郡太守，总率各军，以讨伐周迪。明彻性格刚直，统率各部不太和顺，世祖听说后，派遣安成王陈顼前去抚慰晓谕明彻，命令他以原有官号返回朝廷。不久被授为镇前将军。

注释 ① 天嘉：陈文帝陈蒨年号（560—566）。 ② 安南：陈时将军戎号，列第三品。 ③ 安成王顼：即陈宣帝陈顼，是陈文帝陈蒨的弟弟，时为安成王。 ④ 镇前：陈时将军戎号，列第二品。

原文

五年，迁镇东将军①、吴兴太守。及引辞之郡，世祖谓明彻曰："吴兴虽郡，帝乡之重，故以相授。君其勉之！"及世祖弗豫②，征拜中领军③。

翻译

（天嘉）五年（564），吴明彻调任镇东将军、吴兴太守。当辞别朝廷赴吴兴郡任所时，世祖对他说："吴兴虽然只有一个郡，但却是天子家乡的重地，所以把此地交给你，希望你尽心尽力！"待世祖病重时，征召他回京并授为中领军。

注释 ① 镇东：陈时将军戎号，列第二品。 ② 弗豫：即不豫。 ③ 中领军：官名，南北朝时设领军、护军等六将军掌宫廷亲信卫兵，又设有中领、中护军及左右前后四将军，与六军将军同掌中央军队，为重要的军事长官。陈时中领军将军列第三品。

原文

废帝即位①，授领军将

翻译

废帝即位后，授他为领军将军，不

军,寻迁丹阳尹,仍诏明彻以甲仗四十人出入殿省。到仲举之矫令出高宗也②,毛喜知其谋,高宗疑惧,遣喜与明彻筹焉。明彻谓喜曰:"嗣君谅暗③,万机多阙,外邻强敌,内有大丧。殿下亲实周、邵④,德冠伊、霍⑤,社稷至重,愿留中深计,慎勿致疑。"

久转任丹阳尹,又下诏颁赐明彻甲仗四十人并可出入殿省。到仲举伪称诏令要高宗退还东府时,毛喜知道了这个阴谋,高宗既怀疑又害怕,便派毛喜去与明彻商量。吴明彻对毛喜说:"新继位的君主正在居丧,国家的众多事务都未能处理,现在外面有邻近的强敌,内部有重大的丧事。安成王殿下像周公、邵公一样和皇上是亲戚,又具有比伊尹、霍光还要高的德操,国家大事至关重要,希望他留在尚书省中周密考虑,千万不要产生疑惧。"

注释 ① 废帝:陈废帝名陈伯宗,陈文帝陈蒨的嫡长子,公元567年即位,一年后被废。 ② 到仲举:字德言,文帝末总理朝政。及文帝崩,高宗与仲举等俱受遗诏入辅,与左右三百余人入居尚书省,仲举与左丞王暹等人,以朝望有归,乃矫诏遣高宗还东府。事发,皆付治。 ③ 谅暗:天子服丧之室。此指服丧。 ④ 周、邵:周,周公旦。邵,即召公姬奭,周成王时,二人共同辅政,史称周召。 ⑤ 伊、霍:伊,商朝伊尹。霍,汉朝霍光。伊尹放逐昏淫暴虐的商王太甲,摄政治国;霍光废除淫戏无度的昌邑王刘贺,史称伊霍。

原文

及湘州刺史华皎阴有异志,诏授明彻使持节、散骑常侍、都督湘桂武三州诸军事①、安南将军、湘州刺史,给鼓吹一部,仍与征南大将军淳于量等率兵讨皎。

翻译

当湘州刺史华皎暗地里有不轨的图谋时,下诏授吴明彻为使持节、散骑常侍、都督湘桂武三州诸军事、安南将军、湘州刺史,赐给鼓吹乐队一部,并与征南大将军淳于量等率军讨伐华皎。华皎被平定后,吴明彻被授为开府仪同皎平,授开府仪同三司,进爵为公。太建元年②,授镇南将军。四年,征为侍中、镇前将军,余并如故。

三司,进爵号为公。太建元年(569),被授为镇南将军。太建四年(572),被任命为侍中、镇前将军,其他官职照旧。

注释 ① 湘桂武三州:湘州、桂州、武州。桂州:治所在今广西桂林。 ② 太建:陈宣帝陈顼年号(569—582)。

原文

会朝议北伐,公卿互有异同,明彻决策请行。五年,诏加侍中、都督征讨诸军事,仍赐女乐一部①。明彻总统众军十余万,发自京师,缘江城镇,相继降款②。军至秦郡,克其水栅。齐遣大将尉破胡将兵为援,明彻破走之,斩获不可胜计,秦郡乃降。高宗以秦郡明彻旧邑,诏具太牢③,令拜祠上冢④,文武羽仪甚盛⑤,乡里以为荣。

翻译

当时正值朝廷商议进行北伐,公卿大夫之间意见不一,吴明彻定下计策请求出征。(太建)五年(573),皇帝诏命加明彻侍中、都督征讨诸军事,并赐给歌舞伎一队。明彻总领各军十余万人,从京师出发,沿江的城镇,相继降服。部队进至秦郡,攻克了敌军的水栅。北齐派遣大将军尉破胡率兵救援,明彻将其攻破赶跑,斩杀俘获的敌人不可胜数,秦郡于是投降。因为秦郡是明彻的故乡,高宗诏命准备牛羊豕三牲太牢,去祭祀明彻的祖庙坟墓,鼓、铙、羽饰的礼仪装饰非常隆重,乡里人很为此感到荣光。

注释 ① 女乐:歌舞伎。 ② 降款:降服,服顺。 ③ 太牢:指祭祀时并用的牛、羊、豕三牲。 ④ 祠:祠堂,祖庙。冢:坟墓。拜祠上冢,谓祭祀祖先。 ⑤ 文武:指鼓和铙。羽仪:仪仗中以羽毛装饰的旌旗之类。

原文

进克仁州①，授征北大将军②，进爵南平郡公，增邑并前二千五百户。次平峡石岸二城③。进逼寿阳④，齐遣王琳将兵拒守。琳至，与刺史王贵显保其外郭。明彻以琳初入，众心未附，乘夜攻之，中宵而溃，齐兵退据相国城及金城⑤。明彻令军中益修治攻具，又堰肥水以灌城⑥。城中苦湿，多腹疾，手足皆肿，死者十六七。会齐遣大将军皮景和率兵数十万来援，去寿春三十里⑦，顿军不进。诸将咸曰："坚城未拔，大援在近，不审明公计将安出？"明彻曰："兵贵在速，而彼结营不进，自挫其锋，吾知其不敢战明矣。"于是躬擐甲胄⑧，四面疾攻，城中震恐，一鼓而克，生禽王琳、王贵显、扶风王可朱浑孝裕、尚书卢潜⑨、左丞李骝骓⑩，送京

翻译

吴明彻进而攻克了仁州，被授为征北大将军，进爵号为南平郡公，增加食邑加上先前的共二千五百户。继而平定了峡石岸边的两座城池。进逼寿阳县，北齐派遣王琳率兵拒守。王琳到达后，与刺史王贵显固守寿阳外城。明彻认为王琳初到，众人尚未完全归服他，便乘夜向他进攻，到了夜半时分将其击溃，北齐兵退守到寿阳城中的相国城及金城。明彻命令部队再多修治攻城的器具，又围引肥水灌进城中。城中为潮湿所苦，里面的人大多患上腹疾，手脚都肿起来了，十分之六七的人死去。正值北齐派遣大将军皮景和率兵数十万人前来援救，离寿春县三十里，止兵不前。明彻手下的将领们都说："坚固的城池尚未攻下，敌军的大量援兵又已逼近，不知道您有什么计策？"明彻道："领兵打仗最重要的是快速，但对方却结下营寨，驻军不前，自己挫伤自己的锐气，我知道他们明显是不敢交战。"于是亲自披戴甲胄，率军从四面急攻，城中十分震惊恐惧，吴明彻一鼓作气就将其攻克，活捉了王琳、王贵显、扶风王可朱浑孝裕、尚书卢潜、左丞李骝骓，送往京

师。景和惶惧遁走，尽收其驼马辎重⑪。琳之获也，其旧部曲多在军中，琳素得士卒心，见者皆歔欷不能仰视，明彻虑其有变，遣左右追杀琳，传其首。……诏遣谒者萧淳风⑫，就寿阳册明彻⑬，于城南设坛，士卒二十万，陈旗鼓戈甲，明彻登坛拜受，成礼而退，将卒莫不踊跃焉。

师。皮景和惶恐惧怕而逃，明彻缴获了其全部驼马及辎重物资。王琳被俘虏，他的旧部家兵大都在军中，王琳一向能得士兵的人心，见到他的人都痛哭流泪低下头不忍仰视他，明彻担心有变故发生，便派左右亲信去追杀王琳，把他的首级传送到京师。……并下诏派遣谒者萧淳风，赴寿阳册封明彻，在城南设坛，二十万士兵结阵而立，排列着旗帜战鼓兵器甲胄，明彻登坛拜受爵位，完成礼仪后退下，将领和士兵们无不欢欣鼓舞。

注释 ①仁州：治所在今安徽泗县西南。 ②征北：陈时将军戎号，列第二品。将军加大者，品级通进一阶。 ③峡石：即今西淝河入淮之口。 ④寿阳：县名，治所即今安徽寿县。 ⑤相国城、金城：二城俱在寿阳城中。相国城，宋武帝刘裕所筑；金城，寿阳之中城亦即牙城，晋以来皆称中城为金城。 ⑥肥水：在安徽中部，有二，一即今东肥河，一即今南肥河。 ⑦寿春：县名，治所在今安徽寿县。 ⑧擐(huàn)：套，穿。 ⑨尚书：官名，北齐尚书省六尚书之一，分统列曹，为尚书省组织中的重要官员。 ⑩左丞：北齐尚书省录尚书事、尚书令、左右仆射之属官，掌吏部、考功等十七曹，并弹纠见事。 ⑪驼：骆驼。 ⑫谒者：官名，南北朝时设谒者台，掌朝觐宾飨及奉使出使，设谒者十人。陈时列第七品。 ⑬册：册命。

原文

　　初，秦郡属南兖州，后隶谯州①，至是，诏以谯之秦、盱眙、神农三郡还属南

翻译

　　当初，秦郡属南兖州，后来隶属谯州，到这时，皇帝诏命以谯州之秦、盱眙、神农三郡重新隶属南兖州，这是因

兖州②，以明彻故也。

六年，自寿阳入朝，与驾幸其第，赐钟磬一部③，米一万斛，绢布二千匹。

七年，进攻彭城④。军至吕梁⑤，齐遣援兵前后至者数万，明彻又大破之。八年，进位司空，余如故。……寻授都督南北兖南北青谯五州诸军事⑥、南兖州刺史。

为吴明彻的缘故。

（太建）六年（574），吴明彻从寿阳返回朝廷，皇帝亲自来到他的府第，赐给他钟磬乐队一部，米一万斛，绢布二千匹。

七年（575），进攻彭城郡。部队抵达吕梁时，北齐派出援兵前后到达有数万人，明彻又把他们打得大败。八年，进官位为司空，其余职位照旧。……不久授明彻为都督南北兖州、南北青州、谯州五州诸军事、南兖州刺史。

注释 ① 谯（qiáo）州：北齐置，治所在今安徽蒙城。 ② 盱眙：郡名，治所在今江苏盱眙东北。神农：郡名，治所在今江苏高邮。 ③ 钟磬（qìng）：钟，古代青铜制乐器。磬，古代石制乐器。二者皆为打击乐器。 ④ 彭城：郡名，治所即今江苏徐州。 ⑤ 吕梁：在今江苏徐州东南。 ⑥ 北兖州：治所在今江苏淮阴西南甘罗城。南青州：治所在今山东沂水。北青州：即晋置青州，北齐治所在今山东青州。

原文

会周氏灭齐①，高宗将事徐、兖②，九年，诏明彻进军北伐，令其世子戎昭将军、员外散骑侍郎惠觉摄行州事③。明彻军至吕梁，周徐州总管梁士彦率众拒战，

翻译

恰逢北周灭掉了北齐，高宗打算进取徐、兖二州，九年（577），诏命吴明彻进军北伐，命令他的嫡长子戎昭将军、员外散骑侍郎代管州务。明彻军抵达吕梁时，北周徐州总管梁士彦率众抵抗，明彻屡屡击败他的部队，因而梁士

明彻频破之,因退兵守城,不敢复出。明彻仍迮清水以灌其城④,环列舟舰于城下,攻之甚急。周遣上大将军王轨将兵救之。轨轻行自清水入淮口⑤,横流竖木,以铁锁贯车轮,遏断船路。诸将闻之,甚惶恐,议欲破堰拔军,以舫载马。马主裴子烈议曰⑥:"若决堰下船,船必倾倒,岂可得乎? 不如前遣马出,于事为允。"适会明彻苦背疾甚笃,知事不济,遂从之,乃遣萧摩诃帅马军数千前还。明彻仍自决其堰,乘水势以退军,冀其获济。及至清口⑦,水势渐微,舟舰并不得渡,众军皆溃,明彻穷蹙⑧,乃就执。寻以忧愤遘疾⑨,卒于长安,时年六十七。

彦退兵守城,不敢再出来交战。吴明彻仍旧围引清水灌入城中,并在城周围河面上环列战舰,攻打得很猛烈。北周又派遣上大将军王轨率兵前来救援。王轨从清水疾行至淮口,竖起木柱横截河面,并用铁锁链串起车轮沉入水中,以阻断行船的道路。诸将领闻知后,十分惶恐,商议破掉围堰开动部队,用船装载马军。马军主帅裴子烈议论道:"如果决开围堰以顺流行船,船只必然会倾覆,岂能成事? 不如派马军在前面推进,比较可行。"正值明彻为严重的背疾所苦,知道事情已无法挽回,便听从了这个意见,于是派遣萧摩诃率领马军数千人先退。明彻自己仍破开围堰,乘着水势以退军,希望水势能使全军渡过。等到了清口,水流渐渐变弱,战舰战船都不能行动,各部队全部溃败,明彻走投无路,于是被俘虏。不久因为忧伤气愤而患上疾病,在长安去世,当时六十七岁。

注释 ①周氏灭齐:陈太建九年(557)正月,北周军队包围北齐都城邺,北齐兵出战,大败,北齐后主逃走。周武帝入城,北齐王公以下皆降。北齐灭亡。凡三世五帝共二十八年(550—577)。 ②徐、兖:即今江苏徐州一带地区。 ③摄:代理,兼管。行：大官兼管小官的事称行。 ④ 清水：泗水的别名，一作清泗，源出今山东泗水南入淮河。 ⑤ 轻行：疾行。淮口：清水入淮之口。 ⑥ 马主：马军之主帅。 ⑦ 清口：一名泗口、清河口，即古泗水入淮之口，在今江苏淮安西南。 ⑧ 穷蹙(cù)：窘迫，困惑。 ⑨ 遘(gòu)：遭遇。

原文

至德元年诏曰："李陵矢竭①，不免请降，于禁水涨②，犹且生获，固知用兵上术，世罕其人。故侍中、司空南平郡公明彻，爰初蹑足③，迄届元戎④，百战百胜之奇，决机决死之勇，斯亦侔于古焉⑤。及拓定淮、肥⑥，长驱彭、汴⑦，覆勍寇如举毛⑧，扫锐师同沃雪⑨，风威慑于异俗⑩，功效著于同文⑪。方欲息驾阴山⑫，解鞍浣海⑬，既而师出已老，数亦终奇⑭，不就结缨之功⑮，无辞入褚之屈⑯，望封崤之为易⑰，冀平翟之非难⑱，虽志在屈伸⑲，而奄中霜露，埋恨绝域，甚可嗟伤。斯事已往，累逢肆赦⑳，凡厥

翻译

至德元年(583)皇帝下诏说："李陵箭矢用尽，不免请求投降，于禁部队遭淹，况且被敌生擒，用兵打仗是一种很高的技能，世界上很少有人具备这样的能力。已故的侍中、司空南平郡公吴明彻，从最初的追随别人，到最终成为主帅，百战百胜之奇特，当机立断决一死战之勇气，也可以说和古贤相等同了。至于平定淮、肥，长驱彭、汴，颠覆强大的敌寇如同举起毫毛，扫平坚锐的敌师如同沸水浇雪，风声威名使异域慑服，功业效果使华夏瞩目。正要在阴山停下车驾，在瀚海解鞍休息，既而军队已经疲惫，命运也终归乖舛，之所以没有慷慨赴义，而是甘受被俘的屈辱，在于他认为扫定北国十分容易，荡平狄寇并非艰难，虽然志在随时进退，最终还是长受霜露侵凌之苦，空埋遗恨于异地，很令人叹息嗟伤。这件事已经过去，但累次大赦，所有的罪过都得到宽恕洗刷，只有吴明彻的孤魂，未能承受宽宥

罪戾㉑，皆蒙洒濯㉒，独此孤魂，未沾宽惠，遂使爵土湮没㉓，飨醊无主㉔。弃瑕录用，宜在兹辰，可追封邵陵县开国侯，食邑一千户，以其息惠觉为嗣。"

恩惠，使得其封爵之地荒废埋没，没有继承者来主持祭祀。忽略微瑕而录用贤人，现在也应该是时候了，可追封他为邵陵县开国侯，食邑一千户，以其儿子吴惠觉为继嗣者。"

注释 ① 李陵：汉名将李广之孙，武帝时任骑都尉，天汉二年(99)，率步兵五千人击匈奴，兵败投降。 ② 于禁：三国魏曹操将领，建安二十四年(219)佐曹仁攻关羽，兵败降蜀。 ③ 蹑(niè)足：跟随，紧随。 ④ 元戎：主帅。 ⑤ 侔(móu)：相等。 ⑥ 淮、肥：淮，即今淮河；肥，肥水。 ⑦ 彭、汴：皆春秋时旧地名，此指今江苏、安徽、河南三省交界一带。 ⑧ 勍(qíng)寇：强大的敌寇。举毛：举起毫毛，比喻轻而易举。 ⑨ 沃雪：用沸水浇雪，立即融化。比喻事情易于解决。 ⑩ 愗：服顺。异俗：不同的风俗。此指异域外国。 ⑪ 同文：文字相同。此指华夏之地。 ⑫ 阴山：今河套以北、大漠以南诸山的统称。 ⑬ 浣海：即瀚海，泛指北方沙漠之地。 ⑭ 数亦终奇(jī)：用汉李广典故，李广一生征战匈奴，终未封侯，被称"数奇"。数：命运；奇：单而不偶，指不好。 ⑮ 结缨：春秋时孔子弟子子路为卫大夫孔悝邑宰，旧太子蒉聩(卫庄公)与孔悝作乱，子路不从，蒉聩因使武士以戈击之，断缨，子路说："君子死而冠不免。"遂结缨而死，见《史记·仲尼弟子列传》。后因以比喻慷慨献身。缨：帽带。 ⑯ 入褚(zhǔ)：春秋时，晋将荀䓨被楚所俘，郑国一位商人欲将荀䓨藏在大口袋中装出楚国，事见《左传·成公三年》。后指战败被俘受屈。褚：装衣物所用之囊。 ⑰ 崤(xiáo)：崤山，在河南洛宁北，西北接陕县界，东接渑池界。南北朝时有崤县。封崤，意谓在崤山封爵，此隐指平灭北方的敌国。 ⑱ 翟：同"狄"，对古代北方地区民族的泛称。 ⑲ 屈伸：屈曲与伸展。此指随时进退。 ⑳ 肆赦：宽赦罪人。后世称大赦为肆赦，即罪人除犯十恶者一概免刑。 ㉑ 厥(jué)：助词，无义。戾(lì)：罪过。 ㉒ 洒濯：洗涤，涤荡。 ㉓ 湮(yān)没：埋没。 ㉔ 飨醊(xiǎng zhuì)：飨，祭献。醊，祭祀时用酒酹地。

原文

惠觉历黄门侍郎①,以平章大宝功,授丰州刺史。

明彻兄子超,字逸世。少倜傥②,以干略知名③。随明彻征伐,有战功,官至忠毅将军④、散骑常侍、桂州刺史,封汝南县侯,邑一千户。卒,赠广州刺史,谥曰节。

翻译

吴惠觉历任黄门侍郎,因为平定章大宝有功,被授为丰州刺史。

吴明彻哥哥的儿子吴超,字逸世。年轻时豪爽洒脱,以有才能而闻名。跟随明彻征伐转战,立有战功,官做到忠毅将军、散骑常侍、桂州刺史,封为汝南县侯,食邑一千户。死后,追赠为广州刺史,谥号为"节"。

注释　①黄门侍郎:官名,全称给事黄门侍郎,南北朝时属门下省,掌管机密文件,备皇帝顾问,职位较重要。　②倜傥(tì tǎng):卓异,豪爽,洒脱不拘。　③干略:办事才能和谋略。　④忠毅:陈时将军戎号,列第六品。

袁 宪 传

导读

袁宪出身于世家大族，一直担任清要之职，在陈后主亡国前的腐败政局中，他独能立身整峻，多方规谏。陈亡时后主众叛亲离，独袁宪侍卫在侧，表现出了忠贞不二的品格，连后主也不得不用"岁寒然后知松柏之后凋"来称赞他。本篇内容详略得当，叙述简洁流畅，是《陈书》中写得较好的传记作品之一。其中还有一段当时太学生徒与国子博士讨论学问的记载，反映出南朝时期江左地区学术领域中辩难之风盛行的情况。(选自卷二四)

原文

袁宪，字德章，尚书左仆射枢之弟也①。幼聪敏，好学，有雅量②。梁武帝修建庠序③，别开五馆，其一馆在宪宅西，宪常招引诸生，与之谈论，每有新议，出人意表，同辈咸嗟服焉。

翻译

袁宪，字德章，是尚书左仆射袁枢的弟弟。年幼时很聪明，好学习，气度宽宏。梁武帝修建地方学校，另外开辟了五家学馆，其中之一在袁宪家的西侧，袁宪经常招引那里的学生，与他们谈论，每次都有新的见解，皆是别人所意料不到的，同辈的人都非常叹服。

注释　①尚书左仆射：尚书省副长官之一。　②雅量：气度宽洪。　③庠(xiáng)序：古代地方所设的学校。

原文

大同八年^①，武帝撰《孔子正言章句》^②，诏下国学^③，宣制旨义。宪时年十四，被召为国子《正言》生，谒祭酒到溉^④，溉目而送之，爱其神彩。在学一岁，国子博士周弘正谓宪父君正曰^⑤："贤子今兹欲策试不？"君正曰："经义犹浅，未敢令试。"居数日，君正遣门下客岑文豪与宪候弘正，会弘正将登讲坐，弟子毕集，乃延宪入室，授之麈尾^⑥，令宪树义^⑦。时谢岐、何妥在坐，弘正谓曰："二贤虽穷奥赜^⑧，得无惮此后生耶！"何、谢于是递起义端，深极理致，宪与往复数番，酬对闲敏^⑨。弘正谓妥曰："恣卿所问，勿以童稚相期。"时学众满堂，观者重沓^⑩，而宪神色自若，辩论有余。弘正请起数难，终不能屈，因告文豪曰："卿还咨袁吴郡^⑪，此郎已堪见

翻译

大同八年（542），梁武帝撰写了《孔子正言章句》下诏颁给国学，要求说出其中的深意。袁宪当时十四岁，被召为国子监的《正言》生，去见祭酒到溉，到溉目送他离去，很喜欢他的神采气度。袁宪在国子监一年，国子博士周弘正对袁宪的父亲袁君正说："您的儿子现在是否要去参加策试？"袁君正回答道："他对经义的掌握还很浅薄，不敢叫他去应试。"过了几天，袁君正派门下客岑文豪与袁宪同去看望周弘正，正值周弘正将要登台讲课，他的弟子全都到场，便请袁宪进入，授给他麈尾，叫他阐发义理。当时谢岐、何妥也在座，周弘正对他们说："二位贤者虽然对义理的幽微隐深已进行了穷尽的研究，莫非惧怕这位后生吧！"何、谢二人于是连续提出了很多问题，有极为深刻的义理奥义，袁宪与他们往返进行了数番辩论，应答十分熟练敏捷。周弘正对何妥说："你们任意提问，不要把他当作一个小孩子看待。"当时满屋都是生徒，观看的人极多，而袁宪却神色自如，辩论对答十分从容。周弘正提出好几个问题诘难，终不能使袁

代为博士矣⑫。"时生徒对策⑬，多行贿赂，文豪请具束脩⑭，君正曰："我岂能用钱为儿买第耶?"学司衔之。及宪试，争起剧难⑮，宪随问抗答，剖析如流。到溉顾宪曰："袁君正其有后矣。"及君正将之吴郡⑯，溉祖道于征虏亭⑰，谓君正曰："昨策生萧敏孙、徐孝克，非不解义，至于风神器局⑱，去贤子远矣。"寻举高第。以贵公子选尚南沙公主⑲，即梁简文之女也。

宪理屈，便对岑文豪说："您回去告诉袁君正太守，他这个儿子已可以替代我做博士了。"当时学生生徒们参加对策考试，大多进行贿赂，岑文豪请求袁君正为袁宪准备一些给考官的酬礼，袁君正说："我岂能用钱为儿子买及第呢?"考官对此很怨恨。待到袁宪去考试时，考官们争相提出最难的问题，袁宪随问随答，声音高昂，剖析问题顺畅流利。到溉看着袁宪说："袁君正有继承人了。"到了袁君正将去吴郡赴任时，到溉在征虏亭为他饯行，对袁君正说："昨日参加对策的考生萧敏孙、徐孝克，并不是不能理解义理，只是风骨器量，较您的儿子相差太远了。"不久袁宪以优异成绩及第，以贵公子的身份被选为与南沙公主结婚，南沙公主就是梁简文帝的女儿。

注释 ① 大同:梁武帝萧衍年号(535—545)。 ②《孔子正言章句》:梁武帝萧衍对经学颇有研究，撰有《群经讲疏》二百余卷，《孔子正言章句》即其中一种。 ③ 国学:即国子监，封建王朝最高学府。 ④ 祭酒:即国子祭酒。 ⑤ 国子博士:教授经籍的学官，陈时列第四品。 ⑥ 麈(zhǔ)尾:古时以驼鹿尾为拂麈，用以拂除尘埃，因称拂麈为"麈"尾，或简称"麈"。 ⑦ 树义:立义，阐发义理。 ⑧ 奥赜(zé):幽深隐微的蕴含。 ⑨ 闲敏:熟悉敏捷。 ⑩ 重沓(tà):重叠。 ⑪ 袁吴郡:指袁宪父吴郡太守袁君正。 ⑫ 博士:教授经籍之官，梁陈时设有国子博士、太学博士、五经博士、《正言》博士等。 ⑬ 对策:自汉以来考试取士，以政事、经义等设问并写在简策上,让应考者对答,称为对策,与"射策"性质相同。　⑭束脩:脩,干肉。十条干肉为束脩。本指古代士大夫相馈赠之物,后也指学生向教师致送的礼物及酬金。⑮剧难:激烈诘难。　⑯吴郡:治所在今江苏苏州。　⑰祖道:本指于出行前祭祀路神,后因称饯行为祖道。征虏亭:旧址在今江苏南京。　⑱风神器局:风神,人的风采精神,犹人之风格、风骨。器局,器量、度量。　⑲尚:奉事、匹配。此指娶帝王之女。

原文

大同元年,释褐秘书郎①。太清二年②,迁太子舍人。侯景寇逆,宪东之吴郡,寻丁父忧③,哀毁过礼。敬帝承制,征授尚书殿中郎④。高祖作相,除司徒户曹⑤。永定元年⑥,授中书侍郎⑦,兼散骑常侍。与黄门侍郎王瑜使齐,数年不遣,天嘉初乃还⑧。四年,诏复中书侍郎,直侍中省⑨。太建元年⑩,除给事黄门侍郎,仍知太常事。二年,转尚书吏部侍郎⑪,寻除散骑常侍,侍东宫。三年,迁御史中丞,领羽林监⑫。时豫章王叔英不奉法度,逼取人马,

翻译

大同元年(535),袁宪开始做官任秘书郎。太清二年(548),转任太子舍人。侯景叛乱时,袁宪东往吴郡,不久遭父丧,悲伤毁损了身体超过了礼仪的要求。梁敬帝承皇帝旨意行事时,征授袁宪为尚书殿中郎。高祖陈霸先担任宰相时,授他为司徒户曹。永定元年(557),又授他为中书侍郎,兼散骑常侍。袁宪与黄门侍郎王瑜出使北齐,被扣留数年不得释放,天嘉初年才得以返回。天嘉四年(563),皇帝下诏令恢复其为中书侍郎,在侍中省值勤。太建元年(569),袁宪被授为给事黄门侍郎,并主持太常寺事务。太建二年,袁宪又转任尚书吏部侍郎,不久又被授为散骑常侍,侍奉东宫。太建三年,转任御史中丞,兼领羽林监。当时豫章王陈叔英不守法纪,强行逼取别人的马匹,袁宪按实情上奏弹劾,陈叔英因此而被黜免官

宪依事劾奏，叔英由是坐免黜，自是朝野皆严惮焉。

宪详练朝章，尤明听断[13]，至有狱情未尽而有司具法者，即伺闲暇，常为上言之，其所申理者甚众。尝陪宴承香阁，宾退之后，高宗留宪与卫尉樊俊徙席山亭，谈宴终日。高宗目宪而谓俊曰："袁家故为有人。"其见重如此。

职，从此以后朝野上下都十分惧怕袁宪。

袁宪对朝廷的典章制度非常熟悉，尤其精于断决之事，若有案情尚未调查清楚而官府就开始结案的情况，即等到皇帝闲暇时，常常向皇帝言说，经他审理而被昭雪的事情非常多。袁宪曾经有一次陪同皇帝宴饮于承香阁，宾客退下后，高宗独留下袁宪与卫尉樊俊，把宴席移至山上的亭子中，谈论宴饮一整天。高宗看着袁宪对樊俊说："袁家所以才会人才济济呵。"袁宪就是如此地被看重。

注释 ①释褐：脱去布衣，换着官服。即做官之意。秘书郎：官名，魏晋时置，属秘书省，掌管图书经籍的收藏管理事务。南朝时贵族子弟初仕多以此职为美官，仅具虚衔而不任实职。梁时列第二班。 ②太清：梁武帝萧衍年号（547—549）。 ③丁父忧：旧时称遭父母之丧为丁忧，亦称丁艰。遭父丧称丁父忧，亦称"丁外艰"。 ④尚书殿中郎：尚书省殿中曹官员，为祠部尚书所领。梁时列第六班。 ⑤司徒户曹：即司徒户曹参军，司徒公府属官。南朝时诸公及位从公开府者，皆置列曹参军。 ⑥永定：陈武帝陈霸先年号（557—559）。 ⑦中书侍郎：为中书省长官中书监、令之副，掌管省内事务。陈时列第四品。 ⑧天嘉：陈文帝陈蒨年号（560—566）。 ⑨侍中省：即门下省。南北朝时以侍中为门下省长官，故称。 ⑩太建：陈宣帝陈顼年号（569—582）。 ⑪尚书吏部侍郎：尚书省吏部曹长官，为吏部尚书所领。陈时列第四品。 ⑫羽林监：皇帝卫军的名称，陈时置有羽林将军，列第七品。 ⑬听断：听取陈述而断决。此指听讼断狱。

原文

五年，入为侍中。六年，除吴郡太守，以父任固辞不拜，改授明威将军①、南康内史。九年，秩满，除散骑常侍，兼吏部尚书，寻而为真②。宪以久居清显③，累表自求解任。高宗曰："诸人在职，屡有谤书④。卿处事已多，可谓清白，别相甄录⑤，且勿致辞。"十三年，迁右仆射⑥，参掌选事。先是宪长兄简懿子为左仆射⑦，至是宪为右仆射，台省内目简懿为大仆射，宪为小仆射，朝廷荣之。

翻译

太建五年(573)，袁宪进入朝廷任侍中。六年，他被授为吴郡太守，因为父亲曾任此职，袁宪坚决辞谢不赴任，因而改授为明威将军、南康内史。太建九年(577)，服官期满后，被授为散骑常侍，兼吏部尚书，不久由兼职拜授实职。袁宪因为自己久居清要显达之位，数次上表请求解职。高宗道："其他人在职时，经常有谤书攻击弹劾。你处理了很多事务，可以说是清白的，另外委予你重任，请不要辞谢。"太建十三年(581)，袁宪转任右仆射，参掌选举事务。早先，袁宪的长兄袁枢曾任左仆射，到这时袁宪本人又任右仆射，因此台省之内的人称袁枢为"大仆射"，袁宪为"小仆射"，朝廷上下都认为他们很光荣。

注释 ①明威：陈时将军戎号，列第五品。 ②真：真除。封建官吏试守期满，拜授实职，称为真除。 ③清显：清要显达的官位。 ④谤书：攻击他人的书函。 ⑤甄录：选拔录用。 ⑥右仆射：即尚书右仆射。 ⑦简懿子：即袁宪的长兄袁枢。袁枢字践言，陈废帝时任左仆射，卒谥简懿。左仆射：即尚书左仆射。

原文

及高宗不豫，宪与吏部

翻译

待到高宗病重时，袁宪与吏部尚书

尚书毛喜俱受顾命①。始兴王叔陵之肆逆也②，宪指麾部分，预有力焉。后主被疮病笃，执宪手曰："我儿尚幼，后事委卿。"宪曰："群情邕邕③，冀圣躬康复，后事之旨，未敢奉诏。"以功封建安县伯，邑四百户，领太子中庶子，余并如故。寻除侍中、信威将军④、太子詹事。

毛喜都接受高宗的临终嘱托。始兴王陈叔陵肆行逆恶时，袁宪指挥部署，参与平叛出了大力。后主受伤病重时，拉着袁宪的手说："我的儿子还很幼小，我身后的事就全交给您了。"袁宪说："群臣们都邕邕地仰望着，希望圣上的身体能够康复，关于后事的旨令，请原谅我不敢执行。"袁宪因为所建功勋被封为建安县伯，食邑四百户，兼领太子中庶子，其他官职照旧。不久又被授为侍中，信威将军、太子詹事。

注释 ① 顾命：临终之命。 ② 肆逆：肆行逆恶。 ③ 邕邕(yóng)：仰望期待的样子。 ④ 信威：陈时将军戎号，列第四品。

原文

至德元年①，太子加元服②，二年，行释奠之礼③，宪于是表请解职，后主不许，给扶二人，进号云麾将军④，置佐史。皇太子颇不率典训，宪手表陈谏凡十条，皆援引古今，言辞切直，太子虽外示容纳，而心无悛改⑤。后主欲立宠姬张贵妃子始安王为嗣，尝从容言

翻译

至德元年(583)，太子加元服行冠礼，至德二年，又举行释奠之礼，袁宪于此时上表请求解职，后主不同意，赐给他奴仆二人，进戎号为云麾将军，设置佐史。皇太子很不遵守朝廷准则，袁宪手书上表陈述了共十条规劝，都援引古今，言辞恳切率直，太子虽然表面上表示接纳，但内心却无悔改之意。后主想立宠妃张贵妃的儿子始安王为太子，曾经很轻松地说出这件事，吏部尚书蔡征顺着皇帝的意思称赞此举，袁宪面色严

之,吏部尚书蔡征顺旨称赏⑥,宪厉色折之曰:"皇太子国家储嗣,亿兆宅心。卿是何人,轻言废立!"夏,竟废太子为吴兴王。后主知宪有规谏之事,叹曰:"袁德章实骨鲠之臣!"即日诏为尚书仆射。

厉地驳斥他道:"皇太子是国家的副君和继承人,为亿万人所归心,你是何人,胆敢轻言废立之事!"这一年夏天,太子竟被废为吴兴王。后主知道袁宪对此曾经规谏过的事后,叹道:"袁德章真是一位刚直不阿的大臣!"当天即下诏授他为尚书仆射。

注释 ① 至德:陈后主陈叔宝年号(583—586)。 ② 元服:指冠。古称行冠礼为加元服。冠礼,古代男子二十岁(天子、诸侯可提前至十二岁)举行的加冠之礼,表示其成人。 ③ 释奠:设肴馔酌奠。 ④ 云麾:陈时将军戎号,列第四品。 ⑤ 悛(quān)改:悔改。 ⑥ 称赏:称赞。

原文

祯明三年①,隋军来伐,隋将贺若弼烧宫城北掖门,宫卫皆散走,朝士稍各引去,惟宪卫侍左右。后主谓宪曰:"我从来待卿不先于人,今日见卿,可谓岁寒知松柏后凋也②。"后主遑遽将避匿,宪正色曰:"北兵之人,必无所犯,大事如此,陛下安之。臣愿陛下正衣冠,

翻译

祯明三年(589),隋朝军队前来攻伐,隋将贺若弼进军火烧宫城北掖门,宫廷卫兵皆四散逃走,朝廷官吏们也渐渐各自离去,只有袁宪侍卫在皇帝左右。后主对袁宪说:"我对待您一向不比别人好,今天见到您这样,真可谓严寒到来的时候才知道松柏是不凋谢的呵。"后主非常惊恐,将要躲藏起来,袁宪表情严肃地对后主说道:"北方军队的士兵,肯定不会侵犯您,大事既如此,陛下安心不要慌张。我希望陛下整理

御前殿,依梁武见侯景故事③。"后主不从,因下榻驰去,宪从后堂景阳殿入,后主投下井中,宪拜哭而出。

好衣服冠冕,登临前殿,仿效梁武帝见侯景时的做法去做。"后主不肯听从,走下坐榻骑马逃去,袁宪从后堂的景阳殿进入,后主自投于井中,袁宪对井跪拜后哭着离开。

注释 ① 祯明:陈后主陈叔宝年号(587—589)。 ② 岁寒知松柏后凋:语出《论语·子罕》,原文为:"子曰:岁寒然后知松柏之后凋也。"比喻愈是在临利害、遇事变的艰难困苦之时,愈是能保持操守的高风亮节。 ③ 梁武见侯景故事:梁太清三年(549)三月,侯景攻破建康,带五百甲士自卫,于太极东堂入见梁武帝。武帝神色不变,景不敢仰视,汗流满面。退下后叹曰:"天威难犯!"事见《资治通鉴》卷一百六十二。

原文

京城陷,入于隋,隋授使持节、昌州诸军事①、开府仪同三司、昌州刺史。开皇十四年②,诏授晋王府长史③。十八年卒,时年七十。赠大将军④,安城郡公,谥曰简。长子承家,仕隋至秘书丞⑤、国子司业⑥。

翻译

京城陷落后,袁宪进入隋朝,隋朝授他使持节、昌州诸军事、开府仪同三司、昌州刺史。开皇十四年(594),隋帝下诏授他为晋王府长史。开皇十八年(598)去世,当时年纪七十岁。追赠他为大将军,安城郡公,谥曰"简"。袁宪的长子袁承家,在隋朝做到秘书丞、国子司业的官职。

注释 ① 昌州:《旧唐书》卷三十九"河北道·魏州·昌乐县"条下:"晋置,属阳平郡。后魏置昌州,今县西古城是也。"按昌乐县北魏太和二十一年(497)置,治所在今河南南乐西北,隋大业初废。原文中"昌州"确址不详。 ② 开皇:隋文帝杨坚年号(581—600)。　③ 晋王:隋文帝子杨广时封晋王。　④ 大将军:隋代左右武卫、左右武侯等各置大将军,为禁军的高级武官,列正三品。　⑤ 秘书丞:官名。隋时秘书省设监、丞各一人,领著作、太史二曹。　⑥ 国子司业:学官名。隋炀帝大业三年(607)置国子监司业,帮助国子祭酒教授生徒。司业,古代主管音乐之官。

徐 陵 传

导读

　　徐陵是梁陈间著名文学家。早年即以诗文闻名,曾为梁昭明太子萧统的东宫学士。梁武帝太清二年(548)奉命出使东魏,次年因侯景之乱而被迫留在邺城,羁留北方达七年之久。南归后陈武帝陈霸先代梁自立,徐陵入陈任职,官至左光禄大夫、太子少傅。

　　在南北朝的文学家中,历来的评论家们常把徐陵与庾信并称,然其成就实不如庾信。他的诗喜用典故,注意辞藻、对仗,现存诗篇中应制和艳体诗占多数,但也有一些较好的作品。徐陵在南北朝的骈文家中的地位也很重要,羁留北齐时所写的一些书信,如《与仆射杨遵彦书》《在北齐与宗室书》等比较优秀。本篇记叙了徐陵一生的主要经历,对其文学上的成就也作了一些评价。(选自卷二六)

原文

　　徐陵,字孝穆,东海郯人也①。祖超之,齐郁林太守②,梁员外散骑常侍。父摛,梁戎昭将军③、太子左卫率④,赠侍中、太子詹事,谥贞子。母臧氏,尝梦五色云化而为凤⑤,集左肩上,已而诞陵焉。时宝志上人者⑥,

翻译

　　徐陵,字孝穆,是东海郡郯县人。祖父徐超之,在齐朝任郁林郡太守,在梁朝任员外散骑常侍。父亲徐摛,在梁朝任戎昭将军、太子左卫率,死后被追赠为侍中、太子詹事,谥号"贞子"。母亲臧氏,曾经梦见五色的云彩化成许多凤鸟,栖止在她的左肩上,不久就生下了徐陵。当时有一位宝志上人,世人都世称其有道,陵年数岁,家人携以候之,宝志手摩其顶,曰:"天上石麒麟也⑦"。光宅惠云法师每嗟陵早成就,谓之颜回⑧。八岁,能属文;十二,通《庄》《老》义⑨。既长,博涉史籍,纵横有口辩⑩。

称赞他有道行,徐陵几岁的时候,其家人带着他去问候宝志上人,宝志用手抚摩徐陵的头顶,说:"这是天上的石麒麟啊。"光宅惠云法师常感叹徐陵早年就有成就,把他比作颜回。徐陵八岁时,能写文章;十二岁时,便能通解《庄子》《老子》的义理。长大以后,他广博地涉猎了历史书籍,豪放洒脱并很有口才。

注释 ① 东海:郡名。秦置,治所在今山东郯城县西北。郯(tán):县名。秦置,治所在今山东省郯城县北。 ② 郁林:郡名。治所在今广西桂平西南。 ③ 戎昭:陈时将军戎号,列第八品。按梁时无此戎号。 ④ 太子左卫率:太子东宫属官。梁时设左、右卫率各一人,主掌东宫禁卫之兵,列十一班。 ⑤ 凤:古代传说中的鸟。 ⑥ 上人:佛教称具备德行的人,后用作对僧人的尊称。 ⑦ 麒麟:古代传说中的一种动物。亦借喻杰出的人。石麒麟,此为对儿童前程远大的赞语。 ⑧ 颜回:春秋时人,孔子弟子之一,字子渊。好学,乐道安贫,在孔门中以德行著称。 ⑨《庄》《老》:即《庄子》《老子》,中国古代两部哲学著作。 ⑩ 纵横:奔放,无拘束。

原文

梁普通二年①,晋安王为平西将军②、宁蛮校尉③,父摛为王谘议,王又引陵参宁蛮府军事④。中大通三年⑤,王立为皇太子,东宫置学士⑥,陵充其选。稍迁尚书度支郎⑦。出为上虞

翻译

梁普通二年(521),晋安王萧纲任平西将军、宁蛮校尉,徐陵的父亲徐摛已为晋安王谘议,晋安王又提拔徐陵为宁蛮校尉府参军事。中大通三年(531年),晋安王被立为皇太子,在东宫设置学士,徐陵被选中。不久转任尚书度支郎。徐陵出任上虞县令时,御史中丞刘

令⑧，御史中丞刘孝仪与陵先有隙，风闻劾陵在县赃污⑨，因坐免。久之，起为南平王府行参军，迁通直散骑侍郎。梁简文在东宫撰《长春殿义记》，使陵为序。又令于少傅府述所制《庄子义》⑩。寻迁镇西湘东王中记室参军。

孝仪与他早先有过裂痕，便根据传闻弹劾徐陵在县任上贪污受贿，徐陵因此而被免职。很长一段时间后，又被起用为南平王府行参军，后转任通直散骑侍郎。梁简文帝在东宫写成《长春殿义记》，叫徐陵为此书作序。又命令徐陵在太子少傅府阐述他撰写的《庄子义》。不久徐陵转任镇西湘东王的中记室参军。

注释 ① 普通：梁武帝萧衍年号(520—527)。 ② 晋安王：即梁简文帝萧纲，梁武帝第三子，普通四年为平西将军。平西将军：梁时将军戎号，列二十班。 ③ 宁蛮校尉：梁陈时在少数民族聚集的地区雍州设宁蛮校尉，可开府置官，职位亦颇重。 ④ 参宁蛮府军事：即宁蛮校尉府参军。 ⑤ 中大通：梁武帝萧衍年号(529—534)。 ⑥ 学士：官名。魏晋六朝时征召文学之士主掌典礼、编纂、撰述诸事，通称学士；诸王及持节将帅亦可置学士，以师友相待，无定员、品秩。 ⑦ 尚书度支郎：尚书省度支曹长官，梁时列第六班。 ⑧ 上虞：县名，今属浙江省。 ⑨ 赃污：受贿贪污。 ⑩ 少傅：官名。即太子少傅，为太子太傅之副，负责教导太子。

原文

太清二年①，兼通直散骑常侍②。使魏，魏人授馆宴宾③。是曰甚热，其主客魏收嘲陵曰④："今日之热，当由徐常侍来。"陵即答曰："昔王肃至此，为魏始制礼

翻译

太清二年(548)，徐陵兼任通直散骑常侍。出使东魏时，魏国人在馆舍里宴请来宾。这一天天气很热，其主客官魏收嘲笑徐陵说："今天的炎热，当是徐常侍带来的。"徐陵立即回答道："当年王肃到此，为魏国首次制定了礼仪；今

仪⑤；今我来聘，使卿复知寒暑。"收大惭。

天我出使来此，又更使您懂得了什么是冷什么是热。"魏收大为羞愧。

注释　①太清：梁武帝萧衍年号（547—549）。　②通直散骑常侍：集书省属官。散骑常侍有员外、通直之目，皆为清要显爵之位。梁时通直散骑常侍列十一班。　③授馆：古时为宾客安排休息起居的地方。　④主客：官名，负责对外接待之事。　⑤"昔王肃"句：王肃，字恭懿，初仕南齐，因父兄为齐武帝所杀，自建业来北魏，孝文帝虚襟待之。北方自西晋末年丧乱后，礼乐崩亡，北魏孝文帝虽厘革制度，变更风俗，但未能详尽。王肃明练旧事，虚心受委，朝仪国典，均出其手。

原文

及侯景寇京师，陵父摛先在围城之内，陵不奉家信，便蔬食布衣，若居忧恤①。会齐受魏禅②，梁元帝承制于江陵，复通使于齐。陵累求复命，终拘留不遣，陵乃致书于仆射杨遵彦③。……

翻译

侯景寇犯京师时，徐陵的父亲徐摛先是被困在围城之内，徐陵接不到家信，便吃蔬食着布衣，好像处于守丧境地。这时正值东魏被北齐所代，梁元帝承皇帝旨意行事于江陵，又与北齐互通使节。徐陵数次请求北齐放他回去复命，但终究还是被拘留下来不予遣回，徐陵于是写信给北齐仆射杨遵彦。……

注释　①忧恤：丧事。　②齐受魏禅：公元550年，东魏宰相高洋废东魏自立，建号齐，史称北齐。　③致书于仆射杨遵彦：即《与仆射杨遵彦书》。徐陵羁留北齐时写给北齐大臣杨愔（字遵彦）的书信，是徐陵最著名的骈文作品之一。文中以婉转的口吻严正驳斥北齐扣留他的种种借口，申说自己应当南归的理由，逻辑严谨，抒情性很强，向来与南朝梁丘迟的《与陈伯之书》并称骈文书信之双璧。

原文

遵彦竟不报书。及江陵陷,齐送贞阳侯萧渊明为梁嗣,乃遣陵随还。太尉王僧辩初拒境不纳,渊明往复致书,皆陵词也。及渊明之入,僧辩得陵大喜,接待馈遗,其礼甚优。以陵为尚书吏部郎①,掌诏诰。其年高祖率兵诛僧辩,仍进讨韦载。时任约、徐嗣徽乘虚袭石头,陵感僧辩旧恩,乃往赴约。及约等平,高祖释陵不问。寻以为贞威将军②、尚书左丞③。

翻译

杨遵彦竟然没有回信。待到江陵陷落后,北齐送贞阳侯萧渊明回去做梁朝的继承君王,便派遣徐陵随同返回。太尉王僧辩起初拒绝他们入境,不予接纳。萧渊明与他往来的信函,全都出自徐陵的手笔。待萧渊明进入,王僧辩得到徐陵后非常高兴,接待馈赠,礼遇都十分隆厚。授徐陵为尚书吏部郎,主掌诏诰。这一年高祖陈霸先率兵诛杀了王僧辩,并进军讨伐韦载。当时任约、徐嗣徽乘虚袭击石头城,徐陵由于感怀王僧辩旧日对他的恩德,便前去投奔了任约。到任约等被平定时,高祖释放了徐陵没有追究。不久授他为贞威将军、尚书左丞。

注释 ① 尚书吏部郎:即尚书吏部侍郎。梁制,尚书省属官满一年者称郎中,简称郎,二年称侍郎。 ② 贞威:梁时将军戎号,列第八班。 ③ 尚书左丞:官名。南北朝时尚书省在令、仆射及六部尚书之外,设左、右丞各一人,帮助令、仆射处理省中事务。梁时列第九班。

原文

绍泰二年①,又使于齐,还除给事黄门侍郎、秘书监②。高祖受禅,加散骑常

翻译

绍泰二年(556),徐陵又出使北齐,回来后被授为给事黄门侍郎、秘书监。高祖受禅让即位后,又给他加官做散骑

侍,左丞如故。天嘉初③,除太府卿④。四年,迁五兵尚书,领大著作。六年,除散骑常侍、御史中丞。时安成王顼为司空⑤,以帝弟之尊,势倾朝野。直兵鲍僧叡假王威权⑥,抑塞辞讼⑦,大臣莫敢言者。陵闻之,乃为奏弹⑧,导从南台官属⑨,引奏案而入。世祖见陵服章严肃⑩,若不可犯,为敛容正坐⑪。陵进读奏版时⑫,安成王殿上侍立,仰视世祖,流汗失色。陵遣殿中御史引王下殿⑬,遂劾免侍中、中书监⑭。自此朝廷肃然⑮。

常侍,而他尚书左丞的官职照旧。天嘉初年,他又被授为太府卿。天嘉四年(563),徐陵转任五兵尚书,兼领大著作。天嘉六年,被授为散骑常侍、御史中丞。当时安成王陈顼任司空,因为皇帝弟弟的身份,权势倾倒朝野。其直兵鲍僧叡凭借安成王的权威,压抑阻塞诉讼之事,大臣没有一位敢于站出来说话的。徐陵知道后,便为此上奏章弹劾,他导领着御史台的官吏,带着上奏的状表进入殿内。世祖见徐陵穿着庄重的朝服,似乎有一种不可侵犯的气势,于是为此而严肃面容,端正坐姿。徐陵上前读奏章时,安成王在殿上侍立,抬头看着高祖,汗流失色。徐陵命殿中御史带着安成王下殿,安成王就被弹劾而免去了侍中、中书监的官职。从此以后朝廷出现一片严肃气氛。

注释 ①绍泰:梁敬帝萧方智年号(555—556)。 ②秘书监:秘书省长官,主掌国家的典籍图书。梁时列十一班。 ③天嘉:陈文帝陈蒨年号(560—565)。 ④太府卿:官名。南朝梁陈时十二卿之一,掌库藏财物,陈时列第三品。 ⑤安成王顼:即陈宣帝陈顼,即位前封安成王。 ⑥直兵:即中直兵参军。 ⑦抑塞:压抑、阻塞。辞讼:争讼、诉讼。 ⑧奏弹:奏劾,上奏章检举。 ⑨南台:御史台,梁时以在宫阙台西南,故称。御史台为朝廷的监察机构。 ⑩服章:古代官吏按身份品秩穿戴的服饰。 ⑪敛容:严肃其面容。 ⑫奏版:奏牍,写在版牍上的奏章。 ⑬殿中御史:御史台属官。南朝梁陈时设有殿中御史四人,掌殿中禁卫。 ⑭中书监:中书省长官。魏晋南北朝时中书省设监、令各一人，中书监与中书令职位相当而位次略高，同掌机要，为事实上的宰相。陈时列第二品。 ⑮ 肃然：恭敬，严肃。

原文

　　天康元年①，迁吏部尚书，领大著作。陵以梁末以来，选授多失其所，于是提举纲维，综核名实。……

　　废帝即位，高宗入辅，谋黜异志者，引陵预其议。高宗篡历②，封建昌县侯，邑五百户。太建元年③，除尚书右仆射。三年，迁尚书左仆射，陵抗表推周弘正、王劢等，高宗召陵入内殿，曰："卿何为固辞此职而举人乎？"陵曰："周弘正从陛下西还④，旧藩长史，王劢太平相府长史⑤，张种帝乡贤戚⑥，若选贤与旧，臣宜居后。"固辞累日，高宗苦属之⑦，陵乃奉诏。

翻译

　　天康元年（566），徐陵转任吏部尚书，兼领大著作。徐陵认为自梁末以来，选拔授官大多任用非人，于是举出选才的纲领，全面核察人物的外在名声与内在品质。……

　　废帝即位后，高宗入居辅佐之位，谋划罢黜那些异己分子，请徐陵参与他的计划。高宗继位后，封徐陵为建昌县侯，食邑五百户。太建元年（569），授他为尚书右仆射。太建三年，又调任他为尚书左仆射，徐陵上表直言推举周弘正、王劢等人，高宗召徐陵入内殿，对他说："您为何坚决辞谢此职而推荐别人担任呢？"徐陵说："周弘正跟随陛下从北周归来，是您为藩王时的长史；王劢在太平年间也曾是高祖相府的长史；张种是皇室的贵戚，若要选拔品德优良的旧人，那么我应该排在他们后面。"徐陵坚决地辞谢了很多天，高宗苦苦嘱咐，徐陵才奉诏接受。

注释　　① 天康：陈文帝陈蒨年号（566）。 ② 篡历：继位。 ③ 太建：陈宣帝陈顼年号（569—582）。 ④"周弘正"句：周弘正，字思行，陈武帝时任太子詹事。天嘉元年(560)，往长安迎高宗，天嘉三年(562)自周还，曾授太傅长史。　⑤"王劢"句：王劢，字公济，梁太平年间陈武帝任丞相时，曾为侍中、中书令，兼丞相府长史。太平：梁敬帝萧方智年号(556—557)。　⑥"张种"句：张种，字士苗，吴郡人。其女为始兴王陈叔陵妃，故称"帝乡贤戚"。　⑦属(zhǔ)：同"嘱"，托付，请托。

原文

及朝议北伐，高宗曰："朕意已决，卿可举元帅①。"众议咸以中权将军淳于量位重②，共署推之。陵独曰："不然。吴明彻家在淮左③，悉彼风俗，将略人才，当今亦无过者。"于是争论累日不能决。都官尚书裴忌曰："臣同徐仆射。"陵应声曰："非但明彻良将，裴忌即良副也。"是日，诏明彻为大都督，令忌监军事，遂克淮南数十州之地。高宗因置酒，举杯属陵曰："赏卿知人。"陵避席对曰："定策出自圣衷，非臣之力也。"其年加侍中，余并如故。……

后主即位，迁左光禄大夫④、太子少傅⑤，余如故。

翻译

朝廷商讨进行北伐时，高宗说："我的决心已经下了，你等可推举出一位主将。"众人的意见都认为中权将军淳于量职位很重，便共同署名推举他担任元帅。独有徐陵说道："不然。吴明彻的家乡在淮南地区，熟悉那里的风俗，而且他领兵打仗的方略以及个人才能，当今也没有谁能超过他的。"由此争论了好几天都不能决定。都官尚书裴忌说："我同意徐仆射的意见。"徐陵应声答道："非但吴明彻是最好的主将，裴忌也是最好的副将。"这一天，皇帝下诏授吴明彻为大都督，命令裴忌监察军事，于是克复了淮南数十州的地区。高宗因而摆设了酒宴，举起酒杯对徐陵说："赏赐您知人善任。"徐陵离开座位回答说："策略的制定出自皇上本人，并非我的力量。"这一年徐陵加官为侍中，其他官职照旧。……

后主即位后，徐陵转任左光禄大夫、太子少傅，其他官职照旧。至德元年

至德元年卒⑥，时年七十
七。……

去世，当时年纪七十七岁。……

注释 ①元帅：全军的主将。 ②中权：陈时将军戎号，列第二品。 ③淮左：今安徽省淮河南岸一带习称淮左。 ④左光禄大夫：南朝时光禄大夫有左、右之目，为加官及礼赠之官。 ⑤太子少傅：为太子太傅之副，负责教导太子。陈时列第二品。 ⑥至德：陈后主陈叔宝年号（583—586）。

原文

　　陵器局深远①，容止可观②，性又清简，无所营树③，禄俸与亲族共之。太建中，食建昌邑，邑户送米至于水次④，陵亲戚有贫匮者，皆令取之，数日便尽，陵家寻致乏绝。府僚怪而问其故。陵云："我有车牛衣裳可卖，余家有可卖不？"其周给如此⑤。少而崇信释教⑥，经论多所精解⑦。后主在东宫，令陵讲大品经⑧，义学名僧⑨，自远云集，每讲筵商较⑩，四座莫能与抗。目有青睛，时人以为聪惠之相也。自有陈创业，文檄军书及禅授诏策，皆陵所制，

翻译

　　徐陵器量大而深，仪容举止非常优美，品性又清廉俭朴，从不汲汲经营生计，所得的俸禄与亲族们共同享用。太建年间，徐陵享受建昌的贡赋，贡户们把米送到水边，徐陵的亲戚中有些人家里很贫困，他便叫这些亲戚来取米，几天后便全都拿光，以至于徐陵自己家里不久却匮乏粮食了。其府僚很奇怪地问他缘故。徐陵说："我尚有车子、牛和衣裳好变卖，其他人家有什么可卖的吗？"他就是这样地帮助别人。徐陵小的时候就崇信佛教，对佛教经论有很多精辟的见解。后主在东宫为太子时，命徐陵讲解佛教大品经，经义之学的名僧们，从四面八方云集而来，每次在讲席上研讨比较时，四周座位上的人没有一个能与他抗衡的。徐陵眼睛中有青色的眼珠，当时人认为这是聪明的面相。

而《九锡》尤美⑪。为一代文宗，亦不以此矜物⑫，未尝诋诃作者⑬。其于后进之徒⑭，接引无倦。世祖、高宗之世，国家有大手笔⑮，皆陵草之。其文颇变旧体，绢裁巧密，多有新意。每一文出手，好事者已传写成诵，遂被之华夷，家藏其本。后逢丧乱，多散失，存者三十卷⑯。有四子：俭、份、仪、傅。

自陈朝创建以来，朝廷的文告、檄文、军书以及禅让诏令策问等，皆是徐陵创作，其中的《九锡》一文尤其华美。徐陵是一代文章之宗师，但他并不以此恃才傲物，也从未毁谤斥责其他著书立说之人。对于后辈，徐陵指导提拔，不以为累。世祖、高宗之世，国家的诏令等重要文书，都是徐陵起草。他的文章对旧的体式很有变革，剪裁巧妙严谨，多有新意。每当一篇文章拿出去后，喜欢徐陵文章的人便已传写背诵其文，于是遍及华夷之地，家家都藏有他的作品。后来遭逢丧乱，大多散失了，现存三十卷。徐陵有四个儿子：徐俭、徐份、徐仪、徐傅。

注释 ① 器局：器量、度量。 ② 容止：仪容举止。 ③ 营树：经营生计。 ④ 水次：水边。 ⑤ 周给：帮助，接济。 ⑥ 释教：即佛教。 ⑦ 经论：佛教经典以经、律、论为三藏，经为佛所自说，论是经义的解释，律记戒规。此指佛教经典。 ⑧ 大品：指佛经的全本或繁本，与节略本的"小品"相对。 ⑨ 义学：经义之学。 ⑩ 讲筵：讲席。 ⑪《九锡》：徐陵所撰的一篇骈文，全名为《陈公九锡文》。文中对陈霸先平定任约之乱备极称颂，辞藻华美，音节和谐。 ⑫ 矜物：恃才傲物。物，类，指同辈的人。 ⑬ 诋诃（hē）：毁谤、斥责。 ⑭ 后进：后辈。亦指学识或资历较浅的人。 ⑮ 大手笔：此指朝廷重要的诏令文书。 ⑯ 存者三十卷：徐陵文集今本仅存六卷，为后人所辑，有清人吴兆宜注本。

毛 喜 传

导读

　　毛喜是陈宣帝陈顼的主要谋臣。文帝陈蒨死后,太子陈伯宗即位,时宣帝陈顼为安成王,以文帝之弟的身份辅政,大权独揽,最终废除陈伯宗而自立为帝。在此过程中,毛喜起了很大的作用。宣帝是陈朝在位最久的皇帝,作为这一时期的主要大臣之一,毛喜对陈朝暂时的偏安也做出了一定的贡献。(选自卷二九)

原文

　　毛喜,字伯武,荥阳阳武人也①。祖称,梁散骑侍郎。父栖忠,梁尚书比部侍郎②、中权司马③。

翻译

　　毛喜,字伯武,是荥阳郡阳武县人。祖父毛称,在梁朝任散骑侍郎。父亲毛栖忠,在梁朝任尚书比部侍郎、中权司马。

注释　①荥阳:郡名,治所在今河南荥阳东北。阳武:县名,治所在今河南原阳东南。　②尚书比部侍郎:尚书省比部曹长官,为吏部尚书所领。梁时列第六班。　③中权司马:将军幕府属官,综理军府事务,参与军事计划。中权,将军戎号。

原文

　　喜少好学,善草隶①。起家梁中卫西昌侯行参军②,寻迁记室参军③。高

翻译

　　毛喜少年时爱好学习,擅长草隶书法。开始做的官为中卫西昌侯行参军,不久调任记室参军。高祖陈霸先一向

祖素知于喜，及镇京口，命喜与高宗俱往江陵，仍敕高宗曰："汝至西朝④，可谘禀毛喜⑤。"喜与高宗同谒梁元帝，即以高宗为领直⑥，喜为尚书功论侍郎⑦。及江陵陷，喜及高宗俱迁关右。世祖即位，喜自周还，进和好之策，朝廷乃遣周弘正等通聘。及高宗反国⑧，喜于郢州奉迎。又遣喜入关，以家属为请。周冢宰宇文护执喜手曰⑨："能结二国之好者，卿也。"仍迎柳皇后及后主还⑩。天嘉三年至京师⑪，高宗时为骠骑将军⑫，仍以喜为府谘议参军⑬，领中记室⑭。府朝文翰，皆喜词也。

和毛喜相契，当其镇守京口的时候，命毛喜与高宗陈顼一起前往江陵，并告诫高宗说："你到了西朝，有事可询问禀告毛喜。"毛喜与高宗一起谒见梁元帝萧绎，梁元帝即任命高宗为领直，毛喜为尚书功论侍郎。江陵陷落后，毛喜与高宗一起被移往关西。世祖陈蒨即位后，毛喜自北周返回，进上两国通好的策略，朝廷便派遣周弘正等出使。待到高宗回国时，毛喜在郢州迎接。高宗又派毛喜入关前往北周，请求释放他的家属。北周的冢宰宇文护拉着毛喜的手说："能够使两国交好的人，只有您呵。"毛喜就迎回了柳皇后及后主。天嘉三年(562)到达京城，高宗当时为骠骑将军，于是授毛喜为军府谘议参军，兼领中记室参军。军府及朝廷中的文书诏会，都是毛喜的手笔。

注释　①草隶：即草书，又指草书和隶书。　②中卫：梁时将军戎号，列二十三班。　③记室参军：参军之一。　④西朝：指侯景攻陷建康后，公元552年梁武帝第七子湘东王萧绎在江陵称帝建立的政权。因江陵在建康之西，故称西朝。　⑤谘禀：询问，禀报。　⑥领直：官名。　⑦尚书功论侍郎：尚书省功论曹长官，为都官尚书所领。梁时列第六班。　⑧反：同"返"。　⑨冢宰：本周代官名。北周时沿用《周礼》体制，设大、小冢宰，行宰相之职。　⑩柳皇后：陈宣帝陈顼皇后，陈后主的生母。

⑪ 天嘉:陈文帝陈蒨年号(560—565)。　⑫ 骠骑:陈时将军戎号,列第一品。
⑬ 咨议参军:参军之一。　⑭ 中记室:即中记室参军。

原文

世祖尝谓高宗曰:"我诸子皆以'伯'为名,汝诸儿宜用'叔'为称。"高宗以访于喜,喜即条牒自古名贤杜叔英、虞叔卿等二十余人以启世祖,世祖称善。

世祖崩,废帝冲昧①,高宗录尚书辅政②,仆射到仲举等知朝望有归③,乃矫太后令遣高宗还东府,当时疑惧,无敢措言。喜即驰入,谓高宗曰:"陈有天下日浅④,海内未夷,兼国祸并钟⑤,万邦危惧⑥。皇太后深惟社稷至计,令王入省,方当共康庶绩⑦,比德尹、周⑧。今日之言,必非太后之意。宗社之重⑨,愿加三思。以喜之愚,须更闻奏,无使奸贼得肆其谋。"竟如其策。

翻译

世祖曾对高宗说:"我的几个儿子全以'伯'为名,你的诸子应以'叔'为名。"高宗以此询问毛喜,毛喜便用书板罗列了自古以来的名士贤人杜叔英、虞叔卿等以"叔"为名的二十余人禀告世祖,世祖很赞赏。

世祖驾崩后,废帝陈伯宗年幼无知,高宗以录尚书事的职位辅佐政务,尚书仆射到仲举等人知道朝中有声望的大臣们都归心于高宗,便伪称太后的旨意命令高宗返回东府,当时所有的人都又怀疑又害怕,没有一个人敢发表意见。毛喜当即骑马进入,对高宗说:"陈朝拥有天下的时间很短,国内尚没有安定,又兼危害国家的祸乱很多,全国各地都惧怕担忧。皇太后从国家社稷之根本着想,命令殿下入省辅政,正应当共兴各项大业,与商朝的伊尹、周朝的周公比美。今天的传言,必定不是太后本人的意思。这是关系到宗庙社稷的重大事情,请加以三思。以愚见,应该再次上奏使太后知道此事,不要使奸贼的计谋得逞。"最后就照他的谋策做了。

① 冲昧:年幼愚昧。 ② 录尚书:即录尚书事。 ③ 仆射:即尚书仆射。 ④ 浅:时间短。 ⑤ 钟:聚,集。 ⑥ 万邦:此统指全国各地。 ⑦ 庶绩:各项事业。 ⑧ 伊、周:指伊尹、周公旦。 ⑨ 宗社:宗庙与社稷,此借指国家。

原文

右卫将军韩子高始与仲举通谋①,其事未发,喜请高宗曰:"宜简选人马②,配与子高,并赐铁炭,使修器甲。"高宗惊曰:"子高谋反,即欲收执,何为更如是邪?"喜答曰:"山陵始毕③,边寇尚多,而子高受委前朝,名为杖顺④,然甚轻狷⑤,恐不时授首⑥,脱其稽诛⑦,或愆王度⑧。宜推心安诱,使不自疑,图之一壮士之力耳。"高宗深然之,卒行其计。

翻译

右卫将军韩子高刚与到仲举通谋,其参与叛乱之事尚未公开揭发出来时,毛喜对高宗请求道:"应当选拔人马,分配给韩子高,并赐发铁器木炭,命他修治兵器甲胄。"高宗惊奇地说:"韩子高谋反,就应该将他拘捕,怎么反而这样做呢?"毛喜回答道:"先王的陵墓刚刚完成,边境上的乱寇还很多,而韩子高受委任于前朝皇帝,名义上服顺,但他很轻浮急躁,我担心在不合适的时候收降他,会让他逃脱诛杀,或者有悖于王者的法度。所以应当推心置腹地安抚诱使他,使其不生怀疑,待局势稳定后来制服他,仅靠一个壮士的力量就行了。"高宗对此深表赞同,最终即按这一计策行事了。

注释 ① 右卫将军:武官名,魏晋南北朝中央禁军六将军之一,陈时列第三品。 ② 简选:选拔。 ③ 山陵:帝王或皇后的坟墓。 ④ 杖顺:依从,顺从。 ⑤ 轻狷(juàn):轻浮躁急。 ⑥ 不时:不适时,不合时。授首:指投降或被杀。 ⑦ 稽诛:稽查而诛。调查后诛杀。 ⑧ 愆(qiān):丧失。王度:王者的政教。

原文

高宗即位，除给事黄门侍郎，兼中书舍人，典军国机密①。高宗将议北伐，敕喜撰军制②，凡十三条，诏颁天下，文多不载。寻迁太子右卫率③、右卫将军。以定策功，封东昌县侯，邑五百户。又以本官行江夏、武陵、桂阳三王府国事。太建三年④，丁母忧去职，诏追赠喜母庾氏东昌国太夫人，赐布五百匹，钱三十万，官给丧事。又遣员外散骑常侍杜缅图其墓田，高宗亲与缅案图指画，其见重如此。寻起为明威将军⑤，右卫⑥、舍人如故。改授宣远将军⑦、义兴太守。寻以本号入为御史中丞。服阕⑧，加散骑常侍、五兵尚书⑨，参掌选事。

翻译

高宗即位后，授毛喜为给事黄门侍郎，兼中书舍人，掌管军务与国政机要秘密之事。高宗将要谋划北伐时，命令毛喜起草军制，一共有十三条，诏命颁布天下，大多是以前的法令条文所没有记载过的。不久调任太子右卫率、右卫将军。因为制定策略的功劳，毛喜被封为东昌县侯，食邑五百户。又以本官兼领江夏、武陵、桂阳三王府国事。太建三年(571)，毛喜以母丧离职，皇帝下诏追赠毛喜的母亲庾氏为东昌国太夫人，赐给五百匹布，三十万钱，由官府资给丧事之需。皇帝又派遣员外散骑常侍杜缅绘出其陵墓的图样，高宗亲自与杜缅就图样指点规划，毛喜就是如此被皇帝看重。不久起复官职为明威将军，右卫将军、中书舍人的官职照旧。后又改授毛喜为宣远将军、义兴太守。不久以本号进入朝廷任御使中丞。服丧期满后，加官散骑常侍、五兵尚书，参与掌管铨选职官之事。

注释 ①军国：军务与国政。 ②军制：军队之制。军队的组织、训练、作战等法制。 ③太子右卫率：太子官中属官。 ④太建：陈宣帝陈顼年号(569—582)。

⑤ 明威：陈时将军戎号，列第五品。　⑥ 右卫：即右卫将军。　⑦ 宣远：陈时将军戎号，列第五品。　⑧ 服阕（què）：守丧期满除服。阕，终了。　⑨ 五兵尚书：尚书省六尚书之一，领中兵、外兵等曹。陈时列第三品。

原文

　　及众军北伐，得淮南地①，喜陈安边之术，高宗纳之，即日施行。又问喜曰："我欲进兵彭、汴，于卿意如何？"喜对曰："臣实才非智者，安敢预兆未然。窃以淮左新平，边氓未乂②，周氏始吞齐国③，难与争锋，岂以弊卒疲兵，复加深入。且弃舟楫之工，践车骑之地，去长就短，非吴人所便。臣愚以为不若安民保境，寝兵复约④，然后广募英奇，顺时而动，斯久长之术也。"高宗不从。后吴明彻陷周，高宗谓喜曰："卿之所言，验于今矣。"

翻译

　　当各路兵马北伐，获取了淮南之地时，毛喜呈上了安定边疆的计策，高宗予以接纳，当日就施行了。高宗又询问毛喜道："我想进兵彭、汴地区，您的意见如何？"毛喜回答道："我实在不是有智慧才干的人，怎敢预卜未来。但我私下认为淮左地区新近被平复，边境上的百姓尚未获得治理，北周刚刚吞灭了北齐，我们很难与他争锋抗衡，怎能以疲弊的军队，又加以深入。而且放弃驾船水战的特长，前往有利于兵车骑兵作战的地区，丢了长处就短处，不是我们吴地人所便利的。臣下愚见以为不如安抚百姓保护国境，停止战事修复盟约，然后广泛地招募英勇奇异之人，看准时机行动，这才是长久的策略。"高宗没有听从。后来吴明彻被北周俘虏，高宗对毛喜说："卿所说的话，今天应验了。"

注释　① 淮南：泛指淮水以南之地，大致为今江苏安徽两省长江以北、淮河以南的地方。　② 氓（méng）：百姓。乂（yì）：治理。　③ 周氏始吞齐国：指公元577年北周灭掉北齐。 ④寝兵:息兵,停止战争。

十二年,加侍中。十三年,授散骑常侍、丹阳尹。迁吏部尚书,常侍如故。及高宗崩,叔陵构逆①,敕中庶子陆琼宣旨②,令南北诸军,皆取喜处分③。贼平,又加侍中,增封并前九百户。至德元年④,授信威将军⑤、永嘉内史,加秩中二千石。

(太建)十二年(580),毛喜加官为侍中。十三年,被授为散骑常侍、丹阳尹。后调任吏部尚书,散骑常侍的官职不变。高宗驾崩后,陈叔陵发动叛乱,后主命太子中庶子陆琼宣布圣旨,命令南北诸军,都听从毛喜的安排指挥。叛贼被平定后,又加官毛喜侍中,增封食邑加上以前的共九百户。至德元年(583),朝廷又授他为信威将军、永嘉内史,增加俸秩为中二千石。

①构逆:造反,发动叛乱。 ②中庶子:即太子中庶子。 ③处分:处理,处置。 ④至德:陈后主陈叔宝年号(583—586)。 ⑤信威:陈时将军戎号,列第四品。

初,高宗委政于喜,喜亦勤心纳忠,多所匡益,数有谏诤,事并见从,由是十余年间,江东狭小①,遂称全盛。唯略地淮北②,不纳喜谋,而吴明彻竟败,高宗深悔之,谓袁宪曰:"不用毛喜

当初,高宗把政事委托给毛喜,毛喜也十分用心地贡献自己的忠诚,对事务不当之处进行了很多改正,多次对皇帝直言规劝,所言之事也都被采纳听从,由此十余年间,江东这一狭小的地区,就获得了历史上的全盛时期。唯有攻占淮北之举,没有采纳毛喜的计谋,而吴明彻终于失败,高宗对此深为后

计,遂令至此,朕之过也。"喜既益亲,乃言无回避,而皇太子好酒德③,每共幸人为长夜之宴,喜尝为言,高宗以诫太子,太子阴患之,至是稍见疏远。

悔,曾对袁宪说:"没有采用毛喜的计策,才导致了这样的结局,这是我的过错。"毛喜既已更受皇帝宠爱,于是发表自己的意见便无所顾忌,而皇太子好酗酒,常常与自己宠幸的人作长夜的宴饮,毛喜曾为此向高宗言说,高宗以此训诫太子,于是太子私下里很厌恨他,等到即位后便渐渐疏远了毛喜。

注释　① 江东:本指今芜湖、南京长江河段以东地区。此指陈朝统治地区。② 淮北:淮水以北地区。此指太建九年(577)吴明彻北伐时要想夺取的徐、兖地区(今江苏徐州一带)。　③ 酒德:以酗酒为德。

原文

　　初,后主为始兴王所伤,及疮愈而自庆,置酒于后殿,引江总以下,展乐赋诗,醉而命喜。于时山陵初毕,未及逾年,喜见之不怿①,欲谏而后主已醉,喜升阶,阳为心疾②,仆于阶下,移出省中。后主醒,乃疑之,谓江总曰:"我悔召毛喜,知其无疾,但欲阻我欢宴,非我所为,故奸诈耳。"

翻译

　　早先,后主被始兴王击伤,等到疮疤愈合后自作庆贺,在后殿布置下酒席,带引江总以下诸人,奏乐赋诗,喝醉后命令召见毛喜。当时先王的丧事刚刚完成还没有到一年,毛喜见到这样的情景很不高兴,想要规劝而后主已经醉了,毛喜走上殿来,假装心病发作,跌倒在台阶下,被移出殿省。后主醒来后,便有所怀疑,对江总说:"我很后悔召来毛喜,知道他并无疾病,只是想阻挠我的欢宴,表现我的所作所为不对,所以才使奸诈罢了。"于是便与司马申谋划乃与司马申谋曰："此人负气③，吾欲将乞鄱阳兄弟听其报仇④，可乎？"对曰："终不为官用，愿如圣旨。"傅𬘡争之曰："不然。若许报仇，欲置先皇何地？"后主曰："当乞一小郡，勿令见人事耳⑤。"乃以喜为永嘉内史。

道："毛喜这个人恃其意气不肯顺服，我想把他交付给鄱阳兄弟，任凭他们报仇，可以不可以？"司马申答道："若使他永远不被朝廷任用，愿意听从圣旨。"傅𬘡抗争道："不能这样做。如果允许鄱阳兄弟报仇，那么要把先皇置于何地？"后主说："可以给他一个小郡管理，不要使他再接触朝廷事务。"于是任用毛喜为永嘉内史。

注释 ① 怿(yì)：欢喜，高兴。 ② 阳：同"佯"，假装。 ③ 负气：意谓恃其意气，不肯屈服。 ④ 乞：给予。鄱阳兄弟：指陈文帝陈蒨诸子。陈宣帝陈顼杀刘师知、韩子高、到仲举父子以及始兴王陈伯茂而继位，皆出之毛喜的计谋。陈后主恼恨毛喜，便欲将毛喜付予文帝诸子任凭其报仇。 ⑤ 人事：此指朝廷事务。

原文

喜至郡，不受俸秩，政弘清静，民吏便之。遇丰州刺史章大宝举兵反，郡与丰州相接，而素无备御，喜乃修治城隍①，严饰器械。又遣所部松阳令周磻领千兵援建安②。贼平，授南安内史③。祯明元年④，征为光禄大夫，领左骁骑将军。喜在郡有惠政，乃征入朝，道

翻译

毛喜到永嘉郡任所后，不接受俸秩，政事宏达清简，百姓和官吏们感到很便利。恰遇丰州刺史章大宝带兵造反，永嘉郡与丰州相接壤，而对外却一向毫无防备，毛喜于是修治整理城壕，修整兵甲器械。又派遣所管辖的部属松阳令周磻率领千名兵士援助建安郡。叛贼被平定后，授毛喜为南安内史。祯明元年(587)，征召他为光禄大夫，兼领左骁骑将军。毛喜在郡任上有很好的政绩，被征召入朝，当时在道路上跟随

路追送者数百里。其年道病卒,时年七十二。有集十卷。子处冲嗣,官至仪同从事中郎⑤、中书侍郎。

送别的人绵延数百里。这一年在路上病故,年纪七十二岁。有文集十卷。其子毛处冲继承爵位,官做到仪同从事中郎,中书侍郎。

注释　　① 城隍:城壕;有水为池,无水为隍。　② 松阳:县名,治所即今浙江遂昌古市。　③ 南安:郡名,南朝梁置,治所在今福建南安东丰州。　④ 祯明:陈后主陈叔宝年号(587—589)。　⑤ 从事中郎:将军幕府属官。

萧 摩 诃 传

导读

　　萧摩诃是陈朝后期的主要军事将领。在随同吴明彻北伐中战功卓著,后主即位后,在平定始兴王陈叔陵叛乱时也立有大功,官至散骑常侍、车骑大将军。隋军南下时,萧摩诃力主出战,终因后主君臣昏愦而无所作为,被隋军俘虏。本篇取材十分精练,通过对萧摩诃在几次战役中的行为描写,生动地刻画出勇敢忠诚的人物形象,是非常成功的一篇传记。(选自卷三一)

原文

　　萧摩诃,字元胤[1],兰陵人也。祖靓,梁右将军[2]。父谅,梁始兴郡丞[3]。摩诃随父之郡,年数岁而父卒,其姑夫蔡路养时在南康[4],乃收养之。稍长,果毅有勇力。侯景之乱,高祖赴援京师,路养起兵拒高祖,摩诃时年十三,单骑出战,军中莫有当者。及路养败,摩诃归于侯安都,安都遇之甚厚,自此常隶安都征讨。及

翻译

　　萧摩诃,字元胤,是兰陵郡人。祖父萧靓,在梁朝任右军将军。父亲萧谅,在梁朝任始兴郡郡丞。摩诃随父亲赴郡所,几岁时父亲就去世了,他的姑父蔡路养当时在南康郡,便收养了摩诃。萧摩诃年纪渐渐长大,果断坚毅很有猛力。侯景作乱,高祖陈霸先前往援救京师时,蔡路养带兵阻挡高祖,摩诃当时十三岁,单人独马出战,一军中没有谁能抵挡他的。待到蔡路养兵败后,摩诃投降了侯安都,侯安都待他很好,从此便经常隶属于侯安都出征。当任

任约、徐嗣徽引齐兵为寇，高祖遣安都北拒齐军于钟山龙尾及北郊坛。安都谓摩诃曰："卿骁勇有名，千闻不如一见。"摩诃对曰："今日令公见矣。"及战，安都坠马被围，摩诃独骑大呼，直冲齐军，齐军披靡，因稍解去，安都乃免。天嘉初⑤，除本县令，以平留异、欧阳纥之功，累迁巴山太守⑥。

约、徐嗣徽带引北齐兵马前来进犯时，高祖派遣侯安都在北面的钟山龙尾及北郊坛抵御北齐军。侯安都对摩诃说："您勇敢善战是很有名气的，但千闻却不如一见。"摩诃答道："今天就会让您见到了。"待到交战时，侯安都从马上坠下被围住，摩诃一人单骑大声叫喊，直冲向北齐军，敌军惊慌溃败，使得围困稍稍松动，侯安都因而得救。天嘉初年，摩诃被授为本县县令，因为平定留异、欧阳纥有功，多次迁升至巴山郡太守。

注释 ① 胤：音 yìn。 ② 右将军：即右军将军。 ③ 郡丞：官名，辅佐郡守的官。南朝时期地方长官郡太守、县令长皆有丞，丞的职权较重，由中央任命。 ④ 南康：郡名，治所在今江西赣州西南。 ⑤ 天嘉：陈文帝陈蒨年号(560—565)。 ⑥ 巴山：郡名，治所在今江西崇仁西南。

原文

太建五年①，众军北伐，摩诃随都督吴明彻济江攻秦郡。时齐遣大将尉破胡等率众十万来援，其前队有"苍头""犀角""大力"之号，皆身长八尺，膂力绝伦②，其锋甚锐。又有西域胡③，妙

翻译

太建五年(573)，陈朝各路兵马北伐，萧摩诃随都督吴明彻渡过长江进攻秦郡。当时北齐派大将尉破胡等人率领十万人马前来增援，其前锋部队中有名为"苍头""犀角""大力"的分队，其中的人都是身高八尺，力大无比，锋芒很盛。他们中又有一位西域的胡人，擅长射箭，箭无虚发，陈军各队伍对他特别

于弓矢，弦无虚发，众军尤惮之。及将战，明彻谓摩诃曰："若殪此胡④，则彼军夺气，君有关、张之名，可斩颜良矣⑤。"摩诃曰："愿示其形状，当为公取之。"明彻乃召降人有识胡者，云胡着绛衣，桦皮装弓，两端骨弭⑥。明彻遣人觇伺⑦，知胡在阵，乃自酌酒以饮摩诃。摩诃饮讫，驰马冲齐军，胡挺身出阵前十余步，彀弓未发，摩诃遥掷铣鋧⑧，正中其额，应手而仆。齐军"大力"十余人出战，摩诃又斩之，于是齐军退走。以功授明毅将军⑨、员外散骑常侍，封廉平县伯，邑五百户。寻进爵为侯，转太仆卿⑩，余如故。七年，又随明彻进围宿预⑪，击走齐将王康德，以功除晋熙太守⑫。九年，明彻进军吕梁，与齐人大战，摩诃率七骑先入，手夺齐军大旗，齐众大溃。以功授持节、武

惧怕。当双方即将交战时，吴明彻对摩诃说："如果杀死这个胡人，那么对方必然会丧失锐气，您有关羽、张飞那样的名声，一定能像关羽斩颜良一样杀掉此人。"摩诃说："希望能告知此人的形貌，我理当为您取其性命。"吴明彻便召对方投降的认识这个胡人的人询问，这些人说此胡人穿着绛色的衣服，弓装在桦皮袋子中，弓的两端是用骨头做成的。吴明彻又派人侦察窥视，得知此胡人正在阵中，于是亲自为摩诃斟酒，摩诃饮后，骑马冲向北齐军，这个胡人挺身而出来到阵前十余步的地方，拉弓尚未发出箭矢，摩诃就远远地投掷出铁铜，正打中他的额头，应声倒地。北齐军"大力"队中有十余人出阵来战，摩诃又将他们斩杀，于是北齐军退跑。摩诃因功被授为明毅将军、员外散骑常侍，封为廉平县伯，食邑五百户。不久进爵位为侯，转任太仆卿，其他官职照旧。太建七年(575)，又跟随吴明彻进军围攻宿预，将北齐将领王康德击跑，因功被授为晋熙郡太守。太建九年，吴明彻进军吕梁，与北齐人大规模地会战，摩诃率领七名骑兵先行攻入齐军阵地，徒手夺得北齐军的大旗，北齐军大败溃

毅将军⑬、谯州刺史。

乱。因功被授为持节、武毅将军、谯州刺史。

注释 ① 太建：陈宣帝陈顼年号(569—582)。 ② 膂(lǚ)力：体力。 ③ 西域胡：西域胡人。西域，西汉以后对玉门关(今甘肃敦煌西北)以西地区的总称。胡，我国古代对北方边地及西域各少数民族的蔑称。 ④ 殪(yì)：死。 ⑤ "君有"句：用三国时关羽、张飞典。关，关羽，字云长；张，张飞，字益德，皆三国时蜀国名将，以勇猛善战著称。建安五年(200)，曹操东征袁绍，关羽为偏将军，曾在万人军中斩杀袁绍的大将颜良。事见《三国志·蜀志·关羽传》。 ⑥ 弭(mǐ)：弓的两端。 ⑦ 觇伺(chān sì)：侦察，窥候。 ⑧ 铣鋧(xiǎn xiàn)：小凿子。一说即铜。 ⑨ 明毅：陈时将军戎号，列第六品。 ⑩太仆卿：九卿之一，掌管宫廷车马和全国马政。南朝时不常置。陈时列第三品。 ⑪ 宿预：郡名，治所在今江苏宿迁东南旧黄河东北岸。 ⑫ 晋熙：郡名，东晋置，治所在今安徽潜山。 ⑬ 武毅：陈时将军戎号，列第六品。

原文

及周武帝灭齐，遣其将宇文忻率众争吕梁，战于龙晦①。时忻有精骑数千，摩诃领十二骑深入周军，纵横奋击，斩馘甚众②。及周遣大将军王轨来赴，结长围连锁于吕梁下流，断大军还路。摩诃谓明彻曰："闻王轨始锁下流，其两头筑城，今尚未立，公若见遣击之，彼必不敢相拒。水路未断，贼势不坚，彼城若立，则吾

翻译

当北周武帝灭掉北齐后，派遣他的将领宇文忻率领人马前来争夺吕梁，双方交战于龙晦。当时宇文忻有数千精锐的骑兵，萧摩诃率领十二名骑兵突入北周军中，纵横奋勇冲杀，斩杀了很多敌人。当北周派遣大将军王轨前来增援，用长长的连锁围拦吕梁河水的下游，切断了陈朝大军的退路。摩诃对吴明彻说："听说王轨刚刚开始用长锁拦住下游，又在两头建造城堡，现在尚未建成，您如果派我去袭击他们，他们必然不敢抵挡。水路不断，贼兵的势力就

属且为虏矣。"明彻乃奋髯曰:"搴旗陷阵③,将军事也;长筭远略④,老夫事也。"摩诃失色而退。一旬之间,周兵益至,摩诃又请于明彻曰:"今求战不得,进退无路,若潜军突围,未足为耻。愿公率步卒,乘马舆徐行,摩诃领铁骑数千,驱驰前后,必当使公安达京邑。"明彻曰:"弟之此计,乃良图也。然老夫受脤专征⑤,不能战胜攻取,今被围逼蹙,惭置无地⑥。且步军既多,吾为总督,必须身居其后,相率兼行。弟马军宜须在前,不可迟缓。"摩诃因率马军夜发。先是,周军长围既合,又于要路下伏数重,摩诃选精骑八十,率先冲突,自后众骑继焉,比旦达淮南⑦。高宗诏征还,授右卫将军。十一年,周兵寇寿阳,摩诃与樊毅等众军赴援,无功而还。

不强。而他们的城堡如果建成,那么我们都将成为俘虏了。"吴明彻胡须抖动激动地说:"拔取故军的大旗冲进敌人的阵地,是您将军的事;而长远的谋划,则是我老夫的事情!"摩诃吓得面容变色而退下。十天之间,北周的兵马越来越多,摩诃又请求吴明彻道:"现在的局面是求战不能,进退无路,但如果军队暗中突围,也不能算是耻辱。希望您率领步兵,您乘坐马车慢慢前进,我率领数千铁甲骑兵,在前后来回护卫,一定使您安然抵达京城。"吴明彻说:"贤弟这个计策,确是好的办法。但老夫受命征讨,不能战胜敌人获取地域,如今却被故军围困逼迫而窘迫,实在是惭愧难当。而且我军步兵居多,我身为总督,必须身居军队之后,一起快速前进。贤弟的马军应当在前,不可以迟缓。"摩诃于是率马军在夜里出发。在此之前,北周军的包围已经形成,又在要道上设下了数重埋伏,摩诃挑选出八十名精锐的骑兵,率先冲突敌阵,后面的众多骑兵紧紧跟随,到第二天早上抵达淮南郡。高宗下诏征召他还朝,授为右卫将军。太建十一年(579),北周兵进犯寿阳县,摩诃与樊毅等部前去增援,没有取得功绩而返回。

注释 ① 龙晦：地名，今址不详。 ② 馘(guó)：截耳。古代战争中割取敌人左耳朵以计功，称为馘。 ③ 搴(qiān)：拔取。 ④ 筭(suàn)：同"算"，谋划。 ⑤ 受脤(shèn)：古时出兵须祭宗社，祭毕，以社肉颁赐众人，称为受脤。脤，古代祭社稷用的生肉。 ⑥ 置：安置，安放。 ⑦ 淮南：此指淮南郡，东晋初侨置，治所在今安徽当涂。

原文	翻译
十四年，高宗崩，始兴王叔陵于殿内手刃后主，伤而不死，叔陵奔东府城①。时众心犹预②，莫有讨贼者，东宫舍人司马申启后主③，驰召摩诃，入见受敕，乃率马步数百，先趣东府城西门屯军。叔陵惶遽④，自城南门而出，摩诃勒兵追斩之。……	太建十四年（582），高宗驾崩，始兴王陈叔陵在宫殿内击刺后主，后主受伤但没有死，陈叔陵逃奔到东府城。当时众人都在犹豫，没有人去讨伐叛贼，东宫舍人司马申启奏后主，派人驰马速召萧摩诃，摩诃入见后主接受命令，便率领骑、步兵数百人，先赴东府城西门驻扎。陈叔陵非常恐惧惊慌，从东府城南门逃出，摩诃率兵追上将他斩杀。……

注释 ① 东府城：一名东城，在今江苏南京通济门附近，临秦淮河。 ② 犹预：同"犹豫"，迟疑不决。 ③ 东宫舍人：即太子舍人。 ④ 惶遽：恐惧惊慌。

原文	翻译
会隋总管贺若弼镇广陵①，窥觎江左②，后主委摩诃备御之任，授南徐州刺史，余并如故。祯明三年正月元会③，征摩诃还朝，贺若	这时候隋朝总管贺若弼正镇守在广陵，暗中图谋江左地区，后主委派萧摩诃防备抵御隋军的任务，授他为南徐州刺史，其他官职照旧。祯明三年（589）元月皇帝朝见大臣时，征召摩诃

弼乘虚济江,袭京口,摩诃请兵逆战,后主不许。及若弼进军钟山,摩诃又请曰:"贺若弼悬军深入④,声援犹远,且其垒堑未坚,人情惶惧,出兵掩袭⑤,必大克之。"后主又不许。及隋军大至,将出战,后主谓摩诃曰:"公可为我一决。"摩诃曰:"从来行阵⑥,为国为身,今日之事,兼为妻子。"后主多出金帛,颁赏诸军,令中领军鲁广达陈兵白土岗,居众军之南偏,镇东大将军任忠次之⑦,护军将军樊毅、都官尚书孔范次之,摩诃军最居北,众军南北亘二十里,首尾进退,各不相知。贺若弼初谓未战,将轻骑,登山观望形势,及见众军,因驰下置阵。广达首率所部进薄⑧,弼军屡却,俄而复振,更分军趣北突诸将,孔范出战,兵交而走,诸将支离⑨,阵犹未合,骑卒溃散,驻之

还朝,贺若弼乘虚渡过长江,袭击京口,摩诃请求带兵迎击,后主不允许。待到贺若弼进兵抵达钟山时,摩诃又请求后主道:"贺若弼孤军深入,其支援部队尚在很远的地方,而且他的堡垒沟堑尚未坚固,人心恐惧,此时出兵乘其不备而袭击,必将会取得大胜。"后主又不允许。等到隋朝大军到达,将出战时,后主对摩诃说:"您可以为我决一死战。"摩诃说:"我带兵打仗,从来都是为了国家为了自身,今日去战斗,兼为我的妻子儿女。"后主拿出很多金银布帛,颁赏给各支队伍,命令中领军鲁广达在白土岗布列兵马,位于陈军众部队的偏南,镇东大将军任忠率军次之,护军将军樊毅、都官尚书孔范率军再次之,摩诃的部队在最北,众军南北绵延二十里,首尾或进或退,互相都不知道。贺若弼起初以为战斗尚未开始,率领轻装骑兵,登山观看形势,当看到陈朝众军后,就立即快马下山布置阵势。鲁广达首先率所统领的部队进攻,贺若弼的部队屡屡退却,不久又重新振作,再一次兵往北突击陈朝诸将,孔范出战,军队一战就逃走了,诸将领四下分散,阵势尚未会合,骑兵就溃散而逃,无法阻止,摩诃无处用力,被隋军俘虏。

弗止^⑩,摩诃无所用力焉,为
隋军所执。

注释 ① 广陵:县名,治所在今江苏扬州西北。 ② 窥觎(yú):暗中图谋。 ③ 元
会:古时皇帝元旦朝见群臣称为元会,也叫正会。 ④ 悬军:深入敌方的孤军。
⑤ 掩袭:乘其不备而袭击。 ⑥ 行(háng)阵:指挥军队作战。 ⑦ 镇东:陈时将军
戎号,列第二品。将军加大者,通进一阶。 ⑧ 进薄:进逼。薄,逼近。 ⑨ 支离:
分散。 ⑩ 驻:止,留。

原文

及京城陷,贺若弼置后
主于德教殿,令兵卫守,摩
诃请弼曰:"今为囚虏,命在
斯须^①,愿得一见旧主,死无
所恨。"弼哀而许之。摩诃
入见后主,俯伏号泣,仍于
旧厨取食而进之,辞诀而
出,守卫者皆不能仰视。其
年入隋,授开府仪同三司^②。
寻从汉王谅诣并州,同谅作
逆,伏诛,时年七十三^③。

翻译

等到京城陷落,贺若弼把后主放置
在德教殿,派兵守卫,摩诃请求贺若弼
道:"今日我成为俘虏,命在旦夕,希望
能见一见旧主,我死而无恨。"贺若弼见
他可怜就允许了。摩诃进去见到后主,
俯伏在地上大声痛哭,到原来的厨房里
取来食物进呈给后主,告辞诀别而出,
守卫的人都不忍仰视他们。这一年萧
摩诃来到隋朝,被授为开府仪同三司。
不久跟从汉王杨谅前去并州,后协同杨
谅叛乱,被杀,年纪为七十三岁。

注释 ① 斯须:须臾、片刻。 ② 开府仪同三司:隋时为勋官,列十一等勋第六
位。 ③ "寻从"句:汉王谅,名杨谅,隋文帝杨坚第五子。隋开皇十五年(595)出任
并州总督,太子杨勇被废后,杨谅即有异图,招募亡命之徒将近万人,萧摩诃亦为其
所亲善。文帝驾崩后遂起兵叛乱,炀帝杨广派杨素讨伐,杨谅被幽禁而死,萧摩诃

被擒杀。并州:隋时治所在今山西太原西南。

原文

　　摩诃讷于语言①,恂恂长者②,至于临戎对寇,志气奋发,所向无前。年未弱冠③,随侯安都在京口,性好射猎,无日不畋游④。及安都东征西伐,战胜攻取,摩诃功寔居多⑤。

翻译

　　萧摩诃不善于言语,有温顺恭谨的长者气度,而到了临敌对寇之时,志气奋发昂扬,所向无敌。年纪尚未到二十岁时,曾随侯安都驻守京口,他天性爱好打猎,没有一天不打猎游乐的。在侯安都东征西讨,战胜敌人攻取城池中,摩诃的功劳居多。

注释　①讷(nè):语言迟钝。　②恂恂:温顺恭谨的样子。　③弱冠:古称男子二十岁时为弱冠。　④畋(tián)游:打猎游乐。　⑤寔(shí):同"实"。

原文

　　子世廉,少警俊①,敢勇有父风②。性至孝,及摩诃凶终③,服阕后,追慕弥切④。其父时宾故脱有所言及,世廉对之,哀恸不自胜⑤,言者为之歔欷。终身不执刀斧,时人嘉焉。

翻译

　　摩诃的儿子萧世廉,小时候机警而才智过人,勇敢而有乃父的作风。天性非常孝顺,当摩诃不得善终,他守丧期满后,追思怀念更加深切。其父的宾朋故交有时脱口言及摩诃,世廉在场听到后,便极为哀痛不能控制,说的人都为之下泪。世廉终其一生都不执刀斧,当时的人都很嘉许他。

注释　①警俊:机警而才智过人。　②敢勇:勇敢。　③凶终:不得善终。　④追慕:追思怀念。　⑤恸(tòng):极其悲痛。

始兴王叔陵传

导读

陈朝国祚虽短,但宫廷斗争却非常激烈,先有文帝陈蒨为保帝位而杀衡阳王陈昌,其后有宣帝陈顼废陈伯宗而自立;宣帝死后始兴王陈叔陵又对后主发难,欲取而代之,因起事仓猝而未成。始兴王陈叔陵凶残暴虐,多行不义,最后败亡,也是咎由自取。本篇对他的荒淫无道及其叛乱过程有详细的记述,堪称陈代宫廷斗争的实录。(选自卷三六)

原文

始兴王叔陵,字子嵩,高宗之第二子也。梁承圣中①,高宗在江陵为直阁将军②,而叔陵生焉。江陵陷,高宗迁关右,叔陵留于穰城。高宗之还也,以后主及叔陵为质。天嘉三年③,随后主还朝,封康乐侯,邑五百户。

翻译

始兴王陈叔陵,字子嵩,是高宗陈顼的第二个儿子。梁朝承圣年间,高宗在江陵任直阁将军时,叔陵出生在该地。江陵陷落后,高宗被移往关西,叔陵留在穰城。高宗返回的时候,把后主与叔陵两人充作人质。天嘉三年(562),叔陵随同后主返回朝廷,被封为康乐侯,食邑五百户。

注释 ① 承圣:梁元帝萧绎年号(552—554)。 ② 直阁将军:全称"朱衣直阁将军"。 ③ 天嘉:陈文帝陈蒨年号(560—565)。

原文

叔陵少机辩①，徇声名，强梁无所推屈②。光大元年③，除中书侍郎。二年，出为持节、都督江州诸军事、南中郎将④、江州刺史。太建元年⑤，封始兴郡王，奉昭烈王祀⑥。进授使持节、都督江郢晋三州诸军事⑦、军师将军⑧，刺史如故。叔陵时年十六，政自己出，僚佐莫预焉。性严刻⑨，部下慑慑⑩。诸公子侄及罢县令长⑪，皆逼令事己。豫章内史钱法成诣府进谒，即配其子季卿将领马仗，季卿惭耻，不时至⑫，叔陵大怒，侵辱法成，法成愤怨自缢而死。州县非其部内，亦征摄案治之⑬，朝贵及下吏有乖忤者⑭，辄诬奏其罪，陷以重辟⑮。寻进号云麾将军⑮，加散骑常侍。三年，加侍中。四年，迁都督湘衡桂武四州诸军事⑯、平南将军⑰、湘州

翻译

陈叔陵小时候机智而富有辩才，追求声威名望，强横从不屈服。光大元年(567)，被授为中书侍郎。二年，出任持节、都督江州诸军事、南中郎将、江州刺史。太建元年(569)，陈叔陵封为始兴郡王，作为昭烈王的后代。进而被授为使持节、都督江郢晋三州诸军事、军师将军，刺史的官职不变。叔陵当时十六岁，自己处理政务，僚属佐吏都不得参与。他天性严厉苛刻，部下的人都很畏惧他。诸公的子女们以及罢免的县令县长，叔陵都逼迫他们侍奉自己。豫章内史钱法成来府进见，叔陵就分配其子钱季卿为统领马军仪仗之职，钱季卿感到羞耻，没有按时来到，叔陵非常愤怒，便凌辱钱法成，钱法成怨愤自缢而死。叔陵对不属于自己辖内的州县，也收捕查办，朝廷显贵以及属下官吏有与他相抵触的，经常妄奏其罪，进行陷害而治以重刑。不久叔陵进戎号为云麾将军，又加官散骑常侍。太建三年(571)，加官侍中。四年(572)，调任都督湘衡桂武四州诸军事、平南将军、湘州刺史，侍中、使持节的官职不变。诸州镇听说叔陵来了，都害怕得双腿发抖。叔陵一天比一天横暴凶恶，讨伐夷獠，所有的缴

刺史,侍中、使持节如故。诸州镇闻其至,皆震恐股栗。叔陵日益暴横,征伐夷獠,所得皆入己,丝毫不以赏赐。征求役使,无有纪极⑱。夜常不卧,烧烛达晓,呼召宾客,说民间细事,戏谑无所不为。性不饮酒,唯多置肴馔⑲,昼夜食啖而已⑳。自旦至中,方始寝寐。其曹局文案,非呼不得辄自呈。笞罪者皆系狱,动数年不省视。潇、湘以南㉑,皆逼为左右,廛里殆无遗者㉒。其中脱有逃窜,辄杀其妻子。州县无敢上言,高宗弗之知也。寻进号镇南将军㉓,给鼓吹一部,迁中卫将军㉔。九年,除使持节、都督扬徐东扬南豫四州诸军事㉕、扬州刺史,侍中、将军、鼓吹如故。

获全归自己占有,一点都不拿出来作为赏赐。征求劳役,没有极限。夜里常常不睡,点烧蜡烛通宵达旦,召来宾客,谈说民间的细碎之事,调笑逗趣无所不为。叔陵天性不饮酒,只是置办很多大鱼大肉,昼夜大吃。从早晨到中午,才开始睡觉休息。府中曹局的文件,没有他的召见不得擅自进呈。本应受鞭打刑罚的人全被下到狱中,动辄就是好几年不过问。潇、湘以南的地区,皆逼迫为自己的属下,以至于那里的市肆中几乎没有剩留的人。其中谁要是逃走,就杀其妻子儿女。州县都不敢向上诉说,因此高宗全不知晓。不久叔陵又进戎号为镇南将军,颁给鼓吹乐队一部,调任中卫将军。(太建)九年(577),又被授为使持节、都督扬徐东扬南豫四州诸军事,扬州刺史、侍中、将军的官职及鼓吹的赏赐不变。

注释 ①机辩:机智而长于言词。 ②强梁:强横凶暴。 ③光大:陈废帝陈伯宗年号(567—568)。 ④中郎将:中央禁军武官名,位次将军,有左、右及东、南、西、北之号。 ⑤ 太建:陈宣帝陈顼年号(569—582)。 ⑥ 奉祀:供奉祭祀,作为后代。
⑦ 晋州:治所在今安徽潜山。 ⑧ 军师:陈时将军戎号,列第四品。 ⑨ 严刻:严厉
苛刻。 ⑩ 慑惮:畏惧。 ⑪ 罢:免官。 ⑫ 不时:不按时。 ⑬ 征摄:收捕,缉捕。
案治:查办。 ⑭ 乖忤:相抵触。 ⑮ 云麾:陈时将军戎号,列第四品。 ⑯ 武州:梁
置,治所在今湖南常德。 ⑰ 平南:陈时将军戎号,列第三品。 ⑱ 纪极:终极。
⑲ 胾(zì):大块的肉。 ⑳ 啖(dàn):食。 ㉑ 潇、湘:皆水名。湘水中游于今湖南
省零陵北与潇水会合后称潇湘。此泛指湖南地区。 ㉒ 廛(chán)里:古代城市居
民住宅区的通称;亦泛指市肆区域。 ㉓ 镇南:陈时将军戎号,列第二品。 ㉔ 中
卫:陈时将军戎号,列第二品。 ㉕ 徐州:治所即今江苏徐州。

原文

十年,至都,加扶,给油
幢车。叔陵治在东府①,事
务多关治省阁,执事之司,
承意顺旨,即讽上进用之,
微致违忤,必抵以大罪,重
者至殊死②,道路籍籍③,皆
言其有非常志。叔陵修饰
虚名,每入朝,常于车中马
上执卷读书,高声长诵,阳
阳自若④。归坐斋中,或自
执斧斤为沐猴百戏⑤。又好
游冢墓间,遇有茔表主名可
知者⑥,辄令左右发掘,取其
石志古器,并骸骨肘胫,持
为玩弄,藏之库中。府内民

翻译

(太建)十年(578),陈叔陵赴京城,
皇上赐给奴仆,赏给油幢车。叔陵的治
所在东府城,所处理的事务多牵涉到朝
廷中枢机关,处理事务的官僚顺从其意
志,他就奏告皇帝予以提升,谁要稍有
违背,一定以大罪治之,重的甚至处以
斩首的死刑,国人议论纷纷,都说叔陵
有着不同于寻常的图谋。叔陵装扮自
己只图虚假的名声,每次上朝,常常在
车中马上拿着书卷看书,高声朗读,洋
洋自得。回到宅中,有时自己手拿武器
作沐猴舞的杂技。叔陵又喜欢游荡在
墓地之间,遇见坟墓碑表的主人名字可
以知道的,就命令左右的人发掘,取出
墓中的石志古器以及死者的骸骨四肢,
拿在手中玩弄,藏在府库中。府内或民

间少妻处女,微有色貌者,并即逼纳。

间的少妇处女,稍有姿色者,叔陵便强行逼纳。

注释 ① 东府:即东府城。 ② 殊死:指死刑,即斩首的死刑。 ③ 道路籍籍:指国人议论纷纷。籍籍,言语纷扰。 ④ 阳阳:同"洋洋",得意的样子。 ⑤ 沐猴:猕猴,此指沐猴舞。百戏:古代杂技。 ⑥ 茔(yíng):墓,葬地。

原文

十一年,丁所生母彭氏忧去职。顷之,起为中卫将军,使持节、都督、刺史如故。晋世王公贵人,多葬梅岭①,及彭卒,叔陵求于梅岭葬之,乃发故太傅谢安旧墓,弃去安枢,以葬其母。初丧之日,伪为哀毁,自称刺血写《涅槃经》②,未及十日,乃令庖厨击鲜③,日进甘膳④。又私召左右妻女,与之奸合,所作尤不轨,侵淫上闻⑤。高宗谴责御史中丞王政⑥,以不举奏免政官,又黜其典签亲事⑦,仍加鞭捶。高宗素爱叔陵,不绳之以法,但责让而已。服阕,又

翻译

(太建)十一年(579),陈叔陵因守生母彭氏的丧事去职。不久,又被起用为中卫将军,使持节、都督、刺史的官职照旧。晋朝的王公贵人,死后大都葬在梅岭,彭氏去世后,叔陵上表请求将其葬在梅岭,于是发掘晋朝已故太傅谢安的坟墓,丢弃谢安的棺枢,用以安葬其母。彭氏刚刚去世的时候,叔陵伪装得很哀痛难过,自称刺出自己的血书写了《涅槃经》,但不到十天,便命令厨师宰杀活鲜,天天进食珍馐美味。又暗地里召来左右下属的妻子女儿,与她们通奸,所作所为尤其不合法度,渐渐扩展被皇上有所知晓。高宗斥责御史中丞王政,以其不举奏之罪免去了他的官职,又罢黜了他的典签、亲事,并加以鞭打。高宗一向喜欢叔陵,并未对他以法律治罪,只是责备而已。叔陵服丧期满

为侍中,中军大将军⑧。

后,又任侍中,中军大将军。

注释 ① 梅岭:在今南京东郊。 ②《涅槃经》:佛经名。 ③击鲜:宰杀活的牲畜禽鱼,以充美食。 ④ 甘膳:珍馐美味。 ⑤ 侵淫:渐渐扩展。 ⑥ 谴责:斥责。 ⑦ 典签:官名,本为掌管文书的小吏,南朝时为监视出任方镇的宗室诸王和各州刺史,常由皇帝派亲信担任,作为佐属,实握州镇全权。亲事:官名,王府属官。 ⑧ 中军:陈时将军戎号,列第二品。加大,通进一阶。

原文

及高宗不豫,太子诸王并入侍疾。高宗崩于宣福殿,翌日旦,后主哀顿俯伏,叔陵以锉药刀斫后主中项。太后驰来救焉。叔陵又斫太后数下。后主乳媪吴氏,时在太后侧,自后掣其肘①,后主因得起。叔陵仍持后主衣,后主自奋得免。长沙王叔坚手扼叔陵,夺去其刀,仍牵就柱,以其褶袖缚之②。时吴媪已扶后主避贼,叔坚求后主所在,将受命焉。叔陵因奋袖得脱,突走出云龙门,驰车还东府,呼其甲士,散金银以赏赐,外召诸王将帅,莫有应者,

翻译

当高宗病重时,太子及诸王都入内侍候。高宗驾崩于宣福殿,第二天早晨,后主哀痛非常而俯伏于地,陈叔陵以锉药刀砍中后主的脖子。太后跑来救助,叔陵又砍了太后数下。后主的乳母吴氏,当时站在太后的旁边,从后面拽住叔陵的肘关节,后主因而得以站起。叔陵这时仍抓住了后主的衣服,后主挣扎得免。长沙王陈叔坚用手扼住叔陵,夺去他手中的刀,并牵着他靠近柱子,用自己的夹衣袖子把他捆住。当时吴氏已经扶着后主避开躲藏了起来,叔坚去问后主在哪里,将要去接受指示。叔陵因此得以挣脱衣袖逃脱,急急逃出云龙门,快马驾车奔还到东府城,招呼他的士兵,分散金银作为赏赐,又对外召集诸王将帅,但无人响应,只有新安王陈伯固听说后前来参加。

唯新安王伯固闻而赴之。

叔陵聚兵仅千人，初欲据城保守，俄而右卫将军萧摩诃将兵至府西门，叔陵事急惶恐，乃遣记室韦谅送其鼓吹与摩诃[③]，仍谓之曰："如其事捷，必以公为台鼎。"摩诃绐报之[④]，曰："须王心膂节将自来[⑤]，方敢从命。"叔陵即遣戴温、谭骐骥二人诣摩诃所，摩诃执以送台，斩于阁道下。叔陵自知不济[⑥]，遂入沈其妃张氏及宠妾七人于井中。叔陵有部下兵先在新林[⑦]，于是率人马数百，自小航渡[⑧]，欲趋新林，以舟舰入北。行至白杨路，为台军所邀[⑨]，伯固见兵至，旋避入巷，叔陵驰骑拔刃追之，伯固复还。叔陵部下，多弃甲溃散，摩诃马容陈智深迎刺叔陵[⑩]，僵毙于地，阉竖王飞禽抽刀斫之十数下[⑪]，马容陈仲华就斩其首，送于台，自寅至巳

陈叔陵聚集的人马只有千余人，开始想凭据城堡坚守，不一会右卫将军萧摩诃带兵到达了东府城的西门，叔陵情急之下非常惊慌，便派记室参军韦谅把他的鼓吹乐队送给萧摩诃，并对萧摩诃说："如果事情成功了，一定以您为宰臣。"摩诃假装答应，骗他说："必须殿下的心腹将领亲自前来，方才敢听从命令。"叔陵便立即派戴温、谭骐骥二人来到摩诃的所在，摩诃把他俩逮捕起来送到朝廷，将其斩杀于阁道下。叔陵自知事情不能成功，便进入内府，将他的宠妃张氏以及宠妾七人沉入井中溺死。叔陵手下有一部分兵马已经先在新林，于是便率数百人马从小航渡过秦淮河，想要前往新林，从那里乘舰船投奔北方。走到白杨路时，被朝廷禁军截击，陈伯固见官军杀到，便转逃到小巷中躲避，叔陵骑马拔刀去追他，陈伯固才重新返回。叔陵手下的士兵，大多弃甲溃逃，摩诃手下的马容陈智深迎面击刺叔陵，叔陵倒毙于地，宦官王飞禽又抽刀砍了十几下，马容陈其华就地斩下他的首级，送至朝廷。叛乱从寅时一直到巳时才被平定。……

乃定。……

注释 ① 掣(chè)：牵引，拽。 ② 褶(dié)：夹衣。 ③ 记室：即记室参军。
④ 绐(dài)：哄骗。 ⑤ 心膂：比喻亲信之人。 ⑥ 不济：不成功。 ⑦ 新林：在今江
苏省南京西南西善桥镇。 ⑧ 小航：当时秦淮河上的浮桥名。 ⑨ 邀(yāo)：阻截。
⑩ 马容：官名，当时以身躯壮伟的人乘马居于行军队伍之前，以壮军容的官。
⑪ 阉竖：宦官的贱称。

原文

叔陵诸子，即日并赐
死。……

翻译

叔陵的几个儿子，当日全部被赐
死。……